HEYNE <

JO HEDWIG TEEUWISSE

FAKE HISTORY

Hartnäckige Mythen aus der Geschichte

101 Dinge, die so nie passiert sind, aber alle für wahr halten

Aus dem Englischen von Ralf Pannowitsch

WILHELM HEYNE VERLAG
MÜNCHEN

Die Originalausgabe erschien 2023 unter dem Titel »Fake History« bei WH Allen, einem Imprint von Ebury. Ebury ist Teil der Penguin Random House Verlagsgruppe.

FSC
www.fsc.org
MIX
Papier | Fördert
gute Waldnutzung
FSC® C014496

Penguin Random House Verlagsgruppe FSC® N001967

10. Auflage
Deutsche Erstausgabe 2023

Neumarkter Straße 28, 81673 München
produktsicherheit@penguinrandomhouse.de
(Vorstehende Angaben sind zugleich
Pflichtinformationen nach GPSR)

Redaktion: Evelyn Boos-Körner
Umschlaggestaltung: wilhelm typo grafisch
unter Verwendung eines Fotos von Shutterstock.com
(Peyker, Everett Collection, Marti Bug Catcher, Marzolino)
Satz: Satzwerk Huber, Germering
Druck und Bindung: GGP Media GmbH, Pößneck
Printed in Germany
ISBN: 978-3-453-60661-6

www.heyne.de

Für meine Mutter Constance, die ein geschichtssüchtiges Kind großziehen musste. Das war nicht einfach, und doch war sie immer stolz auf mich. Sie hat dieses Buch mit Spannung erwartet, verstarb aber leider, bevor es veröffentlicht wurde.

Inhalt

Einleitung

Ich war schon immer von Geschichte besessen.

Als kleines Mädchen trieb ich meine Eltern in den Wahnsinn, weil ich im Urlaub immer wollte, dass sie mich zu Burgen und Ruinen brachten, während sie sich an einem hübschen Strand in die Sonne legen und erholen wollten. Ich wurde auch mehrmals dabei erwischt, wie ich im Museum versuchte, die Leute auf alten Gemälden in ein Gespräch zu verwickeln, und außerdem träumte ich davon, Seeräuberin zu werden. Ich war ein etwas spezielles Kind.

Als ich heranwuchs und merkte, dass Piraterie heute meist nichts mehr mit Dreimastern, Kanonen und Holzbeinen zu tun hat, beschloss ich, lieber Kriegsreporterin zu werden. Zum Glück kam dann meine kleine Schwester Lotte zur Welt, wodurch ich plötzlich Große Schwester war und mir klar wurde, dass sich diese Ehre schlecht damit vereinbaren ließ, für die Nachrichten das eigene Leben aufs Spiel zu setzen.

Nachdem ich eine Weile in einer weniger tödlichen Abteilung des Film- und Fernsehgeschäfts gearbeitet hatte, musste ich entdecken, dass mein Herz nicht für diesen Job schlug, und ich beschloss, eine neue Laufbahn zu beginnen. Irgendwie schaffte ich es, die nächsten zwei Jahrzehnte mit historischen Hintergrundrecherchen für Schriftsteller, Museen, Macher von Dokumentarfilmen, Spielfilmen, Fernsehsendungen etc. zu verbringen. Ich konzipierte Ausstellungen in Museen, recherchierte für große internationale Filmproduktionen, löste Rätsel, die andere Forscher nicht hatten knacken können, und präsentierte Beweisstücke, von denen die Dokumentarfilmer dachten, sie wären unauffindbar. Ich stellte bei Museumsführungen Personen aus der Vergangenheit dar, wobei ich authentische Kleidungsstücke aus jenen Epochen tragen und wie unsere Vorfahren leben musste, solange ich zu den Besuchern sprach. Es machte mir auch Spaß, Set Dresser und die Kostümabteilungen von Theatern und Filmstudios auf Fehler und Ungenauigkeiten hinzuweisen. Geschichte war mein Brot, meine Butter, mein Suchtmittel, und so ist es bis heute geblieben.

Aber eines Tages beschloss ich, der Stadt zu entfliehen, auf eine kleine Farm irgendwo im Nirgendwo zu ziehen und es ein bisschen langsamer angehen zu lassen. Da machte ich die schockierende Entdeckung, dass es im Internet Leute gibt, die einfach falschliegen.

Es begann damit, dass jemand auf Twitter ein Foto aus den 1920er Jahren teilte und ich glaubte, es sei nicht wirklich aus jener Zeit. Ich stellte Nachforschungen an, bewies, dass er sich geirrt hatte, und suchte daraufhin nach weiteren Leuten, die im Internet Dinge teilten, welche nicht ganz stimmten.

Ich war zum *Fake History Hunter* geworden.

Und so läuft mein Alltag heute ab: Nachdem ich ein bisschen im Garten gearbeitet habe, mit dem Hund spazieren gegangen bin und meine E-Mails beantwortet habe, nehme ich eine lange Liste von Stichwörtern, schicke sie durch die Suchmaschine von Twitter und schaue, ob schon wieder jemand Fake History gepostet hat. Bisweilen bringe ich eher harmlose Spielarten von Fake History zur Strecke – Tante Doreen hat ein Bild mit einer lustigen, aber unzutreffenden Unterschrift gepostet –, aber ich richte den Fokus auch auf mächtige und berühmte Leute, die Millionen Follower haben. Manche dieser Leute haben verborgene Absichten; sie teilen diese Sachen nicht einfach, um andere zu unterhalten und ein wenig Strahlkraft zu bekommen, sondern um ihre Gegner zu entmenschlichen, um ihre Follower zu überreden, keinen ärztlichen Rat zu suchen, um andere Menschen um ihr Geld zu erleichtern, eine Gruppe gegen eine andere auszuspielen oder einen bestimmten Plan voranzutreiben.

Dieses Buch enthält einige der häufigsten und faszinierendsten Beispiele von Fake History, denen ich im Internet begegnet bin. Das erklärt, weshalb die Themen so bunt gemischt und breit gefächert sind. Und es erklärt auch, weshalb – genau wie in der Geschichte – einige Kapitel lustig sind, während es in anderen um dunkle und heikle Themen geht. Daher gibt es einige Bilder, die Sie sich vielleicht nur mit großem Widerwillen anschauen können.

Manchmal ist es leicht, eine erfundene Story aus der Geschichte zu widerlegen, ein andermal erfordert es eine Menge Forschungs- und Detektivarbeit. Aber das ist nun mal mein Job, und ich liebe ihn. Ich hoffe, Sie haben Freude an meinem Buch, und vielleicht können Sie es sogar dazu nutzen, selbst einmal auf die Jagd nach Fake History zu gehen.

Was ist Fake History, und warum ist sie schlecht?

Fake History hat viel mit Fake News gemeinsam, nur dass die News hier ziemlich alt sind.

Dieses Buch steckt voller Beispiele, von denen viele erst einmal lustig oder ziemlich harmlos klingen mögen – obwohl es für Historiker und Geschichtsfreaks natürlich ärgerlich ist, dass die Leute immer noch gewissen irrigen Vorstellungen anhängen, die längst widerlegt sind. Andere aber können echt schädlich und gefährlich sein. Nehmen Sie bloß einmal die Mythen, falsch zugeordneten Zitate und unzutreffend beschrifteten Fotos, die während der Coronapandemie geteilt wurden. Geschichten über den Schwarzen Tod, die Spanische Grippe und sehr markante und relevante Aussprüche, die brillante Geister der Vergangenheit getätigt haben sollen, wurden verwendet, um entweder die Menschen dazu zu bringen, Masken zu tragen, die Lockdown-Regeln zu befolgen und Corona ernst zu nehmen – oder aber, um alle Welt davon zu überzeugen, genau das Gegenteil zu tun.

Geschichte wird auch auf ungeheuerliche Weise von Leuten missbraucht, die ganze Zivilisationen entweder als minderwertig oder als überlegen hinstellen wollen. So behaupten sie zum Beispiel, dass die Afrikaner nicht wussten, was ein Rad war, bis die europäischen Kolonisatoren eintrafen, oder dass die Europäer keine Ahnung vom Baden und von Seife hatten, bis die Mauren sie unterwarfen.

Die Leute bedienen sich wirklich gern der Vergangenheit, um zu versuchen, sich selbst in ein besseres Licht zu rücken – oder andere in ein schlechteres. Und wenn man ein historisches Foto hat oder überzeugende »Experten«, die Dinge bestätigen, die man unbedingt glauben möchte, dann kann das Hass und Ressentiments nähren und uns noch weiter voneinander entfernen. Ich denke aber: Je mehr wir die Geschichte studieren – die *wahre* Geschichte – und je besser wir sie begreifen, desto näher bringt uns das zusammen; unsere Vorfahren waren einander ähnlicher, als das mancher von uns glauben möchte.

Fake History treibt natürlich nicht nur im Internet ihr Unwesen – es gibt auch Legenden, die von Generation zu Generation weitergereicht werden, ohne dass man sie je hinterfragt hätte. Und selbst die Informationen, die wir in Museen bekommen, stimmen nicht immer. Die meisten von uns können sich an Museums- oder Burgführer erinnern, die reichlich seltsame Storys erzählten, welche sich später als an den Haaren herbeigezogen und total unwahr erwiesen.

Und dann gibt es Leute, die Fake History aus einem ganz handfesten Grund verbreiten: Geld. Die sozialen Medien können uns reich machen; populären und weithin geteilten Content zu erzeugen, ist ein großes Geschäft. Es gibt Twitter-Accounts, die Unmengen historischer Bilder und Behauptungen posten. Manchmal kaufen sie sich Tausende Follower, damit sie nicht wie neue, irrelevante Accounts aussehen, die aus dem Nichts aufgepoppt sind, sondern einen seriösen und vertrauenswürdigen Anstrich bekommen. Wenn die Leute erst einmal anfangen, deren Posts zu teilen, schießen die Follower-Zahlen rasch in die Höhe. Und sobald ihr Account dann genügend Follower hat, beginnen sie plötzlich, Posts über selbstklebende Acrylfingernägel zu retweeten, über Online-Spiele, andere total wahllose Accounts und heutzutage auch über NFTs. Das bedeutet, dass sie vermutlich einen Deal mit irgendeiner Vertriebsgesellschaft geschlossen haben und künftig einfach nur Retweets verkaufen. Obwohl man seinen Twitter-Account formal gesehen nicht veräußern kann (außer in ganz seltenen Fällen), passiert es doch immer noch ziemlich oft, und manchmal lässt sich schwer erkennen oder beweisen, dass so etwas geschehen ist.

So kommt es, dass am Ende Millionen Menschen auf einem Gebiet, das mir sehr am Herzen liegt, den größten Unfug glauben. Außerdem kann Fake History nicht nur nervig, sondern auch gefährlich sein. Aber für mich als eingestandene Geschichtssüchtige ist das Schlimmste an Fake History, dass die Legenden, die irrigen Vorstellungen und falschen Behauptungen oftmals weniger interessant und aufregend sind als die Wahrheit.

Geschichte ist bedeutsam. Sie ist ein Leitfaden, der uns hilft, die Vergangenheit zu verstehen, aus der Gegenwart klug zu werden und manchmal sogar zu begreifen, was vor uns liegt. Die Geschichten in diesem Buch zeigen das hoffentlich. Wir können gewinnsüchtige Twitter-User, Historiker und andere einflussreiche Leute nicht davon abhalten, Geschichte zu gebrauchen und zu missbrauchen, aber wir können zumindest etwas tun, wenn sie Fake History verbreiten – und alles, was wir dazu benötigen, sind Forschung und Wissen.

1
Napoleon Bonaparte hat der Sphinx die Nase weggeschossen

Eine Skizze der Sphinx von Frederic Louis Norden, veröffentlicht 1755

Was man Ihnen vielleicht erzählt hat

Bei seinem Ägypten-Besuch erblickte Napoleon die Sphinx und wurde wütend, als er bemerkte, dass die Statue ein afrikanisch wirkendes Gesicht hatte. Da Napoleon ein übler Rassist war, konnte er es nicht ertragen, dass die Skulptur keine Europäerin abbildete. Daher befahl er seinen Truppen, der Sphinx mit einer Kanone die Nase abzuschießen. Und weg war sie.

Die Widerlegung

Diese Geschichte startete vermutlich als harmlose kleine Legende, als spaßiges Anekdötchen für Touristen. Sie reicht mindestens bis ins frühe 20. Jahrhundert zurück. Aber heutzutage wird sie aus einem neuen, ziemlich unerfreulichen Grund im Internet geteilt: Sie soll ein Beweis für Rassismus sein. Ich bin nicht sicher, wann die Leute erstmals dachten, dass Napoleon die Nase des Standbilds für zu afrikanisch hielt und sie deshalb weichen musste, aber heute glauben es eine Menge Leute.

Im Jahre 1995 sagte Louis Farrakhan, der Anführer der Bewegung *Nation of Islam*, in seiner Rede beim Millionen-Mann-Marsch: »Das Überlegenheitsgefühl der Weißen brachte Napoleon dazu, der Sphinx die Nase wegzuschießen, denn sie erinnerte ihn zu sehr an die Majestät der Schwarzen.« Auf diese Weise wird die Legende genutzt, um Rassismusvorwürfe zu erheben, was eine einstmals harmlose Geschichte natürlich zu etwas macht, das viel mehr Schaden anrichtet. Ironischerweise wird der *Nation of Islam* und Farrakhan selbst Intoleranz gegenüber Juden, LGBTQ+ und weißen Menschen vorgeworfen, und sie sind für wilde Verschwörungstheorien bekannt. Und obgleich sie für die Behauptung mit der Sphinxnase nicht verantwortlich sind, haben sie großen Anteil an ihrer andauernden Popularität.

Zum Glück lässt sich ganz leicht beweisen, dass die Legende Unfug ist, also passen Sie jetzt gut auf, falls Sie mal jemandem begegnen, der ihr Glauben schenkt. Sofern er nicht denkt, dass sowieso alles eine gigantische Verschwörungstheorie sei, sollten Sie ihn mit einer sehr einfachen Tatsache überzeugen können: Napoleon hatte keinen Zugang zu einer Zeitmaschine. Er wurde 1769 geboren und brach 1798 nach Ägypten auf. Aber wir wissen, dass einige Leute schon über das beschädigte Gesicht der Sphinx geschrieben und Bilder davon gezeichnet hatten, ehe Napoleon überhaupt geboren war. Das sollte eigentlich jede vernunftbegabte Person überzeugen. Außerdem wäre es ziemlich seltsam gewesen, wenn Napoleon diesen Akt des Vandalismus begangen hätte, war er doch eindeutig sehr interessiert an ägyptischer Geschichte. Er hat auch die erste wissenschaftliche Untersuchung der dortigen Altertümer durch Europäer veranlasst. Lassen Sie uns einen Blick auf einige Beweismittel werfen:

Im Jahre 1737 (also vor Napoleons Geburt) reiste der dänische Marineoffizier Frederic Louis Norden nach Ägypten und fertigte von der Sphinx sehr detaillierte Skizzen an, die einige Jahre darauf veröffentlicht wurden. Die Statue auf diesen Zeichnungen hatte ihre Nase bereits ganz klar verloren. Sie können die Bilder mühelos im Internet finden.

Im Jahre 1759 (also ebenfalls vor Napoleons Geburt) erschien die englische Übersetzung eines 1757 publizierten Buches der beiden Holländer Johannes Aegidius van Egmond van der Nyenburg und Johannes Heyman. Sie trug den einprägsamen Titel *Reisen durch einen Teil Europas, Kleinasien, die Inseln der Ägäis, Syrien, Palästina, Ägypten, zum Berg Sinai etc. Einschließlich eines besonderen Berichts über die bemerkenswertesten Orte, Bauwerke, Ruinen, Inschriften etc. in diesen Ländern. Zusammen mit den Gebräuchen und Sitten, der Religion, dem Gewerbe, dem Handel, dem Naturell und der Lebensweise der Bewohner.* Es ist ein erstaunliches Buch, das Sie online finden können (vgl. die Quellenangaben am Ende des Buches). Zu unserem Glück haben die Abenteurer auch die Sphinx unter die Lupe genommen. Sie beschreiben ihre Nase als »ein wenig verstümmelt«.

Im Jahre 1744 (also wiederum vor Napoleons Geburt) veröffentlichte der Hallenser Universitätsprofessor Siegmund Jakob Baumgarten seine *Uebersetzung der Algemeinen Welthistorie, die in Engeland durch eine Geselschaft von Gelehrten ausgefertiget worden.* Er beschreibt darin den (!) Sphinx als »ziemlich unversehrt, ausser daß ihm die Nase zerstümmelt worden, vermutlich von den Muhammedanern, aus Has aller Bilder«.

Es gibt noch mehr Belege – ich wollte nur einige anführen. Der entscheidende Punkt ist, dass wir über Augenzeugenberichte und Zeichnungen verfügen, die uns verraten, dass der oder die Sphinx bereits eine Beschädigung aufwies, noch ehe Napoleon auch nur ein Funkeln in den Augen seiner späteren Eltern war. Jedem, der diese Beweise nicht akzeptieren will, ist die Legende also eindeutig lieber. Aber wenn es nicht Napoleon war, wer dann?

Professor Baumgarten gibt uns schon einen Hinweis – er erwähnt die »Muhammedaner«, was ein altmodisches Wort für Muslime ist. Im 15. Jahrhundert behauptete der Geschichtsschreiber al-Maqrīzī, dass Muhammad Sa'im al-Dahr die Nase im Jahre 1378 zerstört habe, weil er es nicht habe ertragen können, dass die Einheimischen der Sphinx Opfergaben brachten. Das mag die Geschichte sein, auf die sich Baumgarten bezieht. Aber natürlich war es ein Text, der eine ganze Weile nach dem Geschehen verfasst wurde, und es ist nur eine einzelne Geschichte, also nicht wirklich ausreichend für die Auflösung unseres Kriminalfalls. Und es wird noch interessanter: Vor einigen Jahrzehnten untersuchte der Archäologe Mark Lehner die Beschädigungen der Sphinx und kam zu dem Schluss, dass sie zwischen dem 3. und 4. Jahrhundert nach Christus erfolgt sein müssen, womit es weder al-Dahr noch Napoleon getan haben können.

Viele Statuen im alten Ägypten sind beschädigt worden und verloren ihre Nasen. Oftmals haben das die Ägypter selbst getan, denn sie glaubten, dass die Seele eines verstorbenen Menschen oder eines Gottes ein Bild bewohnen könne. Wenn man nun dem Kunstwerk das Gesicht zerstörte, konnte man diese Seele freisetzen.

Außerdem ist es einfach so, dass Nasen hervorragen und deshalb leichter beschädigt werden als andere Teile von Statuen. Zahlreiche alte Standbilder verloren ihre Nasen beziehungsweise andere hervorstehende Teile – etwa Arme oder gewisse Anhängsel, die wir hier nicht zu nennen wagen. Das ist wirklich sehr verbreitet. Auch griechische und römische Statuen sind dieser Art von Beschädigung zum Opfer gefallen.

Um es auf den Punkt zu bringen: Es gibt keinerlei Belege dafür, dass der Vandalismus in Sachen Sphinx irgendwie mit Rassismus zu tun hat. Und obgleich es mehrere Verdächtige gibt, kann niemand mit Sicherheit sagen, wer die Sphinx verunstaltet hat. Aber eines können wir mit absoluter Gewissheit sagen: Napoleon oder seine Truppen waren es nicht. Wenn man noch nicht auf der Welt war, hat man ein felsenfestes Alibi.

2
Hugo Boss hat die Naziuniformen entworfen

Was man Ihnen vielleicht erzählt hat

Man kann über die Nazis sagen, was man will, aber sie waren wirklich gut gekleidet. Keiner sah im Krieg so gut aus wie sie. Aber das ist ja auch keine große Überraschung, wenn man weiß, dass Hugo Boss alle ihre Uniformen designt hat. Ja, genau der! Seltsam, dass die Marke noch nicht boykottiert wurde, oder?

Die Widerlegung

Dass Hugo Boss die Uniformen der Nazis entworfen haben soll, gehört beinahe zum »Allgemeinwissen«. So viele Leute glauben daran, dass es jedes Mal, wenn die Marke in die Nachrichten gelangt, in den sozialen Medien zu einer üppigen Verbreitung von Postings kommt, die uns an diesen Fun Fact erinnern. Wenn der Formel-1-Rennfahrer Lewis Hamilton Erklärungen zu Rassismus oder zu politischen Themen abgibt, wird er oft als Heuchler bezeichnet, weil Hugo Boss doch zu seinen Sponsoren gehöre. Aber die Wahrheit ist, dass Boss keine einzige Naziunform designt hat. Ja, wirklich – keines dieser extravaganten Kleidungsstücke kann ihm zugeschrieben werden.

Hugo Ferdinand Boss gründete 1924 eine Bekleidungsfirma. Er hatte eine kleine Fabrik mit nicht eben vielen Beschäftigten, und sein Betrieb war hauptsächlich auf die Herstellung von Oberhemden, Sakkos und Arbeitskleidung spezialisiert. Einer seiner ersten Aufträge war die Anfertigung von braunen Hemden für Rudolf Born, einen Textilverleger in München. Boss wusste damals vermutlich nicht, dass sie an die Nazis weiterverkauft wurden, obwohl er sich diese Tatsache später für Werbezwecke zunutze machte und den Leuten erzählte, er habe die Partei ja schon seit 1924 beliefert.

Als Boss 1931 der NSDAP beitrat und es schaffte, einen Vertrag für die Belieferung der Nazis mit Uniformen zu bekommen, war er noch ein relativ kleiner, unbekannter Hersteller, und seine Firma war nur eine von mehreren, die die Nazis mit Kleidung versorgten. Seine Parteibeziehungen retteten die Firma vor dem Bankrott, aber er hatte damals keinen großen oder berühmten Namen. Wichtiger aber war noch, dass Boss kein Modedesigner war, sondern ein Fabrikant. Er bekam einfach Aufträge, und seine Beschäftigten führten sie aus. Kreativität oder Designtalent waren dabei nicht mit im Spiel; die Uniformen waren bereits entworfen worden, ehe die Bestellungen in der Firma eingingen. Viele andere Unternehmen in Deutschland und den von Deutschland besetzten Gebieten stellten ebenfalls Uniformen her. Hugo Boss war da bloß ein kleiner Fisch.

Warum zum Kuckuck sollte die Nazipartei solch einen kleinen Bekleidungshersteller ohne wirkliches Designtalent und ohne Erfahrung damit beauftragen, ihre Uniformen zu entwerfen? Es gibt keinerlei Belege dafür, dass man von Hugo Boss jemals verlangt hat, irgendeine Naziuniform zu designen, und ebenso wenig war es ihm erlaubt, das Design seiner Bestellungen aufzupeppen oder zu verändern. Und mal ehrlich – warum denken die Leute eigentlich, dass es den Herstellern erlaubt sein könnte, eine Uniform abzuwandeln? Der Schlüssel liegt doch schon im Namen *Uniform*: ein Kleidungsstück, das bekannt dafür ist, immer exakt gleich auszusehen.

»Hans, warum ist deine Uniformjacke pink mit gelbem Rüschenrand?«

»Och, weißt du, Günther, die wurde von irgend so einer kleinen Textilfirma hergestellt, und Hitler hat beschlossen, ihnen beim Design völlig freie Hand zu lassen.«

Hätte man den Firmen gestattet, nach eigenem Ermessen zu verfahren, wäre die halbe Wehrmacht so herumstolziert wie Hauptmann Klenzendorf im Film *Jojo Rabbit* (2019). Natürlich bedeutet das nicht, dass Hugo Boss damit aus dem Schneider wäre. Er war nicht einfach irgendein unschuldiger Fabrikbesitzer, sondern ein aktiver Unterstützer der Nazis, dem man bereits im April 1940 Gelegenheit gab, Zwangsarbeiter zu beschäftigen, was er auch gern annahm. Obwohl Boss diese Menschen offenbar relativ gut behandelte (zumindest im Vergleich zu vielen anderen Firmen), waren es immer noch Zwangsarbeiter; sie wurden bisweilen misshandelt, und Firmenangestellte drohten ihnen damit, man würde sie ins Konzentrationslager schicken. Und allem Anschein nach tat Hugo Boss nichts, um solche Praktiken zu stoppen.

Nach dem Krieg bekam Hugo Boss eine hohe Geldstrafe dafür aufgebrummt, dass er ein frühes NSDAP-Mitglied gewesen war, finanziell von der Naziherrschaft profitiert hatte und mit hochrangigen Nazis befreundet gewesen war. Das Unternehmen stellte weiterhin Uniformen her, nun aber für die Franzosen und das Rote Kreuz.

Der Unterschied zwischen Entwerfen und Herstellen klingt vielleicht nur wie eine semantische Spitzfindigkeit, und doch ist hier mehr im Spiel. Die Legende schreibt Hugo Boss Talent zu – immerhin finden viele Leute die Naziuniformen beeindruckend und schließen daraus, dass Boss äußerst gutaussehende Uniformen zu entwerfen verstand. Die Wahrheit nimmt ihm diesen Nimbus. Nach dem, was am Ende bleibt, ist Boss nur einer von vielen begeisterten Nazis, der auch Kriegsprofiteur war und Zwangsarbeit einsetzte.

Das Unternehmen Hugo Boss setzt sich aktiv mit diesem Kapitel der Unternehmensgeschichte auseinander und informiert dazu auch auf seiner Website.

3
Marie Antoinette hat gesagt: »Dann sollen sie doch Kuchen essen!«

Was man Ihnen vielleicht erzählt hat

Immer wenn irgendein Reicher oder Mächtiger, ein Politiker oder Milliardär, etwas Blödes oder Realitätsfremdes sagt, gibt es jemanden, der ihn an das Schicksal von Marie Antoinette erinnert.

In Frankreich hungerte das Volk, und sie als Königin war zu abgehoben von der Wirklichkeit, um zu begreifen, dass sich die Leute keine Lebensmittel leisten konnten. Als man ihr sagte, dass sich die Armen kein Brot kaufen konnten, entgegnete sie: »Dann sollen sie doch Kuchen essen!« Das machte die Volksmassen natürlich wütend, woraufhin sie diese ganze Geschichte mit der Französischen Revolution starteten, die königliche Familie unter die Guillotine brachten und auch Marie Antoinette den Kopf abschnitten.

Die Widerlegung

Es gibt keinerlei Belege dafür, dass sie es wirklich gesagt hat – nicht einmal im Scherz und nicht einmal, als vielleicht gerade Berge von Kuchen herumgestanden haben. Erst lange nach ihrem Tod begann man zu behaupten, sie habe so etwas geäußert. Stattdessen gibt es zahlreiche Indizien dafür, dass eine andere Prinzessin es gesagt hat, und zwar zu einer Zeit, als Marie Antoinette noch ein kleines Mädchen war und in Österreich lebte.

Ja, Marie Antoinette ist in jener Epoche die einzige Französin, die die meisten von uns kennen, und ja, sie war und ist das Symbol für einen unglaublich widerwärtigen Sittenverfall und Überfluss, aber gesagt hat sie es trotzdem nicht. Eher schien sie sich um die Notlage der Armen gesorgt zu haben. Sie schrieb sogar über ihre Beunruhigung angesichts der Armut und des Hungers, den sie in Frankreich miterlebte. In einem Brief vom 22. Juni 1775 an ihre Mutter, Kaiserin Maria Theresia von Österreich, heißt es: »Es ist erstaunlich und zugleich wunderbar, zwei Monate nach den Unruhen und trotz der hohen Brotpreise, die leider nicht zurückgehen, so gut aufgenommen zu werden. [...] Eines ist gewiss: Wenn wir sehen, wie uns notleidende Menschen so gut behandeln, fühlen wir uns umso mehr verpflichtet, für ihr Glück tätig zu werden.«

Das Geld, welches sie für ein einziges ihrer Kleider ausgab, hätte zugegebenermaßen ausgereicht, um eine hungernde Familie über Wochen zu ernähren, aber in gewisser Weise war auch sie eine Gefangene der Welt, in die sie hineingeboren wurde. Marie Antoinette wohnte ihr ganzes Leben lang in Palästen, umgeben von Dienern und Gouvernanten, die sie auf ihre spätere Rolle vorbereiteten und von der wirklichen Welt abschotteten. Sie war erst 14, als man sie mit dem König von Frankreich verheiratete, einem der mächtigsten und reichsten Männer der Erde. Würde so etwas heute passieren, dann täte sie uns leid, und manche Teenager würden uns vielleicht auf TikTok erzählen, dass auch sie ein Opfer sei und dass wir sie in Frieden lassen sollten.

Wenn also nicht Marie Antoinette, wer stand dann am Ursprung jener Story?

Der Satz stammt aus einer Geschichte, die sich in Buch 6 der *Bekenntnisse* von Jean-Jacques Rousseau findet. Er behauptet darin, eine »große Prinzessin« habe auf die Nachricht, dass die Bauern kein Brot hätten, entgegnet: »Sollen sie doch Brioches essen!« (Brioches sind übrigens nicht wirklich Kuchen, sondern eher sehr gehaltvolle Weizenbrote, die mit viel Butter und Eiern gemacht werden.) Der Name der Prinzessin wird nicht erwähnt, und vielleicht ist sie auch nur erfunden; eigentlich wird in dem Buch angedeutet, dass es sich um eine Fabel oder Anekdote handelt, die

Rousseau irgendwo aufschnappte. Die Geschichte wurde 1766 oder 1767 geschrieben und 1782 veröffentlicht. Marie Antoinette kam 1755 zur Welt, was bedeutet, dass sie ungefähr elf war und noch in Österreich lebte, als jene »große Prinzessin« womöglich ihre Bemerkung über die Brioches fallen ließ (vorausgesetzt, es war keine viel ältere Geschichte, die Rousseau nur wiedergegeben hat). Sie kann eindeutig nicht die Prinzessin sein, über die Rousseau schrieb. Und selbst wenn sie es gewesen wäre – einem Kind könnte eine solche Antwort doch sicher vergeben werden?

Möglicherweise hat die Geschichte sogar noch ältere Wurzeln. Sie könnte zu den Dingen gehören, die sich die Leute seit Jahrhunderten über die Reichen und Mächtigen erzählen. Ich kann das nicht beweisen, aber ich fand einen Beleg, der ins 7. Jahrhundert zurückreicht und unserem Ausspruch verdächtig ähnelt. In einer Chronik der Jin-Dynastie steht, man habe Kaiser Hui berichtet, dass sein Volk hungere, weil es nicht genug Reis gebe, und er habe erwidert: »Warum essen sie dann nicht Brei mit Fleisch?«

So war diese ganz ähnliche Geschichte schon mehr als 1000 Jahre im Umlauf, als Marie Antoinette geboren wurde. Natürlich beweist das gar nichts, aber interessant ist es schon, und falls eines Tages jemand die Zeit findet, quer durch die Jahrhunderte nach anderen vergleichbaren Behauptungen Ausschau zu halten, werden wir vielleicht herausfinden, dass es eigentlich eine populäre alte Klatschgeschichte ist.

Um auf die französische Königin zurückzukommen: Als ihr das Zitat erstmals zugeschrieben wurde, war sie längst unter der Guillotine gestorben und seit Jahrzehnten tot. Während ihrer Zeit als Königin wurde sie mit Kübeln von Propaganda und puren Lügen attackiert: Man behauptete, sie würde im Schlafzimmer unanständige Dinge mit anderen Frauen und unzähligen Männern treiben, sie hätte ihr eigenes Kind vergiftet und plante sogar, alle Franzosen umzubringen – aber niemand behauptete, sie hätte die Sache mit dem Kuchen gesagt. Nach dem, was man auf den Straßen über sie hörte, war sie also eine sexuell abartige, ausländische, zu Kindesmissbrauch neigende, mörderische Verrückte, aber keine Sorge, das ist schon okay, so war sie halt. Doch als sie eine dämliche Bemerkung über Brot machte, soll *das* die Revolution ausgelöst haben?

Ganz bestimmt nicht.

Es ist interessant, dass die Behauptung ausgerechnet im viktorianischen Zeitalter sehr populär wurde. Wie Sie noch sehen werden, ist es nicht das einzige Mal, dass wir die Viktorianer dafür verantwortlich machen müssen, uns eine schiefe Sicht auf die Vergangenheit hinterlassen zu haben.

4
Die berühmte Person X hat den klugen Ausspruch Y getätigt

Was man Ihnen vielleicht erzählt hat

Du kennst doch sicher diesen wirklich berühmten und klugen Mann? Na ja, und er hat diese wirklich berühmte und kluge Bemerkung gemacht, und ich werde ihn jetzt zitieren, weil ich dann in den sozialen Medien als ein ganz Schlauer dastehe, und vielleicht wirst auch du denken, ich sei klug, und mir alles glauben, was ich sonst noch sage.

Die Widerlegung

Okay, ich weiß, das klang jetzt ein bisschen albern, aber so läuft es wirklich. Die Leute verwenden Zitate von irgendwelchen berühmten und vorzugsweise besonders klugen oder geistreichen Menschen, um selbst gebildeter zu erscheinen oder um das, was sie als Nächstes sagen wollen, eindrucksvoller wirken zu lassen. Als beispielsweise während der Coronapandemie mal wieder ein Lockdown verkündet wurde, erlangte ein Zitat von Einstein große Popularität: »Die Definition von Wahnsinn ist, immer wieder das Gleiche zu tun und andere Ergebnisse zu erwarten.« Die Leute wollten damit eine Aussage über die Politik der Regierung treffen, die an einem Plan festhielt, der nach Ansicht ihrer Kritiker nicht funktionierte. Bloß dass dies kein Einstein-Zitat war.

Will man andeuten, dass Politiker oder Medien lügen, kommt oftmals ein Zitat von Mark Twain zum Einsatz: »Es ist leichter, die Menschen zu täuschen, als sie davon zu überzeugen, dass sie getäuscht worden sind.« Ironischerweise ist dieser Ausspruch aber gar nicht von Mark Twain.

Und dann gibt es natürlich noch die Geschichte mit Marie Antoinette und dem Kuchen.

Wer solche Zitate im Internet teilt, erweckt den Anschein, er kenne sich mit Geschichte aus und sei sehr belesen. Wenn Sie bei Twitter sind, können Sie für einen Dienst bezahlen, der in Ihrem Auftrag einmal täglich oder wöchentlich ein Zitat postet. Oft kommen diese Sätze sogar mit einer hübschen Illustration daher – dem Porträt der Person, die man zu zitieren glaubt, oder einer unbestimmten Landschaft, über welche das Zitat gedruckt ist. Das soll den Aussprüchen noch mehr Glaubwürdigkeit verleihen. Manchmal gibt es einen Link auf eine der vielen Zitate-Websites, auf denen man lange Reihen von schlauen, witzigen und interessanten Aussprüchen findet. Diese Seiten sehen so glitzernd und eindrucksvoll aus, dass viele Leute annehmen, sie würden bestimmt keinen Nonsens verbreiten, aber ich fürchte, das tun sie doch.

Ich habe eine Liste von falsch zugeschriebenen Zitaten, nach denen ich auf Twitter beinahe täglich suche. Allerdings musste ich es aufgeben, jeden zu korrigieren, der diese Aussprüche verwendet – es passiert einfach zu oft. Buchstäblich Hunderte, wenn nicht Tausende Leute teilen sie fortwährend. Und obwohl ich nur nach ein paar speziellen Aussprüchen suchte, die alle mit Geschichte zu tun haben, fand ich immer noch mehr falsche Zuschreibungen, als ich bewältigen konnte.

Wann also ist ein Zitat wirklich ein Zitat von jemandem?

Im Allgemeinen schreiben wir ein Zitat einer Person zu, wenn es seinen Ursprung bei ihr hatte – wenn diese Person die Sache als Erste ausgesprochen oder niedergeschrieben hatte und wir das beweisen können. Wenn jemand bloß wiederholt, was er irgendwo gelesen hat, oder wenn er jemanden zitiert, dann können wir zwar sagen, dass er es ausgesprochen hat, aber *sein* Zitat ist es nicht.

Falls Sie Gefallen an solchen Dingen haben und mehr über die Forschungs- und sogar Detektivarbeit wissen möchten, die mit dem Aufspüren von Zitatursprüngen verbunden ist, schauen Sie sich die Quellenangaben zu diesem Kapitel an. Besonders empfehlen kann ich den *Quote Investigator*, dem man auf Twitter mit Vergnügen folgen kann. Er hat eine wunderbare Website, veröffentlichte aber auch schon ein Buch zu diesem Thema.

Hier folgen nun einige der verbreitetsten »Zitate«, die ich regelmäßig auf Twitter ausfindig mache. Ich bin ziemlich sicher, dass mindestens zwei oder drei darunter sind, die Sie überraschen werden.

Winston Churchill war ein berühmter Staatsmann und verstand ganz bestimmt etwas von Politik, und so ist es verlockend, seine Worte im Internet zu teilen, um einen politischen Standpunkt deutlich zu machen. Die folgenden Aussprüche sind aber *nicht* von ihm:

»Sie haben Feinde? Gut. Es bedeutet, dass Sie irgendwann in Ihrem Leben für etwas eingetreten sind.«

»Wenn du durch die Hölle gehst, geh weiter.«

»Eine Lüge rennt um die halbe Welt, bevor die Wahrheit sich überhaupt erst die Hosen anziehen kann.«

»Das beste Argument gegen die Demokratie ist ein fünfminütiges Gespräch mit einem durchschnittlichen Wähler.«

»Die Faschisten der Zukunft werden sich Antifaschisten nennen.«

Oscar Wilde war vielleicht der Champion des Scharfsinns, und es ist immer ein Hit, ihn online zu zitieren, aber die folgenden Zitate können ihm *nicht* zugeschrieben werden:

»Wenn du den Menschen die Wahrheit sagen willst, bring sie zum Lachen, oder sie werden dich töten.«

»Vergib stets deinen Feinden, denn nichts ärgert sie so sehr.«

»Sei du selbst. Alle anderen sind schon vergeben.«

»Manche machen uns glücklich, wohin immer sie gehen, andere, wann immer sie gehen.«

Einstein war ein Genie, und so werden auch Sie vielleicht klug wirken, wenn Sie seine Worte teilen. Das hier sind allerdings keine Zitate von ihm:

»Die Definition von Wahnsinn ist, immer wieder das Gleiche zu tun und andere Ergebnisse zu erwarten.«

»Jeder ist ein Genie! Aber wenn man einen Fisch danach beurteilt, ob er auf einen Baum klettern kann, wird er sein ganzes Leben glauben, dass er dumm sei.«

»Wenn ein unordentlicher Schreibtisch von einem unordentlichen Geist zeugt, was sagt dann ein leerer Schreibtisch über den aus, der ihn benutzt?«

»Kreativität ist ansteckend.«

»Ein schlauer Mensch löst ein Problem. Ein weiser Mensch vermeidet es.«

»Wissen kann jeder Dummkopf. Es geht aber darum, zu begreifen.«

Nur wenige Menschen wissen wirklich, wer Voltaire war, aber auf jeden Fall hat er ein paar Dinge gesagt, die richtig klug klingen, und so ist er im Internet ziemlich populär. Was er aber *nicht* gesagt hat:

»Ich mag anderer Meinung sein als Sie, aber ich würde mein Leben dafür geben, dass Sie Ihre Meinung äußern dürfen.«

»Wenn du wissen willst, wer über dich herrscht, brauchst du nur herauszufinden, wen du nicht kritisieren darfst.«

Das letzte Zitat wurde übrigens von einem amerikanischen Neonazi verfasst, den man wegen des Besitzes von Kinderpornografie inhaftiert hatte. Sie können sich vorstellen, wie schmerzhaft es für manche Leute sein muss, wenn sie merken, wessen Worte sie da verbreitet haben.

Das folgende Zitat ist besonders populär unter Motivations-Coaches, aber auch unter Politikern, also Leuten, die manchmal viele Tausend, wenn nicht gar Millionen Anhänger haben, denen sie Inspiration zu vermitteln suchen. Zu diesem Zweck ist es ein guter Ausspruch, aber …

»Wenn deine Taten andere dazu inspirieren, mehr zu träumen, mehr zu lernen, mehr zu tun und mehr aus sich selbst zu machen, dann bist du ein Anführer.«

… ist kein Zitat von John Quincy Adams, dem sechsten Präsidenten der Vereinigten Staaten von Amerika, sondern von der Country-Sängerin und Songwriterin Dolly Parton! Das mindert natürlich nicht seinen Wert, aber es macht Spaß, die Wahrheit jenen Typen unter die Nase zu reiben, die mit todschicken Anzügen und übertrieben weißen Zähnen herumlaufen und denken, sie würden einen Staatsmann zitieren.

5
Raumschiff Enterprise zeigte 1968 im Fernsehen den ersten Kuss von Menschen unterschiedlicher Hautfarbe

Was man Ihnen vielleicht erzählt hat

Jeder weiß doch, dass der allererste Fernsehkuss von Menschen unterschiedlicher Hautfarbe im Jahre 1968 ausgestrahlt wurde, als Captain James Tiberius Kirk (dargestellt von William Shatner) und die Dolmetscherin und Kommunikationsoffizierin Lieutenant Nyota Uhura (gespielt von Nichelle Nichols) sich in der Folge »Platons Stiefkinder« küssten. Das ist wirklich Allgemeinwissen, und wenn sich heutzutage jemand darüber beklagt, dass die neuen Folgen so »woke« sind, erinnert man ihn umgehend daran, dass diese Serie schon immer so war. Jener Kuss beweist schließlich, wie weit *Raumschiff Enterprise* seiner Zeit voraus war!

Die Widerlegung

Mit *einem* Irrtum sollten wir gleich zu Beginn aufräumen: Den ersten Fernsehkuss von Menschen unterschiedlicher Hautfarbe gab es mitnichten in *Raumschiff Enterprise*. Tut mir leid für alle Fans der Serie und für William Shatner. Leute, ich nehme an, ihr habt das nicht gerne gehört, denn ihr habt mich auf Twitter gesperrt, aber es ist nun einmal die Wahrheit.

Nachdem wir das geklärt haben, sollten wir nun eine Reihe von Kussszenen in alten Filmen und Serien technisch penibel analysieren, um herauszubekommen, wem die Ehre gebührt, die Mauer als Erster eingerissen zu haben. Dazu müssen wir zunächst einmal die Ausdrücke »unterschiedliche Hautfarbe« und »Kuss« definieren. Zählt es schon, wenn die Lippen flüchtig die Wange berühren, oder muss es ein handfester Kuss auf den Mund sein? Mit oder ohne Einsatz der Zunge? Muss der Kuss bei Ihnen eine *Aaaah*-Reaktion auslösen, oder geht auch einer, bei dem Sie peinlich berührt wären, wenn Sie ihn zusammen mit Ihren Eltern auf dem Bildschirm sähen? Muss er romantisch und absichtsvoll sein? Zählt auch ein Kuss nur so zum Spaß oder (wie in *Raumschiff Enterprise*) ein erzwungener Kuss gegen den Willen einer oder beider Seiten?

Wie schon Sam in *Casablanca* sang – »ein Kuss ist nur ein Kuss«. Andererseits gilt aber auch: Ein Kuss ist immerhin ein Kuss.

Aber ehrlich mal, wie präzise wollen wir in unserer Definition sein? Wenn schon ein platonisches, harmloses Küsschen auf die Wange zählt, gab es in *Raumschiff Enterprise* bereits früher einen Kuss zwischen Menschen unterschiedlicher Hautfarbe, als nämlich Uhura in der Folge »Der alte Traum« Nurse Chapel küsst. Ich habe mir die Szene ein paarmal angeschaut und gewann dabei den Eindruck, dass dieses Küsschen Uhura sehr beeindruckt hat – vielleicht war da noch mehr im Spiel ... Aber ich schweife ab. (Und trotzdem werden Sie diese Folge künftig nicht mehr sehen können, ohne daran denken zu müssen, was ich darin zu erkennen glaubte.)

Damit die Dinge handhabbar bleiben, sage ich jetzt einfach, dass es zwei Arten von Küssen gibt – platonische und romantische. (Natürlich gibt es noch viel mehr, und ich hoffe für Sie, dass Sie die schönsten davon erleben, aber lassen Sie es uns nicht zu kompliziert machen.) Ein platonischer Kuss ist nur eine flüchtige Berührung der Wange mit den Lippen. Er hat nicht viel zu bedeuten und kann sogar Teil eines Scherzes sein. Ein romantischer Kuss ist da schon mehr. Leidenschaft und, wenn Sie Glück haben, Liebe sind darin involviert. Eine gewisse Bindung ist mit im Spiel, Anziehungskraft und vielleicht sogar eine Andeutung von Geknutsche und Fummelei. Ich werde die Küsse, die wir während unserer Untersuchung finden, nach diesen Kriterien bewerten, und wir werden uns beide Arten von Küssen ansehen, auch wenn ein Kuss unter Liebenden natürlich viel bedeutender ist.

Aber wir müssen auch definieren, was eigentlich »Menschen unterschiedlicher Hautfarbe« bedeutet, und das ist ein bisschen komplizierter. Früher hätte man vielleicht einfach geschrieben »ein Kuss über Rassengrenzen hinweg«, aber die ganze Idee von Menschenrassen ist überholt und wenig brauchbar. Es ist ein soziales Konstrukt, und nicht nur unsere Vorstellungen über »Rasse« haben sich im Laufe der Zeit dramatisch verändert, sondern andere Kulturen haben oft auch andere Ansichten darüber, was was ist. Ganz davon zu schweigen, dass dieses Thema in manchen Ländern viel heikler und viel stärker mit schmerzlichen Geschichtserfahrungen befrachtet ist als in anderen. Gleich die ersten Anwärter auf den frühesten Kuss machen das überdeutlich.

Im Jahre 1951 küssten sich Lucille Ball (europäische Vorfahren) und Desi Arnaz (kubanische Wurzeln) in der Fernsehserie *I Love Lucy*. Manche sagen, die beiden seien eigentlich nicht »unterschiedlicher Hautfarbe«, denn ein kubanischstämmiger Amerikaner stehe einem europäischen Weißen doch ziemlich nahe, und ihre Hautfarbe ähnle sich sehr. Aber wir reden hier von den USA der 1950er Jahre; der Sender CBS bekam heftigen Gegenwind, weil er Lucy einen Kubaner hatte heiraten lassen, zu alledem einen mit solch einem starken Akzent! Man fand ihn einfach »zu folkloristisch«. Der Zigarettenhersteller Philip Morris, ein Sponsor der Fernsehserie, meinte, dass die US-amerikanischen Zuschauer Desi nicht als Ehemann eines echten amerikanischen Girls akzeptieren würden.

In den 1930er Jahren beschrieben einige offizielle Dokument Desis ethnischen Status als »Kubaner«, aber in anderen wurde er als »Weißer« geführt, sodass selbst die US-amerikanischen Behörden offensichtlich nicht recht wussten, wie sie ihn kategorisieren sollten. Beide Schauspieler (die damals, wie sich vielleicht anzumerken lohnt, im wirklichen Leben miteinander verheiratet waren) hatten natürlich eine helle Haut, wodurch die Kussszene etwas weniger skandalträchtig wurde, und doch war es zu jener Zeit noch eine heikle Sache, wenn eine weiße Frau einen Latino küsste – besonders in den USA. Und sie küssten sich nicht nur einmal, und unschuldige Küsschen auf die Wange waren es auch nicht – Lucille und Desi knutschten ganz unzweideutig. Obwohl also nicht ganz klar ist, ob wir hier von »Menschen unterschiedlicher Hautfarbe« sprechen können, war dieser Kuss doch heftig umstritten und eindeutig romantischer Natur. Er sollte also in unserer Untersuchung wenigstens erwähnt werden.

Beim nächsten Anwärter ist interessanterweise wieder William Shatner mit im Spiel! Aber nicht in seiner Rolle als Captain Kirk. Am 16. November 1958 präsentierte die Besetzung des Bühnenstücks *The World of Suzie Wong* eine Szene daraus in der *Ed Sullivan Show*. Die Szene endete damit, dass sich William Shatner und France Nuyen auf den Mund küssten. Davon erfährt man in Mr. Shatners Autobiografie interessanterweise nichts, während dem *Raumschiff-Enterprise*-Kuss eine Menge Aufmerksamkeit gewidmet wird. Shatner ist ein Weißer, und Nuyens Vater war asiatischer Herkunft, wodurch es nach einigen sehr seltsamen Regeln ein Kuss von »Menschen unterschiedlicher Hautfarbe« wird. Und es ist ein echter Kuss: Mund auf Mund, lang und romantisch. Wenn wir also beschließen, den Kuss aus *I Love Lucy* nicht gelten zu lassen, wäre dieser hier der erste im Fernsehen ausgestrahlte Kuss von Menschen unterschiedlicher Hautfarbe.

Im Jahre 2015 gab es einige Aufregung, als das Britische Filminstitut etwas Filmmaterial von der Fernsehadaption eines Bühnenstücks namens *You in Your Small Corner* wiederentdeckte. Die Sendung lief am 5. Juni 1962 auf ITV. In diesem Stück gab es einen Kuss zwischen einem Schwarzen und einer Weißen – eine Nachricht, die es nach der Wiederentdeckung weltweit in die Medien schaffte. Selbst auf CNN wurde er erwähnt, denn natürlich ist diese Sendung einige Jahre älter als *Raumschiff Enterprise*. Im Unterschied zum dortigen Kuss war dieser nicht erzwungen – und mein Gott, er ist echt leidenschaftlich und ganz aus der Nähe gefilmt! Es ist ein guter und echter Kuss, viel besser als der auf dem fremden Planeten.

Aber es gab einen noch früheren, und wieder im britischen Fernsehen. Am 1. Februar 1959 strahlte ITV Ted Willis' Stück *Hot Summer Night* (dt. *Heiße Sommernacht*, 1962) aus. Darin sah man einen sehr leidenschaftlichen und romantischen Kuss zwischen dem jamaikanischen Schauspieler Lloyd Reckord und der weißen Liverpoolerin Andrée Melly. Bedeutet das nun, dass Großbritannien den allerersten Fernsehkuss zwischen einer schwarzen und einer weißen Person für sich beanspruchen kann?

Nein, tut mir leid, aber diese Ehre gebührt uns Holzschuhträgern!

Am 5. Januar 1959, etwa um 20.30 Uhr (also zur besten Sendezeit), gab es einen Kuss zwischen Donald Jones, einem schwarzen Schauspieler, der in den Vereinigten Staaten geboren war, und der weißen Schauspielerin Roekie Aronds, und zwar in der Folge »Beeldromance« der niederländischen Fernsehserie *Pension Hommeles*. In meinem Heimatland war das eine der populärsten Sendungen aller Zeiten. Damals gab es in den ganzen Niederlanden nur 100.000 Fernsehgeräte. Und trotzdem sahen irgendwie alle diese Reihe, denn wer keinen Fernseher hatte, ging die Nachbarn besuchen und schaute sie mit ihnen gemeinsam.

Bei einem Blick in zeitgenössische niederländische Zeitungen hat man den Eindruck, dass es wegen des Kusses keinen erbitterten Streit und keine Gegenbewegung gab. Ganz im Gegenteil, die Kritiken fielen positiv aus. Obgleich dieser Kuss nicht so leidenschaftlich war wie einige andere Anwärter, war er doch eindeutig romantischer Art und mehr als nur ein unschuldiges Küsschen. Im amerikanischen Fernsehen wäre er seinerzeit problematisch gewesen.

Welchen Kuss wir als »ersten Fernsehkuss von Menschen unterschiedlicher Hautfarbe« betrachten können, hängt also davon ab, wie wir persönlich oder kulturell »unterschiedliche Hautfarbe« definieren und ob wir denken, dass jede Art von Kuss zählt, oder nicht. Die wichtigsten Anwärter sind derzeit:

1951: *I Love Lucy* mit Lucille Ball und Desi Arnaz
1958: *The Ed Sullivan Show* mit William Shatner und France Nuyen
1959: *Pension Hommeles* mit Donald Jones und Roekie Aronds
1959: *Hot Summer Night* in der Reihe *Armchair Theatre* mit Lloyd Reckord und Andrée Melly

Obwohl wir, wenn es um Liebesbeziehungen über Hautfarben hinweg geht, die Rahmenbedingungen in den USA der 1960er Jahre sowie in Großbritannien und den Niederlanden der 1950er Jahre schlecht miteinander vergleichen können, waren alle diese Küsse auf die eine oder andere Art bahnbrechend.

Interessant ist, dass Hollywood diesen Meilenstein schon lange vor dem Fernsehen erreicht hat. Der älteste Kuss von Menschen unterschiedlicher Hautfarbe auf der Kinoleinwand ereignete sich (zumindest soweit ich es finden konnte), als ein von Gilbert M. Anderson gespielter Weißer eine schwarze Frau küsste, vermutlich die wunderbare Bertha Regustus. Das war schon 1903 im Kurzfilm *What Happened in the Tunnel.* Es ist ein flüchtiger Moment, aber trotzdem ein Kuss, und er liegt zeitlich vor anderen Kandidaten wie *A Florida Enchantment* (1914), in dem es auch Frauen in Männerkleidern und Blackfacing gibt, *The Greatest Thing in Life* (1918) mit einem Kuss zweier Männer unterschiedlicher Hautfarbe, *Pinky* (1949), worin ein Weißer voll Inbrunst eine Schwarze küsst, und weiteren Filmen.

6
Die Serie *EastEnders* zeigte 1989 den ersten Fernsehkuss von Menschen gleichen Geschlechts

Was man Ihnen vielleicht erzählt hat

Zwei Menschen gleichen Geschlechts küssten sich im Fernsehen erstmals 1989 in der britischen Seifenoper *EastEnders*. Das war ein ziemlich großes Ding: 20 Millionen sahen den Kuss, und obwohl er wunderbar und für viele Zuschauer sogar lebensverändernd war, reagierten andere wütend. Parlamentsmitglieder verlangten das Verbot der Serie, und der ach so entzückende und stets geschmackvolle Piers Morgan verfasste einen hässlichen kleinen Artikel voller Verunglimpfungen. Aber er und die anderen, die sich so furchtbar schockiert gaben, standen auf der falschen Seite der Geschichte – also Hut ab vor der BBC, die wieder mal einen Meilenstein gesetzt hatte.

Die Widerlegung

Um den Schleier gleich mal zu lüften: Den ersten Fernsehkuss von Menschen gleichen Geschlechts gab es nicht bei *EastEnders*. Und nein, auch nicht bei *L. A. Law – Staranwälte, Tricks, Prozesse* oder *Dawson's Creek* oder *Brookside*.

Es war ein ganzes Stück Detektivarbeit nötig, um herauszufinden, welcher Kuss tatsächlich der früheste war, und am Ende stieß ich auf einen, den bisher offenbar niemand sonst gefunden hat. Zu diesem Thema gibt es im Internet gar nicht so wenige Artikel, und auch die Medien reden immer wieder davon, aber sie würdigen stets die falsche Serie dafür. Genau wie beim ersten Kuss von Menschen verschiedener Hautfarbe möchte ich hier eine Unterscheidung zwischen romantischen und nicht-romantischen, platonischen Küssen treffen. Ein romantischer Kuss zweier Männer oder zweier Frauen ist bedeutsamer, er ist mit Liebe und/oder Leidenschaft verbunden und Bestandteil einer ernsthaften homosexuellen Beziehung (zumindest deutet er auf eine solche hin). Ein nicht-romantischer oder platonischer Kuss kann alle möglichen Bedeutungen haben; er kann ein nur flüchtiges Berühren der Wange sein, eine Begrüßung oder ein Scherz.

TV-Küsse von Menschen gleichen Geschlechts gibt es beinahe schon, seit die Fernsehapparate Einzug in unsere Wohnzimmer gehalten haben. Sie waren aber allesamt platonisch und sollten fast immer einen komödiantischen Effekt erzielen. Doch wenn wir den frühesten finden wollen, können wir auch diese Küsse nicht völlig ignorieren.

Eines der ersten Beispiele, die ich auffinden konnte, war ein Kuss zwischen den berühmten Komikern Dean Martin und Jerry Lewis in der Show *The Colgate Comedy Hour*, die von 1951 bis 1955 im amerikanischen Fernsehen live ausgestrahlt wurde. Wenngleich sie platonisch und oftmals Teil von Slapstick-Späßen war, kann man die Beziehung der beiden Männer auf dem Bildschirm und im echten Leben doch für mehr als eine »normale« Freundschaft halten. Sie zeigten etwas, das im Amerika der 1950er Jahre selten einmal dargestellt wurde: eine intensive und liebevolle Beziehung zwischen zwei einander herzlich zugetanen Männern, die auch kein Problem damit hatten, es offen zu zeigen. Jerry Lewis beschrieb es so: »Was wir miteinander hatten, war eine Liebesgeschichte – zwei Männer, die einander anbeteten, das war der Schlüssel.« Es war eine frühe Version von dem, was heutzutage manchmal *bromance* genannt wird. Technisch gesehen könnte man dies also als ersten Fernsehkuss zweier Männer betrachten, aber obwohl sich die beiden Männer wirklich sehr mochten, waren sie kein Liebespaar, und ihre Küsse waren nicht romantischer Natur.

Die amerikanische Serie *Dawson's Creek* zeigte am 24. Mai 2000 einen echten Kuss. Wie *EastEnders* wird auch ihr häufig zugeschrieben, den ersten romantischen Kuss zweier Männer ausgestrahlt zu haben. Und am 6. Dezember 1998 lief eine Folge von *That '70s Show*, die einen leidenschaftlichen Kuss zweier junger Männer zeigte. Nur einer der beiden war schwul, und es war eine einseitige, unerbetene Annäherung, sodass es sich rein technisch betrachtet um einen zur Hälfte leidenschaftlichen Kuss zweier Männer handelte. Er wurde in den USA zur besten Sendezeit ausgestrahlt.

Aber keiner davon kann für sich in Anspruch nehmen, der erste gewesen zu sein.

Am 6. August 1970 um 21.10 Uhr sendete die BBC Christopher Marlowes Stück *Edward II.* In dieser Fernsehadaption küsste Ian McKellen voller Leidenschaft James Laurenson. Das Stück wurde auch in den USA gezeigt, und zwar erstmals am 27. September 1975 auf Ed-TV als Teil einer CBS-Sendung. Später strahlten es andere Kanäle erneut aus. Genau genommen macht es diese britische Aufnahme zum frühesten im amerikanischen Fernsehen gezeigten romantischen und leidenschaftlichen Kuss zweier Männer. Aber in Großbritannien selbst strahlte Granada Television schon am 20. Oktober 1968 die Folge »Caligula« aus der Serie *The Caesars* aus (das war ein großes Kostümdrama mit Themen aus dem alten Rom). In einer Szene gibt Caligula (gespielt von Ralph Bates) Lepidus (verkörpert von Sean Arnold) einen langen, leidenschaftlichen Kuss auf den Mund. Laut einigen Quellen aus der römischen Antike hatten Caligula und Lepidus tatsächlich eine Liebesaffäre. Dies ist meines Wissens weltweit der erste heiße, bedeutungsvolle Kuss zweier Männer, der im Fernsehen gezeigt wurde.

Und wie sieht es bei den Frauen aus?

Die meisten Leute glauben, dass sich der erste leidenschaftliche Kuss zweier Frauen im US-amerikanischen Fernsehen 1991 in einer Folge der NBC-Serie *L.A. Law – Staranwälte, Tricks, Prozesse* ereignete, aber schon in der Polizeiserie *21 Jump Street – Tatort Klassenzimmer* hatten sich zwei Frauen geküsst, und zwar in der Folge »Heimliche Beziehungen«, die am 15. Januar

1990 um 20 Uhr lief. In extremer Naheinstellung gefilmt, war es eindeutig ein leidenschaftlicher Kuss zweier Frauen, von denen die eine lesbisch war. Aber wichtiger noch: Anders als manche der anderen Küsse war dieser nicht einfach eine Art Stunt, mit dem man Kontroversen auslösen und Werbeeffekte erzielen wollte. Er war Bestandteil einer ganzen Folge zum Thema Homosexualität. Sie widmete sich vielen Fragen und versuchte den jungen Zuschauern zu erklären, dass Homosexualität etwas völlig Normales ist. Die Folge war in vielerlei Hinsicht bahnbrechend. Dennoch war es nicht der erste im amerikanischen Fernsehen gezeigte leidenschaftliche Kuss zweier Frauen. Um den zu finden, müssen wir einmal mehr eine britische Sendung ins Visier nehmen.

1968 strahlte die BBC eine Adaption von Émile Zolas Roman *Nana* aus, in der Katherine Schofield die Titelrolle spielte. In *Prospero*, dem Magazin des BBC-Pensionsfonds, behauptete im August 2021 der Regisseur des Films, John Davies, es habe darin nicht nur nackte Frauenbrüste zu sehen gegeben, sondern auch eine Szene, in der Nana, bekleidet mit Frack und Zylinderhut, eine andere Frau küsste. Leider hat kein Filmmaterial davon überdauert, sodass es schwer zu beurteilen ist, ob es sich nur um ein unschuldiges Küsschen handelte oder um etwas mehr. Nichtsdestotrotz ist es für Großbritannien der älteste Fernsehkuss zweier Frauen, den ich gefunden habe.

Vermutlich war er das auch in mehreren anderen Ländern, denn der Film wurde von mehreren ausländischen Fernsehsendern rund um den Erdball eingekauft. In den Vereinigten Staaten strahlte man ihn 1969 aus.

Aber der allererste Kuss war es trotzdem nicht. Dieser Punkt geht – soweit wir wissen – an Brasilien. 1963 küssten sich zwei Frauen in einer Folge der Serie *A Calúnia.* Ihr Kuss war nicht nur auf die Wange hingehaucht, nicht von Aliens erzwungen, kein Scherz und auch kein Missverständnis; es war ein ausgewachsener lesbischer Kuss zweier verliebter Frauen. Die Sendung basierte auf Lillian Hellmans Theaterstück *The Children's Hour* (in deutscher Übersetzung *Ein Kind klagt an*) aus dem Jahre 1934. Das ist eine dramatische Story um zwei Frauen, die man beschuldigt, lesbisch zu sein, und die schließlich entdecken, dass sie tatsächlich zärtliche Gefühle füreinander empfinden. Es ist der erste Kuss zweier Männer oder zweier Frauen, den ich in der Fernsehgeschichte finden konnte, aber weil die Sendung live ausgestrahlt wurde, gibt es keine Aufzeichnungen von dieser Szene. Es ist natürlich möglich, dass jemand noch frühere Küsse ausgräbt, denn viele Geheimnisse des Fernsehens sind noch in Archiven rund um die Welt verborgen.

Einige der von mir erwähnten Küsse rissen Barrieren ein und verdienen eine Menge Anerkennung, und oftmals waren sie die ersten vor einem großen Wendepunkt – die frühesten in einer Seifenoper oder anderweitig die ersten ihrer Art. Ein Kuss in einem zu nachtschlafender Zeit gesendeten Dokumentarfilm ist nicht ganz das Gleiche wie einer, den man in einer Fernsehserie zur besten Sendezeit und für ein Millionenpublikum ausstrahlt, aber beide verdienen Anerkennung, weil sie auf ihre Weise etwas erreicht haben. Serien wie *EastEnders* haben etwas Eindrucksvolles geleistet, an das man sich erinnern sollte – und keineswegs nur, um Piers Morgan zu ärgern.

7
Die Wikinger hatten Hörner auf ihren Helmen

Was man Ihnen vielleicht erzählt hat

Die Wikinger hatten Helme mit gewaltigen Hörnern drauf. Das weiß doch jeder. Wir haben diese Nordländer mit ihren gehörnten Hüten in Film und Fernsehen gesehen, in Büchern, Comics und in der Werbung – einfach überall. Es ist unmöglich, sich einen Wikinger ohne die Dinger vorzustellen. Im Januar 2021 nahm so ein Typ mit Hörnern auf dem Kopf an diesem sonderbaren Sturm auf das Kapitol in Washington teil, und überall in den Medien nannte man ihn einen Wikinger!

Die Widerlegung

Die Idee mit den gehörnten Wikingerhelmen ist weit verbreitet, aber es gibt nicht wirklich Beweise dafür, dass dieser Kopfputz tatsächlich existiert hat. Deshalb war es extrem ärgerlich, als das Bild jenes »QAnon-Schamanen« um die ganze Welt ging, nachdem Trump-Anhänger gewaltsam ins Kapitol eingedrungen waren. So ziemlich jeder nannte ihn »Wikinger«, obgleich er in Wahrheit einen Kopfschmuck der amerikanischen Ureinwohner mit Büffelhörnern trug.

Die Wikinger waren Skandinavier, die vom 8. bis 11. Jahrhundert herumreisten, handelten, plünderten, in fremde Gebiete einfielen und sich ziemlich überall in Europa niederließen – ja sogar weit darüber hinaus. Technisch gesehen, bezieht sich der Begriff »Wikinger« auf eine Handlung, einen Beruf; es war damit also eigentlich kein Volk gemeint und keine Nationalität, sondern eine Tätigkeit: Es war etwas, das man machte – man

»wikingerte« sozusagen. Einen Helm mit großen, spitzen, nach oben weit hervorstehenden Fortsätzen zu tragen, war keine so gute Idee, besonders nicht, wenn man »wikingern« ging: Man konnte leicht an etwas hängenbleiben, Dinge beschädigen oder dem Feind einen schönen Griff zum Festhalten bieten. Die Hälfte Ihrer Mannen hätte sich mit den Helmen in den Segeln verfangen und diese schon in Fetzen gerissen, ehe das Kattegat außer Sichtweite war.

Es sieht so aus, als hätten die Wikinger überhaupt nicht oft schicke Metallhelme getragen – egal ob mit Hörnern oder ohne –, denn im Unterschied zu Schwertern, Messern, Speeren und Kämmen finden die Archäologen nur selten welche. Ja, sie haben schon Bruchstücke von Wikinger-Helmen entdeckt, aber nur einen einzigen, der vollständig erhalten war – den Gjermundbu-Helm. Hörner hat er nicht.

Allerdings ist die Idee, dass die Wikinger Hörner auf ihren Helmen gehabt hätten, nicht so ganz weit hergeholt. Einige zeitgenössische Darstellungen zeigen Helme mit Auswüchsen, die Hörner sein könnten, aber es ist nicht klar, ob es wirklich welche sind, ja nicht einmal, ob die Träger dieser Helme überhaupt Menschen sind. Der Oseberg-Wandteppich beispielsweise präsentiert eine große Figur mit Hörnern, aber manche Historiker glauben, das könnte eine Gottheit sein – vielleicht Odin persönlich – und damit also kein Mensch, niemand, der mit seinen Kumpels in halb Europa »herumwikingert«. Und selbst wenn ein wirklicher Mensch dargestellt ist, wissen wir noch immer nicht, warum er diese Hörner hatte und wie sie wirklich aussahen.

Es kann sein, dass die Hörner bei einer Art zeremoniellem Speertanz getragen wurden, wie er damals recht populär gewesen zu sein scheint. Gehörnte Gestalten, die mit den Armen wedeln, ihre Beine umherwerfen und dabei Schwerter und Speere halten, entdeckt man auch auf den Goldhörnern von Gallehus, den Helmplatten von Torslunda sowie den Helmen von Valsgärde und Sutton Hoo. Obwohl nicht völlig klar ist, was auf diesen Artefakten dargestellt ist, sieht es nicht nach einer Kampfszene aus, sondern eher nach etwas Spirituellem oder Zeremoniellem – was stets eine verlockende Deutung ist, wenn wir uns einer Sache nicht ganz sicher sind. In diesem Fall ist es allerdings eine überzeugende Theorie.

Eines wissen wir aber genau: Helme mit Hörnern gab es *vor* der Wikinger-Ära. Wir sind uns da sicher, weil man ein paar dieser Helme gefunden hat, etwa den eisenzeitlichen Helm von Waterloo und die Helme von Veksø aus der Bronzezeit. Die antiken Griechen und Römer schrieben, dass verschiedene europäische Stämme einen Kopfschmuck trugen, der sie wie Tiere aussehen ließ – mit Hörnern, Geweihen, Flügeln etc. So musste die Fantasie also keine großen Sprünge machen, um die Leute annehmen zu lassen, auch die Wikinger hätten gehörnte Helme gehabt. Tatsache bleibt jedoch, dass es bisher noch keine überzeugenden Belege dafür gibt, dass die Skandinavier welche besessen oder getragen hätten – schon gar nicht während ihrer Raubzüge und Schlachten. Und selbst dafür, dass die Helme bei zeremoniellen Tänzen getragen wurden, gibt es bestenfalls vage Indizien.

Was es noch wahrscheinlicher macht, dass die ganze Geschichte mit den gehörnten Wikingerhelmen nicht wirklich eine historische Grundlage hat: Sie tauchte erst so richtig in der viktorianischen Ära auf. Ja, es sieht wirklich danach aus, als müsste man den Viktorianern einmal mehr vorwerfen, dass sie Legenden verbreitet haben.

Im 19. Jahrhundert war das Mittelalter äußerst populär. Architekten, Dichter, Schriftsteller, Künstler, Archäologen und sogar Politiker waren von diesem Thema besessen. Wie es früher bereits geschehen war und später erneut geschehen sollte – man nutzte eine bestimmte Sicht auf das Mittelalter, um für Nationalismus, Denkmalschutz, Kultur und andere Ideale die Werbetrommel zu rühren. Dann kam Richard Wagners erfolgreicher Opernzyklus *Der Ring des Nibelungen* auf die Bühnen, und seine Visionen (und die seines Kostümbildners Carl Emil Doepler) verbreiteten sich um die Welt. Er präsentierte darin eine überwältigende, aber auch etwas sonderbare Mischung aus nordischer, germanischer, bronzezeitlicher und wikingischer Geschichte, rührte noch eine ordentliche Dosis Fantasie mit hinein und ließ eine ganze Armee von Walküren und »Barbaren« mit gehörnten und geflügelten Helmen auffahren. Diese Gestalten marschierten geradewegs in unser kollektives Gedächtnis. Für Tausende und bald schon Millionen verwandelten sich die Bühnenkostüme in Realgeschichte. Nun begann man auch, die Wikinger mit gehörnten Helmen abzubilden, und bis heute fällt es vielen Menschen schwer, zu akzeptieren, dass es dafür keine wirkliche Grundlage gibt.

Die Historiker haben gegen diesen Mythos vehement angekämpft, doch die alten gehörnten Krieger sind nicht so leicht zu besiegen. Das Bild ist einfach zu ansprechend, aber einen Funken Hoffnung gibt es trotzdem: Den Menschen wird inzwischen in der Schule, in Museen und in historischen Nachstellungen nicht mehr beigebracht, dass Wikinger mit Hörnern herumliefen. So wird der Legende allmählich das Wasser abgegraben. Wenn heute jemand in den sozialen Medien das Bild eines gehörnten Wikingers teilt, wird früher oder später ein anderer daherkommen und ihn korrigieren.

8
Im Mittelalter aßen die Leute Kartoffeln

Was man Ihnen vielleicht erzählt hat

Vermutlich wird man es Ihnen nie direkt gesagt haben, aber wenn Sie einen Film oder eine Fernsehsendung sehen, die im mittelalterlichen Europa oder sogar noch davor spielen, erblicken Sie darin häufig Leute, die gerade Kartoffeln, Tomaten oder Kürbisse verzehren. Bisweilen liegen diese Nahrungsmittel auch einfach auf Tischen herum, oder sie tauchen in Küchen, auf Marktständen etc. auf. Da müssen sie doch wirklich Grundpfeiler der mittelalterlichen Ernährung gewesen sein!

Die Widerlegung

Bedenkt man, wie oft diese Küchenzutaten auf dem Bildschirm auftauchen, ist es kein Wunder, wenn vielen Leuten nicht klar ist, dass sie im damaligen Europa nicht existiert haben. Genau wie Mais, Erdnüsse, Ananas, Paprika, Tabak, Vanille, Kautschuk, Kakao und Lamas waren sie unseren mittelalterlichen, altrömischen, keltischen, prähistorischen und Neandertaler-Vorfahren in Europa völlig unbekannt – und denen in Afrika, Asien und dem Nahen Osten auch. Die Leute wussten von all diesen Dingen nichts, hatten nie von ihnen gehört, sie niemals gekostet und nicht gelernt, wie man sie genießt. Da hingen keine Gewürzpaprikas an Schnüren von der Küchendecke, da gab es keine Tische voller Tomaten, und es lag auch nicht zufällig der eine oder andere Kürbis herum. Ja, ich spreche mit Ihnen, liebe Filmarchitekten und Requisiteure!

Ich weiß, dass Kartoffeln so … nun ja, so mittelalterlich wirken. Sie passen perfekt zu dem Bild, das wir von dieser Epoche haben. Und doch begannen diese Güter erst nach 1492 ganz allmählich auf den europäischen Märkten zu erscheinen. Das war das Jahr, in dem Kolumbus einen Seeweg nach Amerika fand. All die genannten Dinge von unserer Einkaufsliste haben nämlich eines gemeinsam – sie sind in der Neuen Welt beheimatet. In der Alten Welt kamen sie schlicht und einfach nicht vor, und es mussten erst Seeleute und Entdeckungsreisende nach Amerika segeln und diese Nahrungsmittel nach Europa bringen. Hier musste man sie anpflanzen und es irgendwie hinbekommen, dass sie überlebten, bevor sie auch auf unserer Seite des Atlantiks irgendwann ein Bestandteil der Ernährung werden konnten. Und selbst dann dauerte es noch eine ganze Weile, ehe wir uns an diese seltsamen, geheimnisvollen Dinge aus fernen Ländern gewöhnt hatten. Weil sie inzwischen ein Teil unseres Alltagslebens geworden sind, verschwenden wir kaum einen Gedanken daran, dass sie auf manchen Kontinenten erst einmal eingeführt werden mussten.

»Und was ist nun mit den Lamas?«, werden Sie sich fragen. »Es liegt doch auf der Hand, dass sie noch nicht im alten Europa gegrast haben, oder?« Nun ja, für jeden ist es vielleicht doch nicht selbstverständlich, denn im Blockbuster *Troja* aus dem Jahre 2004 laufen sie munter durchs Bild. Wenn Sie das nächste Mal Brad Pitt treffen, fragen Sie ihn mal nach diesen Lamas

9
Der Ausdruck *Hangover* stammt daher, dass sich Schnapsleichen früher über Seile zu hängen pflegten

Was man Ihnen vielleicht erzählt hat

In Dokumentarfilmen über die viktorianische Zeit können Sie eventuell hören, dass jemand den »Zwei-Penny-Hangover« erwähnt. Der Ausdruck bezieht sich entweder auf den Preis für den Alkohol, den es brauchte, um betrunken zu werden, oder aber auf die Kosten eines Schlafplatzes in einem Nachtasyl, der billigsten verfügbaren Unterkunft, wo die Ärmsten zwei Pennys bezahlten, um sich an ein waagerecht gespanntes Seil lehnen zu dürfen (ein Bett konnten sie sich nicht leisten). Es gibt alte Fotografien, die sogar nahelegen, dass eine Stehvariante existierte: Die Leute bezahlten dafür, dass sie im Stehen, halb über einen quer durch den Raum gespannten Strick hängend, Schlaf zu finden versuchten. Und daher kommt *Hangover* (wörtlich: Überhängen), das Wort für den »Kater«, das wir heutzutage alle benutzen!

Die Widerlegung

Es ist eine reizvolle Geschichte – ein anrührender Ursprung für ein Wort, das viele von uns regelmäßig verwenden (vielleicht ein wenig *zu* regelmäßig). Es ist die perfekte »Wusstest-du-schon?«-Frage, die bei einer Party das Eis brechen lässt, oder eine witzige Anekdote für die Kneipe (beziehungsweise die sozialen Medien).

Schade nur, dass das Wort einen ganz einfachen und längst nicht so spannenden Hintergrund hat. Es ist in ganz wörtlicher Bedeutung etwas, das noch von früher herumhängt – ein Überbleibsel der vergangenen Nacht, eine Nachwirkung, eine unerledigte Geschichte.

Erst im frühen 20. Jahrhundert finden wir Belege dafür, dass der Ausdruck im Zusammenhang mit den Folgen zu reichlichen Trinkens gebraucht wird. Aber natürlich gab es wirklich Nachtasyle; man konnte dort ein paar Stunden zubringen, um sich auszuruhen. Je mehr Geld man hatte, desto bequemer war der Aufenthalt. Die billigste Option war das *penny sit-up*, bei dem man in einem geheizten Raum auf einer Bank sitzen durfte. Nur sitzen, liegen war nicht erlaubt. Für einen Penny mehr durfte man sich an ein Seil lehnen, das quer durch den Raum gespannt war; so konnte man einschlafen, ohne zu riskieren, von der Bank zu purzeln. Vier Pennys machten es einem möglich, in einer Art von sargförmigem Bett zu schlafen, was schon ganz nett war. All das ist ziemlich heftig und klingt sehr nach Dickens und viktorianischer Ära.

Aber dass man beim Schlafen stehen musste, hebt all dieses Leiden auf ein ganz neues Niveau.

Ein nicht existierendes Niveau, denn es gibt keine Indizien dafür, dass es die Stehversion des Hangover wirklich gegeben hat. Die Leute waren schon genug damit gestraft, für die sehr unbequemen Optionen auch noch Geld ausgeben zu müssen, aber alles Obengenannte wäre immer noch besser gewesen, als sich einfach über ein Seil zu hängen, ohne auch nur sitzen zu können. Nun werden Sie fragen, wie es sein kann, dass es alte Fotos gibt, auf denen Menschen genau das tun. Na ja, die einzige existierende Fotografie, die solch ein Schlafen im Stehen zeigt, stammt keineswegs aus viktorianischer Zeit, sondern sie ist ein Werbefoto aus *Der große Eisenbahnraub*, einem Film aus dem Jahre 1978, in dem Sean Connery und Donald Sutherland mitspielen. Es ist zwar ein toller Film, aber historisch genau ist er nicht.

Für den »Hangover« im Sitzen gibt es zumindest ein paar Belege, aber es sind keine Berichte aus erster Hand. Er wird in einigen wenigen Quellen erwähnt, so in Honoré de Balzacs Roman *Das Chagrinleder* (1831), in Charles Dickens' *Die Pickwickier* (1836) und George Orwells *Erledigt in Paris und London* (1933). In Orwells Buch heißt es:

Der Twopenny Hangover. Der steht schon etwas über dem Embankment. Auf dem Twopenny Hangover sitzen die Benutzer in einer Reihe auf einer Bank; vor ihnen befindet sich ein langes Seil, und sie lehnen sich auf das Seil wie über einen Zaun. Ein Mann, der humorvoll »Diener« genannt wird, kappt das Seil morgens um fünf. Ich war selber nie dort, aber Bozo hat dort oft übernachtet. Ich fragte ihn, ob es überhaupt möglich sei, in solch einer Körperhaltung zu schlafen, und er meinte, es sei bequemer, als man denken würde – auf jeden Fall besser als der blanke Boden. In Paris gibt es ähnliche Unterstände, aber dort kostet eine Übernachtung nur fünfundzwanzig Centimes (einen halben Penny), statt Zweipence.

Auch aus dem Deutschland der späten 1920er Jahre haben wir eine Handvoll Fotos, die sitzende und über ein Seil gelehnte schlafende Männer zeigen. Daher wissen wir, dass diese Praxis auch noch im 20. Jahrhundert fortbestand.

Es ist also sehr wahrscheinlich, dass der Hangover im Sitzen im viktorianischen Großbritannien existierte, obgleich wir keine richtigen zeitgenössischen Primärquellen dafür besitzen. Aber wir wissen, dass die Menschen dabei nicht stehen mussten und dass es nicht der Ursprung des Begriffs *Hangover* in der Bedeutung »am nächsten Morgen an einem Kater leiden« ist. Da müssen Sie sich für Ihre Stammkneipe wohl eine andere witzige Geschichte ausdenken.

10
Der Weihnachtsmann trägt wegen Coca-Cola Rot

Was man Ihnen vielleicht erzählt hat

Coca-Cola ist der Grund dafür, dass Santa Claus rot-weiße Kleidung trägt. Einst war unser fröhlicher Freund dünn und trug grüne oder blaue Sachen, aber dann kam die Getränkefirma mit ins Spiel, verpasste ihm ein anderes Design und achtete darauf, dass seine neue Kleidung dieselben Farben hatte wie die Handelsmarke. Coca-Cola verwandelte ihn in einen lustigen, feisten Burschen. Im Handumdrehen setzte sich diese Version gegenüber dem Original durch.

Die Widerlegung

Zunächst einmal: Santa Claus ist eine reale Figur. Natürlich ist er das – sagen Sie Ihren Kindern, das hätten Sie von mir. Aber seine Herkunftsgeschichte ist ziemlich kompliziert, und Coca-Cola hat bei seiner Ummodelung keine wichtige Rolle gespielt.

Santa Claus ist die erfolgreiche Kreuzung aus *Father Christmas*, der mittelalterlichen allegorischen Darstellung von Weihnachten, und Nikolaus von Myra. Nikolaus wurde im 3. Jahrhundert in der heutigen Türkei geboren und avancierte zu einem sehr beliebten Heiligen. Über sein Leben ist wenig bekannt, aber mit seinem Namen sind viele Legenden und Wunder verbunden. Eine Geschichte beschreibt, wie Nikolaus die Töchter eines armen Mannes vor einem Leben als Prostituierte rettete, indem er unerkannt ein Säckchen Münzen für ihre Aussteuer durchs offene Fenster warf. Er war nämlich nicht nur großzügig, sondern auch bescheiden – es musste nicht jeder wissen, dass er es war, der dieser Familie aus der Klemme geholfen hatte.

Man behauptete auch, er habe bei einem Sturm das Meer beruhigt. Und als er herausfand, dass ein Fleischer drei kleine Jungen gekidnappt, umgebracht und gepökelt hatte, erweckte er die Knaben wieder zum Leben!

Er wurde höchst populär, und abgesehen davon, dass er offenbar ein ziemlich netter Kerl war, war er auch noch ein toller Christ. Und so war es (Achtung, Wortspiel!) natürlich kein Wunder, dass man ihn heiligsprach. Nikolaus wurde zum geliebten Schutzheiligen der Kinder, der Armen, der Seeleute, der Huren, der Unverheirateten und noch vieler anderer mehr. Kirchen wurden errichtet und nach ihm benannt, und in verschiedenen Teilen des mittelalterlichen Europas ehrte man den heiligen Nikolaus alljährlich an seinem Gedenktag am oder um den 6. Dezember. In zahlreichen Ländern ist er noch heute populär, so in Belgien, Luxemburg, Aruba, Surinam, Nordfrankreich und den Niederlanden, wo der Nikolaustag zu den wichtigsten Feiertagen zählt. Zu den traditionellen Gaben am *Sinterklaasavond* gehören Münzen – ein bisschen wie die, welche der Nikolaus einst dem verarmten Vater und seinen Töchtern schenkte. Heutzutage sind die Münzen aber leider aus Schokolade.

Als die ersten Holländer (und auch einige Deutsche) nach Amerika auswanderten, nahmen sie natürlich ihre Traditionen mit und begannen den Nikolausabend in den Kolonien zu feiern. In Großbritannien hatten sie *Father Christmas*, die Deutschen hatten ihren *Weihnachtsmann*, schließlich vermischten sich Traditionen und geschichtliche Überlieferungen, und Santa Claus war geboren. Und mit seiner Story wandelte sich auch sein Erscheinungsbild.

Lange Zeit war er auf ganz unterschiedliche Weise abgebildet worden und hatte alle möglichen Kleidungsstücke getragen. Mal war er dick, mal dünn; mal kam er in Rot daher, mal trug er Grün oder einen hübschen Overall. Ein andermal steckte er in den schicken Kleidern eines Kirchenmannes. Es ist also nicht eine einzelne Person oder Organisation, der man die Erfindung von Santas heutigem Look zuschreiben könnte. Er entwickelte sich über die Jahrhunderte hinweg, wobei allerdings der Illustrator

Thomas Nast, der Santa in den USA sehr populär machte, eine große Rolle gespielt hat. In einer Publikation von 1869, die *Santa und seine Werke* betitelt war, zeichnete ihn Nast mit einem roten Gewand – 17 Jahre, bevor Coca-Cola überhaupt erst erfunden wurde. Allerdings waren seinerzeit noch andere Versionen von Santa Claus im Umlauf, und auch der Weihnachtsmann von Nast sah noch nicht ganz so aus, wie wir ihn heute kennen.

In den 1920er Jahren war Santa Claus dann schon eine höchst populäre Figur, die regelmäßig auf Zeitschriftencovern und in der Werbung auftauchte. Er sah bereits haargenau so aus wie später bei Coca-Cola, verkaufte aber auch andere Erfrischungsgetränke. In alten Magazinen gibt es viele wunderbare Bilder, die uns »unseren« Santa zeigen; jedes Kind von heute würde ihn sofort wiedererkennen. Seltsam ist vielleicht nur, dass er ziemlich scharf auf die hübschen Ladys des frühen 20. Jahrhunderts zu sein scheint.

Es ist insbesondere den Illustratoren Norman Rockwell und Joseph Christian Leyendecker zu verdanken, dass der große, rundliche Santa in seinem roten Mantel mit Pelzbesatz, mit seinem weißen Rauschebart, den schwarzen Stiefeln, dem breiten Gürtel und so weiter überall in den Vereinigten Staaten ein vertrautes Bild wurde. Und obgleich der unglaublich talentierte Haddon Sundblom seine eigene Interpretation von Santa beisteuerte, als er 1931 gebeten wurde, die Coca-Cola-Werbekampagne zu illustrieren, sah sein Weihnachtsmann einigen früheren Santas doch recht ähnlich.

Wenn eine der größten Marken weltweit die Medien, Straßen und Läden mit ihrem Santa Claus flutete, hatte das natürlich großen Anteil daran, dass jeder den Weihnachtsmann künftig auf diese Weise zu sehen begann und frühere, anders aussehende Versionen vergaß. Als Coca-Cola damit anfing, Santa Claus für seine Werbekampagne zu benutzen, war sein Aussehen bereits voll entwickelt und innerhalb wie außerhalb der USA allgemein gängig, aber die Getränkemarke verhalf ihm zu noch größerer Berühmtheit und machte ihre Darstellung zu *dem* Santa-Look überhaupt.

In einigen europäischen Ländern haben wir natürlich noch immer eine etwas verwirrende Situation: Der ursprüngliche mittelalterliche heilige Nikolaus kommt uns am 6. Dezember besuchen, aber der Weihnachtsmann folgt ihm praktisch auf dem Fuße. Beide sind sie dieselbe Person und doch wieder nicht. Immerhin tragen sie beide Rot – und nicht wegen Coca-Cola.

11 Konzentrationslager sind eine deutsche Erfindung

Was man Ihnen vielleicht erzählt hat

Konzentrationslager sind eine deutsche Erfindung. Die Nazis waren die Ersten, die in den 1930er Jahren unschuldige Menschen in diesen schrecklichen Orten einsperrten. Und wenn es nicht die Deutschen waren, dann die Briten in Südafrika!

Die Widerlegung

Bevor wir uns diese hartnäckige Legende, die einfach nicht weichen will, richtig vornehmen, müssen wir uns wie üblich auf die Begriffsinhalte einigen: Was ist ein Konzentrationslager? Es gibt viele verschiedene Arten von Lagern, und manchmal wurden für dieselbe Einrichtung unterschiedliche Namen verwendet. Es gab beispielsweise Internierungslager, Durchgangslager, Flüchtlingslager und Vernichtungslager, und das ist nur die Spitze des Eisbergs. Übrigens existieren noch immer Lager, in denen Menschen in großen Gruppen und unter schrecklichen Bedingungen festgehalten werden, aber die Politiker von heute geben sich große Mühe, für diese Einrichtungen Namen zu verwenden, die nicht sofort an die schrecklichen Lager der Vergangenheit erinnern.

Den meisten Definitionen zufolge wird ein Lager zum Konzentrationslager, wenn die (gewöhnlich unschuldigen) Menschen, die man dort gefangen hält und die kein reguläres Gerichtsverfahren durchliefen, unter sehr beengten, schmutzigen und unangemessenen Verhältnissen leben müssen. Sie werden dort misshandelt und nicht ordentlich versorgt; man nimmt es hin, dass sie erkranken oder sogar sterben. Die besonders unmenschliche Behandlung der Häftlinge unterscheidet Konzentrationslager von »normalen« Gefangenenlagern, Internierungslagern etc. Durchgangs- und Internierungslager waren und sind für Gefangene oft schrecklich genug, aber im Vergleich zu Konzentrationslagern im Allgemeinen nicht ganz so furchtbar. Und Vernichtungs- oder Todeslager waren natürlich noch schlimmer als die Konzentrationslager, denn dorthin brachte man die Menschen, um sie zu ermorden. Manche Vernichtungslager waren auch Konzentrationslager, aber nicht jedes Konzentrationslager war ein Vernichtungslager. Nun wissen wir, worüber wir reden, und können mit Sicherheit sagen, dass nicht die Nazis die ersten Konzentrationslager einrichteten. Leider existierten solche Lager bereits, ehe es überhaupt Nazis gab.

Auch von den Briten wurden sie nicht erfunden (noch so eine verbreitete Fehlwahrnehmung), obgleich es stimmt, dass Großbritannien im frühen 20. Jahrhundert welche errichtete und betrieb, und zwar während der Burenkriege im südlichen Afrika. Die Briten prägten auch den Begriff *concentration camp*, was vielleicht der Grund dafür ist, dass ihnen so viele Leute fälschlicherweise diese Erfindung zuschreiben. Das britische Empire führte im Süden von Afrika einen erbitterten Krieg gegen die Buren, die Nachkommen holländischer Auswanderer, und es lief nicht gut für die Briten. Die Buren hatten sich auf den Guerillakampf verlegt, womit eine Militärmacht bekanntermaßen schlecht zurechtkommt.

Der britische Stabschef, General Lord Kitchener, beschloss daher, alles zu beseitigen, was dem Feind nutzen konnte: Farmen wurden abgebrannt, Ernten zerstört, Nutztiere getötet, und die Buren verschleppte man mitsamt eingeborenen afrikanischen Zivilisten aus ihren Heimatorten und steckte sie in Konzentrationslager. Auf diese Weise wurden ganze Regionen entvölkert, und Tausende Menschen waren in Lagern eingesperrt, wo sie oftmals in Zelten unter schrecklichen Bedingungen lebten. Es mangelte an Nahrung, die hygienischen Zustände waren schlecht, und regelmäßig breiteten sich Krankheiten rasend schnell aus. Tausende starben. Diese Lager entsprechen unserer Definition eines Konzentrationslagers, aber auch sie waren nicht die ersten.

Ein möglicher Anwärter auf den Titel sind die Lager, die in den 1890er Jahren von den Spaniern in Kuba eingerichtet wurden. Auch die Spanier kämpften gegen Guerillakrieger, denen mit regulären Armeetaktiken nur schwer beizukommen war. So beschlossen sie, aus diesen Landstrichen alle Menschen zu entfernen, von denen die Versorgung der Kämpfer abhing. Hunderttausende unschuldige Zivilisten wurden gezwungen, in Städte und Lager umzusiedeln, die mit Stacheldraht und Wachen umgeben waren. Weigerten sie sich, wurden sie erschossen. Auch hier waren die Lebensbedingungen schrecklich; es gab nicht genug Nahrung für alle, die Unterkünfte waren unzureichend, und es war nahezu unmöglich, grundlegende Hygieneregeln zu beachten. Dies führte dazu, dass Krankheiten viele Menschenleben forderten.

Natürlich gab es in der Geschichte auch noch frühere Zeiten, in denen zahlreiche Menschen ohne einen fairen Prozess gefangen gehalten und schrecklich misshandelt wurden. Die amerikanischen Ureinwohner steckte man in Reservate, Kriegsgefangene sperrte man in vielen Epochen in Lager, in denen man sie furchtbar schlecht behandelte, und Sklaven wurden weltweit häufig unter miserablen Bedingungen gehalten. Die Geschichte ist voll von Situationen, die an ein Leben im Konzentrationslager erinnern. Aber je weiter wir in die Vergangenheit zurückgehen, desto schwieriger wird es, Einrichtungen zu finden, die unserer spezifischen Definition entsprechen.

Ein Grund dafür, dass die Lager des 19. Jahrhunderts möglicherweise die ersten sind, die wir »Konzentrationslager« nennen können, liegt darin, dass sie von einer damals noch relativ neuen Erfindung Gebrauch machten – von Stacheldraht. Dies erlaubte einer kleinen Gruppe von Aufsehern, mühelos und billig eine sehr große Gruppe von Menschen auf engem Raum gefangen zu halten. Vorher war das nahezu unmöglich gewesen.

Letztendlich waren alle diese Lager Stätten des Leids, und Menschen wurden darin wie Tiere behandelt oder schlimmer als Tiere. Wir können uns kaum vorstellen, was KZ-Häftlinge durchgemacht haben, aber ich weiß aus meiner eigenen Familie, dass das dort Gesehene und Erlebte sie bis ans Ende ihrer Tage in den Träumen heimsuchte.

12
Eine schmale Pforte bewahrte portugiesische Mönche davor, fett zu werden

Was man Ihnen vielleicht erzählt hat

Das Kloster Alcobaça in Portugal hat in seinem ehemaligen Speisesaal eine sehr schmale Tür, die sogenannte Anti-Völlerei-Pforte. Mönche, die ein wenig zu rundlich wurden, mussten feststellen, dass sie sich nicht mehr durch den 32 Zentimeter breiten Durchgang quetschen konnten, um sich ihr Essen zu holen! Jede Menge Touristen besichtigen das wunderbare Kloster, und viele von ihnen, vor allem muntere Familienväter, posieren offenbar mit Vergnügen neben dieser Pforte und präsentieren dabei häufig ihre Wampe, mit der sie in der Klosterküche monatelang kein Essen bekommen hätten.

Die Widerlegung

2008 wurde bei Wikimedia Commons ein Foto von jener Tür hochgeladen, und die Bildunterschrift lautete: »Mosteiro de Alcobaça, Refektorium, Tür mit unbekanntem Zweck, angeblich zur Gewichtskontrolle der Mönche eingesetzt«. Das Bild auf der dem Kloster gewidmeten Seite in der portugiesischen Wikipedia war betitelt: »Die legendäre schmale Pforte des Speiseraums, die dazu bestimmt war, Essen an die Armen auszureichen.« Im Jahre 2014 lud ein User namens Daniel Villafruela das Bild eines Mannes hoch, der nicht durch die Pforte passte. Die Bildunterschrift lautete: »Ich fürchte, ich habe ernsthaft gegen die Regel der Genügsamkeit verstoßen.« Aber die Legende kann auch schon älter sein, und vielleicht haben Reiseleiter sie schon lange vor 2014 erzählt.

Viele Legenden gehen auf Fremdenführer zurück, die beschlossen hatten, mit der Wahrheit ein wenig kreativ umzugehen, oder die den Touristen nicht dazusagten, dass ihre Story nur eine Fabel war. Ich bin sicher, dass die meisten von uns bei der Besichtigung von Burgen und Museen schon einmal die Stirn gerunzelt haben, weil der Führer abenteuerliche Behauptungen aufstellte.

Über Jahrhunderte hinweg hat man Mönchen in spöttischem oder anklagendem Ton nachgesagt, sie würden es sich gut gehen lassen. Selbst im Mittelalter waren sie eine beliebte Zielscheibe für Witzeleien, und es gibt zahllose Geschichten über fette Mönche, die Alkohol tranken, üppig aßen und den Nonnen ein wenig zu nahe kamen. Dies passierte zweifellos in vielen Klöstern, aber die Männer im Kloster Alcobaça waren Zisterzienser, und dieser Orden regelte ziemlich streng, was die Mönche essen durften.

Doch selbst wenn einer der Mönche ein bisschen zu korpulent geworden sein sollte, hätte es, um ihn ein paar Pfunde verlieren zu lassen, sicher einfachere Mittel gegeben, als einen Architekten zu engagieren, der nur für den Fall, dass einige Mönche zu gefräßig sein sollten, eine spezielle Tür entwirft. Ganz nebenbei – wenn ein Mönch Hunger gehabt hätte, dann wäre er schon irgendwie hineingekommen, denn gleich links von der schmalen Pforte gibt es einen anderen Zugang zur Küche, und der ist so breit, dass mehrere Mönche nebeneinander hindurchgepasst hätten. Bei Google Maps gibt es einen wunderbaren virtuellen Rundgang durch das Kloster, den Sie im Internet leicht finden können. Dort können Sie die beiden benachbarten Türen sehen. Natürlich schafft es die größere Tür niemals auf das Foto, mit dem die Legende verbreitet wird!

Die wahre Funktion der schmalen Tür ist die einer Durchreiche: Man nutzte sie, damit die Teller aus der Küche schnell in den Raum jenseits der Wand kamen. Das ist natürlich keine besonders unterhaltsame Story, und sich jemanden vorzustellen, der einen Teller durch die Türöffnung reicht, macht weniger Spaß, als sich einen dicken Mönch mit trauriger Miene auszumalen, der sich durch die Tür zu quetschen versucht, während seine Ordensbrüder sich kaum das Lachen verkneifen können. Daran liegt es vermutlich auch, dass die Geschichte im Kloster selbst immer noch erwähnt wird – wenngleich mit dem Zusatz, dass es sich um eine Legende handelt.

Im Besucherführer auf der offiziellen Website des Klosters heißt es:

Werfen Sie einen Blick auf die schmalste Tür! Sie ist eine »Essensschleuse« und wurde dazu genutzt, die Gerichte in den Speiseraum durchzureichen. Zu dieser Tür gibt es eine Legende, die besagt, dass Mönche, die nicht hindurchpassten, als Sünder betrachtet wurden, weil sie ungebührlich dick waren.

13
Das FBI prägte den Begriff *Serienmörder* in den 1970er Jahren

Was man Ihnen vielleicht erzählt hat

Der Begriff *Serienmörder* wurde in den späten 1970er Jahren von Robert K. Ressler, einem FBI-Agenten, geprägt. Er selbst hat diese Behauptung häufig wiederholt, und sie tauchte auch in der exzellenten Netflix-Serie *Mindhunter* auf und in der Dokumentation *Ted Bundy: Selbstporträt eines Serienmörders*. Da muss sie doch stimmen, denn ein FBI-Agent kann sich schließlich nicht irren, und Netflix würde uns ja nicht anlügen … oder?

Die Widerlegung

Okay, ich gestehe, dass dieses Kapitel einen etwas pedantischen Anstrich hat, aber die Recherchen haben mir Spaß gemacht und mich auf ein paar interessante Geschichten rund um ein schauerliches Thema gebracht. Also werde ich Ihnen trotzdem alles darüber erzählen.

Ein Serienmörder ist ein Mörder, der mehrere Menschen umbringt (meist mehr als drei), und zwar nicht alle gleichzeitig, sondern über einen gewissen Zeitraum hinweg. Dabei haben seine Taten keinen offenkundigen Grund, oder sie erfolgen aus psychischen Ursachen und/oder sexuell-sadistischen Motiven heraus.

Der FBI-Agent Robert K. Ressler war ein sehr talentierter und intelligenter Mann, der viel Zeit mit Forschungsarbeit zu diesem Gegenstand verbrachte, aber er war – wenn ich das so sagen darf – auch ein bisschen ein Serien-Aufschneider, denn er behauptete mehrfach, er hätte diesen Ausdruck als erste Person seit den Anfängen der Menschheit verwendet. Hat er aber nicht.

Nur damit Sie es wissen: Auch wenn es uns wie ein relativ neues Phänomen vorkommt, sind Serienmörder doch schon immer unter uns gewesen. Je weiter wir zurückgehen, desto kniffliger wird es, zu entscheiden, ob wir es mit einem echten Serienmörder zu tun haben oder mit jemandem, den man zu Unrecht beschuldigt hat, einer zu sein. Bei einigen Fällen aus der römischen Antike kennen wir die Namen von Mördern, die es offenbar nicht bei zwei oder drei Leichen beließen. Locusta von Gallien beispielsweise könnte im 1. Jahrhundert nach Christus sieben Menschen vergiftet haben. Im Jahre 1324 beschuldigte man in Irland Alice Kyteler, sie habe vier Ehemänner vergiftet (und als sie floh, wurde an ihrer Stelle ihre Dienstmagd auf dem Scheiterhaufen verbrannt …). In den Niederlanden des 18. Jahrhunderts behauptete man, eine Familie von Räubern habe unglaubliche 400 Personen getötet, und im viktorianischen England brachte Amelia Dyer mindestens sechs Babys um – manche Schätzungen gehen sogar von einer dreistelligen Zahl aus. Dyers Name ist nur wenigen bekannt, aber jeder kennt einen anderen Serienmörder: Jack the Ripper.

Doch noch einmal zurück zum Gebrauch des Wortes *Serienmörder*. Ich habe beschlossen, keinen Unterschied zwischen *Serienkiller* und *Serienmörder* zu machen – immerhin bezeichnen sie dasselbe. Aber wer hat diese beiden Begriffe zuerst geprägt?

Obwohl er nicht der Erste war, der den Ausdruck benutzte, möchte ich Ernst August Ferdinand Gennat erwähnen, einen berühmten deutschen Kriminalisten der 1920er und 1930er Jahre in Berlin. Er arbeitete an der Aufklärung solcher Fälle wie denen der berüchtigten Serienmörder Peter Kürten und Fritz Haarmann, revolutionierte aber auch die polizeiliche Ermittlungsarbeit; er entwickelte das, was wir heute *Profiling* nennen, und richtete die erste Mordkommission ein. Er war wie ein Realität gewordener Sherlock Holmes.

In seinem Aufsatz »Die Düsseldorfer Sexualverbrechen« (1930), der detailliert über die Arbeit am Fall Kürten berichtet, verwendete er bereits den Begriff »Serienmörder«. Und in gewisser Weise machte Gennat ihn auch populär: Er war ein berühmter Kriminalist, der oft in Zeitungen und Magazinen erwähnt wurde. Die Figur des Inspektors Karl Lohmann, des Ermittlers in einem der besten Filme aller Zeiten (*M – Eine Stadt sucht einen Mörder*, 1931), trug seine Züge. Da im Deutschland der 1920er und 1930er Jahre mehrere Serienmörder große mediale Aufmerksamkeit erlangten, war es ein brandheißes Thema. (Eigentlich verdient Gennat seine eigene Fernsehserie. Ich hoffe, ihr lest diese Zeilen, Netflix-Manager!)

Dass Serienmörder damals so stark in den Fokus von Strafverfolgungsbehörden und Öffentlichkeit gerieten, erinnert sehr an das Geschehen in den USA der 1970er und 1980er Jahre, als Ressler und das FBI wiederum einen genaueren Blick auf das Phänomen warfen und die ganze Nation davon gefesselt war. Es wäre wirklich ein wenig seltsam, wenn Ressler nie etwas von Gennat gehört oder keine seiner Arbeiten gelesen hätte. Er muss mit Sicherheit von ihm Kenntnis genommen haben.

Außer von Gennat wurde der Begriff »Serienmörder« auch von anderen lange vor den 1970er Jahren verwendet. Selbst Gennats Buch war nicht das erste, in dem der Ausdruck vorkam. 1927 schrieb ein unbekannter holländischer Journalist in der Zeitung *Algemeen Handelsblad* eine Filmkritik zu *The Coming of Amos* (1925). In diesem Film geht es um einen australischen Schaffarmer, der sich in eine russische Prinzessin verliebt. Leider werden ihre Bewunderer immer ermordet. Der Mörder wird im Artikel als *seriemoordenaar* beschrieben. Ich weiß nicht, wer der Journalist war, aber es ist der früheste Beleg für das Wort, den ich finden konnte. Natürlich kann ich nicht mit Sicherheit sagen, dass der Begriff hier wirklich zum allerersten Mal benutzt wurde. Es würde mich überhaupt nicht wundern, wenn früher oder später ein sogar noch älterer Beleg auftaucht.

14
Das Wort *Honigmond* kommt daher, dass man einem frisch verheirateten Paar eine Monatsration Met zu schenken pflegte

Was man Ihnen vielleicht erzählt hat

Es war einmal in fernen, fernen Landen, irgendwo bei den Babyloniern, den Wikingern, den Heiden oder den Germanen, also in wilden Vorzeiten, dass es den Brauch gab, Frischvermählte mit Met für einen Monat zu versorgen. Met ist ein alkoholisches Getränk aus fermentiertem Honig, und hinter dem Brauch steckte die Idee, dass es Braut und Bräutigam auf diese Weise ein wenig leichter fallen würde, einander … ähm … kennenzulernen.

Der *Honig* bezieht sich auf den Met, an dem sich die beiden berauschten, und der *Mond* steht dafür, dass die Trinkerei und das gegenseitige Kennenlernen einen Monat dauerten.

Honig + Mond = Honigmond.

Dort hat das Wort seinen Ursprung, und deshalb wird diese Geschichte landauf, landab bei Hochzeitsreden zum Besten gegeben.

Die Widerlegung

Um es erst einmal ganz logisch zu betrachten: Ist es wirklich eine gute Idee, zwei jungen Menschen, die sich kaum kennen, die gerade erst geheiratet haben, die für den Rest ihres Lebens zusammenbleiben müssen, die so bald wie möglich Babys in die Welt setzen sollen und die vermutlich sehr nervös sind, kübelweise sehr süßen und süffigen Met zu schenken, von dem man in Rekordzeit ausgeknockt wird? Ich habe selbst schon Met getrunken – selbst für Menschen, die selten Alkohol konsumieren, ist er köstlich, und er schafft es wirklich gut, einen betrunken zu machen. Und was sagt Ihnen die Erfahrung? Sind Betrunkene gut im Bett? (Das war eine rhetorische Frage.)

Ich kann mir nur vorstellen, dass diese jungen Leute den ganzen Monat blau und halb bewusstlos auf dem Fußboden herumgelegen haben, noch nicht einmal halb entkleidet. Es klingt nach einem Rezept für eine Katastrophe und nach einer tollen Möglichkeit, eine Ehe schon nach wenigen Tagen kaputt zu machen!

Damit zwischen den Wörtern *Honig* und *Mond* sowie dem Zeitraum gleich nach einer Hochzeit eine Verbindung existiert, müssen diese Wörter mit denen, die man vor vielen Jahrhunderten oder selbst Jahrtausenden gebrauchte, übereinstimmen oder ihnen zumindest sehr ähneln. Nun spreche ich nicht Altbabylonisch, und mein Germanisch, Heidnisch und Altnordisch sind ein bisschen eingerostet, aber ich bin mir ziemlich sicher, dass ihr Begriff für *Honigmond* (sofern sie überhaupt einen hatten) weder das Wort *Honig* noch das Wort *Monat* enthalten hat. Dies macht die Behauptung mit der Metspende ein bisschen suspekt. Die Story scheint also schon ziemlich zweifelhaft zu sein, aber untersuchen wir doch mal, wie sie sich historisch entwickelt hat.

Die erste Erwähnung von *Honigmond* geht nicht etwa auf das Altertum oder auch nur auf das Mittelalter zurück, sondern sie ist recht neuzeitlich. Der viktorianische Autor William Pulleyn schrieb in seinem 1828 erschienenen Buch *The Etymological Compendium: Or, Portfolio of Origins and Inventions*:

> *In den höheren Rängen der Teutonen, einem alten Volk, das die nördlichen Teile von Deutschland bewohnte, war es Brauch, nach jeder Hochzeit dreißig Tage lang Met oder Metheglin zu trinken, ein Getränk aus Honig. Daher stammt der Ausdruck »seinen Honigmond verbringen«.*

Leider liefert Mr. Pulleyn für diese Geschichte keine Belege, Quellen oder Aufzeichnungen, und wir können nur mutmaßen, woher er seine Informationen hatte. Trotzdem blieb seine Erklärung in den Köpfen der Leute hängen. Allmählich tauchte sie überall auf, und bald wurde sie zu einer populären Legende, die bis auf den heutigen Tag überdauerte.

Wenn man auf das Wort *Honigmond* schaut, bevor es Mr. Pulleyn in die Finger bekommen hat, so bezieht es sich immer auf etwas Süßes, Liebliches und darauf, dass die Liebe wie der Mond ist: oftmals wechselnd und manchmal nicht sehr lange andauernd (was, wenn Sie mich fragen, eine ziemlich zynische Sichtweise ist). Die älteste Erwähnung des Wortes, die ich in englischen Texten finden konnte, stammt aus der Tudorära. Sind Sie bereit für ein hübsches Stück alter Dichtung? Es findet sich in *A dialogue conteinyng the nomber in effect of all the prouerbes in the englishe tongue compacte in a matter concernyng two maner of mariages, made and set foorth by John Heywood* (Ein Dialog, welcher die tatsächliche Zahl aller Sprichwörter in englischer Zunge enthält, zusammengefasst in einem Thema, das zwei Arten der Heirat betrifft, ersonnen und ausgefertigt von John Heywood) aus dem Jahre 1546. So reizend das Original auch ist – wir bringen hier lieber eine ungefähre Nachdichtung:

Auf diese Jungvermählten lass zuerst uns blicken.
Am Tag der Heirat und noch für gewisse Zeit
Hielten sie stets ein Lächeln füreinand bereit.
Und wie ein Welpe durch die Gegend springt,
So spielten diese zwei, gar fröhlich und beschwingt.
»Yeah, da war Gott!«, sprach er, als er ihr beigewohnt.
»Wart's ab«, sprach ich, »'s ist nur der Honigmond.«
Der schwarze Ochse stieß sie noch nicht an,
Doch eh der Zweig des Glückes Wurzeln schlagen kann,
Werden die Blüten welk, sodass nach hundert Tagen
Ihnen schon Schatten auf den Wangen lagen,
Dem armen Kerl und auch der armen Maid.
Sie schauten so, als wenn's im Sommer schneit,

Und all ihr helles Lachen tat's verkehren
In triste Seufzer, so der Freud entbehren.

Ist das nicht herrlich? Heywood beschreibt junge Eheleute, die kurz nach der Hochzeit glücklich sind und ein Lächeln auf den Lippen haben, denn der »schwarze Ochse« ist ihnen noch nicht auf die Füße getreten. Aber das wird sich bald ändern. Die Blumen welken, und fröhliches Lachen wird zu traurigem Geseufze. All dies beschreibt, wie sich bald nach der Hochzeit die Gefühle dramatisch verändern können.

Dies ist die älteste Erwähnung des Wortes, die mir und dem *Oxford English Dictionary* bekannt ist. Sie beschreibt den Honigmond ganz schön zynisch als die glückliche, aber oftmals kurze romantische Zeit nach der Heirat. Keine Spur von Met oder davon, dass diese Phase einen Monat lang anhält.

Wenn wir auf andere Sprachen schauen, erhalten wir noch mehr Hinweise auf den Ursprung des Wortes und damit verbundene Traditionen. Das deutsche Wort *Flitterwochen*, das heute viel geläufiger ist als *Honigmond*, lässt uns direkt an Glitzerschmuck denken, und laut der *Oeconomischen Encyclopädie* (1773–1858) von Johann Georg Krünitz war das in Deutschland eine Art schräger Scherz: Er suggeriert, dass jene allerersten Ehewochen, wenn die Dekoration von der Hochzeitsfeier noch hängt, wundervoll sind, aber dass sich dieses Gefühl schließlich abschwächt. Und obwohl *Honigmond* heute im Allgemeinen eine positive Bedeutung hat, die oft eine Hochzeitsreise einschließt, sagen wir auch »Der Honigmond ist vorbei«, um den Moment zu beschreiben, an dem das Leben nach einem wunderbaren Ereignis wieder in seine normalen Bahnen zurückkehrt.

Die Geschichte mit dem Met ist lustig, aber ehe sie in den viktorianischen Büchern auftauchte, gab es für sie nicht das kleinste Belegschnipselchen. Einmal mehr sind also die Viktorianer schuld!

Aber Moment mal, wenn es keine uralte Tradition ist, bedeutet das doch nicht, dass wir damit keine neue stiften könnten! Bringen Sie zur nächsten Hochzeit, zu der Sie eingeladen sind, dem glücklichen Paar einfach etwas Honigwein mit. Aber tun Sie mir bitte einen Gefallen – verbreiten Sie keine Fake History.

15
Clara Bow, die berühmte Schauspielerin aus den 1920er Jahren, war Nationalsozialistin

Was man Ihnen vielleicht erzählt hat

Eine der berühmtesten Schauspielerinnen der 1920er und 1930er Jahre war Clara Bow – die ultimative Verkörperung der unabhängigen jungen Frau mit kurzen Haaren und Zigarette sowie das erste *It-Girl* überhaupt. Aber sie war ebenfalls eine eingefleischte Nationalsozialistin, die mit Hakenkreuzen dekorierte Kleider trug, als sie Deutschland besuchte. Dort traf sie Hitler persönlich, und er schenkte ihr ein signiertes Exemplar seines Buches.

Die Widerlegung

Diese Legende hasse und liebe ich zugleich. Ich hasse sie, weil sie Nonsens ist und einen Star, dessen Filme mir ziemlich gut gefallen, in ein schlechtes Licht rückt. Aber ich liebe sie, weil Skandale und Märchengeschichten wie diese für junge Leute oftmals die einzige Gelegenheit sind, von den Stars des Goldenen Kinozeitalters zu hören. Sie haben keine Ahnung davon, wer Clara Bow war, aber wenn jemand das Foto der Schauspielerin mit den Swastika-Klamotten teilt, wird ihr Interesse geweckt, und das bringt sie vielleicht dazu, sich die Filme mit Clara Bow anzuschauen. Ich bin wirklich hoffnungslos optimistisch.

Also: Das Foto ist echt. Das ist sie wirklich, damals eine der berühmtesten Frauen der Welt; sie trägt einen reizenden Hut und ein hübsches Kleid, auf denen Swastiken[1] prangen. Es ist tatsächlich Clara Bow, ganz ohne Zweifel. Und ja, sie ist 1932 nach Deutschland gereist. Laut ihrem Biografen David Stenn soll Adolf Hitler, der den Filmstar anhimmelte, ihr ein signiertes Exemplar von *Mein Kampf* geschenkt haben. In der Widmung wünschte er seiner teuren Freundin, sie möge beim Lesen ebensolches Vergnügen empfinden wie er beim Verfassen des Buches. »Wahnsinn!«, habe Claras Reaktion gelautet.

Jeder, der sich ernsthaft mit dieser Zeit beschäftigt, kann allerdings sehen, dass das Foto keinen Sinn ergibt. Eine der Swastiken läuft andersherum als das rechtsdrehende Hakenkreuz der Nazis – für ein Outfit, mit dem man Hitler & Co. beeindrucken will, wäre das ein bisschen blöd. Dazu kommt, dass Bow einen typischen Glockenhut der Zwanzigerjahre trägt. In den 1920ern waren solche Hüte topmodern, aber in den frühen 1930ern bereits altmodisch und im Verschwinden begriffen. Natürlich sah man sie damals im-

1 Die Swastika ist ein altindisches Glückssymbol in Form des Sonnenrades. (Anm. d. Red.)

mer noch auf dem Kopf der einen oder anderen Frau, aber hier haben wir schließlich keine x-beliebige vor uns, sondern Clara Bow, einen weltberühmten Star, das originale It-Girl, eine echte Stilikone. Für sie hätte es überhaupt keinen Sinn gehabt, in den 1930er Jahren die Mode von vorgestern zu tragen; sie hätte sich damit zur Zielscheibe des Spotts gemacht. Fotos von ihrem Deutschlandbesuch 1932 zeigen sie nach der neuesten Mode gekleidet.

Logischerweise muss unser Bild also aus den 1920er Jahren stammen. Plötzlich ergibt die Swastika schon mehr Sinn. Für unsere heutigen Augen ist sie ein Nazizeichen und sonst nichts. Aber in Wahrheit ist sie ein uraltes Symbol, das schon lange populär war, bevor die Nazis es für sich in Anspruch nahmen und seinen Ruf ruinierten. Besonders in den USA war die Swastika im frühen 20. Jahrhundert ziemlich beliebt. Wenn man genau hinschaut, kann man sie überall finden – in der Werbung, auf Kleidern und Schmuckstücken, in der Architektur und andernorts.

Mir ist es gelungen, die Erstveröffentlichung des Fotos ausfindig zu machen. Es stammt aus der *Los Angeles Times* von Freitag, dem 13. April 1928. Dort ist es auf Seite 27 mit folgendem Begleittext abgedruckt:

ALTES KREUZ SCHÜTZT VOR UNGLÜCKSTAG
Clara Bow trägt heute Swastika
Clara Bow fürchtet sich nicht vor dem Unheil. Sie gibt zu, in ihrem Leben schon manchmal Pech gehabt zu haben, sagt aber auch, das Glück habe diese Momente bei Weitem überstrahlt.
Gestern räumte sie dennoch ein, dass sie ein wenig abergläubisch sei, besonders was Freitag den 13. betrifft, der heute ja wieder auf dem Kalender steht. Aus diesem Grund trägt sie auf Hut und Revers ein Swastikadekor, das ihr Glück bringen soll.
Das Motiv ist ein uraltes Glückssymbol und besteht aus griechischen Kreuzen, die für Glück, Leben, Liebe und Licht stehen.

Dieser Text erklärt es zur Genüge und beweist, dass Clara Bow diese Kleider in den 1920er Jahren trug und die Swastika ein Glückssymbol war. Sie trug die Sachen nicht bei ihrem Deutschlandbesuch und zog sich ganz bestimmt nicht so an, um der Welt zu zeigen, wie sehr sie diese verdammten Nazis liebte.

16
Coca-Cola verwendete in der deutschen Werbung Nazislogans und -symbole

Was man Ihnen vielleicht erzählt hat

Coca-Cola ist sowieso eine umstrittene Firma, aber wussten Sie, dass sie auch die berüchtigten Olympischen Spiele von 1936, die in Nazideutschland ausgetragen wurden, gesponsert hat? Und wie bei ihren heutigen Sponsoring-Aktionen war sie auch damals allgegenwärtig – sie pappte ihre Werbung einfach überall hin. Schauen Sie sich bloß mal dieses originale Reklameplakat an! Auf dem steht tatsächlich: *ein Volk ein Reich ein Getrank Coke ist es*, und über einem riesigen Adler mit einem Hakenkreuz prangt das Logo unseres Lieblingsgetränks und das der Olympischen Spiele. Unglaublich, nicht wahr?

Die Widerlegung

Ein paar Dinge vorweg: Ja, Coca-Cola war in verschiedene ethische Kontroversen verstrickt; ja, das Getränk ist alles andere als gesund; ja, es schmeckt toll; ja, es war bei den Olympischen Spielen von 1936 überall präsent – und ja, es gibt authentische Reklame aus dieser Zeit, die beweist, dass der Konzern mit dem Dritten Reich Geschäfte gemacht hat. Aber dieses Werbeplakat ist nicht echt.

Zunächst mal enthält der Text Rechtschreibfehler. Der Slogan hätte mit einem großen E beginnen müssen, es fehlen die Kommas, und das Wort *Getrank* hätte einen Umlaut benötigt. Es ist nicht völlig unmöglich, aber doch sehr unwahrscheinlich, dass eine solche Weltmarke in einer wichtigen Werbekampagne mehrere orthografische Fehler macht. Aber das Plakat spielt auch mit einem berühmten Nazislogan und wandelt *Ein Volk, ein Reich, ein Führer* zu *ein Volk ein Reich ein Getrank* ab. Glauben Sie, die Nazis hätten es gut gefunden, wenn eine amerikanische Marke ihre erfolgreichste Parole so abwandelt, dass der Name des faschistischen Superhelden durch den eines banalen Softdrinks ersetzt wird? Hitler zu beleidigen, ist immer eine gute Idee, aber vielleicht nicht so clever, wenn man in Nazideutschland etwas verkaufen will.

Einen noch deutlicheren Hinweis liefert die nächste Zeile: Bei *Coke ist es* handelt es sich unzweifelhaft um die direkte Übersetzung des Werbeslogans *Coke is it*, an den Sie sich vielleicht aus Ihrer Kindheit erinnern – zumindest wenn Sie alt genug sind, denn er stammt aus den 1980er Jahren. In den 1930ern hat er noch nicht existiert. Der damals gängige Werbeslogan lautete *Ice-cold sunshine* (Eiskalter Sonnenschein) und der für den deutschen Markt *Stets eiskalt.*

Aber wir sind noch nicht fertig!

Bis in die 1950er Jahre hinein fehlte im Logo von Coca-Cola das kleine Zeichen ® für eine eingetragene Handelsmarke, und selbst danach gingen dem eingekreisten R die Wörter *Trade Mark* voran. Erst 1991 entfernte die Marke diese Wörter aus ihrem Logo. Außerdem würde der Naziadler als Hintergrundbild nicht wirklich zum Stil von Vorkriegs-Werbung passen. Und einmal mehr vermute ich, dass die Herren in Braun nicht sehr erfreut gewesen wären, wenn man ihr geheiligtes Logo als Hintergrundbild für eine Reklame hergenommen hätte.

Nun wissen wir, dass das Bild nicht echt ist. Bleibt noch zu klären, woher es stammt. Ich wusste schon nach dem ersten Hinschauen, dass es ein Fake war, aber etwas im Stillen zu wissen, genügt nicht, um andere davon zu überzeugen. Ich musste es bis zu seinem Ursprung zurückverfolgen. Mithilfe von *Reverse Image Search*, einer Bilder-Rückwärtssuche, entdeckte ich, dass diese Abbildung erstmals 2004 in einer alten Fotogalerie hochgeladen wurde. Leider war diese Galerie nicht mehr online. So versuchte ich mein Glück mit der sogenannten Wayback Machine im *Internet Archive*. Das ist ein digitales Archiv, mit dem man Zugriff auf mehr als 677 Milliarden (!) Webseiten hat, die es seit 1996 speicherte. Hier fand ich die lange verlorenen Seiten, und obgleich nicht alle Abbildungen dabei waren, wurde zumindest erwähnt, dass die Seite einem gewissen Scott van Looy gehört hatte. Ich konnte ihn aufspüren, und er bestätigte mir, das Foto 2004 auf einer Kunstausstellung namens *Coca-Cola's Nazi Adverts* (Coca-Colas Nazireklame) gemacht zu haben.

Manchmal hat die Jagd auf Fake History tatsächlich große Ähnlichkeit mit kriminalistischer Ermittlungsarbeit. Auch wenn ich vielleicht nur herauszufinden versuche, woher ein altes Bild stammt, und nicht irgendeinem Serienmörder auf den Fersen bin – es ist dennoch sehr aufregend, eine neue Spur zu finden.

Die Kunstausstellung in London war vom Comedian Mark Thomas und dem Künstler Tracey Moberly kuratiert worden. Ziel der Schau war, die Leute mit der Wahrheit über die Rolle von Coca-Cola in Nazideutschland zu konfrontieren. Man lud auch Künstler und Besucher zur Mitwirkung ein, indem man sie bat, ihre eigenen erfundenen Coca-Cola-Werbungen mit Nazithemen zu entwerfen. Ich kam in Kontakt mit den Ausstellungsmachern, und sie bestätigten mir, dass unser Bild tatsächlich zu diesem Zweck eingereicht wurde. Jemand hatte es mithilfe von Photoshop kreiert. Leider ist das Ganze so lange her, dass sich nicht mehr feststellen lässt, wer der Schöpfer des Bildes war. Aber zumindest haben wir die Wahrheit herausgefunden – und wieder musste ein Stück Fake History dran glauben.

Fall abgeschlossen.

17
Dieser Hund wurde ins Gefängnis gesteckt, weil er eine Katze ermordet hatte

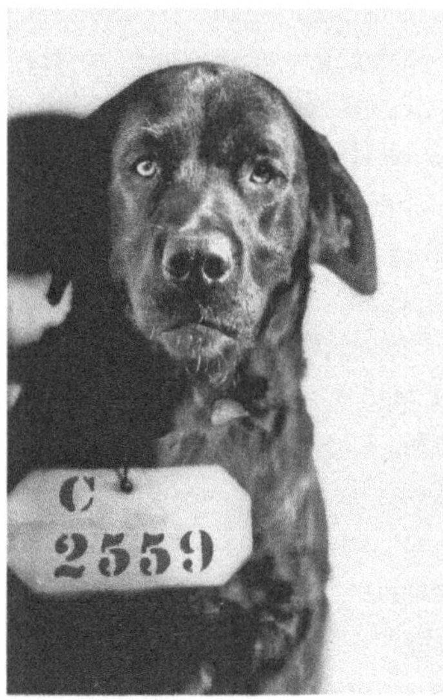

Was man Ihnen vielleicht erzählt hat

Sieh dir bloß mal dieses Polizeifoto an. Ja, das ist ein Hund. Schau doch mal, so ein reizendes Gesicht! Alle Hunde sind gute Jungs (ja, auch er) – aber vielleicht nicht rund um die Uhr?

Das ist Pep, und es ist ein echtes Verbrecherfoto. Der reizende, der entzückende Pep wurde 1924 verhaftet und ins Gefängnis geworfen, nachdem er die Katze eines amerikanischen Gouverneurs getötet hatte.

Die Widerlegung

Am 31. August 1924 wurde tatsächlich ein Hund namens Pep in die Haftanstalt *Eastern State Penitentiary* in Pennsylvania gebracht, aber nicht, weil er eine Katze gekillt, Möbel zerstört, Kissen zerfetzt oder den örtlichen Fleischer ausgeraubt hätte. Zunächst einmal: Pep hatte keinen ordentlichen Prozess bekommen, man hatte ihn nicht offiziell verhaftet und ihn auch nicht über seine Rechte informiert. Er hatte keinen anständigen Verteidiger gehabt und war nie von einem Richter verurteilt worden. Technisch gesehen war er also unschuldig, egal was er getan oder nicht getan hatte. Hier lag ein Justizirrtum vor!

Oder war es vielleicht –?

Pennsylvanias Gouverneur Gifford Pinchot und seine Frau, die dafür verantwortlich waren, dass man Pep ins Gefängnis steckte, brachten ihn nicht hinter Gitter, weil er etwas angestellt hatte, sondern um die Stimmung der Häftlinge zu verbessern. In gewisser Weise war er ein Therapiehund der ersten Stunde.

Als unser vierbeiniger Held im Gefängnis eintraf, ließen ihn die Wächter für ein Verbrecherfoto posieren und trugen ihn als Mörder in die Liste der Gefangenen ein. Sie gaben ihm sogar ein Pseudonym: »Ein Hund«. Was für Scherzkekse!

Aber der kleine Scherz lief ein bisschen aus dem Ruder, als die Medien vom traurigen Los des armen Pep Wind bekamen. Sie liebten die Story und zogen sie groß auf. Pep wurde sogar als Gast ins Radio eingeladen. Ein zeitgenössischer Zeitungsausschnitt zeigt, wie er umgeben von Gefängniswärtern auf ein Mikrofon starrt. Der dazugehörige Artikel erwähnt sein Verbrechen, aber es sieht so aus, als habe Pep selbst damals nicht viel gesagt.

Mehr und mehr Leute hörten Peps Geschichte und glaubten an ihren Wahrheitsgehalt. Die Vorstellung, man habe einen Hund hinter Gitter gebracht, egal ob er ein Katzenmörder war oder nicht, verursachte einige Aufregung. Tierfreunde waren ziemlich wütend auf den Gouverneur, und er bekam jede Menge entrüstete Briefe aus der ganzen Welt. Seine Gattin,

Cornelia Bryce Pinchot, die selbst eine beeindruckende und politisch aktive Person war, schien angesichts der ganzen Situation ernsthaft irritiert und aufgeregt gewesen zu sein – nicht nur, weil das Ehepaar so oft attackiert wurde, sondern auch, weil sie sich Sorgen um Peps guten Ruf machte. Sie wollte die Leute wirklich wissen lassen, dass Pep ein allerliebster Hund und absolut kein Verbrecher war. Im Januar 1926 sagte sie der *New York Times*:

> *Also, Pep hat nichts und niemanden umgebracht. Der Bericht über sein Verbrechen ist um die halbe Welt gegangen, und der Gouverneur und ich haben haufenweise Briefe, Telegramme, Resolutionen und Petitionen erhalten, in denen man sich über die Grausamkeit beklagte, den Hund in ein Gefängnis zu sperren.*

Der Journalist wusste zu berichten:

> *Er ist wie bestimmt für die direkte Arbeit mit Menschen, er mag das, und auf dem Gelände kann er frei herumlaufen. Das Glück eines Hundes liegt in seiner Ergebenheit für die Menschenfamilie, in der er sich befindet, und in Peps Fall ist es eine sehr große Familie. Im Eastern Penitentiary muss es Dutzende Gefangene geben, für die Peps Anblick das größte Ereignis des Tages darstellt und für die sein Bellen das fröhlichste aller Geräusche ist.*

Das Gespräch mit den Medien scheint gewirkt zu haben: Dem Artikel zufolge wurde das Stigma des Katzenmörders aus Peps Strafakte getilgt. Offenbar hat sich der Hund wirklich zu Hause gefühlt bei seiner großen neuen Familie aus Wärtern und Gefangenen. Man beschrieb ihn als »ungewöhnlich intelligent« und als »äußerst freundlich und gutmütig«. Seine Präsenz machte das trostlose Leben der Insassen ein kleines bisschen erträglicher.

Was nach dieser Zeit im Rampenlicht mit Pep passierte, ist ein wenig unklar. 1935 behaupteten die *Lake Park News*, Pep sei »begnadigt« und von einem Wärter aufgenommen worden. Aber laut einer Akte im Staatsarchiv von Pennsylvania aus dem Jahre 1963 wurde der Hund nach Graterford verlegt, in die landwirtschaftliche Abteilung des Gefängnisses, ungefähr 35 Meilen nordwestlich von Philadelphia. Dort sei Pep bis zu seinem Tod geblieben. Die Website des *Eastern State Penitentiary* vermeldet, er sei auf diesem Gefängnis-Bauernhof nach einem langen, glücklichen Leben dahingeschieden und »mit liebevoller Andacht in einem seiner Lieblingsblumenbeete auf dem Gelände der Haftanstalt begraben« worden. Pep muss echt ein bemerkenswerter Hund gewesen sein.

Nein, mir kommen jetzt nicht die Tränen.

Die zeitgenössischen Medien konnten Peps Story nicht widerstehen, und in neuerer Zeit erlangte er wiederum Berühmtheit, weil sein bezauberndes Polizeifoto im Internet geteilt wurde. Er war jedoch nicht der einzige Hund, den man zur Stimmungsaufhellung der Gefangenen in den Knast schickte. Schon Jahrzehnte vor Peps Inhaftierung gab es Nero, den Bernhardiner, der den Sohn eines Arztes gebissen hatte. Sein »Todesurteil« wurde in lebenslange Haft umgewandelt. Neros Geschichte klingt ganz ähnlich wie die von Pep, und es ist wahrscheinlich, dass auch er als Maskottchen betrachtet wurde und nicht als wirklicher Verbrecher. Und dann war da noch die Beaglehündin Lady, die Major Brierley gehörte, dem Chef des Wachpersonals. Er nahm sie in den 1950er Jahren gelegentlich mit zur Arbeit, und auch von ihr machte man ein hinreißendes Verbrecherfoto.

Bis heute gibt es in Justizvollzugsanstalten und ähnlichen Einrichtungen auf der ganzen Welt Projekte mit Tieren. Nicht nur, dass Tiere (besonders Hunde) die Stimmung der Gefängnisinsassen heben – wenn man den Häftlingen beibringt, wie man einen Vierbeiner richtig versorgt, und ihnen die Verantwortung für seine Pflege überträgt, ist das für sie eine großartige Zerstreuung, und es macht ihr Leben etwas erträglicher. Aber vor allem kann die Erfahrung der unbedingten Liebe und Aufmerksamkeit, die uns diese Tiere entgegenbringen, einen Häftling – oder eigentlich jeden von uns – zu einem besseren Menschen machen.

Heute ist das *Eastern State Penitentiary* ein Museum, Pep und die anderen Hunde haben ihren eigenen Schaukasten, und im Museumsshop sowie auf der Website kann man Souvenirs mit Pep-Bezug erstehen. Dem Museum zufolge ist Pep einer der berühmtesten Ex-Insassen der Haftanstalt. Da frage ich mich wirklich, wie Al Capones Geist damit klarkommt, sich diesen Titel mit jemandem teilen zu müssen.

18
Im Zweiten Weltkrieg trug ein Soldat einen Esel über ein Minenfeld

Was man Ihnen vielleicht erzählt hat

Als die Coronapandemie begann, waren dieses Foto und die dazugehörige Geschichte im Internet sehr populär, denn viele hielten es für eine passende Allegorie. Es zeigt, wie ein amerikanischer Soldat während des Zweiten Weltkriegs einen Esel auf seinem Rücken trägt, weil er mit seinen Männern durch ein Minenfeld geht. Hätten sie den Esel allein laufen lassen, dann hätte er die Minen ausgelöst und alle in den Tod gerissen. Und so musste der GI das Langohr tragen, weil es eine Gefahr für alle war – genau wie die Leute, die sich weigerten, Masken zu tragen oder die Lockdownregeln zu befolgen. Auch die Medien teilten diese Story, und selbst ein US-amerikanischer Gouverneur verbreitete sie bei einem Informationsgespräch über Corona im Fernsehen.

Die Widerlegung

Ich will jetzt nicht angeben – na ja, vielleicht tue ich es ein ganz klein wenig –, aber ich wusste sofort, dass dieses Foto keine amerikanischen Soldaten im Zweiten Weltkrieg zeigt; die Uniformen und die Helme sahen dafür einfach nicht richtig aus. Dazu kommt noch, dass es überhaupt keinen Sinn ergibt.

Wenn man durch ein Minenfeld geht, verteilt man sich nicht großflächig, sondern läuft in einer Reihe, im Gänsemarsch, und jeder passt gut auf, genau dort hinzutreten, wo sein Vordermann hingetreten ist. Außerdem grinst einer der Soldaten in die Kamera, statt darauf zu achten, wohin er den Fuß setzt – noch etwas, was man nicht tun sollte, wenn überall Minen liegen. Es fällt auch auf, dass der Esel sehr klein ist, praktisch noch ein Eselbaby. Weshalb sollten Soldaten einen jungen Esel bei einem Einsatz mitführen? Er wäre nicht imstande, schwere Lasten zu tragen, und würde sich bestimmt noch störrischer benehmen, als es Esel ohnehin schon tun.

Also wusste ich, dass die Story falsch war, aber zugleich war es ein faszinierendes Foto, und ich wollte mehr darüber wissen. Außerdem war es mir wirklich ein Bedürfnis, einen Gouverneur zu berichtigen. Die Jagd war eröffnet!

Genaueres herauszufinden, war schwieriger, als ich gehofft hatte. Zunächst erfuhr ich, dass die beteiligten Soldaten Angehörige der französischen Fremdenlegion waren, und dort sind sie nicht gerade von der geschwätzigen Art. Dazu kommt noch, dass mein Französisch schauderhaft ist. Als ich der Fremdenlegion eine E-Mail schicken wollte, musste ich dafür ein Formular auf Französisch ausfüllen, und an einem Punkt fragte ich mich, ob ich vielleicht gerade aus Versehen eine Beitrittserklärung unterschrieben hatte. Aber nach vielen Archivstudien und Gesprächen mit Experten sowie einigen ehemaligen Fremdenlegionären drang ich schließlich zur Wahrheit vor, und die ist wirklich eine Perle.

Im Jahre 1958 war die *13e demi-brigade de Légion étrangère* (13. Halbbrigade der Fremdenlegion) in Algerien aktiv. Dort stießen sie auf ein Eselfohlen, das von seiner Mutter verlassen worden war und zu verhungern drohte. Die großen, starken, harten, kampfgestählten Soldaten konnten es nicht ertragen, das Tier umkommen zu lassen. Sie beschlossen, es zu ihrem Stützpunkt mitzunehmen, aber es war so schwach, dass sie es tragen mussten. Das Foto wurde aufgenommen, als sie auf dem Rückmarsch waren. Es gelangte in eine französische Tageszeitung und machte bald seine Runde um die Welt.

Der *Daily Mirror* schrieb beispielsweise:

> *Hier macht ein Soldat Eselsarbeit – und hat auch noch Spaß dabei.*
> *Er ist ein harter französischer Fremdenlegionär mit einem weichen Herzen – einem Herzen, das berührt wurde, als er und seine Kameraden diesen jungen, von der Mutter aufgegebenen Esel in einem ausgedörrten algerischen Tal fanden.*
> *Die Soldaten waren auf einer Patrouille gegen Terroristen und beschlossen, das kleine Grautier als Maskottchen mitzunehmen.*
> *Aber der Esel war von Hunger geschwächt und konnte mit den schnell voranrückenden Legionären nicht Schritt halten. Es sah so aus, als müssten sie ihn zurücklassen.*
> *Da kam ein Grenadier, der schon mit seiner schweren Ausrüstung beladen war. Statt den Esel sterben zu lassen, hievte er ihn auf das Marschgepäck und trug sein »Lasttier« den ganzen Weg zurück zum Stützpunkt.*

Eine britische Tierschutzorganisation, die *Königliche Gesellschaft zur Verhütung von Grausamkeiten an Tieren* (RSPCA), wollte diese Tat würdigen und verlieh der 13. Halbbrigade am 28. November 1958 eine Bronzemedaille »für ihren Mut und ihre Menschlichkeit bei der Rettung eines Eselfohlens aus der algerischen Wüste«. Leider weigerte sich die Fremdenlegion, die

Identität des Mannes preiszugeben (was aber auch nicht gerade überraschend ist). Ein belgischer Fremdenlegionär behauptete, der Mann auf dem Foto sei Paul Neven, ein Belgier aus Antwerpen, aber ich konnte keine Bestätigung dafür finden, und anderen Aussagen zufolge haben sich die Männer beim Eseltragen abgewechselt.

Nachdem sie auf den Stützpunkt zurückgekehrt waren, fütterten die Soldaten den Esel und nannten ihn Bambi, weil er so einen flehenden Blick hatte. Die Männer stritten sich darum, wer sein Halter sein durfte, und bedienten ihn von vorne bis hinten; sie waren ganz verrückt nach Bambi und verwöhnten ihn schrecklich. Bald schon mochte er kein Tierfutter mehr fressen, weil er sich so an die Rationen der Soldaten gewöhnt hatte. Nun musste man einen offiziellen Dienstrang für ihn finden, denn das war der einzige Weg, um zusätzliche Rationen geliefert zu bekommen, statt die eigenen mit dem Esel teilen zu müssen.

Wo Krieg ist, ist auch Papierkram.

Bambi wurde zum offiziellen Maskottchen der Einheit erklärt und durfte sich auf dem Stützpunkt frei bewegen – nur nicht an die Bar, denn die hatte er ein bisschen zu oft frequentiert, und man hatte ihn wegen seines anstößigen Trinkverhaltens von dort verbannen müssen.

Mehrmals erlebte er Gefechte, aber seit Anfang 1959 rückte er nicht mehr mit aus, denn die Kompanie bekam für ihre Kampfeinsätze einen Hubschrauber, und selbst für diese Männer wäre es ein bisschen zu weit gegangen, einen Esel in einen Helikopter zu pferchen. Was mit Bambi nach seinem Ausscheiden aus dem Dienst geschah, ist unklar. Manche sagen, er habe seinen Lebensabend auf einem hübschen Bauernhof in Frankreich zugebracht, doch dafür konnte ich keinen Beleg finden.

Aber ist es nicht wunderbar, dass ein fieses Internet-Meme, das sich darum dreht, wie sich die gescheiten Leute um die Idioten kümmern müssen, die jedermann in Gefahr bringen, in Wahrheit auf einer Geschichte beruht, in der es eher um Mitgefühl für die Schwachen und Hilflosen geht und um Unterstützung für alle, die welche brauchen?

19
Diese Frau hat an einem Berliner Grenzübergang einen dramatischen Sprint in die Freiheit hingelegt

Was man Ihnen vielleicht erzählt hat

Ein spektakuläres Foto zeigt eine Konfrontation von schwerbewaffneten Grenzschützern aus Ost- und West-Berlin, die diesseits und jenseits einer quer über die Straße gezogenen weißen Linie stehen, während eine junge Frau auf dem Straßenpflaster hinter ihnen kniet. Dieser Frau ist gerade die Flucht geglückt; sie hat einen furiosen Sprint in die Freiheit hingelegt. Das Bild bringt die Spannungen, die in den 1950er Jahren in jener Weltgegend geherrscht haben, perfekt auf den Punkt. Daher ist es von Zeitungen, in Dokumentarfilmen und sogar in Geschichtsbüchern zu diesem Thema wiederholt aufgegriffen worden. Aber ganz abgesehen von seinem historischen Wert ist es auch einfach ein spannendes Foto, das sich in den sozialen Medien gut macht.

Die Widerlegung

Ich habe buchstäblich Jahrzehnte damit verbracht, die Vergangenheit zu erforschen, und die Analyse von Bildern ist ein wichtiger Bestandteil dessen, was ich tue. Nicht immer kann ich erklären, weshalb ich glaube, dass ein Bild nicht das ist, was es zu sein scheint, aber als ich dieses Bild sah, hatte ich einmal mehr so ein Gefühl. Vor allem war das Foto einfach zu perfekt. Wenn ein Augenblick derart fantastisch illustriert, was damals ablief, und wenn es noch dazu ein ziemlich gutes Foto ist, sollten Sie ein bisschen misstrauisch werden. Das heißt natürlich nicht, dass solche Fotos generell nicht authentisch wären – oftmals sind sie es durchaus. Aber wenn Sie in diesem speziellen Fall darüber nachdenken, welches Glück der Fotograf gehabt haben muss, genau im richtigen Augenblick zur Stelle gewesen zu sein, und wie visuell ansprechend die Situation ist – mit den beiden Seiten, die einander gegenüberstehen, mit den Uniformen, den Waffen, dem weißen Strich und der knienden Frau –, dann brauchen Sie nicht besonders zynisch zu sein, um zu denken, dass die ganze Sache eventuell doch inszeniert ist. Sie sollten das niemals *voraussetzen*, aber wenn Ihnen dieser Gedanke in den Kopf schießt, sollten Sie ihm nachgehen.

Ehrlich gesagt hoffte ich sogar, dass mich mein Instinkt getäuscht hatte, denn wenn das Foto echt war, steckte bestimmt eine erstaunliche Geschichte dahinter. Wer war die Frau? Was passierte danach mit ihr? Es gab so viele Dinge, die ich gern gewusst hätte. Aber leider hatte mich mein Instinkt nicht getrogen.

Manchmal erfordert es eine Menge Detektivarbeit, um ein Bild bis an seinen Ursprung zurückzuverfolgen: Ich muss Archive, Autoren im Ruhestand und Museen kontaktieren oder mich mit mysteriösen Gestalten in Verbindung setzen, die ich dann an einem öffentlichen Ort treffe, wo wir Aktenkoffer austauschen. Das kann Wochen, Monate oder gar Jahre dauern. Aber in diesem Fall lief es anders. Ich musste einfach nur Zeit zum Durchforsten des Internets aufwenden und es mit der umgekehrten Bildersuche probieren, bis ich die Antwort fand.

Der Film *Oggi a Berlino* (»Heute in Berlin«, englische Fassung unter dem Titel *East Zone, West Zone*) kam 1962 heraus. Piero Vivarelli war der Regisseur dieser italienischen Produktion, in der der bekannte Schauspieler Helmut Griem den jungen Hans verkörperte, der die Demarkationslinie überschreiten will, um wieder zu seiner Familie zu gelangen, und Nana Osten seine angebetete Rita spielte – jene junge Frau, die auf dem Bild auf dem Straßenpflaster kniet. Das erklärt, weshalb das Foto so perfekt aussieht: Es ist gestellt! Wir blicken auf eine Filmszene mit Schauspielern und Extras.

Leider konnte ich keine Kopie des Films erbeuten. Aber vielleicht war das auch besser so, weil es den Rezensionen zufolge ein ziemlich schlechter Streifen ist. Die niederländische Zeitung *De Tijd de Maasbode* schrieb: »Selten haben wir einen Film gesehen, über den es so wenig Positives zu sagen gibt.« Sie fand, man könne ihn sich echt nicht ansehen. Autsch!

Doch wenn so viele Menschen das Foto für echt halten, ist das vielleicht trotzdem eine Art Kompliment für die an jener Filmproduktion Beteiligten. Gleichzeitig bringt es einen zum Nachdenken darüber, wie sehr die Leute gewillt sind, Dinge zu glauben, ohne sie zu überprüfen.

Dass dieses Foto einem Film entstammt, kann wirklich jeder herausfinden. Natürlich erwarte ich nicht, dass Tante Doreen erst einmal einen gründlichen Faktencheck vornimmt, ehe sie das Bild auf Facebook teilt. Die Story wurde aber auch auf Geschichts-Websites verbreitet – und schlimmer noch, ich fand das Foto in deutschen Zeitungen, wo man ernsthaft behauptete, es zeige einen authentischen Vorfall. Es landete sogar auf dem Cover eines Buches über Berlin im Kalten Krieg!

20
Die Schnabelmaske der Pestärzte stammt aus dem Mittelalter

Was man Ihnen vielleicht erzählt hat

Als im Mittelalter der Schwarze Tod wütete, trugen die Ärzte lange Mäntel und eine schnabelförmige Maske, die sie mit Kräutern und anderen Substanzen ausstopften, um sich gegen die ihrer Ansicht nach »verderbte Luft« zu schützen. Sie haben diese Masken sicher auch schon gesehen: Sie tauchen in Filmen, Computerspielen und sogar Dokumentarstreifen auf. Während der Coronapandemie waren sie in allen Medien präsent, und man konnte sogar auf der Straße wieder welche sehen – sehr zum Vergnügen der Boulevardzeitungen.

Die Widerlegung

Kommen wir doch gleich zur Sache: Das Pestdoktor-Outfit ist real, es hat wirklich existiert – ja, sogar mit dieser abgefahrenen Maske –, aber es stammt *nicht* aus dem Mittelalter.

Ich weiß, dass es vielleicht ein bisschen pedantisch klingt, aber es gibt weltweit die sehr ärgerliche Angewohnheit, alles, was irgendwie negativ, finster und unheimlich ist, auf das arme Mittelalter zu schieben. In Wahrheit kommt diese gruselige Figur aus dem 17. Jahrhundert. Es ist fast so albern, als würden die Menschen der Zukunft sagen, Dreispitzhüte wären in den frühen 2000ern modern gewesen. (Was ich mir ja gewünscht hätte, aber leider nicht der Fall war.)

Wenn wir über »die Pest« sprechen, könnten wir eigentlich über ganz verschiedene Krankheiten reden. In diesem konkreten Fall meinen wir die Beulenpest, die mindestens seit der Bronzezeit im Umlauf war, aber vor allem für ihren tödlichsten Ausbruch in der Pandemie des 14. Jahrhunderts bekannt ist, die man den »Schwarzen Tod« genannt hat. Obwohl die Beulenpest im Laufe der Geschichte noch häufig wiederkehrte, bezieht sich der Ausdruck »Schwarzer Tod« speziell auf diesen einen mittelalterlichen Ausbruch um das Jahr 1346. Es war eine der tödlichsten Pandemien aller Zeiten, und so hat sie ihren eigenen Namen verdient. Wenn jemand vom »Schwarzen Tod« spricht, aber einen Ausbruch meint, der sich viel später zugetragen hat, können Sie ihn korrigieren und dabei richtig schlau wirken.

Auch im Mittelalter gab es Pestärzte, und auch sie sahen ziemlich eindrucksvoll aus, aber jene erstaunlichen Masken haben sie nicht getragen.

Der erste Bericht über das schnabelförmige Accessoire stammt von Michel de Saint-Martin und findet sich 1682 in seiner Biografie über Charles de Lorme, der Leibarzt dreier französischer Könige gewesen war – Heinrichs IV., Ludwigs XIII. und Ludwigs XIV. In diesem Buch schreibt

Saint-Martin, während des Pestausbruchs von 1618/19 in Paris habe de Lorme »nie seinen Maroquinmantel vergessen, den er selbst entworfen hatte. Er legte ihn vom Kopf bis zu den Zehen an, denn auch eine Hose gehörte dazu, und trug eine Maske aus demselben Maroquin, an welche er eine Nase angefügt hatte, die einen halben Fuß lang war und die schädlichen Dünste aus der Luft fortlenken sollte«.

Maroquin ist ein besonders feines Ziegenleder, und ein solches Outfit wird bis zu dem Pariser Pestausbruch nirgendwo erwähnt, nicht einmal in de Lormes eigenen Schriften. Es gibt auch keine bildlichen Darstellungen davon. Aber ein paar Jahrzehnte später beginnen neue Belegstücke für dieses Kostüm aufzutauchen.

Im Jahre 1656 entstand in Italien ein Holzschnitt, der den Pestdoktor so zeigt, wie wir ihn kennen. Das Bild verbreitete sich bald in ganz Europa. Es scheint die Fantasie der Menschen sofort angesprochen zu haben, und obgleich das Pestkostüm in manchen Veröffentlichungen als seltsamer italienischer Brauch verspottet wurde, lässt sich nicht bestreiten, dass dieses Bild in den Betrachtern eine Saite berührte.

Wir wissen nicht, wie oft diese Kleidungsstücke tatsächlich getragen wurden; vielleicht hat es nur ein paar Exemplare davon gegeben und nur in Italien und Frankreich. Aber aufgrund der Popularität der Abbildungen scheint es so, als wären sie überall präsent gewesen – auch dort, wo es sie vermutlich nie gab. Ich habe in einem britischen Historienfilm Figuren gesehen, die damit durch London spazierten, aber ich kann Ihnen nicht mit Sicherheit sagen, dass solche Schnabelmasken in England tatsächlich verwendet wurden … nun ja, jedenfalls nicht bis 2020.

So sonderbar es auch aussehen mag, das Pestkostüm erfüllte seinen Zweck, jedenfalls ein bisschen. Die Beulenpest ist – vor allem in den Ausprägungen Pestsepsis und Lungenpest – extrem ansteckend, und wenn die Doktoren zu jener Zeit davon sprachen, »üble, verderbte Luft« (*Miasma*) würde die Krankheiten übertragen, lagen sie in gewisser Weise nicht ganz daneben. Es waren aber nicht die Lüfte selbst, welche die Krankheiten verbreiteten, sondern die Tröpfchen, die durch Husten und Niesen der Erkrankten in der Luft versprüht wurden. Die schaurige Maske muss wie ein

Filter gewirkt haben. Auch der lange Ledermantel und die Handschuhe werden es den infizierten Rattenflöhen schwerer gemacht haben, die Doktoren zu beißen. Gleichzeitig schützte ein solches Outfit den Arzt vor den Körperflüssigkeiten, mit denen er in Kontakt kommen konnte, wenn er seine Patienten aufsuchte.

Es waren gewissermaßen frühe Ganzkörperschutzanzüge.

Es gibt noch vieles, was wir über das Pestarztkostüm mit seiner schnabelförmigen Maske nicht wissen, aber eines wissen wir zumindest: Es gibt keine Belege dafür, dass es schon im 14. Jahrhundert existiert hätte. Tatsächlich kommt es aus einer viel späteren, ganz anderen Zeit. Lassen Sie also das arme Mittelalter in Frieden – es hat schon genug mit Imageproblemen zu kämpfen!

21
Dieses Foto aus dem Zweiten Weltkrieg zeigt einen deutschen Soldaten mit einem Handy

Was man Ihnen vielleicht erzählt hat

Ein deutscher Soldat im Zweiten Weltkrieg hält ein Mobiltelefon in der Hand. Man weiß ja, dass sie in den 1940ern noch keine hatten, also kann das Foto nicht echt sein … aber hmm … könnte es sein, dass … ist es vielleicht doch ein Beweis für eine Zeitreise?

Die Widerlegung

Es ist kein Beweis für eine Zeitreise.

Vielleicht klingt es albern – denn natürlich kann ein Foto mit jemandem, der in den 1940er Jahren etwas hält, das wie ein iPhone aussieht, nicht real sein –, aber Sie wären überrascht, wie gern manche Leute bereit sind, an jedes angebliche Indiz für eine Zeitreise zu glauben. Wenn ein Foto überzeugend aussieht, aber nicht genügend Einzelheiten zeigt, um uns herausfinden zu lassen, was da tatsächlich abläuft, dann lassen sich manche Leute leicht täuschen. Ich verstehe ihre Sehnsucht ja – auch ich wäre schrecklich gern imstande, in der Zeit zurückzureisen. Wie es auf dem Werbeplakat für die Fernsehserie *Akte X* hieß: *I want to believe* – »Ich möchte es gern glauben« …

Wenn man die Menschen aber überzeugen möchte, dass ein Foto nicht ganz das ist, was sie denken, kann man dies nicht einfach behaupten, man muss es beweisen. Menschen sind starrköpfig und mögen es nicht, wenn sie falschliegen. Also beschloss ich, dem SMS-schreibenden Deutschen nachzugehen.

Es war ziemlich leicht, herauszufinden, wann dieses Foto zum ersten Mal im Internet hochgeladen wurde. Die Suche führte mich zum Flickr-Konto von Richard Tanton. Dort war das Foto mit folgender Unterschrift gepostet worden: »Endlich ein Beweis! Aus den Tiefen tschechischer Fotoarchive kommt endlich der Beweis für das Gerücht, dass einigen deutschen Soldaten in den letzten Jahren des Zweiten Weltkriegs iPhone-Prototypen ausgehändigt wurden. Aufgrund der begrenzten Zahl von Sendemasten war schlechter Empfang aber ein ständiges Problem.«

Hat Richard Tanton das ernst gemeint? Die zur Beschreibung des Fotos verwendeten Stichwörter waren ein offensichtlicher Hinweis: Filmset, Podskalska, Prag.

Wenn diese Information korrekt und es tatsächlich der ursprüngliche Upload des Fotos war, dann legten die Stichwörter nahe, dass das Foto in der Tschechischen Republik während der Dreharbeiten für einen Film über den Zweiten Weltkrieg gemacht worden ist. Mit ein wenig Detektivarbeit und Google Maps war es nicht schwierig, den Ort zu finden, an dem das

Foto aufgenommen wurde: Plavecká-Straße 5 in Prag. Doch weil Prag – eine wunderschöne Stadt – ein sehr beliebter Drehort ist, besonders für historische Filme, war nicht so leicht herauszufinden, welchen Film man gerade drehte, als das Foto geschossen wurde.

Noch während ich in der Sache recherchierte, hatten auch einige Faktenchecker-Webseiten das Foto unter die Lupe genommen und ihre Ergebnisse veröffentlicht. Sie zogen die Schlüsse, zu denen auch ich gelangt war, gingen aber auch nicht darüber hinaus. An dieser Stelle hätte die Suche enden können, wenn Richard Tanton mich nicht kontaktiert hätte.

Ich hatte ihm auf Flickr eine Nachricht geschickt, aber keine Antwort erhalten. So nahm ich an, er wäre nicht länger auf Flickr aktiv und würde daher niemals antworten. Plötzlich aber erhielt ich eine Nachricht von ihm! Tanton teilte mir mit, dass er das Foto zum Spaß bearbeitet hatte. Es war ein Scherz, der nicht darauf abzielte, irgendjemanden zu täuschen. Er hatte nicht erwartet, dass jemand tatsächlich glauben würde, das Foto wäre authentisch. Er bestätigte auch, dass das Foto am 29. Mai 2016 in Prag gemacht worden war; allerdings wusste er nicht, welcher Film damals gerade gedreht wurde.

Ich fand heraus, dass in Prag im Jahre 2016 zwei Filme entstanden: *Die Macht des Bösen* und *Operation Anthropoid.*

Die meisten Leute, die versucht hatten, mehr über das Foto herauszufinden, sind bis zu dieser Stelle gekommen. Es würde nur schwer herauszufinden sein, welches Filmset auf dem Foto abgebildet ist, zumal beide Filme in derselben Zeit spielen und ähnliche Themen haben. Nachdem mir Tanton jedoch das originale, unbearbeitete Foto geschickt hatte, entdeckte ich eine neue Spur: In der Straße hinter dem Soldaten war ein geparkter Kleintransporter zu sehen, der aus der online gestellten Version sorgfältig wegretuschiert worden war. Die Aufschrift auf ihm war verblasst und unvollständig, aber ich konnte zumindest *Česká Televize* erkennen, den Namen eines öffentlich-rechtlichen Fernsehsenders in der Tschechischen Republik.

Gerade als ich zu erforschen begann, wie *Česká Televize* in diese Filmproduktionen oder Nachstellungen involviert war, schickte mir Richard Tanton einige Fotos, die seine Frau Jitka an diesem Tag aufgenommen hatte. Ich machte darauf einen Mann in moderner Kleidung aus, der den

Schauspielern Anweisungen erteilte. Allerdings sah er nicht aus wie die Regisseure von *Die Macht des Bösen* oder *Operation Anthropoid.*

Daher bin ich wie ein Polizeibeamter mit dem Foto des Mannes durchs Internet gegangen und hoffte, jemand würde ihn identifizieren können. Ich dachte mir, dass das Gesicht eines Regisseurs, der eine große Produktion über den Zweiten Weltkrieg im Herzen von Prag drehen durfte, ein paar Mal in den Medien aufgetaucht sein sollte. Das war tatsächlich so, und ich fand ihn.

Der Mann, der auf diesen Fotos die Verantwortung trug, war Robert Sedláček, ein tschechischer Regisseur, der einige große Fernsehserien gemacht hat. Nachdem ich ihn gefunden hatte, konnte ich relativ leicht feststellen, woran er an diesem Tag im Jahre 2016 gearbeitet hatte. Die Serie heißt *Bohéma* und handelt von der Filmindustrie der Tschechoslowakei von 1938 bis 1953. Sie können sich die ganze Serie online ansehen, und weil ich absolut sicher gehen wollte, habe auch ich genau das getan, obgleich ich nicht Tschechisch spreche. Ich kann nicht sagen, ob sie gut war, aber sie betrifft ein interessantes Thema und war visuell recht ansprechend. Daher machte mir die Überprüfung nichts aus.

Ich musste mir vier Episoden anschauen, bevor ich am Beginn von Episode fünf das Gesuchte fand. Es gab eine Szene, die eine Konfrontation zwischen Zivilisten und deutschen Soldaten auf einer Straße zeigte. Zu sehen waren auch ein deutscher Panzer (eine eher schlechte Kopie des Tiger I) und ein deutsches Fahrzeug, das »Kübelwagen« genannt wurde und mir von anderen Fotos, die ich gesehen hatte, schon bekannt war. Das war eindeutig die Szene, die gerade gefilmt wurde, als Mr. und Mrs. Tanton ihre Bilder geknipst hatten.

Obwohl natürlich von Anfang an klar war, dass das Foto nicht wirklich aus den 1940er Jahren stammen konnte und keinen zeitreisenden deutschen Soldaten zeigte, der eine SMS nach Hause schickte, wissen wir nun dank Richard und Jitka Tanton sowie durch ein wenig Detektivarbeit, was genau da gefilmt wurde.

Diese Art von Detektivarbeit macht viel Spaß – mir zumindest. Wenn es dann noch gelingt, einen Fall abzuschließen, auch wenn man dafür jahrelange Recherchen brauchte, ist das innerlich sehr befriedigend.

22
Man verhaftete das Kleinkind François Bertillon und machte ein Verbrecherfoto von ihm

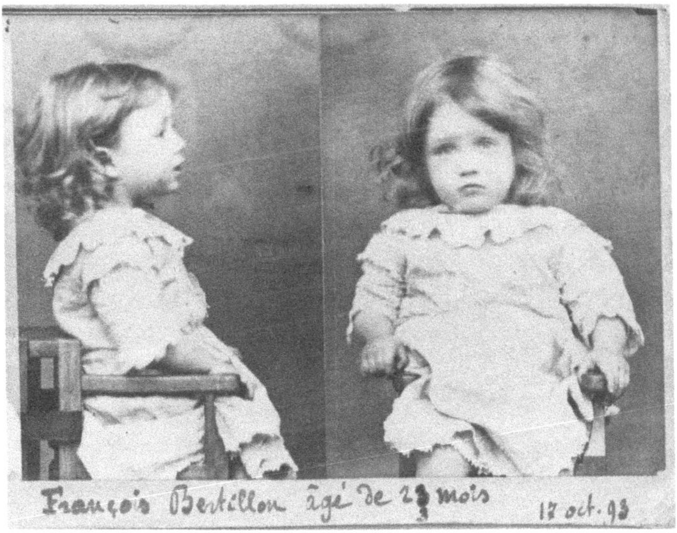

Was man Ihnen vielleicht erzählt hat

Ein verängstigt blickendes, nicht einmal zwei Jahre altes Kleinkind schaut uns von einem Polizeifoto an, das 1893 entstand. Eine Aufnahme wurde von vorn gemacht, eine von der Seite. Der beigefügte Text erklärt, dass es sich um das Verhaftungsfoto des 23 Monate alten François Bertillon handle, der festgenommen wurde, nachdem er alle Birnen in einem Korb angeknabbert hatte. Natürlich sind wir alle von der Brutalität unserer barbarischen Vorfahren geschockt – wie konnten sie diesen armen kleinen Engel ins Gefängnis stecken?!

Die Widerlegung

Das Foto wurde von Alphonse Bertillon, dem Onkel des Kindes, gemacht, einem erstaunlichen und sehr interessanten Mann, der als Erfinder des modernen Polizeifotos betrachtet werden kann. Nachdem er die Armee verlassen hatte, bekam Bertillon einen einfachen Schreibtischjob bei der Pariser Polizei. Aber er war bald frustriert von dem dort herrschenden bürokratischen Schlamassel. Bei Kriminellen, die immer und immer wieder verhaftet wurden, schien die Polizei machtlos zu sein. Es war nämlich oft schwer nachzuweisen, dass sie die gleichen Dinge bereits zuvor getan hatten, da ihre Identität nicht zweifelsfrei bestätigt werden konnte. Daher versuchte Bertillon in seiner Freizeit, einen Weg zu finden, auf dem man dem Problem beikommen konnte. Er entwickelte viele forensische Techniken, die schon bald von Polizeikräften in aller Welt übernommen wurden. Aber vor allem war er davon besessen, Akten anzulegen, Details zu protokollieren und Kriminelle so genau wie möglich zu registrieren. Er entwickelte das Bertillon-System, das eine Reihe genauer Messungen und verschiedene Fotos von Kriminellen beinhaltete. Das machte es viel leichter, jeden Jean, Pierre oder Louis, der verhaftet wurde, zu identifizieren, selbst wenn sie einen falschen Namen angaben.

Was ist nun aber mit dem Polizeifoto des Kindes?

Offenbar experimentierte Bertillon mit seiner Familie, denn es gibt Polizeifotos von ihm selbst, seinen Brüdern, ihren Frauen und Kindern und vor allem vom kleinen François, der ein beliebtes Motiv war. Offenbar wurden von ihm regelmäßig solche Aufnahmen gemacht, seit er ein Baby war.

Es wird oft behauptet, François sei Bertillons Sohn gewesen. Ich musste etwas genealogische Forschung betreiben sowie Bertillons von seiner Nichte Suzanne verfasste Biografie lesen, um nachzuweisen, dass diese

Behauptung ebenfalls falsch ist. Übrigens war auch Suzanne eine bemerkenswerte Person, die für Frauenrechte eintrat und gegen Kommunismus und Nationalsozialismus kämpfte. Sie wurde inhaftiert, weil sie Sozialisten bedroht hatte, schloss sich im Zweiten Weltkrieg der Resistance an, arbeitete mit der bekannten Geheimagentin Virginia Hall zusammen und erhielt verschiedene Orden.

Ihr zufolge haben Bertillon und seine Frau Amélie ihren Neffen und ihre Nichten geliebt und verwöhnt. François scheint eine wunderbare Kindheit in einer großen, wenn auch exzentrischen Familie gehabt zu haben. Die Archive liefern nur wenige Informationen über ihn, aber er überlebte den Ersten Weltkrieg und wurde Arzt. Er starb 1963.

Statt um die herzzerreißende Geschichte von einem traurigen Kleinkind, das festgenommen wurde, weil es ein paar Birnen angebissen hatte, handelt es sich also nur um ein Foto, das zum Spaß aufgenommen wurde oder um Onkel Alphonse bei seinen beständigen Versuchen zu helfen, zweckdienliche Polizeifotos zu entwickeln und zu verbessern.

23
Medienleute, Ärzte und Krankenschwestern wurden 1945 in Nürnberg öffentlich gehängt

Was man Ihnen vielleicht erzählt hat

Während der Coronapandemie erreichte der Hass zwischen Impfbefürwortern und Impfgegnern ein extremes Ausmaß. Zu einem Zeitpunkt drohte man Krankenschwestern, Ärzten und Journalisten mit einem massenhaft geteilten Foto, das Medienschaffende und Angehörige von medizinischen Berufen zeigen sollte, die in Nürnberg nach dem Zweiten Weltkrieg gehängt wurden. Der vollständige Text zu dem grausigen Foto lautete:

Noch immer so sicher, dass Sie mich zu der experimentellen Impfung zwingen wollen?
Foto von den Hinrichtungen in Nürnberg (Deutschland). Medienschaffende, die das deutsche Volk belogen und irregeführt hatten, wurden hingerichtet, und zwar gleich neben Ärzten und Krankenschwestern, die an medizinischen Experimenten teilgenommen hatten, bei denen lebende Menschen als Versuchskaninchen genutzt wurden. Wer die Vergangenheit vergisst, ist dazu verdammt, sie noch einmal zu durchleben.

Die Widerlegung

Sie können sich vorstellen, wie furchtbar es für jemanden sein muss, der Tag und Nacht arbeitet und sein Leben einsetzt, um das Virus zu bekämpfen, wenn er derartige Botschaften von anonymen Trollen erhält. Die Leute haben blind an diese Behauptung geglaubt, und sie wurde öffentlich weiterverbreitet – sogar auf einer gutbesuchten Kundgebung gegen die Coronaimpfungen auf dem Trafalgar Square in London. In den Medien sorgte sie für ziemliche Aufregung.

Viele Geschichten in diesem Buch wirken erst einmal nicht so gefährlich, sondern wie unschuldige Fehler, Missverständnisse oder Mythen, die niemandem schaden. Dieser Fall zeigt aber, wie Fake History auch für Propagandazwecke oder Beschimpfungen missbraucht und am Ende gefährlich werden kann, ja sogar lebensgefährlich. Wenn die Leute an Verschwörungen glauben wollen und damit beginnen, andere zu bedrohen und einzuschüchtern, dann ist ihnen die Wahrheit im Allgemeinen ziemlich egal.

Sehen wir uns zuerst den Begleittext zu diesem Meme an. Beim Internationalen Militärgerichtshof in Nürnberg wurden 1946 keine Ärzte oder Krankenschwestern gehängt. Und lediglich eine Person, die dort hingerichtet wurde, könnte als Medienschaffender gelten, nämlich Julius Streicher, der ein antisemitisches Hetzblatt, den »Stürmer«, herausgegeben hatte.

Ärzte wurden in Nürnberg nach den anschließenden Prozessen des US-Militärs gehängt, nicht aber von einem internationalen Gerichtshof. Es ist nicht so schwierig, das nachzuschlagen. Die Liste der in Nürnberg Gehängten ist nicht besonders lang und lässt sich im Internet mit wenigen Klicks finden. Es handelt sich nicht um ein verborgenes Stück Geschichte.

Daher ist die Behauptung an sich schon zweifelhaft. Hinzu kommt, dass die dafür Verantwortlichen sich nicht einmal die Mühe gemacht haben, ein Foto von tatsächlich in Nürnberg stattgefundenen Hinrichtungen zu benutzen, um die Behauptung zu untermauern. Zunächst einmal waren die Hinrichtungen dort nämlich nicht öffentlich!

Dann ist die Art, wie die Zuschauer gekleidet sind, auch ein Indiz. Es gibt eine ganze Reihe von typisch russischen Mützen, und die Soldaten tragen russische Uniformen, was für eine von Amerikanern vor deutschen Zivilisten durchgeführte Hinrichtung merkwürdig wäre. Mit anderen Worten: Dieses Foto wurde nicht in Nürnberg gemacht.

Tatsächlich wurde es am 29. Januar 1946 in Kiew aufgenommen und zeigt die Erhängung mehrerer Kriegsverbrecher, die Nazis waren (Ärzte, Krankenschwestern und Medienangehörige sind nicht darunter). Sie waren für einige wirklich grauenhafte Verbrechen verantwortlich, etwa für das Massaker von Babyn Jar, bei dem Zehntausende Juden und später auch Kriegsgefangene, Roma sowie Ukrainer abgeschlachtet wurden.

Am besten kann man dieses Stück Fake History vollständig zerstören, wenn man beweist, dass das Foto überhaupt nichts mit der Behauptung zu tun hat. Daher bin ich seinem Ursprung nachgegangen, was nicht besonders schwierig war. Um aber einen Abzug zu bekommen sowie die Erlaubnis, es in diesem Buch veröffentlichen zu dürfen, musste ich Kontakt mit den Archivaren des Zentralen Staatlichen Film-, Foto- und Phonoarchivs der Ukraine H. Pshenichny in Kiew aufnehmen. Sie waren so freundlich, mir bei meiner Recherche zu helfen, während ihre Stadt von den Russen bombardiert wurde und es in ihrem Land erneut zu Kriegsverbrechen kam. Ich bin ihnen zu großem Dank verpflichtet.

24
Die früheste Darstellung von Jesus findet sich in einem Museum in Kairo

Was man Ihnen vielleicht erzählt hat

Die Frage, wie Jesus wirklich ausgesehen hat, ist seit Jahrhunderten ein populäres Debattenthema – da wundert es nicht, dass sich die Diskussion darüber auch im Internet ausgebreitet hat.

Ein wertvolles Indiz in dieser Debatte ist natürlich die allererste bildliche Darstellung von Jesus. Besonders ein Gemälde wird häufig als älteste

Abbildung von Christus bezeichnet. Es zeigt den Sohn Gottes von Jüngern umgeben und befindet sich gegenwärtig im Koptischen Museum von Kairo. Und stellen Sie sich vor – er sieht ziemlich dunkel aus, überhaupt nicht wie der blonde, blauäugige Jesus, der in großen Teilen der westlichen Welt angebetet wurde und wird!

Die Widerlegung

Die Diskussion um das wahre Aussehen von Jesus ist schon seit fast 2000 Jahren im Gange. Wenn Sie da auch noch mitmischen wollen, müssen Sie alte Schriften und wissenschaftliche Aufsätze studieren und natürlich an sehr langen und komplizierten Debatten teilnehmen, denn leider haben sich seine Zeitgenossen nicht die Mühe gemacht, eine detaillierte Beschreibung seines Aussehens zu verfassen. Selbst die Bibel liefert uns nur sehr wenige Hinweise.

Es sieht fast so aus, als wäre es ihnen nicht wirklich wichtig gewesen, welche Farbe seine Haut hatte …

Aber Leute, die eine Aussage über seine Hautfarbe treffen wollen, erliegen oft der Versuchung, nicht weiter zu blicken als bis zu den ersten und ältesten bildlichen Darstellungen von Jesus Christus. Fairerweise muss man sagen, dass dies tatsächlich kein schlechter Ausgangspunkt ist – die ersten Menschen, die Jesus malten oder zeichneten, taten dies immerhin näher an seiner Lebenszeit und oftmals auch in der Nähe der Gegend, in der er gelebt hatte. Doch hat sich bisher bedauerlicherweise noch kein Kunstwerk gefunden, das zu Jesu Lebzeiten entstand oder zumindest kurz danach. Man hat nichts entdeckt, das weiter zurückreicht als bis ins 2. Jahrhundert.

Wenn Sie versuchen, jemanden bildlich darzustellen, der vor einem oder zwei Jahrhunderten gelebt hat, und wenn Sie keine Fotos von ihm haben, keine detaillierten Beschreibungen und auch niemanden mehr, der ihn persönlich gekannt hat, dann ist das sicher ganz schön knifflig. Aber etwas, das 200 Jahre nach dem Tod von Jesus im Nahen Osten entstanden ist, sollte dennoch ein wenig näher an der Quelle sein als etwas, das irgendein

Künstler in Texas letzte Woche gemalt hat. Also schauen wir uns das besagte Gemälde einmal an.

Wenn es im Internet geteilt wird, lautet der Begleittext gewöhnlich ungefähr so: »Das früheste bekannte Bild von Jesus Christus. Aus dem Koptischen Museum, Kairo. Dieses Gemälde von Jesus ist älter als das Bild des schwarzen Jesus in der römisch-katholischen Kirche, das aus dem 6. Jahrhundert stammt.« Dass dieses Gemälde gegenwärtig in einem ägyptischen Museum hängt, verleiht der Behauptung zusätzliches Gewicht. Eine Zeit lang war sie in den sozialen Medien sehr populär. Sogar der Rapper, Schauspieler und Filmemacher Ice Cube, der fast sechs Millionen Follower hat, teilte diese Aussage auf Twitter. Sie wurde von mehr als 170.000 Personen geliked und fast 46.000 Mal geteilt. Natürlich habe ich ihn korrigiert, aber ich bin mir nicht sicher, dass er meine Entgegnung gelesen hat.

Es stimmt, dass alte Kunstwerke mit der Zeit oft ziemlich nachdunkeln, aber in diesem Falle sind die Figuren tatsächlich dunkelhäutig. Wenn dies also wirklich das früheste bekannte Abbild von Jesus wäre, müsste es enorm berühmt sein. Es würde sich in allen Geschichtsbüchern finden! Natürlich glauben manche Leute, das Bild wäre im Zuge irgendeiner Verschwörung versteckt worden, oder die Historiker würden es ignorieren, weil ihnen die Vorstellung eines dunkelhäutigen Jesus nicht gefällt. Aber wenn es so wäre, muss jemand das Koptische Museum vergessen haben, denn dort wird es öffentlich ausgestellt, und gut versteckt haben sie es wirklich nicht. Falls es tatsächlich das älteste Abbild von Jesus wäre, würde auch jedes moderne Geschichtsbuch zu diesem Thema es erwähnen, und man könnte es in jedem Dokumentarfilm über Jesus sehen. Und echt mal – wenn es wirklich das wäre, was manche Leute behaupten, dann hätte man es vermutlich längst »ausgeliehen« und in den Vatikan geschafft. So oder so wäre es enorm berühmt, und wir hätten nicht warten müssen, bis Mr. Ice Cube uns dieses Geheimnis auf Twitter enthüllt.

Wenn das Gemälde im Kairoer Museum die älteste bildliche Darstellung von Jesus wäre, hätte man es extrem gut gesichert und würde niemandem erlauben, ein Foto davon zu machen, vor allem nicht mit Blitzlicht – was bei dem Bild, das im Internet geteilt wird, alles nicht der Fall ist! Ich kann mir nicht vorstellen, dass ein Museum der Versuchung widerstehen könnte, aller Welt zu erzählen, dass es in seiner Sammlung ein so bedeutendes Kunstwerk hat. Das würde seine Besucherzahlen und damit seine Einkünfte in schwindelerregende Höhen anwachsen lassen. Nein, es gibt einen ganz einfachen Grund dafür, dass dieses Gemälde nicht weltberühmt ist: Es ist nicht die älteste bildliche Darstellung von Jesus, nicht einmal annähernd.

Leider kann ich mich diesmal nicht mit erstklassiger Detektivarbeit brüsten; um die Behauptung zu widerlegen, brauchte ich dem Koptischen Museum in Ägypten nur eine Facebook-Nachricht zu schicken und die dort Beschäftigten nach dem Gemälde zu fragen. Ihre Antwort lautete:

> *Es zeigt den heiligen Thomas, der mit dem Finger Christi Wunde berührt, während andere Jünger zuschauen. Der heilige Thomas berührt die Wunde von Christus, um an dessen Auferstehung glauben zu können, und die übrigen Jünger blicken auf Thomas oder auf Jesus Christus. 18. Jahrhundert n. Chr. Griechischer Stil.*

Nur zur Sicherheit habe ich die sozialen Medien genutzt und darum gebeten, dass mal jemand das betreffende Museum besucht. So erhielt ich schließlich Fotos und Videomaterial vom Gemälde und dem Begleittext des Museums.

Ich habe auch bei einigen Experten für koptische Kunst nachgefragt und mehrere Bücher zu diesem Thema gelesen. Sie alle bestätigten mir das Alter und den Hintergrund des Gemäldes. Dabei hatte ich eigentlich schon alles, was ich brauchte, nachdem mir das Museum mitgeteilt hatte, wann das Bild wirklich entstanden war.

Das Gemälde ist also im 18. Jahrhundert geschaffen worden, 1700 Jahre nach Jesus, und aus diesem Grund ist es nicht seine älteste bildliche Darstellung – bei Weitem nicht.

Kann ich es mir verkneifen, meinen kleinen Zeh in die Debatte um das wahre Aussehen von Jesus hineinzustecken und damit zu riskieren, einige meiner Leser gegen mich aufzubringen? Natürlich kann ich das nicht.

Jesus sah höchstwahrscheinlich aus wie ein jüdischer Mann aus Galiläa, der in Nazareth geboren wurde. Mit anderen Worten: Er sah aus wie jemand aus dem Nahen Osten. Damit war er nicht das, was wir heutzutage einen Dunkelhäutigen nennen, und ebenso wenig hatte er das Aussehen eines großen blonden Norwegers.

Die einzige Beschreibung von Jesus in der Bibel stammt aus der Offenbarung des Johannes im Neuen Testament, und dort wird nicht seine irdische Erscheinung beschrieben, sondern sein Aussehen in einer Vision. Die heiligen Schriften berichten uns auch von mehreren Fällen, in denen Menschen, die Jesus sehr gut kannten, als er unter den Lebenden weilte, ihn nach seiner Auferstehung plötzlich nicht mehr wiedererkannten. So beschreiben Johannes 21:4 und Lukas 24:16, wie die Jünger ihm begegnen, aber nicht mitbekommen, wer er ist, und in Johannes 20:15 verwechselt Maria Magdalena ihn mit einem Gärtner. Nehmen wir das wörtlich, so deutet es darauf hin, dass Jesus nach seiner Rückkehr ins Leben zumindest beim ersten Hinschauen ganz anders aussah als vorher.

Ein weiterer wertvoller Hinweis, den uns die Bibel liefert: Jesus stach im Jerusalem des 1. Jahrhunderts nicht aus der Menge heraus. Hätte er ganz anders ausgesehen als die Leute um ihn herum oder auch nur als seine Jünger, dann hätte ihn Judas nicht zu küssen brauchen, um ihn kenntlich zu machen. Obgleich Jerusalem damals Besucher aus aller Welt hatte und voll von Römern, Griechen und Händlern aus fernen Ländern war (auch welchen aus dem westlichen Europa), wäre ein großgewachsener blonder und blauäugiger Mann bestimmt aufgefallen, vor allem in einer Gruppe aus Jüngern, die überhaupt nicht so aussahen wie er.

Um es abschließend zusammenzufassen: Jesus war höchstwahrscheinlich weder von weißer noch von schwarzer Hautfarbe, sondern hatte eine hellbraune Haut, dazu kurze Haare und einen Bart, denn so waren in jener Weltgegend die Gepflogenheiten zu seinen Lebzeiten.

25
Prostituierte maßen in der viktorianischen Ära die Zeit pro Kunde mit winzigen Kerzen ab

Was man Ihnen vielleicht erzählt hat

Um die Zeit im Auge zu behalten, haben Prostituierte im viktorianischen England winzige Kerzen angezündet, die kaum größer als ein Streichholz waren und sieben Minuten lang brannten. Erlosch so eine Kerze, war die Zeit um, und der Kunde musste gehen.

Die Widerlegung

Die winzigen Kerzen existierten wirklich und stammten auch aus der viktorianischen Zeit, so viel ist schon einmal wahr. Allerdings ist die ganze Bordellgeschichte, um es vorsichtig auszudrücken, dubios. Bevor wir uns die Beweislage ansehen, sollten wir kurz innehalten und logisch an die Sache herangehen. Warum sollten die Prostituierten nicht einfach eine Uhr benutzt haben? Damals gab es doch schon Standuhren und Taschenuhren. Sie wurden massenhaft hergestellt und waren gar nicht so teuer! Und selbst wenn sich die Prostituierten nicht mal eine gebrauchte Uhr hätten leisten können, wäre es ja auch mit einer Sanduhr gegangen.

Warum sollten es genau sieben Minuten sein? Wenn ein Kunde etwas Spezielles wünschte oder einfach nur reden wollte und jemanden zum Zuhören suchte, dann hätten sieben Minuten nicht ausgereicht. Was hätte die Dame getan, wenn sich die Kunden mehr Zeit gewünscht hätten? Hätte sie mitten im »Geschäftsvorgang« eine neue Kerze angezündet? Darüber hinaus würde eine Frau, die in einem Bordell arbeitet, wahrscheinlich eine Puffmutter oder einen Zuhälter haben, die oder der außerhalb des Raumes wartet, auf die Zeit achtet und sicherstellt, dass der Gast nach angemessener Frist geht oder eine Extragebühr entrichtet, wenn er sein Zeitlimit überzieht. Das Ganze hat keinen Sinn – außer wenn man versucht, die Aufmerksamkeit der Leute zu gewinnen oder ihnen etwas zu verkaufen (doch dazu später mehr).

Die Kerzen, um die es geht, hießen *bougies de poche* – »Taschenkerzen«. Es waren kleine Wachskerzen, aufbewahrt in einer Art Streichholzschachtel. Man konnte sie anzünden und in ein kleines Loch oben in der Schachtel stecken. Wenn man keine größere Kerze oder Lampe bei der Hand hatte, lieferten sie einige Zeit Licht. Einige diese Wachskerzen hatten mit Phosphor überzogene Spitzen, damit sie wie ein Streichholz leicht entzündet werden konnten. Sehr bequem, wenn man sich nach dem Wirtshausbesuch ausziehen, dabei aber niemanden aufwecken wollte. Sie waren auch vorzüglich dazu geeignet, all die regulären Kerzen oder Lampen im Haus anzuzünden, ohne für jede ein neues Streichholz verschwenden zu müssen.

Interessanterweise wurden sie im französischen Roman *Rocambol, der Fürst der Katakomben* von 1867 *bougies de poche anglaises* genannt: In Frankreich bezeichnete man sie also als »englische« Taschenkerzen. Das Buch erwähnt zudem, dass sie nur drei statt sieben Minuten brannten … Ich frage mich, ob die Bezeichnung nicht ein Seitenhieb auf die Engländer war.

Doch egal, wo ich nachschlug, welches Museum oder welchen Sammler ich kontaktierte, niemand wusste von irgendeinem historischen Beleg dafür, dass die Kerzen eine Beziehung zu Bordellen oder zur Prostitution hatten.

Kann es mit den Bildern von schönen Damen zu tun haben, die auf den Schachteln abgedruckt waren? Tatsächlich zeigen viele davon hinreißend aussehende Frauen, und einige hatten sogar ziemlich kesse Fotos als Etikett, wenn auch längst nicht alle. Andere zeigten unschuldige Familienszenen, Ritter in glänzenden Rüstungen, spielende Kinder und sogar Porträts der Angehörigen von Königshäusern und von bedeutenden Staatenlenkern. Einige dienten ohne Zweifel als Erinnerungsstücke, die massenhaft produziert und verkauft oder zu besonderen Anlässen verteilt wurden. Ein bordellbezogener Gegenstand bei einem solchen Anlass hätte im viktorianischen England sicher manches Stirnrunzeln verursacht.

Es gab auch einige Schachteln mit frechen Versen drauf, und mitunter beschwerten sich die Leute darüber – was ebenfalls seltsam wäre, wenn die Kerzen allgemein als Gegenstände gegolten hätten, die man nur in Freudenhäusern benutzte. Aber vielleicht liegt hierin ja der Grund dafür, dass jemand eines Tages auf eine Verbindung zu Bordellen schloss und der Meinung war, das Internet sollte davon erfahren.

Die erste Online-Erwähnung von Bordellkerzen erfolgte, soweit ich weiß, 2016 in einem Reddit-Posting im Zusammenhang mit einer Online-Auktion. Inzwischen ist auch der Online-Marktplatz Etsy voll davon. Selbstverständlich bekommen »Bordellkerzen« deutlich mehr Aufmerksamkeit als »Taschenkerzen«, und vielleicht liegt hierin der Ursprung für die gefälschte Geschichte: Jemand erfand die Story, um Käufer für etwas ganz Alltägliches und Banales zu finden. Vielleicht hat auch jemand eine andernorts entdeckte Beschreibung missverstanden und fehlinterpretiert. Ich glaube nicht, dass wir je wissen werden, wie diese Geschichte das Licht der Welt erblickte.

Abschließend können wir festhalten: Taschenkerzen wurden von Menschen genutzt, die etwas länger Licht brauchten, als ihnen ein Streichholz geben konnte, die aber keine Lampe oder größere Kerze nutzen konnten oder wollten. Es gibt keinerlei Beweis für eine spezifische Verbindung zwischen diesen Kerzen und Bordellen oder der Prostitution. Sollten Sie je eine historische Quelle finden, die beides miteinander verknüpft, lassen Sie es mich bitte wissen.

26
Im Mittelalter hatten alle Menschen furchtbar schlechte Zähne

Was man Ihnen vielleicht erzählt hat

Während des Mittelalters hatten alle, besonders aber die Bauern, schwarze, grüne oder gar keine Zähne. Es war natürlich eine Zeit, in der sich die Menschen aus irgendwelchen Gründen nicht um Hygiene, Gesundheit oder ihr Aussehen kümmerten. Wir können das in fast jedem Hollywoodfilm und in TV-Serien sehen, und viele von uns haben es in der Schule oder bei Museumsführungen gelernt – also muss es doch wahr sein.

Die Widerlegung

Obwohl unsere Welt sich ständig verändert, verändern sich die Menschen nicht so sehr. Unsere Vorfahren mögen uns wie Fremde vorkommen, die merkwürdige Angewohnheiten und seltsame Auffassungen hatten. Blickt man aber über diesen ersten Eindruck hinaus, dann erkennt man Menschen, die gutes Essen, Gesellschaft, Komfort, Wärme, Sauberkeit und ein glückliches Leben bevorzugten. Seit Anbeginn der Zeiten mochten wir weder Hunger noch Einsamkeit oder Unbequemlichkeit, wollten nicht frieren, schmutzig oder traurig sein.

Betrachten wir die gesamte Geschichte vor diesem Hintergrund, so klingt die Idee, dass die Menschen in einem bestimmten Zeitalter und einem besonderen Teil der Welt plötzlich aufgehört hätten, sich um ihre Zähne zu kümmern oder ihrem Mundgeruch Beachtung zu schenken, ziemlich bescheuert. Wie gut Sie auch aussehen mögen oder wie betrunken Ihr Date ist – wenn Ihre Zähne faulen, Ihr Zahnfleisch blutet und Ihr Atem müffelt, dann werden Sie nicht geküsst, Sie werden keinen Treffer landen und mit niemandem nach Hause gehen, den Sie wirklich mögen. Dabei spielt es keine Rolle, ob Ihr Date in der Steinzeit stattfindet (es gibt Beweise dafür, dass unsere prähistorischen Vorfahren Zweige zum Reinigen ihrer Zähne verwendeten), im Mittelalter, in der viktorianischen Ära oder ob Sie letzte Woche jemanden im Pub getroffen haben.

Aber keine Angst, Sie können weiterhin auf den Bildschirm zeigen und sich kaputtlachen, wenn Sie in einem Blockbuster einen Ritter sehen, dessen Zähne so gerade und so strahlend weiß sind, dass Sie von seinem Lächeln geblendet werden. Niemand in der Vergangenheit hatte Zähne wie die heutigen Hollywood-Stars. Das gilt aber auch für die meisten heute lebenden Menschen. Aber die mittelalterlichen Zähne waren auch nicht extrem schlecht, zumindest nicht so schlecht, wie man es uns oft glauben macht. In Wahrheit waren sie sogar ziemlich gut.

Die Zahnpflege war offensichtlich nicht so weit fortgeschritten wie heute, aber – und das ist der ausschlaggebende Punkt – die Menschen mussten im Mittelalter auch weniger auf ihre Zähne achten, da ihre Ernährung im Allgemeinen nicht so viel Zucker enthielt wie unsere heutige Kost. (Mitunter war sie sogar völlig zuckerfrei.) Was wir uns heute in den Mund schieben, ist in vieler Hinsicht weniger gesund und schadet den Zähnen mehr als die mittelalterliche Ernährung. Denken Sie nur an all die Softdrinks, die Süßigkeiten und die vielen Lebensmittel mit fragwürdigen Zusatzstoffen, die wir jeden Tag futtern. Und natürlich sind Rauchen und Kaffeetrinken auch nicht gerade hilfreich. Die Dinge, die unsere Zähne heute so extrem bedrohen, waren für die Menschen des Mittelalters schlicht und einfach nicht verfügbar.

Zucker war in Europa zwar seit der Antike präsent, musste aber importiert werden und war sehr teuer. Er blieb noch lange nach Ende des Mittelalters ein Luxusgut. Kaffee und Tabak waren damals in Europa überhaupt nicht erhältlich. Schlechte Bedingungen für unsere Vorfahren, gute dagegen für ihre Zähne.

Aber abgesehen davon, dass das Risiko für Zahnschäden geringer war, mochten es die Menschen im Mittelalter auch einfach, saubere Zähne und einen angenehm riechenden Atem zu haben. Zwar besaßen sie noch nicht wirklich Zahnbürsten, aber sie kauten Zweige, um ihre Zähne zu reinigen, und rieben sie mit Lappen ab. Außerdem benutzten sie selbst gemachte Pasten und Puder aller Art. Wir kennen sogar einige alte Rezepte für Produkte, die die Zähne bleichen sollten. So war (und ist) die Süßholzpflanze (*Glycyrrhiza glabra*) besonders gut für die Zahnpflege geeignet. Sie ist besser bekannt unter dem Namen Lakritze und enthält Verbindungen, die Karies und Zahnfleischerkrankungen vorbeugen. Viele Bioläden und manche Apotheken verkaufen diese Kaustangen noch heute.

Im *Regimen sanitatis Salernitanum* (Gesundheitsregeln der Salernitanischen Schule), einem langen Lehrgedicht, das alltägliche Hygienepraktiken beschreibt und vermutlich aus dem 12. oder 13. Jahrhundert stammt, vielleicht aber sogar noch älter ist, erfahren wir:

Frühe dem Lager enteilt muß rein'gen dir Augen und Hände
Kühlerfrischendes Wasser, dann hierhin und dorthin dich wende,
Dehne die Glieder, rein'ge die Zähne und kämme die Haare,
Auf daß Kraft in das Hirn, wie auch Kraft in die Glieder dir fahre.

In der *Descriptio Cambriae* (Beschreibung von Wales) des Archidiakons Giraldus Cambrensis aus dem 12. Jahrhundert heißt es:

Beide Geschlechter kümmern sich sehr um die Pflege ihrer Zähne. Sie sind dabei gründlicher als jedes andere Volk, welches ich kenne. Sie reiben die Zähne fleißig mit grünen Haselzweigen ab und reinigen sie dann mit Wolllappen, bis sie wie Elfenbein glänzen. Zum Schutz ihrer Zähne nehmen sie nie heiße, sondern nur kalte, lauwarme oder leicht warme Speisen zu sich.

Der ultimative Sargnagel für unsere Legende ist, dass die Zähne vieler Skelette aus dem Mittelalter, die von Archäologen gefunden und untersucht wurden, in sehr gutem Zustand waren. Unsere mittelalterlichen Vorfahren litten mehr unter Abnutzung, Plaque und Zahnstein, aber weniger unter Löchern in den Zähnen – und genau die verursachen den größten Schaden.

Trotzdem dürfen wir nicht denken, ihre Zähne wären allesamt schön und gut gewesen; auch sie hatten Probleme mit ihren Beißern. Viele Skelette aus dem Mittelalter haben aus allen möglichen Gründen Zahnlücken. Und was wir heute als kleine Infektion betrachten würden, die sich leicht kurieren lässt, konnte damals tödlich enden. Zudem waren Zahnbehandlungen im Mittelalter oft eine ziemlich brutale Angelegenheit.

Nichtsdestoweniger entspricht das Klischee vom mittelalterlichen Menschen, der schwarze, gelbe oder fast gar keine Zähne hat, weder den mittelalterlichen Aufzeichnungen noch den archäologischen Befunden oder dem gesunden Menschenverstand. Wir wissen, dass sich die Menschen um ihre Zähne kümmerten, dass sie sie weiß und sauber haben wollten und versuchten, übel riechenden Atem zu vermeiden. Sie mögen dabei nicht immer erfolgreich gewesen sein, und viele ihrer Heilmittel, Rezepte und Verfahren halfen nicht sonderlich viel, aber sie taten jedenfalls ihr Bestes.

27
Diese Fenster wurden geschaffen, damit die Leute zu Zeiten des Schwarzen Todes weiterhin Wein kaufen konnten

Was man Ihnen vielleicht erzählt hat

Auf dem Höhepunkt der Coronapandemie ging eine Geschichte viral (pardon, wenn ich das Wort in diesem Zusammenhang verwende): Quer durch Italien wurde eine mittelalterliche »Pesttradition« wiederbelebt, indem die Leute begannen, Wein durch die *buchette del vino,* die »Weinfensterchen«, zu verkaufen. So hatten es ihre Vorfahren schon vor Jahrhunderten getan. Statt dass man in einen Laden oder ein Wirtshaus gehen musste, konnte man seinen Wein durch ein winziges Fenster erstehen, das gerade groß genug für eine Flasche, einen Krug oder ein Glas war. Eine reizende, pittoreske Geschichte, die uns in sehr dunklen Zeiten ein Lächeln auf die Lippen zauberte.

Die Widerlegung

Die *buchette del vino* gibt es wirklich – es sind kleine Durchreichen in Gebäuden überall im historischen Zentrum von Florenz. Sie ermöglichten es den Leuten, Wein schnell, einfach und direkt von den Händlern zu kaufen, ohne dass diese dafür einen Laden oder eine Bar einrichten und betreiben, Personal anheuern oder zusätzliche Steuern entrichten mussten. In gewisser Weise waren sie so etwas wie ein Drive-in (oder eher ein Walk-in) für alkoholische Getränke.

Als die Coronapandemie zuschlug, begannen einige Italiener, diese Fenster erneut zu nutzen, denn sie ermöglichten es ihnen, Handel zu treiben und gleichzeitig eine Art soziale Distanz zu wahren. Es war die perfekte Wohlfühlgeschichte für zahllose Tageszeitungen, Fernsehsendungen und Websites, und so fing natürlich ein jeder an, sie zu verbreiten – ohne vorher einen Faktencheck gemacht zu haben.

Einmal mehr scheint bei den Leuten Verwirrung darüber zu herrschen, wann das Mittelalter begann und wann es endete. Die kleinen Weinfenster stammen nämlich aus der zweiten Hälfte des 16. Jahrhunderts.

Obgleich sich die Historiker noch darüber streiten, wann genau das Mittelalter zu Ende war, stimmen sie normalerweise darin überein, dass das Italien des 16. Jahrhunderts nicht mittelalterlich war. Schließlich hat dort die Renaissance begonnen!

Die Fenster waren auch keine Pesttradition; an ihrem Ursprung hatten sie nicht einmal einen Bezug zur Pest. Sie wurden im 16. Jahrhundert aus kommerziellen Gründen geschaffen. Es stimmt, dass man sie nutzte, als die Beulenpest in den 1630er Jahren Italien erreichte. Die Leute merkten damals nämlich, dass diese Fensterchen praktisch waren, wenn man etwas verkaufen wollte, ohne den Kunden zu nahe zu kommen – genau wie 2020 während der Coronaepidemie. Aber zu diesem Zweck waren sie nicht geschaffen worden, und mittelalterlich waren sie gleich gar nicht. Wieder einmal brachten die Journalisten von heute alles durcheinander und schrieben, dass es der Schwarze Tod gewesen sei, der die Leute zur Nutzung dieser Weinfenster getrieben habe. Aber wie wir wissen, war der Schwarze Tod ein ganz spezieller Pestausbruch im 14. Jahrhundert, ungefähr 200 Jahre, bevor die Florentiner überhaupt erst auf die Idee kamen, ihre kleinen Verkaufsfenster einzurichten.

28
Dieses Foto zeigt Charlotte E. Ray, Amerikas erste schwarze Anwältin

Was man Ihnen vielleicht erzählt hat

Im Internet wird Charlotte E. Ray regelmäßig Tribut gezollt, und das ganz zu Recht. Gegen übermächtige Widerstände und trotz verschwindend geringer Erfolgschancen hat sie es geschafft, die erste schwarze Rechtsanwältin der Vereinigten Staaten zu werden. Und wenn Sie die Geschichte einer beeindruckenden Persönlichkeit im Internet teilen möchten, dann wollen Sie natürlich auch ein Bild dieses Menschen hinzufügen; das macht Ihr Posting in den sozialen Medien attraktiver und steigert die Chancen, dass andere Leute es teilen wollen. Aber hier beginnt es problematisch zu werden …

Die Widerlegung

Charlotte E. Ray war eine faszinierende Frau, die Barrieren einriss. Sie verdient die Anerkennung und die Aufmerksamkeit, welche man ihr entgegenbringen möchte. Im Amerika des 19. Jahrhunderts eine Schwarze zu sein, war schon für sich allein eine Herausforderung, aber sie hat sich davon nicht aufhalten lassen. Von ihrer Familie sehr unterstützt, war sie die erste Frau, die an der *Howard University School of Law* einen Abschluss machte. Das war im Jahre 1872, und vielleicht ist sie in den Zulassungspapieren ein wenig vage geblieben, was ihr Geschlecht betraf ... Noch im selben Jahr wurde sie von der Anwaltskammer *District of Columbia Bar* zugelassen und eröffnete ihre eigene unabhängige Anwaltskanzlei.

Sie war sehr gut in ihrem Job, hatte aufgrund ihres Geschlechts und ihrer Hautfarbe jedoch Mühe, Klienten zu finden. Am Ende musste sie ihren Anwaltsberuf an den Nagel hängen und Lehrerin werden. Sie war eine eindrucksvolle Person und tatsächlich die erste schwarze Anwältin in den Vereinigten Staaten. Das macht sie zum perfekten Gegenstand für Postings in den sozialen Medien – besonders bei Anwaltskanzleien sowie unter Einzelpersonen und Firmen, die sich für Diversität und Feminismus engagieren und ihren Followern zeigen wollen, wie wichtig ihnen diese Themen sind. Charlotte erfüllt ganz sicher eine Menge Kriterien ... aber es gibt keine Fotos von ihr. Ich habe wirklich überall nachgeschaut; ich dachte, dass man doch bestimmt irgendwo auf ein Foto der echten Charlotte stoßen müsse, aber leider konnte ich kein einziges finden, was ein bisschen traurig ist. Ich würde so gerne wissen, wie sie wirklich aussah, und ihr Bild mit Ihnen teilen und mit allen Leuten, die immer noch die falschen Fotos in Umlauf bringen.

Aber wer sind die Frauen auf den Fotografien, die Charlottes Bewunderer teilen? Ich habe drei verschiedene Frauen gefunden, die oft irrtümlich für Charlotte gehalten werden und deren Fotos Sie am Anfang dieses Kapitels finden. Von links nach rechts sind das:

Lutie A. Lytle (1875–1955), die in den USA eine der ersten schwarzen Frauen in der Anwaltsbranche war;

Marian Anderson (1897–1993), eine der am meisten gefeierten Opernsängerinnen des 20. Jahrhunderts und zugleich Sozialreformerin;

Sadie Tanner Mossell Alexander (1898–1989), im Jahre 1921 in den USA die erste Schwarze, die einen Doktor in Wirtschaftswissenschaften machte, und die erste schwarze Frau, die in Pennsylvania als Anwältin praktizierte. Sie war auch Bürgerrechtsaktivistin.

Es ist echt beschämend und tut auch ein bisschen weh, dass Leute, die es gut meinen, am Ende eine beeindruckende schwarze Frau mit der anderen verwechseln.

29
Eine Fürstin und eine Gräfin duellierten sich im 19. Jahrhundert oben ohne

Was man Ihnen vielleicht erzählt hat

Duelle sind immer ein faszinierendes Thema – zwei Männer treffen sich im Morgengrauen und kämpfen miteinander, um ihre Ehre zu verteidigen. Und wenn sich Frauen duellieren, ist das noch interessanter, denn so etwas passierte nicht oft. Wenn eine von ihnen eine Fürstin ist, die andere eine Gräfin und sie obenherum blankziehen … dann hat man wirklich das Idealrezept für eine verdammt starke Story.

Es wird berichtet, dass Fürstin Pauline von Metternich und Gräfin Anastasia Kielmansegg im Jahre 1892 wegen eines Blumenarrangements eine Meinungsverschiedenheit hatten, die so aus dem Ruder gelaufen sei, dass sie beschlossen, ihr Problem durch ein Duell mit Rapieren[2] zu lösen. Um aber sicherzustellen, dass ihre Kleiderstoffe keine Infektionen verursachten, wenn sie von der Degenspitze in die Wunde gestoßen wurden, entschieden sie sich dafür, oben ohne zu kämpfen.

Die Widerlegung

Die in diese Geschichte involvierten Personen hat es wirklich gegeben: Pauline Clementine Marie Walburga, Fürstin von Metternich Winneburg zu Beilstein, und Gräfin Anastasia von Kielmansegg waren im Österreich des

2 Eine seit dem frühen 16. Jahrhundert in Europa verbreitete Stich- und Hiebwaffe. Der Begriff wird seit dem 19. Jahrhundert für stumpfe Übungswaffen verwendet (Anm. d. Red.).

19. Jahrhunderts bekannte Salonlöwinnen. Es kam auch tatsächlich zu Duellen unter Frauen, und die waren seinerzeit natürlich ein beliebtes Gesprächsthema, denn man betrachtete sie als skandalös. Manche Damen baten Männer, sich für sie zu duellieren, aber auch das war verpönt. Insbesondere andere Frauen runzelten darüber die Stirn, denn für sie war es manchmal offenbar ein Zeichen von Emanzipation und Fortschritt, wenn sich die Damen selbst duellierten. Und dann ist da noch dieses Detail mit dem barbusigen Kampf aufgrund von Infektionsrisiken. Klingt alles sehr glaubwürdig.

Doch der Hauptgrund dafür, dass jemand auf diese Story hereinfällt, ist ihr ehrwürdiges Alter. Sie war damals im Jahre 1892 in allen Zeitungen präsent und inspirierte Künstler – vor allem solche, die einen Vorwand dafür suchten, Damen mit nackten Brüsten zu malen. Man kann sich gut vorstellen, dass ein Reporter von heute, der einen Clickbait-Artikel braucht und dafür ein paar Basisrecherchen macht, an dieser Geschichte erst mal nichts Verdächtiges finden wird – die Beteiligten waren real, es stand in den Zeitungen, und man braucht ja bloß mal auf diese spannenden alten Gemälde zu schauen … Das sollte die Leute doch wirklich dazu bringen, diese Story anzuklicken!

Um fair zu sein: Nicht nur Redakteure zwielichtiger Internetseiten tun das. Die Geschichte hat eine solche allgemeine Akzeptanz erfahren, dass sie in Büchern, Dokumentarfilmen etc. erwähnt wird. Erst wenn man herauszufinden versucht, ob sie sich wirklich zugetragen hat, werden die Dinge ein wenig zwielichtig.

Zunächst einmal fehlen für diese Story jegliche Primärquellen. Niemand, der direkt darin verwickelt war, hat jemals davon berichtet oder behauptet, dass sich so etwas abgespielt habe. Es gibt keine Augenzeugenberichte, keine saftigen Beschreibungen in viel später verfassten Biografien und auch keine Erwähnung in den Wiener Klatschspalten. Nichts. (Zumindest konnte ich nichts finden.) Tatsächlich wird die Geschichte in einigen Wiener Zeitungen aufgegriffen, aber dort scheint man sie als eine Art Witz zu betrachten.

Aber das wichtigste Indiz gegen ihren Wahrheitsgehalt ist ein mutmaßliches Telegramm, das die Fürstin höchstselbst versandte und das von der französischen Tageszeitung *Le Figaro* veröffentlicht wurde. In der Meldung heißt es:

> *Das angebliche Gefecht mit Schwertern, das zwischen Madame de Metternich und Gräfin Kielmansegg stattgefunden haben soll, wird von der folgenden Depesche eindeutig dementiert:*
> *Esztergom, 22. August, 8 Uhr 40 morgens*
> *Dumme und lachhafte Falschmeldung, die von italienischen Blättern erfunden wurde.*
> *Fürstin von Metternich*

Ist dies ein *Beweis* dafür, dass sich das Duell nie zugetragen hat? Nein. Aber es gibt auch keinerlei Belege dafür, dass es stattfand; niemand, der darin involviert war, hat es je erwähnt, und sofern das Telegramm nicht von einem übereifrigen Journalisten erfunden wurde, hat zumindest eine der angeblichen Protagonistinnen die Geschichte öffentlich dementiert.

Und so bleibt zur Untermauerung der Story am Ende nur ein Haufen Klatsch in ein paar dubiosen Zeitungen außerhalb von Wien.

30
Dieses schöne französische Haus wurde 1509 erbaut

Was man Ihnen vielleicht erzählt hat

Fotos von einem wirklich wunderbaren, alt anmutenden Haus kursieren im Internet. Eine Bildunterschrift besagt: »Mittelalterliches Haus, erbaut 1509, Argentan, Frankreich«. Das Gebäude sieht echt hübsch und romantisch aus – als würde es direkt aus einem Märchen kommen … und ehe Sie es merken, haben Sie es schon geteilt! Es ist so was von prächtig, es sieht dermaßen alt aus, wie könnte dies jemals Fake History sein?

Die Widerlegung

Als ich die Fotos zum ersten Mal sah, schöpfte ich sofort Verdacht – nicht, weil das Haus irgendwie unpassend aussah, sondern weil es sich in Argentan befand, einer Stadt, die im Zweiten Weltkrieg enorm gelitten hat. Ein großer Teil von Argentan wurde 1944 vollständig zerstört, und so fragte ich mich, wie das Bauwerk überlebt hatte und ob es womöglich wiederaufgebaut worden war. Ich suchte im Internet nach Fotos mit höherer Auflösung, um mir die Details besser ansehen zu können, und als ich eins fand, begann ich zu argwöhnen, dass dieses Haus womöglich doch nicht so alt war, wie die Leute behaupteten.

Mein erster Schritt bestand darin, dass ich die Herkunft der Fotos ausfindig zu machen versuchte, und mit ein wenig umgekehrter Bildersuche fand ich bald den talentierten Fotografen, der eines davon 2013 unter dem Namen Hubert61 bei deviantart.com hochgeladen hatte. Bei ihm lautete die Bildunterschrift »House Argentan Orne France«. Obwohl es auf dieser Seite nicht viele Zusatzinformationen gab, stützten einige der Kommentare meinen Verdacht, dass das Gebäude nicht so alt war, wie es aussah.

Im nächsten Schritt spürte ich tatsächlich den Standort des Hauses auf. Ich machte mit Google Maps eine digitale Wanderung durch Argentan, bis ich es fand. Das Haus steht auf dem Grundstück hinter der 72 rue Aristide Briand. Es befindet sich auf Privatgelände; wenn Sie mal nach Argentan kommen, sollten Sie dort also nicht ohne Genehmigung herumschnüffeln. Aber nun sah ich auch mehr von dem Gebäude, und ich merkte, dass mein Instinkt mich nicht getrogen hatte. An diesem Haus war wirklich etwas dubios – von der Seite sah es nämlich überhaupt nicht mittelalterlich aus!

Als ich erst einmal die Adresse kannte, wurde es natürlich ein wenig einfacher, Nachforschungen zur Geschichte des Bauwerks anzustellen. Dabei hatte ich allerdings nicht viel Glück, trotzdem konnte ich nicht loslassen und beschloss nach einigen Jahren, mir die Sache erneut anzusehen. Ernst Dommershuijzen, Fake-History-Jäger wie ich, erwähnte, dass er auf Facebook etwas gefunden hatte.

Eine Seite namens *Ouest France Argentan* hatte das bekannte Foto geteilt, aber dazu erklärt, dass dieses Haus im Jahre 1955 erbaut und in den Sechziger- und Siebzigerjahren von einem gewissen Monsieur Chauvin dekoriert worden war. Dort fand man auch ein Foto, das der Journalist François Boscher aufgenommen hatte, der für die örtliche Zeitung arbeitete. Er war ein Nachbar und guter Freund der Chauvins. Auf seinem Bild sieht man auch die moderne Seite des Hauses. Roland Chauvin lebte darin mit seiner Frau Rolande. Er war ein ziemlich beeindruckender Herr – wie sein Vater Sattler, aber auch Polsterer und ganz allgemein ein sehr begabter Handwerker, der bis zu seinem Tod im Alter von 94 Jahren werkelte. Er war in Argentan geboren und so talentiert, dass er auf mehreren Schlössern und Burgen der westlichen Normandie arbeitete. Besonders stolz war er auf die Matratze, die er für das Bett angefertigt hatte, in dem Königin Elisabeth II. bei ihrem Besuch auf dem Château de Sassy nächtigte. Er liebte seine Arbeit und war immer beschäftigt, doch ein sehr guter Geschäftsmann schien er nicht gewesen zu sein – er war zu nett und »vergaß« bisweilen, eine Rechnung zu verschicken. Aber in der Stadt war er beliebt, und man wählte ihn sogar in den Stadtrat.

1944 waren Monsieur Chauvin und seine Schwester Denise in den Zwanzigern. Als das schwere Bombardement begann, brachte der Vater die Familie eilends aus dem Stadtzentrum und hob einen Schützengraben aus, den er mit Baumstämmen und Erde bedeckte und in dem sich alle verstecken konnten. Die Chauvins überlebten, aber ihr Zuhause wurde völlig zerstört, und ihre Stadt war übersät mit toten Soldaten, deren Anblick Denise noch über Jahre hinweg Albträume bescherte. Die Chauvins zogen zunächst in eine Übergangsbehausung, die sie aus dem bauten, was auf den Straßen herumlag. Später wurde die Stadt wiederaufgebaut, und auch sie bekamen ein neues, richtiges Haus.

Wir wissen, dass Monsieur Chauvin gern Dinge bastelte und dass er sehr kreativ war. Leider können wir nur mutmaßen, weshalb er beschloss, sein Haus zu dem zu machen, was es schließlich wurde, aber es ist prächtig, und es hätte ihn bestimmt stolz gemacht, dass so viele Leute auf seine Mittelalterattrappe hereingefallen sind.

31
Thomas Edison hat die Glühbirne erfunden

Was man Ihnen vielleicht erzählt hat

Thomas Alva Edison war ein großer Erfinder, der die Menschheit mit vielen erstaunlichen Erfindungen bereichert hat. Im Jahre 1879 erfand er die Glühbirne, und die veränderte die Welt für immer.

Die Widerlegung

Kommen wir am besten gleich mal zur Sache: Edison hat die Glühbirne *nicht* erfunden.

An der Basistechnologie, die hinter der Glühlampe steckt, hat man schon herumgetüftelt, ehe Edison überhaupt geboren war. Rund um den Erdball standen sehr clevere Leute in Schuppen und Baracken und versuchten, mithilfe von Elektrizität Licht zu erzeugen. Das ist ihnen auch gelungen! Glühlampen existierten bereits und waren sogar schon patentiert, als Edison beschloss, sich seine Denkmütze aufzusetzen. Natürlich baut jede Erfindung auf dem auf, was andere schon früher erfunden haben – die erste Glühbirne hätte nicht entstehen können, wenn nicht andere den Weg dafür bereitet hätten, indem sie Methoden erfanden, dünnes Glas zu blasen, Elektrizität zu erzeugen oder Fäden zum Glühen zu bringen. Edison *verbesserte* die Erfindungen anderer. Da er Zugang zu beträchtlichen Finanzmitteln, eine große Werkstatt und Angestellte hatte, konnte er es sich leisten, an Dingen weiterzuarbeiten, die andere schon in Angriff genommen hatten, aber nicht zu Ende bringen konnten.

Wen sollten wir also für diese Erfindung würdigen?

Ein heißer Anwärter ist Sir Humphry Davy, ein Chemiker aus Penzance, auf den eine Menge beeindruckender Erfindungen zurückgehen, darunter die der Bogenlampe im frühen 19. Jahrhundert. Sie funktioniert mittels eines Elektrizitätsbogens, der zwischen zwei Kohlenstoffelektroden wandert. Diese geben Kohlenstoffdampf ab, der ein sehr helles Licht erzeugt. Es war sogar ein bisschen zu hell. Die Lampe funktionierte so gut, dass sie als Straßenbeleuchtung verwendet wurde und zur Erhellung großer Räume wie Hallen und Fabriken. Sie war aber zu groß, zu heiß und zu geräuschvoll und verbrauchte zu viel Elektrizität, als dass sie in anderen Umgebungen praktischen Nutzen gebracht hätte. Aber egal, wie Sie es drehen und wenden – es war das erste Mal, dass man elektrisches Licht in großem Maßstab außerhalb von Laboren und den Bretterverschlägen der Bastler und Erfinder nutzte. Und Edison wurde erst 1847 geboren!

Im Jahre 1835 führte der Schotte James Bowman Lindsay eine elektrische Leuchte vor, bei deren Licht er lesen konnte. Leider brannte die Lampe sehr schnell herunter, und Mr. Lindsay unternahm im Anschluss keine weiteren Anstrengungen mehr, um dieses Projekt weiterzuführen. Aber es scheint der erste praktische Einsatz elektrischen Lichts innerhalb eines Wohnhauses gewesen zu sein, und es hat funktioniert.

Mein Favorit ist der französisch-belgische Lithograf, Fotograf und Erfinder Jean-Baptiste-Ambroise-Marcellin Jobard, der 1838 eine richtige Glühbirne schuf, in welcher ein Kohlenstofffaden in einem Vakuum brannte. Sie war schon annähernd brauchbar und bereit für die massenhafte Verwendung, aber offenbar beschäftigte sich Jobard dann lieber mit anderen Dingen und überließ es seinem früheren Schüler Charles de Changy, daran weiterzuarbeiten. Wenn er das Geld und die Ressourcen gehabt hätte, über die Edison verfügte, dann wäre auch er, glaube ich, durchaus imstande gewesen, aus der Glühlampe einen Erfolg zu machen. Hatte er aber nicht.

Ein anderer ernsthafter Anwärter ist der Engländer Sir Joseph Wilson Swan. Zwar war er nicht der Erste, aber er war Edison dicht auf den Fersen, und jeder der beiden ließ im Jahre 1879 eine gebrauchsfähige Glühbirne patentieren. Sir Josephs Haus war das erste weltweit, das von elektrischen Glühlampen erhellt wurde. Er begann solche Lampen überall zu installieren und tat für Großbritannien in gewisser Weise das Gleiche wie Edison in den Vereinigten Staaten – nur dass er schneller und besser war. Edison war darüber nicht glücklich und verklagte Swan wegen Patentrechtsverletzung, aber Swan gewann den Prozess. Er hatte seine Patente fein säuberlich vorgelegt und beweisen können, dass er seine Erfindungen unabhängig von Edison gemacht hatte. Später beschlossen die beiden großen Erfinder, ihre Kräfte zu bündeln. Ihre beiden Firmen begannen zusammenzuarbeiten und fusionierten schließlich sogar.

Die Liste der übrigen potenziellen Glühbirnenerfinder ist lang. Ich könnte weitere 20 Personen aufzählen, die im 19. Jahrhundert an diesem Problem herumgetüftelt und funktionierende Glühlampen hergestellt haben. Aber immer stimmte irgendetwas nicht. Mal war die Birne nicht hell genug, oder sie hatte ihre Macken. Mal war sie zu teuer, und der Erfinder schaffte es nicht, sie in die Massenproduktion zu überführen oder alle erforderlichen Komponenten zusammenzubringen.

Nun aber sei auch Edison die gebührende Anerkennung gezollt: Er lernte aus dem, was all die anderen Männer getan hatten, kombinierte einige ihrer Errungenschaften (wobei er manchen sogar ihre Patente abkaufte) und kreierte dann das vollständige Erfolgspaket. Nicht nur, dass er eine gut funktionierende Glühbirne herstellte (na ja, die ersten hielten immer noch nicht lange …), er achtete auch darauf, alle übrigen Teile zu liefern, die man brauchte, um die Lampen in großem Maßstab einzusetzen – Generatoren, Kabel und so weiter. Als er seine Leuchten vorzuführen begann, waren das nicht nur einzelne flackernde Lämpchen. Nein, er ließ sein Labor und seine Werkstatt im Schein zahlloser Lampen erstrahlen. Er stellte nicht nur einzelne Glühbirnen bereit – alles, was man für ein elektrisches Beleuchtungssystem benötigte, bekam man bei ihm aus einer Hand. Mögliche Investoren konnten sich unschwer ausmalen, wie diese neuartigen Lampen sich in der Praxis einsetzen ließen. Und ein paar Jahre später gelang es Edison, die Glühbirne sogar noch einmal zu verbessern. Am Ende stand die Version, die das ganze 20. Jahrhundert erhellen und die Welt verändern sollte.

Obwohl wir nicht sagen können, dass Edison die Glühbirne erfunden hat, dürfen wir seinen Beitrag also auch nicht unterschätzen. Er hat nicht die erste hergestellt, aber dafür gesorgt, dass Glühlampen ganz groß herauskamen. Und man muss fairerweise anmerken, dass er selbst einmal gesagt hat:

> *Ich hatte in meinem Leben keine einzige Idee. Mir fehlt es an Fantasie. Ich träume niemals. Meine sogenannten Erfindungen existierten alle schon irgendwo – ich habe sie von dort nur entnommen. Ich habe nichts geschaffen. Niemand macht das. So etwas wie eine Idee, die dem Hirn entspringt, gibt es gar nicht; alles kommt von außen.*

Und trotzdem werde ich ihm nie verzeihen können, dass er den Elefanten Topsy durch Stromstöße tötete …

32
Aus Ärger über einen unhöflichen Verkäufer benutzte ein Maharadscha zehn Rolls-Royces für die Straßenreinigung

Was man Ihnen vielleicht erzählt hat

In den 1930er Jahren besuchte ein Maharadscha London und schaute bei einem Rolls-Royce-Händler vorbei. Aber als er den Laden betrat, behandelte ihn ein hochnäsiger Verkäufer mit Geringschätzung. Dem Eindruck dieses jungen Mannes zufolge sah dieser Fremde, dieser Ausländer, nicht danach aus, als könnte er sich ein solches Auto leisten.

Natürlich geriet der mächtige Herrscher in Wut. Um der Firma eine Lektion zu erteilen, beschloss er, zehn Rolls-Royces zu kaufen; er ließ sie nach Indien verschiffen und befahl, dass sie zum Müllsammeln eingesetzt werden sollten. Und so steuerte die kleine Flotte aus Luxuswagen kreuz und quer durch die geschäftigen Straßen und sammelte Dreck, Tierkot und Abfall aller Arten ein. Auf der ganzen Welt tauchten Fotos davon in den Medien auf, und der Firma Rolls-Royce war es gebührend peinlich.

Die Widerlegung

Geht man dieser Geschichte nach, so beginnen fast augenblicklich die Alarmglocken zu läuten, denn man entdeckt, dass die Story mit mehreren verschiedenen Maharadschas in Verbindung gebracht wird! Wenn man sich im Internet nicht mal darauf einigen kann, welche Person die Hauptrolle in einer modernen Sage spielt, wissen Sie gleich, dass an der Sache etwas faul ist. Immerhin ist der Name der beteiligten Person doch sicher das wichtigste Detail der ganzen Story.

Aber nein, entweder haben mindestens sechs (!) Maharadschas aus irgendeinem Grund jeweils einen ganzen Konvoi Rolls-Royces gekauft, um damit Indiens Straßen reinigen zu lassen, oder an der Geschichte kann etwas nicht ganz stimmen. Ein weiteres Detail, das sich ständig ändert, ist die Anzahl der erworbenen Fahrzeuge – fünf, zehn, alle Wagen, die gerade im Autosalon standen, alle Rolls-Royces in einem gewissen Umkreis … Jeder scheint zu diesen ziemlich wichtigen Bestandteilen der Anekdote eine andere Meinung zu haben.

Es ist natürlich eine grandiose Geschichte: Wenn der hochnäsige Autohändler einen Denkzettel verpasst bekommt und die Schickimicki-Firma derart in Verlegenheit gebracht wird, ist das für den Leser innerlich befriedigend. Dazu kommt noch, dass es eine hübsche David-gegen-Goliath-Konstellation ist; hier erteilt ein Inder dem britischen Empire eine Lektion! Deshalb wollen manche Leute auch überhaupt nicht, dass man Löcher in diese Märchengeschichte bohrt.

Maharadschas sind wirklich nach London gekommen, und ganz sicher haben sie Luxuswagen geliebt. Sie haben definitiv auch Rolls-Royces gekauft. Aber hier endet der plausible Teil der Geschichte auch schon.

Die Story ergibt einfach keinen Sinn. In den 1930er Jahren sollte ein Rolls-Royce-Händler, selbst eine Nachwuchskraft, es besser gewusst haben: Die Reichen und Mächtigen sind bisweilen ein exzentrisches Völkchen, und die Wohlhabenden, die solche Autos kauften, kamen aus der ganzen Welt. Wenn jemand Ihren Ausstellungsraum besucht und Sie gleich annähmen, dass er sich sowieso keinen Wagen leisten könne, nur weil er keine teuren Klamotten trägt oder weil er Ausländer ist, dann wären Sie als Autoverkäufer ganz schön blöd.

Würde ein Maharadscha einfach so in gewöhnlicher Kleidung von der Straße hereinspaziert kommen, ganz ohne seine Gefolgschaft? Und wenn ja, würde er dann überrascht oder verärgert sein, wenn jemand ihn nach seinem äußeren Erscheinungsbild beurteilt? Für Menschen von heute klingt die Story plausibel, denn wir leben in Zeiten, wo Millionäre in Jeans und T-Shirt herumlaufen und wie ganz normale Leute behandelt werden wollen (oder jedenfalls so tun, als wollten sie es). Aber unsere Geschichte spielt in den 1930er Jahren, und der Maharadscha war selbst ein Teil des Klassensystems – er war sicher mit Privilegien und im Luxus aufgewachsen, weit über dem Lebensniveau gewöhnlicher Leute. Sollte er da nicht erwarten oder zumindest verstehen, dass ein Rolls-Royce-Verkäufer ihn anders behandelt, wenn er aus irgendeinem Grund wie ein Büroangestellter oder ein Eisenbahningenieur gekleidet durch die Gegend spaziert?

Natürlich sind das alles nur Annahmen. Vielleicht ist der reiche, wichtige Herrscher ja wirklich in Alltagskleidern auf die Straße gegangen, vielleicht hat er wirklich versucht, einen Rolls-Royce zu kaufen, vielleicht war der Händler tatsächlich rüde zu ihm … Aber es gibt keinen Beweis dafür, dass sich diese Geschichte jemals zugetragen hat. Ich habe zentnerweise alte Zeitungen durchgesehen, aber nirgendwo findet sich eine Erwähnung dieser Story, jedenfalls nicht vor den 1980er Jahren, als sie in Büchern wie *Facts and Fallacies* (»Fakten und Irrtümer«) von Reader's Digest und anderen Publikationen zu »nutzlosem Wissen« und besonderen Geschichten aufzutauchen begann. Aber nirgendwo wird eine Quelle angegeben, was natürlich ein deutliches Warnsignal ist. Wäre die Story wenigstens ein kleines bisschen wahr, hätte jemand irgendwo schon Jahrzehnte vorher darüber geschrieben.

Aber die Geschichte kommt sogar mit einem Foto daher! Zu sehen ist ein Wagen, an den man Bürsten montiert hat – doch überzeugt das wirklich jemanden? Zunächst einmal sieht das Auto nicht wirklich wie ein Rolls-Royce aus. Kein Wunder, denn es ist auch keiner, sondern ein gewöhnlicher Ford. Dazu kommt, dass sich das Lenkrad auf der linken Seite befindet, während es in Großbritannien und Indien doch rechts sein sollte. Und es ist zwar kein exakter wissenschaftlicher Beweis, aber auch die Leute und der Hintergrund passen nicht zu einem Schauplatz in Indien. Außerdem: Wenn man schon normale Autos zur Straßenreinigung einsetzt, warum befestigt man dann nicht an der gesamten Stoßstange Bürsten?

Ich fand die älteste Version des Fotos im Internet, und dort war es mit einem wichtigen Anhaltspunkt beschriftet:

מתגוננים נגד מסמרים

Das ist hebräisch und heißt: »Gegen Nägel schützend«.

In Archiven fand ich das Foto eines anderen Wagens, bei dem Bürsten auch die Reifen bedeckten. Das Foto war 1936 während des Arabischen Aufstands in Palästina aufgenommen worden, und die Bürsten sollten den Fahrer davor bewahren, Glas, Nägel, Reißzwecken und spitze Trümmerstücke unter die Räder zu bekommen. Das klingt schon viel sinnvoller als Straßenfegen in Indien.

Was haben wir nun also?

Eine Story, für die es keinerlei Belege gibt, mit Details, die sich ständig ändern und mehrere verschiedene Maharadschas einbeziehen. Und dazu ein begleitendes Foto, das mit der Geschichte überhaupt nichts zu tun hat. Das beweist natürlich nicht, dass die Sache nie geschehen ist, aber Sie und ich, wir wissen doch, dass wir garantiert Beweismaterial gefunden hätten, wenn an dieser modernen Sage auch nur *irgendetwas* dran wäre.

33
Napoleon war klein

Was man Ihnen vielleicht erzählt hat

Jeder weiß doch, dass Napoleon ziemlich kurz geraten war – ein winzig kleiner, gnomenhafter, zierlicher »Franzmann«, der kaum über die Tischplatte gucken konnte und dadurch so frustriert war, dass »Napoleonkomplex« zu einem festen Begriff für jenen Minderwertigkeitskomplex wurde, bei dem klein gewachsene Leute angeblich aggressiv und dominant werden, um ihre Größe (oder besser, ihren Mangel an Größe) zu kompensieren.

Ja, er hat viele Siege errungen und das französische Kaiserreich groß gemacht, aber er war trotzdem bloß ein hitziger Gartenzwerg.

Die Widerlegung

Ich bin Holländerin; wir gehören zu den am höchsten aufgeschossenen Leuten der Welt. Ich selbst messe gut einen Meter achtzig, also war Napoleon im Vergleich zu mir klein. Allerdings muss man dazusagen, dass überhaupt die meisten Leute, die früher gelebt haben oder heute leben, kleiner als ich sind. Berücksichtigt man, in welcher Zeit und in welcher Weltgegend Napoleon lebte, dann war er von durchschnittlicher Körpergröße.

Die Vorstellung, dass er klein sei, begann sich bereits zu seinen Lebzeiten herauszubilden. Seine Männer verpassten ihm den Spitznamen *le petit caporal*, der »kleine Korporal«, aber das war eine liebevolle Bezeichnung und sollte bedeuten, dass er einer von ihnen war, ein Kumpel sozusagen. Natürlich gab es Leute, die den Spitznamen wörtlich auffassten. Es war auch nicht hilfreich, dass er darauf bestand, die Männer seiner *Vieille Garde* (»Alte Garde«) sollten besonders groß gewachsen sein. Klar sieht es eindrucksvoll aus, wenn man von sehr großen Männern umgeben ist, und ich hätte nichts dagegen, wenn mich ein Trupp Soldaten, die sogar noch größer sind als ich, auf Schritt und Tritt begleitete – aber es stimmt auch, dass man dann im Vergleich zu ihnen klein wirkt!

Doch der Hauptgrund dafür, dass viele Leute immer noch glauben, Napoleon wäre klein gewesen, ist das einzigartige Talent der britischen politischen Karikaturisten. An erster Stelle steht dabei der bekannte Zeichner James Gillray, dem es wirklich Spaß machte, Napoleon als *Little Boney* darzustellen – mickrig und zu Wutanfällen neigend wie ein Kleinkind. Diese Darstellung wurde sehr populär, und bald hörte Napoleon selbst davon. Da er offenbar keinen Sinn für Humor hatte, war er darüber echt verärgert. Wir wissen das, weil er es in einer zeitweiligen Friedensphase erwähnte und die britische Regierung sogar dazu bringen wollte, in dieser Sache einzuschreiten – natürlich ohne Erfolg. Damit hatte er selbstverständlich noch Öl ins Feuer gegossen: Schaut ihn euch an, den großen und mächtigen Kaiser, wie er wegen ein paar Zeichnungen wütend mit den Füßchen aufstampft!

Es ist ein wunderbares Beispiel für die Macht politischer Karikaturen oder vielleicht sogar fürs »Trollen«, wie es die jungen Leute von heute nennen würden. Vor etwa 200 Jahren zeichnete jemand einen zu kurz geratenen Kaiser, und bis heute glauben eine Menge Leute, es sei die reine Wahrheit gewesen. Noch immer scheinen jede Dokumentation und jedes Buch über Napoleon erklären zu müssen, dass er *nicht* klein war. Aber wie groß war er eigentlich?

Wir haben für seine Körpergröße mehrere Quellen, aber um uns die Sache zu verkomplizieren, verwendeten die alten französischen und britischen Maßsysteme unterschiedliche Standards. Ein französischer Zoll war nicht dasselbe wie ein britischer, und in manchen Fällen wissen wir nicht, welcher von beiden zugrunde gelegt wurde. Als Napoleon starb, war er ein Gefangener der Briten, aber der Arzt, der seine Leiche untersuchte, war Franzose – welches Zollmaß hat er also verwendet?

Sein Arzt Jean-Nicolas Corvisart-Desmarets schrieb anno 1802, dass Napoleon fünf Fuß zwei Zoll groß sei (nach dem französischen System).

Das würde ungefähr 1,67 m entsprechen, was nur leicht unter der Durchschnittsgröße von Männern im damaligen Frankreich lag.

Einer von Napoleons Leibärzten, Dr. François Carlo Antommarchi, führte die Autopsie durch und vermerkte: »Die ganze Länge des Körpers, vom Scheitel bis zur Sohle, betrug 5 Fuß, 2 Zoll und 4 Linien.« Laut der englischen Übersetzung des Buches aus dem Jahre 1826 habe dabei das französische Maßsystem zugrunde gelegen, bei dem der französische Fuß im Verhältnis von 16:15 größer ist als der englische. Das klingt alles sehr überzeugend, aber wir können trotzdem nie vollkommen sicher sein, wie akkurat diese Messungen waren oder ob irgendwann in den Überlieferungen die Zahlen durcheinandergeraten sind.

Napoleon war nicht groß gewachsen, doch wenn wir uns alles anschauen, was wir über seine Körpergröße wissen, sehen wir deutlich, dass wir Heutigen ihn zwar um einige Zentimeter überragen, er aber auch nicht wesentlich kleiner war als ein durchschnittlicher Mann seiner Zeit. Und niemand, der ihm begegnet ist, hat ihn als ungewöhnlich klein beschrieben – dabei wäre das doch bestimmt aufgefallen. Wenn wir Napoleons Geist ärgern wollen, werden wir wohl etwas anderes finden müssen.

34
Newton kam auf seine Gravitationstheorie, als ihm ein Apfel auf den Kopf fiel

Was man Ihnen vielleicht erzählt hat

Der berühmte Astronom, Mathematiker, Physiker, Gelehrte und Autor Isaac Newton saß unter einem Apfelbaum und sann über alle möglichen komplizierten Dinge nach, als ihm ein Apfel auf den Kopf plumpste. Das half Newton dabei, sein Gravitationsgesetz zu entwickeln.

Die Widerlegung

Wir alle hören gern eine gute Story über jemanden, der leicht verletzt wurde; es ist einer der Grundpfeiler der Komödie. Vielleicht hat Ihnen Ihr Lehrer diese spezielle Geschichte sogar im Unterricht erzählt – immerhin lässt sich damit ganz vorzüglich das Interesse der Kinder wecken. Aber vorgefallen ist das nicht wirklich, und die Wahrheit ist nicht so unterhaltsam. Tut mir leid, liebe Lehrer…

Es könnte sogar ein Apfel mit im Spiel gewesen sein, aber er hat Newton nicht getroffen. Schuld an der Geschichte mit dem Apfel und dem Kopf ist vermutlich Leonhard Euler, ein Mathematiker, Physiker, Astronom etc. pp., der 1760 in einem Brief an eine deutsche Prinzessin schrieb:

> *Dieser große englische Philosoph und Mathematiker lag einst in einem Garten unter einem Apfelbaume, als ein Apfel, der ihm auf den Kopf fiel, ihn zu verschiedenen Reflexionen veranlaßte.*

Das Buch mit Eulers Briefen wurde sehr populär. Als dann der bekannte Schriftsteller Isaac D'Israeli die Story in einem seiner Bestseller aufgriff, begann sich die Legende rasch zu verbreiten.

Über das, was zwischen Newton und dem Obst tatsächlich geschah, haben wir nur Berichte aus zweiter und dritter Hand, aber die sind ziemlich belastbar. So veröffentlichte William Stukeley, der mit Newton befreundet gewesen war, im Jahre 1752 seine *Memoirs of Sir Isaac Newton's Life* (»Erinnerungen an Sir Isaac Newtons Leben«). Darin schildert er die folgende Szene:

> *Nach dem Abendessen, das Wetter war warm, gingen wir in den Garten und tranken Tee im Schatten einiger Apfelbäume, nur er und ich. Mitten in einem anderen Diskurs sagte er mir, er sei gerade genau in der gleichen Situation wie damals, als ihm die Idee der Gravitation in den Sinn kam.*

Wenn ein Freund darüber schreibt, wie Newton persönlich ihm von dem historischen Augenblick erzählte, ist das für einen Bericht aus zweiter Hand das Beste, was man kriegen kann. Stukeley war auch nicht der Einzige, der diese Geschichte aufschrieb; andere, die Newton unabhängig von ihm gekannt hatten, berichteten ebenfalls, er habe ihnen diese Story mitgeteilt.

Newton sah also einen Apfel fallen, und das half ihm, die Gravitationstheorie zu ersinnen – zumindest hat er selbst es so berichtet. Aber es war nicht etwa ein plötzlicher Heureka-Moment. Nachdem Newton den fallenden Apfel beobachtet und damit begonnen hatte, auf eine ganz neue Weise über die Schwerkraft nachzudenken, brauchte er noch Jahre, um seine Theorie zu entwickeln und aufs Papier zu bringen.

Oh, und ganz nebenbei: Klone oder Nachkommen des Baumes stehen heute noch an verschiedenen Orten, darunter im Obstgarten von Woolsthorpe Manor in der Grafschaft Lincolnshire. Es ist ein Baum der Sorte »Flower of Kent«, und er bringt grüne, leicht rot überlaufene Kochäpfel hervor. Ein anderes Exemplar im Botanischen Garten der Universität Cambridge fiel im Februar 2022 dem Orkan Eunice zum Opfer.

35 Als Rom brannte, fiedelte Nero

Was man Ihnen vielleicht erzählt hat

Obwohl es fast 2000 Jahre her ist, wissen wir heute noch, dass Kaiser Nero Geige spielte, während Rom im Jahre 64 abbrannte. Der Satz »*Nero fiddled while Rome burned*« ist im angelsächsischen Sprachraum zu einer geläufigen Wendung geworden, und man kann bis heute Menschen finden, die ihn in den sozialen Medien gebrauchen – normalerweise, um ein Statement über Politiker abzugeben. Im Gefolge von Donald Trumps Reaktionen auf die Coronapandemie kam zum Beispiel auf Twitter der Verweis auf Nero regelrecht in Mode.

Die Widerlegung

Die Behauptung klingt nach einem typischen Beispiel für Propaganda, aufgebracht von Neros politischen Gegnern, um ihn schlecht aussehen zu lassen. Herauszufinden, was tatsächlich passiert ist und wie diese Geschichte aufkam, ist nach fast 2000 Jahren natürlich nicht so leicht. Ein Teil der Story kann aber sofort widerlegt werden: Nero spielte nicht auf einer Geige, da dieses Instrument erst Jahrhunderte später erfunden wurde.

Nero könnte eine Lyra oder eine Kithara gezupft haben. Beides sind schwere Saiteninstrumente, für die man allerdings keinen Bogen verwendet – sie werden gezupft und ähneln eher Harfen als Geigen. Das Wort *fiedeln* für ein anderes Instrument als die Violine zu benutzen, ist ein wenig schräg. Aber selbst wenn wir den Ausdruck dafür akzeptieren, dass Nero ein anderes Saiteninstrument spielte, ergibt die Geschichte immer noch keinen Sinn.

Zeitgenössische Schriftsteller behaupteten, er habe beim Anblick des brennenden Rom gesungen und Gedichte deklamiert. Dabei handelt es sich aber um Gerüchte, nicht um Berichte aus erster Hand. Zudem wurden sie oft erst Jahrzehnte nach dem Ereignis aufgeschrieben, in den meisten Fällen von Autoren, die Nero nicht besonders leiden konnten. Wenn Nero Gedichte vortrug, spielte er dazu wahrscheinlich auch ein Instrument, denn das ging damals häufig miteinander einher. Dies würde also einigermaßen Sinn ergeben, aber es ist immer noch kein Beweis dafür, dass es tatsächlich geschehen ist.

Die Geschichte geht wahrscheinlich auf eine Schilderung des Brandes zurück, die der Historiker Tacitus ungefähr 50 Jahre später verfasste:

> *[…] weil das Gerücht sich verbreitet hatte, eben zur Zeit des Brandes der Stadt sei Nero auf seiner Privatbühne aufgetreten und habe die Zerstörung Trojas besungen, indem er das Unglück der Gegenwart als eine Darstellung von Unglücksfällen der alten Zeit betrachtete.*

Zumindest stellte Tacitus klar, dass diese Story auf ein Gerücht zurückgeht. Spätere Historiker haben diesen Hinweis mitunter »vergessen«.

Mehr als ein Jahrhundert danach erwähnte Dio Cassius auf einmal, dass auch ein Instrument gespielt wurde, und Nero trat nicht mehr auf einer Bühne, sondern auf dem Dach seines Palastes auf.

Im Laufe des Mittelalters begann sich in der Story die Art des Instrumentes zu ändern. Das lag mitunter daran, dass es schwierig war, Worte zu übersetzen, die nicht länger gebräuchlich waren. Die Kithara wurde zu einer Laute, dann zu einer *fidicula* und später zu einer Violine. Auf jeden Fall war es stets ein Symbol für unzureichende Führung in Krisenzeiten. Hätten wir diese Tradition fortgesetzt, würde man Nero heute vorwerfen, eine E-Gitarre gespielt zu haben

Tatsächlich erfuhr Nero von dem Brand, als er in seiner Villa in Antium (dem heutigen Anzio) weilte, 60 Kilometer von Rom entfernt. Er kehrte daraufhin sofort nach Rom zurück. Dort machte er sich nützlich, indem er Flüchtlinge mit Nahrung und Behelfsunterkünften versorgte und ihnen sogar erlaubte, in seinem Palast zu nächtigen. Er unterstützte die Betroffenen auch finanziell bei der Wiedererrichtung ihrer Häuser und investierte viel Zeit und Mühe in den Wiederaufbau und die Verbesserung der Stadt. Daher ist es wohl etwas unfair zu behaupten, er sei in der Krise total nutzlos gewesen, selbst wenn er sich eine kleine Pause zur Deklamation von Versen gegönnt haben sollte.

Das Feuer ruinierte Nero. Sein Ruf war unwiederbringlich geschädigt und seine Karriere als Politiker auch. So verfolgte ihn nicht nur die Geschichte mit der Kithara/Laute/Geige, es wurde sogar gemutmaßt, er selbst hätte das Feuer gelegt, um Slums zu beseitigen und Platz für einen neuen Palast zu schaffen.

Als römische Historiker, oft Jahrzehnte nach dem Brand, über den Fall schrieben, hatten sie keine Möglichkeit, herauszufinden, was wirklich geschehen war. Alles, worauf sie sich beriefen, war Hörensagen. Trotzdem schienen viele Leute ihn damals für den Brandstifter, für einen nutzlosen Anführer in Krisenzeiten und für noch viel, viel Schlimmeres gehalten zu haben. Aber gefiedelt hat er definitiv nicht.

36
Das römische Vomitorium war ein Raum, in dem man sich erbrach

Was man Ihnen vielleicht erzählt hat

Reiche Römer hatten in ihren Villen einen speziellen Ort, manchmal sogar einen ganzen Raum, der nur zum Erbrechen bestimmt war. Wenn sie sich während eines Gelages regelmäßig dorthin begaben, um die eben genossene Nahrung wieder herauszuwürgen, konnten sie weiter schlemmen und sich vollstopfen. Sie nannten diese Räume *vomitoria*, und daher kommt *to vomit,* das englische Verb für »erbrechen«!

Die Widerlegung

Wohlhabende Römer machten gern Party. Sie richteten üppige Gastmahle aus, und wie die meisten reichen Leute zu allen Zeiten aßen und tranken sie zu viel. Und ja, wie die meisten Menschen, die es übertreiben, haben auch diese schicken Partylöwen sich häufig erbrochen. Einige von ihnen mögen das sogar absichtlich getan haben, um weiteressen zu können oder sich zumindest weniger voll zu fühlen.

Wir verfügen über mehrere zeitgenössische Beschreibungen von Kaisern, Reichen und Mächtigen, die sich zwischen den Mahlzeiten erbrachen. Allerdings könnten sich die Autoren in diesen Geschichten ein paar künstlerische Freiheiten erlaubt haben, weil sie die Elite und deren übertriebenen Lebensstil kritisieren wollten. Auf jeden Fall wissen wir, dass die Behauptung schon auf die römische Antike zurückgeht. So weit, so gut.

Manche Geschichten passen besonders gut zu bestimmten Epochen, weil sie unsere Vorstellung davon untermauern, wie die Menschen damals gelebt haben. Wir malen uns aus, die Römer hätten in Orgien und Schlemmerei geschwelgt und ganz allgemein ein Leben in Luxus, Exzessen und Hedonismus geführt. Wenn jemand behauptet, in der viktorianischen High Society sei es ähnlich zugegangen, runzeln wir hingegen die Stirn – und das, obwohl diese angeblich so sittsamen Gentlemen und Ladys auch viele unanständige Dinge taten. Es bereitet uns keine Probleme zu glauben, dass die Menschen im Mittelalter schmutzig waren und ihren Müll auf die Straße warfen, aber mit dem antiken Rom verbinden wir solche Gewohnheiten nicht, obwohl die römischen Städte die gleichen Probleme hatten. Kein Wunder also, dass wir der Brechzimmer-Story über diese gefräßigen Römer gern Glauben schenken. Sie entspricht unserer Vorstellung von diesen Leuten, und überhaupt lieben wir Geschichten über abstoßende Dinge; schließlich sind wir ja auch nur Menschen.

So sehr uns diese Geschichte gefallen mag und so sehr das Wort *Vomitorium* nach einem Raum zum Erbrechen klingt – es gibt keine Belege dafür, dass solche Räume existierten. Sie werden weder in römischen Aufzeichnungen erwähnt, noch wurde jemals einer von Archäologen entdeckt.

Das Wort *Vomitorium* gibt es wirklich, und es geht auf die römische Epoche zurück, aber es bezeichnet keinen Raum, in dem man sich erbricht. Es handelt sich um einen Durchgang, den Menschengruppen beim Betreten oder Verlassen eines öffentlichen Gebäudes wie etwa eines Amphitheaters genutzt haben. Der Begriff kommt vom lateinischen Wort *vomare*, ausspeien: Die Menschen wurden aus diesen Korridoren ausgespien.

Die Behauptung, die Römer hätten ihre Nahrung erbrochen, kann wahrscheinlich (wieder einmal!) den Viktorianern zugeschrieben werden, denn in dieser Zeit tauchte die Geschichte über den Raum zum Erbrechen erstmals auf. Diese verteufelten Viktorianer sind wirklich oft für Fake History verantwortlich …

37 Wendeltreppen in Burgen wurden im Uhrzeigersinn gebaut, um den Verteidigern beim Kämpfen einen Vorteil zu verschaffen

Was man Ihnen vielleicht erzählt hat

Ich bin mir ziemlich sicher, dass Sie während einer Burgbesichtigung von einem Fremdenführer, einem Lehrer oder einer Tante erfahren haben, dass Wendeltreppen im Uhrzeigersinn entworfen wurden, um den Verteidigern bei einem Schwertkampf Vorteile zu verschaffen. Vielleicht haben Sie es sogar in einem Buch gelesen, im Schulunterricht gelernt oder aus einer Dokumentation erfahren.

Immerhin klingt es auch logisch. Solche Wendeltreppen werden um eine zentrale Steinsäule herum angelegt. Das macht es Rechtshändern – und die meisten Menschen sind rechtshändig – leichter, von oben herab eine Waffe zu führen, während die Angreifer, die die Treppe hochstürmen wollen, die Säule in der Mitte beachten müssen. Ergibt doch Sinn, oder?

Die Widerlegung

Zunächst einmal gibt es keinerlei primäres Beweismaterial dafür, dass die Leute, die solche Burgen erbauten oder darin lebten und kämpften, die Treppen aus diesem Grund so entwarfen. Niemand hat im Mittelalter geschrieben, dass Treppen auf diese Art und Weise gebaut werden sollen, und das auch noch begründet. Wenn es unter Burgbaumeistern allgemein bekannt gewesen wäre, warum gibt es dann viele Burgen mit Wendeltreppen, die gegen den Uhrzeigersinn laufen? Wenn die Menschen im Mittelalter gemeint hätten, eine Treppe im Uhrzeigersinn wäre von Vorteil, wäre sicher jeder Architekt, der sie gegen den Uhrzeigersinn gebaut hätte, auf der Stelle entlassen oder vielleicht sogar seine blöde, unnütze Treppe hinuntergestoßen worden, und man hätte die Wendeltreppe neu errichtet. Immerhin ist in Burgen, Bergfrieden und Toren ein Vorteil für die Verteidiger ziemlich wichtig; es handelt sich buchstäblich um den Hauptgrund für die Existenz solcher Gebäude. Aber sogar der Londoner Tower hat Wendeltreppen, die gegen den Uhrzeigersinn aufsteigen, und wenn es eine Festung gibt, bei der man das Beste vom Besten wollte, dann sicher diese.

Es ist fast so, als hätten unsere Vorfahren gewusst, dass es keinen großen Unterschied macht, wie herum die Treppe verläuft – als hätten sie gedacht, dass Treppen vor allem dazu dienen, uns nach oben oder unten zu bringen, aber dass sie für Kämpfe nicht geeignet sind. Auf Treppen zu fechten, wäre ziemlich furchtbar; keine der beiden Parteien hat viel Platz, um die langen, spitzen und scharfen Waffen zu führen. Die Person unter Ihnen hat es leichter, nach Ihren Beinen und Füßen zu schlagen, während sie ihren Kopf mit Helm und Schild schützen kann. Jetzt mal ehrlich – wenn Sie sich tatsächlich in einer solchen Lage befinden, ist die Burg wahrscheinlich bereits verloren.

Auf bessere Art und Weise könnten Sie den Feind vielleicht aufhalten, wenn Sie die Treppe blockieren. Wenn Sie wirklich wollen, können Sie ja die Stellung halten und mit diesen wütenden, schwer bewaffneten Männern kämpfen, ich aber renne inzwischen nach oben und werfe Möbel runter. Eine schwere Truhe, einen Tisch, ein paar Stühle oder was immer mir in die Finger kommt. Das wird nicht nur jeden, der hinauf will, verletzen, es wird auch sehr schnell den Aufstieg blockieren.

Ich habe einmal versucht, auf den berüchtigt steilen Amsterdamer Treppen Möbel rauf- und runterzutragen. Wenn ein Schrank sich verkantet, bleibt man stecken. Es würde den Feind sicher nicht ewig aufhalten, aber seinen Vormarsch mehr stören als ein oder zwei Männer. Treppenkämpfe können Ihnen ein bisschen Zeit verschaffen, aber die letzten Verteidiger dafür zu verschwenden, würde vermutlich dazu führen, dass Ihre Männer von den Angreifern getötet werden. Oder sie fallen diese sehr engen, gefährlichen Treppen runter und werden *dann* getötet.

An diesem Punkt sollten Sie vielleicht über Kapitulation oder Selbstmord nachdenken, es sei denn, Sie sind ein schönes Lösegeld wert.

Es gibt also keinen Beweis dafür, dass die Menschen im Mittelalter oder einer anderen Epoche irgendwo auf der Erde die Treppen in Türmen aus strategischen Gründen linksherum oder rechtsherum gebaut hätten. Offenbar baute man die meisten Wendeltreppen im Uhrzeigersinn, weil sie von rechtshändigen Personen leichter zu zeichnen, zu errichten und zu benutzen waren.

Sie sollten diese Erkenntnis bei Ihrer nächsten Burgbesichtigung auf Lager halten. Man kann wetten, dass irgendjemand diese Legende erwähnen wird, und dann können Sie ihn widerlegen. Wendeltreppen mögen kein guter Ort für einen Schwertkampf sein, aber sie sind perfekt geeignet für eine verbale Auseinandersetzung über Fake History.

38
Der Kinderreim »Ring a Ring o' Roses« handelt von der Pest

Was man Ihnen vielleicht erzählt hat

Zahllose Kinder haben beim Spielen den Reim »Ring a Ring o' Roses« gesungen, sind dazu im Kreis herumgetanzt, haben ausgiebig geniest und sich am Ende fallen lassen.

Ring-a-ring o' roses,
A pocket full of posies,
A-tishoo! A-tishoo!
We all fall down.
(»Ringel, ringel, Rosen, / Die Tasche voller Sträußchen, / Hatschi! Hatschi! / Wir fallen alle um.«)

Der Text dieses Liedes stammt aus der Zeit der Großen Pest von London und beschreibt, wie die Menschen Ausschlag bekommen, wie sie niesen, umfallen und sterben.

Die Widerlegung

Seit Anbeginn der Zeit waren Seuchen ein Teil des menschlichen Lebens, aber in diesem Fall wird behauptet, das Lied beziehe sich auf die Beulenpest, konkret auf die Große Londoner Pest von 1665/66 oder sogar auf den »Schwarzen Tod« in den 1340er Jahren. Aber selbst wenn der Ringeltanz und die Melodie sehr alt sein mögen, gibt es vor dem späten 18. Jahrhundert keine Erwähnung des Kinderreimes, und die Verbindung zu einer Pestepidemie wurde erst in den 1940er Jahren gezogen. Tatsächlich – nach allem, was wir wissen, kam erst nach dem Zweiten Weltkrieg die Idee auf, das Kinderlied könnte etwas mit der Pest zu tun haben.

So geht eine Theorie davon aus, ein »rosiger« Ausschlag wäre ein Symptom der Pest, die Sträuße bezögen sich auf Kräuter, die zum Schutz getragen wurden, Niesen und Husten kennzeichneten die letzte Phase der Krankheit – und das Umfallen spricht für sich selbst. Hätten Kinder dieses Lied nun aber tatsächlich seit der Großen Pest gesungen, so hätte das sicher jemand im Laufe der 280 Jahre zwischen dem Ereignis und den späten 1940er Jahren irgendwo erwähnt. Auch die Symptome im Kinderreim entsprechen nicht wirklich denen der Beulenpest – die bringt einen nämlich nicht zum Niesen.

Lieder und Reime neigen dazu, sich über die Jahrhunderte stark zu verändern, und wir wissen, dass sich dieser spezielle Kinderreim im Laufe der Zeit ziemlich gewandelt hat. So wurde er zum Beispiel in einer Quelle aus dem Jahr 1881 so wiedergegeben:

Ring-a-ring o' roses,
A pocket full of posies,
Hush! Hush! Hush! Hush!
We're all tumbled down.
(»Ringel, ringel, Rosen / Die Tasche voller Sträußchen / Still! Still! Still! Still! / Wir sind alle hingepurzelt.«)

Hier wird nicht geniest, und »hinpurzeln« klingt weniger bedrohlich als »umfallen«. Und wer würde jemandem, der an der Pest stirbt, schon sagen, er solle still sein?

Hier ist eine noch ältere Version, vermutlich aus dem ersten Jahrzehnt des 19. Jahrhunderts:

Ring a ring a rosie,
A bottle full of posie,

All the girls in our town
Ring for little Josie.
(»Ringel, ringel, Rosen / Ein Strauß in einer Flasche / Alle Mädchen unsrer Stadt / Suchen die kleine Josie.«)

Wie bitte? Wer ist Josie? Ein Strauß in einer Flasche? Und niemand, der umfällt?!

Und hier ist eine Version aus den 1790er Jahren:

Round the ring of roses,
Pots full of posies,
The one who stoops last,
Shall tell whom she loves best.
(»Rund um den Ring aus Rosen, / Töpfe voller Sträuße, / Und die, die sich als letzte bückt, / Muss sagen, wen sie am meisten liebt.«)

Gleiches Lied! Gleiches Spiel! Aber hier stirbt niemand – ganz im Gegenteil, alles dreht sich um Liebe!

Die älteste Variante, die ich finden konnte, ist auf Deutsch und stammt vom Ende des 18. Jahrhunderts. Sie ist sehr ähnlich, und das Lied endet ebenfalls damit, dass sich alle hinsetzen.

Ringel ringel reihen,
Wir sind der Kinder dreien,
Sitzen unterm Hollerbusch
Und machen alle husch, husch, husch!

Eine Krankheit wird nicht erwähnt.

Es gibt zahlreiche Versionen des Liedes, und viele von ihnen enthalten keinen offensichtlichen Hinweis auf irgendeine Krankheit.

Haben Sie je versucht, den Sinn von Kinderspielen, Kinderliedern und Kinderreimen zu entschlüsseln? Es macht zwar viel Spaß, dem Ursprung der Texte nachzuspüren, die in unserer Kindheit eine so große Rolle gespielt haben, aber es ist zugleich frustrierend, weil sie selten viel Sinn ergeben.

Wirklich erstaunlich, dass eine Geschichte, die inzwischen weithin als Wahrheit akzeptiert wird, offenbar reine Erfindung ist und erst lange nach der Epidemie entstand, um die sich angeblich alles im Lied dreht. Alles weist aber darauf hin, dass es sich genauso verhält.

39
Die V-Geste geht auf mittelalterliche Bogenschützen in der Schlacht bei Azincourt zurück

Was man Ihnen vielleicht erzählt hat

Wenn man Zeige- und Mittelfinger in die Luft streckt und dem Adressaten dabei die Handinnenfläche entgegenhält, bedeutet das gemeinhin *Victory*. Dreht man jedoch den Handrücken zu ihm hin, ist das in einigen Ländern, etwa in Großbritannien, eine äußerst unhöfliche Geste, die so viel wie »Du kannst mich mal« bedeutet und mit dem Stinkefinger-Zeichen vergleichbar ist. Diese unanständige Geste geht auf das Mittelalter zurück, ganz konkret auf die Schlacht von Azincourt im Jahre 1415. Dort waren die Franzosen von den Engländern geschlagen worden, was zum Teil den Langbögen der Inselbewohner zu verdanken war. Nach dieser Demütigung drohten die französischen Soldaten, jedem englischen Bogenschützen, dessen sie habhaft würden, Zeige- und Mittelfinger abzuhacken, damit er nie wieder Pfeile verschießen könnte. Dies führte dazu, dass die Engländer ihrem Feind jedes Mal, wenn sie sich auf dem Schlachtfeld gegenüberstanden, zum Spott diese Finger zeigten. So entstand die V-Geste.

Die Widerlegung

An der Geschichte könnte etwas Wahres sein, denn es gibt zeitgenössische Aufzeichnungen, nach denen die Franzosen tatsächlich solche Drohungen ausgestoßen haben. Jean de Wavrin, ein Chronist aus dem 15. Jahrhundert, schrieb, der englische König Heinrich V. habe sich vor der Schlacht an seine Männer gewandt und ihnen gesagt, dass

> *[…] die Franzosen damit prahlten, dass sie allen gefangen genommenen Bogenschützen drei Finger der rechten Hand abschneiden würden, damit nie wieder ein Mann oder ein Pferd von ihren Pfeilen getötet werde.*

Sie haben richtig gelesen, *drei* Finger, nicht zwei!

Obwohl es die Drohung also vielleicht wirklich gab, waren dabei drei Finger im Spiel. Das macht die Verbindung zum V-Zeichen etwas zweifelhaft. Technisch ergeben die drei Finger jedoch mehr Sinn, denn diese alten Langbögen und insbesondere die Kriegsbögen waren mit zwei Fingern nur schwer zu handhaben. Viele Bogenschützen setzen damals wie heute lieber drei Finger ein.

Jean de Wavrin war bei der Schlacht persönlich zugegen. Auch wenn er auf der Seite der Franzosen stand und Heinrichs Ansprache vermutlich nicht selbst gehört hat, ist er doch eine wertvolle Quelle für ein so weit zurückliegendes Geschehen. Das V-Zeichen erwähnt er allerdings nicht. Das bedeutet natürlich nicht, dass es nicht existiert hätte, aber es wäre schon seltsam, wenn ausgerechnet der einzige Autor, der die Drohung mit den abgeschnittenen Fingern für aufschreibenswert hielt, nicht auch die Gesten erwähnt hätte, die damit angeblich in Zusammenhang stehen. Auch andere Teilnehmer der Schlacht wie die Herolde, deren Aufgabe es war, den Verlauf der Kämpfe aufzuzeichnen, haben nicht darüber berichtet, dass irgendjemand einen, zwei oder drei Finger in die Luft gereckt hätte.

Wir wissen ebenfalls nicht mit Sicherheit, ob sich Heinrichs Worte auf etwas bezogen, das tatsächlich passiert ist. Es könnte auch lediglich ein Gerücht gewesen sein oder Propaganda, die seine Männer zu noch leidenschaftlicherem Kampf motivieren sollte. Mich jedenfalls hätte es sicher überzeugt, bis zum bitteren Ende zu kämpfen. Es gibt aber keinen wirklichen Beweis dafür, dass die Franzosen gefangenen Bogenschützen so etwas angetan hätten, und ich warte bisher vergeblich darauf, dass man Skelette von Bogenschützen mit abgeschnittenen Fingern findet. Bei der

Untersuchung von Skeletten kann man nämlich feststellen, ob es sich um einen mittelalterlichen Bogenschützen handelt, denn das Bogenschießen hinterlässt Spuren an den Knochen. Und es würde auffallen, wenn fehlende Finger mit einem scharfen Instrument abgetrennt worden wären. Wenn man diese Bestrafung häufig angewendet hätte, sollten wir erwarten, dass inzwischen zumindest ein paar Skelette von fingerlosen Bogenschützen gefunden worden wären.

Unwahrscheinlich ist auch, dass Bogenschützen eine spezielle Behandlung erfahren haben. Sie gefangen zu nehmen, war sicher schon schwer genug, und jedem gefangenen Bogenschützen die Finger abzuschneiden, wäre noch eine Menge Extramühe gewesen. Viel leichter und zeitsparender wäre es, gleich die ganze Hand abzuschneiden. Und warum nicht gleich allen Gefangenen die Hände abhacken? Auch Pikeniere[3] waren ein Ärgernis, und die Jungs mit den Trommeln waren sowieso verhasst. Man hätte auch gleich alle umbringen können. Aber in Wahrheit war die Ermordung von Gefangenen eher verpönt und nicht so verbreitet, wie Sie vielleicht glauben. Trotzdem: Warum sollte man sich die Mühe machen, nur eine ganz spezielle Gruppe von ihnen zu verstümmeln, wie sehr man sich auch über ihre Treffsicherheit mit Pfeil und Bogen geärgert haben mochte? Es wäre unpraktisch gewesen, und es gibt auch keinen Beweis dafür.

Was ist aber nun mit der obszönen V-Geste? Vermutlich war es im Mittelalter unhöflich, jemandem die zwei Finger zu zeigen. Die erste klare Schilderung der V-Geste als Beleidigung stammt aus dem Buch *Pantagruel*, geschrieben von François Rabelais im Jahre 1532. Im Kapitel »Wie Panurg den pantomimisch disputierenden Engländer perplex machte« beschreibt der Autor einen Streit, der mit Gesten ausgefochten wird: »[...] dann spreizte er Zeige- und Mittelfinger der rechten Hand, so weit er konnte, auseinander und zielte damit nach Thaumast.«

In dieser sehr lustigen Geschichte werden viele Gesten so deutlich beschrieben, dass man beim Lesen gar nicht anders kann, als sie auszupro-

---

3 In großen Teilen Europas bildeten vom 15. bis zum 17. Jahrhundert die Pikeniere (benannt nach der Pike [Spieß], ihrer wichtigsten Waffe) die schwere Infanterie. (Anm. d. Red.)

bieren. Und auch einige der anderen Gesten sind uns bis heute sehr vertraut. Auf jeden Fall ist das ein überzeugender Beweis dafür, dass einige Menschen im 16. Jahrhundert die V-Geste als unhöflich ansahen. Interessant ist auch, dass ein Franzose sie gegenüber einem Engländer benutzt. Allerdings scheint die Geste nach nur wenigen Erwähnungen wieder aus den Geschichtsbüchern zu verschwinden, und erst im 20. Jahrhundert tritt sie erneut in Erscheinung!

Aufnahmen der Filmgesellschaft Mitchell and Kenyon zeigen Männer, die 1901 vor einem Stahlwerk in Rotherham Schlange stehen. Einer der Männer, der offensichtlich nicht gerade begeistert ist, gefilmt zu werden, macht das V-Zeichen zur Kamera hin und in gewisser Weise auch zu uns, den Zuschauern, als wollte er uns sagen: »Nehmt das, lausige künftige Gaffer!« Sie können es sich auf YouTube ansehen, es ist herrlich.

Auf jeden Fall ist es merkwürdig, dass es die Geste geschafft hat, mehrere Jahrhunderte lang jeglicher Darstellung oder Beschreibung zu entgehen. Das kann ich, fürchte ich mal, nicht erklären. Aber eines wissen wir jedenfalls: Es gibt keinen Beweis dafür, dass sie aus einer Drohung französischer Soldaten gegen englische Bogenschützen bei Azincourt hervorgegangen ist.

40
Lady Godiva ritt wegen einer Steuersache nackt durch die Stadt

Was man Ihnen vielleicht erzählt hat

Als das Volk im mittelalterlichen Coventry aufgebracht war wegen seiner hohen Steuerlast, bat Lady Godiva, die Frau von Leofric, dem Earl of Mercia, ihren Gatten, die Steuern zu senken. Er sagte es ihr unter der Bedingung zu, dass sie nackt durch die Stadt ritt. Zu jedermanns Überraschung zwang sie ihn dazu, sein Versprechen wahr zu machen. Aus Achtung vor Lady Godiva schauten alle Leute dezent weg, als sie vorbeigeritten kam, nur ein dreister Bursche namens Tom wandte seinen Blick nicht ab (was ihm den sprichwörtlichen Namen *Peeping Tom* einbrachte). Glücklicherweise war der größte Teil ihres Körpers von ihrem langen Haar verdeckt. Der Earl hielt Wort und senkte die Steuern. Ach, wie hübsch.

Die Widerlegung

Eine Story wird immer ein bisschen verdächtig, wenn es keine zeitgenössischen Berichte gibt – immerhin würde man ja erwarten, dass irgendjemand eine Notiz macht, wenn etwas derart Unglaubliches passiert. Im Mittelalter konnten zwar nicht so viele Menschen lesen oder schreiben, aber Städte, Adlige und der lokale Klerus führten häufig auf die eine oder andere Weise Aufzeichnungen, und verschiedene Chronisten waren damit befasst, alle Arten von Geschichten und Neuigkeiten zu sammeln. Aber wir finden nichts darüber, dass Lady Godiva eine Nudistin war.

Einen Leofric gab es tatsächlich, und er hatte wirklich eine Gattin namens Godiva (oder Godgifu, was *God's gift* – »Gottesgabe« – bedeutet). Sie herrschten im 11. Jahrhundert über Coventry. Chronisten berichten von dieser Herrschaft, wie gütig, großherzig und ehrenhaft Godiva gewesen sei oder dass das Ehepaar Zuwendungen an die Kirche machte. Von einem Nacktritt ist dort aber nichts zu lesen. Nach dem angeblichen Ereignis gibt es mehr als ein Jahrhundert lang nirgendwo eine Spur davon. Dann, im 13. Jahrhundert, schrieben Chronisten der Abtei von St Albans die ganze Story von der nackten Gräfin auf dem Pferd nieder, und verständlicherweise wurde sie sehr populär.

Womöglich hat es ältere Aufzeichnungen gegeben, die später verschwunden sind – so etwas kommt vor –, aber wir müssen uns an das halten, was wir beweisen können. Zu alledem gibt es an dieser Geschichte einfach zu viel, das hinten und vorn nicht zusammenpasst.

Coventry war zu jener Zeit noch keine richtige Stadt. Eigentlich war es sogar kaum ein Dorf – das *Domesday Book* verzeichnet für das Jahr 1086 50 Dorfbewohner, 12 Kleinbauern und 7 Knechte. Der Ort habe Godiva gehört. Er war *ihr* Besitz, und das Recht einer Steuererhöhung hätte *ihr* zugestanden, nicht ihrem Mann. Nun denken Sie vielleicht, dass Godiva als Frau ihrem Mann untertan gewesen sei und sie vielleicht rechtlich gesehen die Eigentümerin war, aber nicht viel wirkliche Macht hatte. Aber das war damals nicht unbedingt der Fall; hochgestellte Frauen hatte im Mittelalter oftmals selbst Macht und Einfluss.

Godiva war schon vor ihrer Hochzeit reich und mächtig. Sie besaß Land, das ihr direkt vom König übertragen worden war. Die Vorstellung, dass sie an ihren Gatten appellieren, sich selbst erniedrigen und ihn wegen der Dorfbewohner sogar anflehen musste, passt zu der Zeit, in der die Legende zuerst auftauchte, aber *nicht* zu jener Ära, in der sich der Nacktritt ereignet haben soll. Das kleine Dorf gehörte ihr – und damit auch jeglicher Steuerertrag.

Die Größe des damaligen Coventry passt auch nicht ganz zum später bunt ausgemalten Bild einer Stadt mit Straßen, Marktplätzen und Menschengedränge. Dies träfe viel besser auf das Coventry im 12. Jahrhundert zu. Das Publikum für jeglichen Nacktritt wäre ordentlich klein gewesen und hätte nur aus Lady Godivas eigenen Bauern bestanden. Interessant ist auch, dass die Steuer höchstwahrscheinlich an den Besitz eines Pferdes gebunden war, und die meisten Bewohner von Coventry dürften seinerzeit keine Pferde gehabt haben. Die Zahl der Menschen, denen Lady Godiva durch ihre Selbstaufopferung geholfen hätte, wäre damit noch kleiner geworden.

Mittelalterliche Chronisten hatten oft die unerfreuliche Angewohnheit, ihre Fantasie spielen zu lassen und lustige kleine Details zum eigentlichen Gegenstand ihrer Betrachtung hinzuzufügen. Wenn man es recht bedenkt, ist dies ein Drang, dem manche Historiker bis heute nicht widerstehen können.

Schaut man auf alle nachfolgenden Schilderungen, so wird man auf mehr und mehr Details stoßen, die jemand hinzugefügt oder verändert hat. Manche schließen sogar den Dialog zwischen Godiva und ihrem Ehemann in die Darstellung mit ein. Es ist aber extrem unwahrscheinlich, dass jemand nahe genug danebenstand, um diese Sätze mitzuhören, dass er den Wortwechsel niederschrieb, ihn ein Jahrhundert lang sicher aufbewahrte und dem Kleriker dann alles berichtete, sodass der ihn in seine Chronik aufnehmen konnte.

Und wenn Sie sich Gedanken über *Peeping Tom* gemacht haben, die einzige Person in Coventry, die einen verstohlenen Blick auf die nackte Lady geworfen und dafür mit seinem Augenlicht oder gleich mit dem Leben bezahlt haben musste – dieser Typ wird bis ins 17. Jahrhundert hinein nirgendwo erwähnt.

Es gibt Ähnlichkeiten mit anderen Geschichten, von denen manche unserer mittelalterlichen Kleriker vermutlich wussten, und nackte Frauen auf Pferden spielten bisweilen auch in heidnischen Fabeln und Zeremonien eine Rolle. Rechnet man dazu noch lokale Folklore, Gerüchte, Klatsch und Tratsch sowie die Unzuverlässigkeit der mündlichen Überlieferung, bleibt kaum etwas übrig, auf das wir vertrauen können. Es wäre auch nicht das erste Mal, dass mehrere unterschiedliche Geschichten miteinander vermischt und zu einer neuen verschmolzen wurden.

Wer weiß, vielleicht hat es damit begonnen, dass Lady Godiva ins Dorf ritt und den Leuten verkündete, dass sie die Steuern senken wolle. Aber sie hatte vergessen, sich einen Mantel anzuziehen und trug auch das Haar nicht bedeckt, sodass die Dorfbewohner zu erzählen begannen, ihre Gräfin sei so versessen darauf gewesen, ihnen die frohe Botschaft zu überbringen, dass sie sich nicht einmal richtig angezogen habe …

Oder vielleicht tat sie Buße für irgendetwas ganz anderes und ritt – nur mit einem Unterhemd angetan – durchs Dorf, was damals ein ziemliches Ereignis gewesen wäre. Wenn also jemand aufgeschrieben hat, dass sie »unbekleidet« durchs Dorf geritten sei, wissen wir immer noch nicht genau, was er damit meinte.

41
Im viktorianischen England hatten sie spezielle Köfferchen für die Vampirjagd

Was man Ihnen vielleicht erzählt hat

Die Viktorianer fürchteten sich so sehr vor Vampiren, dass sie eine spezielle Jagdausrüstung herstellen ließen: Köfferchen mit Revolvern, Bibeln, Kruzifixen, Hämmern und natürlich Holzpflöcken. Alles sehr praktisch, wenn sie ein verdächtiges Schloss in Transsylvanien besuchten und ihr Gastgeber plötzlich eine besondere Faszination für ihren Hals entwickelte.

Wenn Sie sich wegen Vampiren Sorgen machen oder vielleicht erwägen, selbst zum Vampirjäger zu werden, haben Sie echt Glück, denn Sie können die Ausrüstung dafür noch kaufen. Diese total authentischen Köfferchen aus dem 19. Jahrhundert tauchen rund um den Erdball regelmäßig bei Auktionen auf, aber man muss eine Menge Geld mitbringen, denn sie wechseln oft für vierstellige Summen den Besitzer.

Die Widerlegung

Ich kann es verstehen, wenn jemand in Versuchung gerät, so ein Köfferchen zu kaufen – sie sind fantastisch! Wunderbare geheimnisvolle Holzkisten, die mit verrückten Requisiten gefüllt sind. Wie *gothic*, wie viktorianisch, was für ein toller Gesprächsgegenstand! Wenn Sie diese Dinger wirklich mögen, sollten Sie unbedingt zugreifen. Man kann sie im Internet auf Seiten wie Etsy kaufen, wo sie oftmals nicht allzu teuer sind, aber natürlich sind es keine originalen Köfferchen aus dem 19. Jahrhundert …

Das gilt allerdings auch für die teuren, die von Auktionshäusern verkauft werden – es sind alles moderne Kreationen.

Sie sind handwerklich gut gemacht und sehen alt aus, doch das Hinterhältige an ihnen ist, dass sie zwar mit altem Kram gefüllt sind, aber keines von ihnen ein originales Set darstellt. Verkäufer stoßen auf eine historische Kiste, stopfen allerlei Kram vom Flohmarkt hinein, fügen noch ein paar hausgemachte Sächelchen hinzu und hoffen dann, dass ihnen die Leute glauben, diese Dinge hätten schon immer zusammengehört. Ehrliche Menschen sagen das dazu, wenn sie solche Köfferchen verkaufen, aber andere deuten es nur im Kleingedruckten an oder vermeiden es, in der Beschreibung eindeutig zu erklären, dass die einzelnen Teile erst kürzlich zusammengestellt wurden. Ja, es *ist* ein viktorianisches Köfferchen; ja, es *ist* viktorianisches Zeugs drin, also können wir es »Viktorianisches Vampirjäger-Köfferchen« nennen. Sicher, wir haben es erst letzten Monat gefüllt, das Gesamtset ist nicht viktorianisch, aber das haben wir ja auch nie behauptet … Nun kapieren Sie sicher, wie es dabei zugeht. Technisch gesehen ist es kein Beschiss, aber in gewisser Weise doch.

Der wichtigste Fingerzeig dafür, dass an diesen Dingen etwas nicht ganz koscher ist: Vor den 1950er Jahren fanden sie kein einziges Mal irgendwo Erwähnung. Keine Reklame in alten Zeitungen, niemand, der darüber schrieb, welche benutzt oder gesehen zu haben, kein Bericht über jemanden, der so ein Köfferchen gefunden hat, nicht eine einzige Rechnung, keine Dokumente eines Fabrikanten – nichts. Es ist wahrscheinlich, dass die Horrorstreifen von *Hammer Films* in den 1950er Jahren die ersten Schöpfer solcher Köfferchen inspiriert haben.

Früher glaubten die Leute wirklich an Vampire – manche tun es immer noch. Und einst war es üblich, dass man mit Toten schreckliche Dinge anstellte, um sicherzugehen, dass sie nicht wiederkamen und die Leute bissen. Aber die Werkzeuge, mit denen man dafür sorgte, dass mutmaßliche Vampire (extra-)tot waren oder mit denen man sie überhaupt erst zur Strecke brachte, waren ziemlich elementar. Selbst wenn es Vampire gäbe, bräuchten Sie kein luxuriöses und schickes Set – außer vielleicht, wenn der Vampir zur High Society gehört und Sie einen guten Eindruck machen wollen, ehe Sie ihn töten. Und ein Gewehr mit Silberkugeln braucht man auch nicht, es sei denn, man möchte nebenbei auch noch Werwölfe jagen. Wie jeder weiß, braucht man einfach nur ein Kruzifix, ein paar Holzpflöcke und einen Hammer.

Kaufen Sie also ruhig ein Vampirjäger-Köfferchen, wenn Ihnen die Dinger gefallen, aber gehen Sie nicht davon aus, dass es wirklich ein viktorianisches Set ist, auch wenn das Auktionshaus – egal wie renommiert es ist – etwas anderes behauptet. Wenn sie ein »Viktorianisches Vampirjägerset« verkaufen, meinen sie eigentlich: »Eine alte Kiste mit viktorianischem Krempel drin«. Aber das hört sich nicht ganz so verlockend an, oder?

Falls Sie wirklich eines aus viktorianischen Zeiten erwerben wollen, fragen Sie den Verkäufer doch einfach, ob die Authentizität seines Köfferchens geprüft worden ist – fordern Sie von ihm den Beweis, dass dieses Set *als Set* älter als ein Jahrhundert ist. Wenn er das nachweisen kann, sollten Sie sich an die Presse wenden, denn Sie haben gerade die allererste echte alte Vampirjägerausstattung gefunden. Aber an Ihrer Stelle würde ich mir keine großen Hoffnungen machen.

42 Einstein ist in Mathe durchgefallen

Was man Ihnen vielleicht erzählt hat

Es ist so ein tröstlicher Gedanke: Albert Einstein, ein Mann, über den die meisten von uns sehr wenig wissen, außer dass er echt schlau war, ist in gewisser Hinsicht auch nicht der Hellste gewesen, denn in der Schule rasselte er in Mathe durch.

Falls es Ihnen so geht wie mir und auch Sie beim Ausführen einfacher Rechenoperationen ein Totalausfall sind oder einfach nicht besonders gut in puncto Lernen, dann kann uns die Vorstellung, dass ein späteres Genie auch in mancher Hinsicht ein bisschen beschränkt war, Hoffnung für die Zukunft spenden. Aber wenn Sie gerade verzweifelt versuchen, Ihre eigenen Kinder zu motivieren oder zu ermutigen, indem Sie ihnen diese Geschichte erzählen, wäre es vermutlich am besten, wenn Sie hier aufhörten zu lesen und gleich zum nächsten Kapitel sprängen.

Die Widerlegung

Sorry, liebe Mit-Idioten – Einstein ist in Mathe *nicht* durchgerauscht.

Woher kommt die Legende dann aber? Laut einem Artikel aus dem Magazin *Time* von 1935 soll ein Rabbiner aus Princeton Einstein eine Zeitungskolumne gezeigt haben, deren Titel lautete: »Größter lebender Mathematiker fiel in Mathe durch«. Einstein (der übrigens gar kein Mathematiker war) habe dem Rabbiner daraufhin gesagt, dass er in Mathe nie durchgefallen sei – ganz im Gegenteil, er sei noch keine fünfzehn gewesen, als er schon die Differential- und Integralrechnung beherrscht habe … (Was für ein Streber! Ich weiß nicht mal, was diese Worte bedeuten.)

Einstein war in Mathe also nicht nur kein Versager, sondern sogar ein exzellenter Schüler. Ich bin mir nicht sicher, ob sich der Autor besagter Zeitungskolumne die Geschichte aus den Fingern gesogen hat oder ob ihn die Tatsache durcheinanderbrachte, dass Einsteins Schule ihr Benotungssystem umgestellt hatte – vorher war 1 die beste und 6 die schlechteste Note, danach war es genau umgekehrt. So kam es, dass Einstein im einen Jahr eine Menge Einsen hatte und im nächsten plötzlich eine Menge Sechsen. Oder lag es vielleicht daran, dass er sich später oft an Mathematiker wandte, um seine Arbeiten von ihnen überprüfen zu lassen? Dabei ist das doch nur clever!

Als der kleine Albert sieben war, prahlte seine Mutter in einem Brief damit, dass er Klassenbester sei. Und als die Medien weiterhin suggerierten, er hätte schlechte Zensuren gehabt, veröffentlichte der Direktor seiner ehemaligen Schule einen Brief, in dem er betonte, Einsteins Noten seien in Wahrheit ziemlich gut gewesen. Es stimmt, dass er einmal eine Aufnahmeprüfung verhauen hat – aber er war zwei Jahre jünger als die anderen Studenten, und im zweiten Anlauf schaffte er das Examen.

Oh, und ein begabter Geiger war er auch noch.

Ja, ich weiß, das wird langsam frustrierend; am Anfang hatten wir eine Legende, mit der wir uns richtig gut gefühlt haben, und jetzt haben wir eine Wahrheit, die uns runterzieht. Falls Sie in der Schule mit Französisch zu kämpfen hatten, tröstet es Sie vielleicht, dass auch Einsteins Noten in diesem Fach nicht besonders gut waren.

Ha, was für ein Dämlack Einstein doch war! In französischer Grammatik war er echt *grottig*!

43
Antike und mittelalterliche Statuen und Gebäude waren immer weiß oder ohne Bemalung

Was man Ihnen vielleicht erzählt hat

Unsere Vorfahren hatten mit Farbe nicht viel am Hut. Das wissen wir, weil alle altgriechischen und römischen Standbilder und Gebäude weiß sind – und die mittelalterlichen Burgen zeigen von außen nur grauen Stein oder weißen Putz. In Film und Fernsehen bekommen wir das ständig vorgeführt, und wenn wir Museen oder sehr alte Städte besuchen, können wir es mit eigenen Augen sehen!

Die Widerlegung

Eines stimmt natürlich: Wenn wir heute auf die Überbleibsel alter Zivilisationen blicken, dann sind sie in der Regel unbemalt. Daher neigen wir zu der Annahme, es müsste schon in der Entstehungszeit alles so ausgesehen haben. Wir stellen uns die Vergangenheit als eine Welt ohne helle und leuchtende Farben vor. Aber mit modernen wissenschaftlichen Untersuchungsmethoden können wir inzwischen auf beinahe allem noch allerkleinste Farbrückstände finden.

Es sieht so aus, als wären die Menschen zu allen Zeiten verrückt nach Farben und Mustern gewesen – und das ist sogar noch untertrieben. Die Historiker hatten bereits in alten Aufzeichnungen gelesen, dass die Statuen einst farbenfroh bemalt waren, und trotzdem war es immer noch einigermaßen schockierend, als klar wurde, wie diese Standbilder und die Burgen wohl tatsächlich ausgesehen haben. Für viele Menschen, vielleicht sogar für die meisten, ist es immer noch schwer vorstellbar, dass Bauwerke aus der Antike und späteren Epochen farbenprächtiger waren als ein Hippiewohnzimmer aus den 1970er Jahren.

Die Erklärung dafür ist ganz einfach: Die Originalfarben waren über Jahrhunderte hinweg den Elementen ausgesetzt, wodurch sie verblassten und schließlich ganz verschwanden. Für viele nachfolgende Generationen war der blanke Stein dann alles, was man noch sehen konnte.

Einige Historiker dachten sogar, man hätte das damals absichtlich so gemacht – die Römer beispielsweise hätten gewollt, dass ihre Statuen weiß bleiben, weil weiße Körper ihrem Empfinden nach einfach am hübschesten aussehen. Gerechterweise muss man sagen, dass diese Meisterwerke mit weißer Marmoroberfläche wirklich toll aussehen. Farbe kann von den Details ablenken, von der handwerklichen Meisterschaft des Bildhauers – immerhin lässt sich mit ihr buchstäblich manches übertünchen.

Das alles änderte sich in den 1980er Jahren, als man neue Methoden und Techniken entwickelte, mit denen die alten Statuen nicht nur eingehend untersucht, sondern auch rekonstruiert werden konnten. Deutsche Forscher, Gelehrte und Archäologen studierten die Farbspuren und schufen dann Kopien und Repliken hauptsächlich von altgriechischen und römischen Statuen und Gebäuden. Man präsentierte sie so, wie sie einst ausgesehen hatten – in leuchtendem Technicolor.

Man muss sich daran erst gewöhnen, denn die farblosen Steinoberflächen sind uns so vertraut. Und auch wenn wir schon seit Jahrzehnten um die Farben wissen, reagieren die Leute immer noch erstaunt, wenn die bunten Versionen in den sozialen Medien geteilt werden. Aber wenn man sich erst mal an den Anblick gewöhnt hat, findet man die Sache einleuchtend. Natürlich haben unsere Vorfahren Farben geliebt – warum denn auch nicht?

Die mehrfarbige Gestaltung von Bauwerken, Baugliedern und Architekturteilen, Skulpturen und Plastiken, Gemälden, Fresken und kunsthandwerklichen Objekten nennt man Polychromie (»Vielfarbigkeit«), Beispiele dafür begegnen uns in nahezu allen Kulturen und Epochen, und sie blieb bis weit ins Mittelalter hinein populär. Was ist mit all diesen trüben, dunklen grauen Steinburgen und den majestätischen, feierlichen Kirchen und Kathedralen? Viele von ihnen waren ebenfalls mit Farben überzogen, und manchmal sahen sie so knallig aus wie eine Jukebox aus den 1950er Jahren!

44
Im Mittelalter wurden Millionen Frauen der Hexerei beschuldigt und auf dem Scheiterhaufen verbrannt

Was man Ihnen vielleicht erzählt hat

Im Mittelalter hatten alle Menschen schreckliche Angst vor Hexen. Unschuldige Frauen wurden verfolgt und gefoltert, und Millionen von ihnen endeten auf dem Scheiterhaufen.

Die Widerlegung

Wir alle sind mit Geschichten über Hexen aufgewachsen und vertraut mit den Bildern jener Frauen mit spitzem Hut und haariger Warze auf der Nase, die auf Besen durch die Lüfte fliegen. Sie sind ein Teil der westlichen Kultur, und man hat uns erzählt, dass die Hexenprozesse für viele Frauen schreckliches Leid brachten. Allerdings geschah das alles nicht wirklich im Mittelalter.

Ich kann verstehen, weshalb für viele Leute Hexenprozesse und Mittelalter zusammengehören – immerhin war die mittelalterliche Gesellschaft erfüllt von Aberglauben, Grausamkeit, grässlichen Strafen, Frauenverachtung und so weiter. Das Mittelalter war keine lustige, reizende, friedliche Ära der Gleichberechtigung und Toleranz, aber der schlechte Ruf, den dieses Zeitalter bei uns hat, ist auch nicht verdient. Das zeigt sich einmal mehr, wenn es um die Verfolgung und Behandlung angeblicher Hexen geht.

Über den größten Teil des Mittelalters hinweg wurde es als törichter Aberglaube betrachtet, wenn jemand an die Existenz von Hexen glaubte. Sogar die Kirche sagte, dass es keine Hexen gebe – jedenfalls nicht in dem Sinne, in dem wir sie uns heute ausmalen. Wenn Sie damals dachten, dass eine Person eine Hexe wäre, dass sie Sie verwünscht, Ihren Schafen die Pocken an den Hals gezaubert und sich nachts in den Wald aufgemacht hätte, um mit dem Teufel ungebührliche Dinge zu treiben, dann hätten die Kirchenleute Sie einen Narren genannt. Manchmal ganz buchstäblich – man hätte Ihnen gesagt, dass Sie zum Narren gehalten wurden und diese »Hexe« unschuldig sei, wohingegen Sie, der *Ankläger* dieser Frau, vielleicht schuldig waren, weil Sie es dem Teufel erlaubt haben, Ihnen den Glauben an Unfug einzuflößen. Wenn man es sich recht überlegt, war das eine ziemlich vernünftige Sichtweise und in gewisser Weise eine Verteidigung jener Frauen, die man der Hexerei bezichtigte.

Es war auch ein Fortschritt im Vergleich zu früheren Zeiten. Die alten Griechen und Römer hatten an Hexen geglaubt und jene, die der Hexerei verdächtigt wurden, verfolgt und hingerichtet – manchmal auf dem Scheiterhaufen. Und doch werden diese Zeiten im kollektiven Bewusstsein als fortgeschritten, kultiviert und besser als das Mittelalter betrachtet.

Ich will damit nicht sagen, dass die Menschen im Mittelalter nicht an Hexen geglaubt hätten – tatsächlich glaubten viele daran. Doch führt Aberglaube nur selten zu massenhaftem Leid, wenn er nicht vom Staat, von der Kirche oder von einer großen Gruppe mächtiger Leute gestützt wird. Die meiste Zeit des Mittelalters waren die Männer und Frauen, die man der Hexerei bezichtigte, also relativ sicher. Es konnte gefährlich werden, wenn man das Verhalten eines Menschen als häretisch (das heißt, als ketzerisch) auffasste; dieses Risiko bestand, wenn er Dinge tat, die ein bisschen heidnisch aussahen, und es konnte ihn das Leben kosten. Aber dann lautete die Anklage gewöhnlich »Häresie« (Abfall vom rechten Glauben) und nicht »Magie und Hexerei«.

Man muss gerechterweise ergänzen, dass es auch im Europa des Mittelalters einige Hexenprozesse gab, aber sie waren relativ selten, und wenn man jemanden eines Verbrechens bezichtigte und er sich als unschuldig erwies, konnte man bisweilen selbst bestraft und sogar wegen Häresie angeklagt werden. Deshalb überlegten es sich die Leute lieber zweimal, ob sie jemanden beschuldigten. Aber selbst wenn man der Hexerei für schuldig befunden wurde, waren die Strafen im Allgemeinen mild. Nur sehr selten endete jemand auf dem Scheiterhaufen.

Ich weiß, Sie haben das im Kino und auf dem Bildschirm gesehen, Sie haben es vielleicht sogar in Ihren Schulbüchern gelesen oder im Museum davon gehört, und trotzdem wurden Hexen im Mittelalter nicht mit dem Feuertod bestraft. Und selbst *nach* dem Mittelalter, als die Hexenjagd im 16. und 17. Jahrhundert ihren Höhepunkt erreichte (die grausamsten Hexenverfolgungen fanden ironischerweise in der Renaissance statt, einer Periode, in der doch angeblich Rationalität und Aufgeklärtheit herrschten), wurden Hexen in den meisten Fällen gehängt, ertränkt, bei lebendigem Leibe begraben oder gekocht und Ähnliches. Und selbst wenn man eine Hexe verbrannte, erdrosselte man sie vorher oft.

Im späten 15. Jahrhundert begann das Interesse an Hexerei zu wachsen. Das Thema war überall präsent. Zahlreiche Schriften zu diesem Gegenstand wurden publiziert und verbreiteten sich rasch, was zum Teil am gerade erfundenen Buchdruck lag. Das hatte Einfluss auf die Gebildeten, die bald von der ganzen Sache fasziniert waren. Flugblätter und Bücher wie der berüchtigte *Malleus Maleficarum* (»Hexenhammer«) breiteten sich wie ein Lauffeuer aus. Hexerei wurde von einem gewöhnlichen Aberglauben zu einer ernsthaften Angelegenheit, und diese Fake News begannen auch die Mächtigen zu erreichen, sowohl die in der Kirche als auch die auf dem Thron. Die Kirche änderte zunehmend ihre Meinung zu diesem Thema, und Häresie und Hexerei wurden mehr und mehr aneinander gekoppelt. Die zusätzlichen Spannungen wegen der Reformation waren auch nicht gerade hilfreich. Eine Hexenpanik brach aus, und die Jagd auf Hexen und Zauberer war eröffnet.

Ursprünglich wurden vor allem gebildete Männer verfolgt. Immerhin musste man dazu imstande sein, die Zauberbücher zu lesen, und die Menschen, die solche Texte entziffern konnten, waren größtenteils Männer. Aber dann änderte sich die Lehrmeinung, und die »Experten« behaupteten, dass man doch gar nicht des Lesens kundig sein müsse, um Zaubersprüche auswendig zu lernen. Und so richtete sich der Fokus auf die Frauen. Dafür fand sich auch schnell eine Begründung: Frauen waren schwach, sie waren näher am Bösen, denn schließlich hatte Eva einst Adam dazu überredet, einen gewissen Apfel zu essen, und überhaupt waren Frauen verrückt nach Sex und erotisch unersättlich. Sie hatten wollüstige Gedanken, die sie nicht in den Griff bekamen, und der Teufel konnte ihnen in diesen Dingen gute Dienste leisten.

Wie bei jeder Massenpanik kochten auch hier manche Leute ihr eigenes Süppchen, um mächtige Frauen aus dem Weg zu räumen – nicht nur reiche und bedeutende Damen aus dem Adel, sondern auch Witwen, die das Geschäft ihres Mannes geerbt hatten, erfolgreiche Bierbrauerinnen oder auch Hebammen, die in vielen kleinen Gemeinden eine hoch angesehene und wichtige Funktion hatten. Aber ehe wir die Leute verurteilen, die damals von Angst gepackt wurden und alle Geschichten glaubten, die man ihnen erzählte, sollten wir vielleicht daran denken, dass heutzutage immer noch Millionen auf total lächerliche Verschwörungstheorien hereinfallen.

Eine Nebenbemerkung: In der holländischen Stadt Oudewater befand man einst, am wissenschaftlichsten ließe sich herausfinden, wer eine Hexe sei, indem man die betreffenden Frauen wiege. Man glaubte, eine Hexe habe keine Seele und müsse daher deutlich weniger wiegen als eine gleich große normale weibliche Person. Jede Frau, die gewogen und als zu schwer für eine Hexe befunden wurde, erhielt ein offizielles Zertifikat. Sehr oft angewendet wurde dieses Verfahren seinerzeit allerdings nicht, doch noch heute können Sie sich in Oudewater wiegen lassen und die Bescheinigung dafür bekommen, keine Hexe zu sein.

Im Mittelalter hatte also nicht jeder Angst vor Hexen, und es wurden auch nicht Millionen Frauen auf dem Scheiterhaufen verbrannt, aber als dann der Hexenwahn Europa wirklich packte, mussten viele Menschen – vorwiegend Frauen – schrecklich darunter leiden und oft einen grausamen Tod sterben. Aber »Millionen« waren es nicht. Natürlich ist es schwer, zuverlässige und genaue Opferzahlen zu bekommen. Nicht alle Hinrichtungen wurden dokumentiert, und selbst wenn sie es wurden, haben viele Aufzeichnungen nicht überdauert. Zwar haben die Hexenjagden das Leben von Millionen Menschen zerstört, aber wirklich ermordet wurden nach neueren Schätzungen zwischen 30.000 und 80.000. Manche behaupten, die wahre Anzahl liege viel höher, vielleicht bei 200.000, aber so grauenhaft diese Zahl auch ist, von »Millionen« ist sie weit entfernt.

45
Der Hitlergruß hat römische Ursprünge

Was man Ihnen vielleicht erzählt hat

Immer wenn die Nazis und die italienischen Faschisten einander grüßten, reckten sie ihren rechten Arm mit ausgestreckten Fingern nach vorn. Dieser Gruß hat seinen Ursprung im antiken Rom und wurde *il saluto romano* genannt.

Die Widerlegung

Dieses historische Detail gehört zu denen, die sehr oft mit falschen Vorstellungen behaftet sind; man hat die Sache so lange für wahr gehalten, dass die Vorstellung, sie könnte Nonsens sein, uns erst mal gar nicht in den Kopf gehen will. Also bitte, was kriegen wir als Nächstes zu hören? Vielleicht, dass der erhobene oder gesenkte Daumen nichts mit den Leuten zu tun hat, die über das Leben eines Gladiators entschieden?! Ähm … Darüber werde ich in einem anderen Kapitel sprechen.

Ausnahmsweise können wir die Nazis und Mussolinis Faschisten nicht für diese Legende verantwortlich machen. Wir können ihnen vorwerfen, keine ordentlichen Recherchen angestellt zu haben, aber es ist ja keine Überraschung, dass sie es mit historischen Fakten nicht so genau nahmen und die Geschichte gern leugneten oder abänderten, wenn sie nicht zu der Story passte, die sie verbreiten wollten. Wir haben hier ein typisches Beispiel für Leute, die lieber an eine Fantasieversion von Geschichte glauben als an die Realität, weil das besser zu ihren Idealen passt.

Die Faschisten – insbesondere natürlich die italienischen – liebten es, altrömische Geschichte und Symbole zu benutzen, um ihrer Bewegung mehr Glaubwürdigkeit zu verleihen und eine Verbindung zu der Zeit herzustellen, in der ihre Vorfahren über einen großen Teil der bekannten Welt herrschten. Und Grüße sind etwas Wichtiges, vor allem wenn man Mitglied in einer Art von militärischem Club ist, wo man Uniformen trägt, Flaggen schwenkt und herummarschiert. Die Faschisten waren also entzückt, als sie einen Gruß fanden, der ihrer Meinung nach direkt auf ihre Helden, die alten Römer, zurückging.

Und so übernahm Mussolinis *Partito Nazionale Fascista* den Gruß, denn es war ein verbreiteter Glaube, dass er römische Ursprünge habe, und die Nazis – nun ja, sie kopierten einfach, was ihre Freunde gemacht hatten, obwohl sie später behaupteten, der Gruß hätte altgermanische Wurzeln … Das wundert nicht weiter, oder? Und selbst Mussolini hatte ihn schon von anderen extremen Nationalisten wie etwa dem Dichter und Schriftsteller Gabriele D'Annunzio geklaut.

Aber woher kommt nun die Idee, dieser Gruß hätte römische Wurzeln?

Obwohl es sowohl in der griechischen als auch in der römischen Antike Grußformeln und entsprechende Gesten gab, besitzen wir keine überzeugenden Belege dafür, dass der »römische Gruß« ein reales antikes Phänomen mit einer spezifischen Bedeutung war. Aber im Jahre 1784 malte Jacques-Louis David seinen *Schwur der Horatier*. Das Gemälde stellt eine legendenhafte Geschichte dar, welche von Römern handelt, die das Versprechen abgeben, ihre Stadt zu verteidigen. Ihren Schwur bekräftigen sie mit flach ausgestreckten Händen – ja, mit dem »römischen Gruß«! Das Gemälde hatte riesigen Erfolg, und sein Thema sprach die späteren Faschisten und Nationalsozialisten sehr an.

Ich bin mir nicht sicher, ob jemand schon vor dem *Schwur der Horatier* Römer mit dieser Grußgeste abgebildet hat, aber es ist klar, dass wir *nach* der Entstehung des Bildes bald überall auf diesen Gruß stoßen – lange bevor die Faschisten ihre Hände im Spiel hatten (Doppeldeutigkeit beabsichtigt). Er passte so gut zu der Vorstellung, die man von den alten Römern hatte. Oder vielleicht war es einfach das, wonach Theaterdirektoren, Schriftsteller und Maler schon lange gesucht hatten.

In jüngster Zeit gibt es eine neue Entwicklung: Die Tatsache, dass es keinerlei Belege für einen römischen Ursprung des Grußes gibt, schlägt in den Köpfen allmählich Wurzeln, und wir sehen die Geste in Film und Fernsehen immer seltener. Ein echter Fortschritt!

46
Tote Wikinger wurden auf See in einem brennenden Schiff »begraben«

Was man Ihnen vielleicht erzählt hat

Wenn ein ranghoher Wikinger starb, legte man seine Leiche auf ein Schiff und schob es aufs Meer hinaus. Und während es forttrieb, schossen Bogenschützen flammende Pfeile ab, die das Schiff in Brand setzten. So segelte unser Held auf einem brennenden Schiff gen Walhalla.

Was für ein Anblick! Was für ein glorreiches, fantastisches, unwiderstehliches Bild für Autoren, Filmemacher und Fernsehregisseure. Von *Die Wikinger*, dem Abenteuerfilm mit Kirk Douglas aus dem Jahre 1958, bis zur erfolgreichen aktuellen Fernsehserie *Vikings* haben Millionen Zuschauer diese Szene miterleben können.

Die Widerlegung

Wir möchten glauben, dass diese Geschichte wahr ist, weil sie perfekt zu unserer Sicht auf die Wikinger passt. Schiffe haben den Wikingern viel bedeutet – schließlich waren sie Räuber und Krieger, da gab es kein besseres Fortbewegungsmittel! Und mal ehrlich, nicht wenige von uns sind von der Bestattung auf dem brennenden Schiff so ergriffen, dass sie gern auch so eine hätten, obgleich man nur die wenigsten von uns in Walhalla einlassen würde.

Aber leider, es ist höchstwahrscheinlich nur eine Legende.

Ihren Ursprung hat die Idee vermutlich in der Saga *Gylfaginning*, einem Teil der Prosa-Edda. In dieser Geschichte wird Baldr, der Sohn der altnordischen Götter Odin und Frigg und Bruder von Thor, von Loki ermordet. Der Sage zufolge legt man Baldrs Körper auf sein Schiff und setzt es in Brand. Dann stößt eine Riesin es aufs Meer hinaus. Kann sein, dass die Wikinger von solch einem Begräbnis geträumt haben, doch leider gibt es keinerlei Belege dafür, dass jemand von ihnen tatsächlich so bestattet wurde.

Die Wikinger kannten zwar wirklich Schiffsbestattungen, aber nicht auf dem Meer, sondern an Land. Sie zogen ein Schiff an eine hübsche Stelle, legten den toten Wikinger darauf (und dazu häufig auch noch massenhaft wertvolle Dinge sowie ein paar Sklaven und Tiere) und begruben das Schiff dann. Manchmal setzten sie es vorher sogar in Brand – Einäscherung war ein sehr populäres Verfahren –, aber auf jeden Fall begruben sie es am Ende. Wir wissen das, weil wir Augenzeugenberichte davon haben, etwa den des arabischen Autors Ahmad ibn Fadlān. Außerdem haben auch die Archäologen schon Schiffsgräber gefunden, und manche davon weisen Brandspuren auf. Das Schiffsgrab von Sutton Hoo im englischen Suffolk stammt zwar nicht von den Wikingern, aber es vermittelt uns eine gute Vorstellung davon, wie so eine Bestattung ausgesehen haben mag.

Schiffe waren und sind echt teuer, und so wurden sie nur zu besonderen Anlässen begraben und/oder verbrannt. Es war etwas, das man sich verdienen musste. War die tote Person nicht reich oder bedeutend genug, um in einem richtigen Schiff begraben zu werden, bekam sie manchmal ein schiffsförmiges Grab, auf dem Steine die Umrisse eines Schiffes nachbildeten, was ziemlich hübsch ist.

Wir haben also die Saga, und wir wissen, dass die Wikinger Schiffe begruben und die Körper ihrer Toten verbrannten. So kann man gut verstehen, dass jemand irgendwann all diese Details zusammennahm und behauptete, es sei eine reale Bestattungstradition gewesen, ein mit einem Leichnam aufs Meer hinaussegelndes Schiff in Brand zu setzen.

Aber nehmen wir doch – nur so um der Logik willen – mal an, die Wikinger hätten es tatsächlich versucht. Warum eigentlich nicht? Es steht schließlich in der Saga! Zuerst müssten Sie das Schiff an eine Stelle bringen, von der aus es mit Sicherheit ins Meer hinaustreibt, ein ganzes Stück weit weg von Ihrem Hafen, Ihrem Dorf oder dem Fjord, an dem Sie leben. Sie möchten ja nicht, dass das Schiff irgendwo hängen bleibt, nicht ordentlich sinkt und am Ende vielleicht Ihre reguläre Fahrrinne blockiert.

Dann müssen Sie das Schiff von der Küste fortschieben und können nur hoffen, dass es noch ein Stück weiter wegtreibt. Es wäre echt unangenehm, wenn es sich nur ein paar Meter vom Ufer entfernte oder sogar zurücktriebe, während das ganze Dorf zuschaut. Oder wenn es seitlich wegdriftet und in den Rest Ihrer Flotte hineinfährt.

Und das ist noch nicht alles. Bloß weil ein Schiff in Flammen steht, muss es noch lange nicht komplett niederbrennen und sinken. Stellen Sie sich vor, das Feuer ginge aus, und dieses verkohlte treibende Floß mit (entschuldigen Sie den Ausdruck) einem »Barbecue« aus mehreren gegrillten Menschen und Tieren, die noch vor sich hin schwelen und irgendwann zu riechen beginnen, schaukelt in Hafennähe auf dem Wasser herum.

Was aber, wenn das Wetter zu schlecht ist? Würden Sie da einfach abwarten – mit einer Leiche, die schon zu stinken anfängt, und Odin, der ungeduldig darauf wartet, dass sich der Krieger im Jenseits zu ihm gesellt? Es gibt so viel Potenzial für Fehlschläge.

Aber wenn Sie das Schiff begraben, haben Sie am Ende einen echt eindrucksvollen Erdhügel, den Sie regelmäßig besuchen können und an dem Sie – einigen Sagen zufolge – zu manchen Zeiten erleben würden, wie sich die Toten eine schöne Zeit machen.

Es gibt Tausende von Wikingergräbern, aber noch immer keine Beweise für Seebestattungen. Natürlich würden wir, wenn es solche Zeremonien gegeben hätte, ja auch nicht viele Belege dafür finden, oder? Trotzdem sollte man annehmen, dass wir in diesem Fall inzwischen irgendwo nahe der skandinavischen Küste ein paar verkohlte Schiffsreste mit Grabbeigaben gefunden hätten. Solange wir kein Beweismaterial entdeckt haben, sollten wir also davon ausgehen, dass solche Bestattungen nie stattgefunden haben.

Das bedeutet natürlich nicht, dass so ein Begräbnis für Sie nicht infrage kommt. Vergewissern Sie sich vorher aber, dass es legal ist, und versuchen Sie, auf Grabbeigaben zu verzichten, die beim Verbrennen die Luft verschmutzen oder später, wenn sie auf den Meeresgrund sinken, das Wasser verunreinigen.

47
Der Teppich von Bayeux ist ein Teppich (und König Harald wurde von einem Pfeil ins Auge getroffen)

Was man Ihnen vielleicht erzählt hat

Der Teppich von Bayeux ist ein Teppich. Sieht man doch schon am Namen, oder?

Die Widerlegung

Er ist kein Teppich, sondern eine Stickarbeit. Ein Teppich ist geknüpft oder gewirkt, seine Muster sind ebenfalls geknüpft oder gewirkt; der »Teppich« von Bayeux aber besteht aus neun vernähten Leinenbahnen mit aufgestickten bildlichen Darstellungen. Punkt. (Gern geschehen.)

Ich weiß, das war ein bisschen kindisch, aber ich habe Ihnen einen hübschen kleinen Fakt in die Hand gegeben, mit dem Sie künftig andere Leute ärgern können!

Okay, Sie möchten noch mehr davon. Wie wäre es, wenn ich Ihnen erzählte, dass die gestickten Szenen auf den Tuchstreifen von Bayeux Fake History sind? Ja, ich weiß … setzen Sie sich doch erst mal und holen Sie tief Luft.

Aber es stimmt trotzdem: Die ganze Geschichte mit dem Pfeil, der ins Auge geht, ist falsch. Womit sollen wir da anfangen? Mit dem Anfang natürlich.

Diese Darstellung der Schlacht von Hastings im Jahre 1066 wurde ein paar Jahre später geschaffen und erzählt die Geschichte der Schlacht aus der Sicht der Normannen. Sie ist also ein gutes Beispiel für die These, dass Geschichte von den Siegern geschrieben wird. Niemand weiß wirklich, wer diesen Bilderfries schuf, aber wer es auch gewesen sein mag, er war bei der Schlacht wahrscheinlich nicht zugegen. Deshalb konnte er keine flüchtigen Skizzen zeichnen und erst recht nicht pfeilschnell sticken, um das Geschehen an Ort und Stelle einzufangen. Vermutlich rekonstruierte er die Geschichte aus dem, was ihm erzählt wurde – womöglich von jemandem, der genauso wenig an der Schlacht beteiligt gewesen war.

Und hier kommt der nächste Schocker: Die »Tatsache«, dass Harald Godwinson, der letzte angelsächsische König, von einem Pfeil getötet wurde, der ihn ins Auge traf, ist unter Historikern umstritten. Kann sein, dass es gar nicht so war. Einige zeitgenössische Quellen berichten, dass er in Stücke gehackt wurde. Schon kurz nach der Schlacht gibt es Lieder und Schriften, nach denen Harald von einer Lanze durchbohrt wurde. Seinen Kopf habe man mit einem Schwert abgetrennt, die Eingeweide mit einem Speer herausgeholt, und schließlich habe man ihm ein Bein abgeschnitten und mitgenommen – das sollte doch genügen. Nur sehr selten wird behauptet, er sei daran gestorben, dass ihn ein Pfeil im Gesicht getroffen habe.

Es ist nicht einmal sicher, dass der Mann auf der Stickerei, den alle Harald nennen, wirklich Harald ist. Immerhin sind unter der Aufschrift *Harold Rex interfectus est* (»König Harald wird getötet«) mehrere Männer abgebildet. Ist es vielleicht der, der von einem Pferd überrannt wird, oder sogar der Mann auf dem Pferd mit einem Schwert in der Hand?

Viele Historiker sind der Meinung, dass der stürzende Mann mit der Axt Harald sei. Links sehen wir einen angelsächsischen Schildwall und einen Reiter, der offensichtlich Normanne ist und den Wall durchbricht. Dabei prallt er auf einen Mann und lässt offenbar auch sein Schwert auf ihn niedergehen. Dieser Mann stürzt genau unter den Worten »wird getötet« zu Boden, und die Szene passt zu anderen Geschichten über seinen Tod, denen zufolge die Normannen vorgestürmt sind und den König niedergemetzelt haben. Allerdings gibt es auf dem Bildfries andere Stellen, an denen die Namen der Figuren nicht genau über ihren Abbildern stehen.

Um alles noch schlimmer zu machen, haben Restauratoren (insbesondere aus *viktorianischer* Zeit – na gut, es waren Franzosen, aber die Zeit stimmt schon) bei ihrer Arbeit ein wenig zu viel Eifer und Kreativität an den Tag gelegt. Im 18. Jahrhundert fertigte ein gewisser Antoine Benoît eine detaillierte Skizze von der Stickerei an, und stellen Sie sich vor – der Mann, den wir für Harald hielten, hat in seiner rechten Hand so etwas wie einen Speer. Es ist kein Pfeil, und es steckt nicht in seinem Auge! Aber natürlich kann Benoît es auch falsch gesehen oder wiedergegeben haben.

Eines könnte die Sache noch komplizierter machen: Womöglich sind in dieser Szene *beide* Männer Harald. Dann würde sie wie in einem Comic zeigen, wie er zuerst von einem Pfeil getroffen und dann durch einen Schwerthieb getötet wird.

Man kann also festhalten, dass noch eifrig darüber diskutiert wird, was genau in dieser Szene geschieht und wie Harald wirklich ums Leben kam. Und ärgerlicherweise fehlt uns der letzte Teil des Kunstwerks. Ja, ursprünglich ging es rechts noch weiter! Vielleicht waren die Dinge ja gar nicht so, wie sie uns jetzt erscheinen, auch wenn man uns die Story von Harald mit dem Pfeil im Auge über lange Zeiten hinweg als Tatsache verkauft hat.

Nebenbei sei noch angemerkt: Dass der »Teppich« bis heute überdauert hat, grenzt an ein Wunder. Während der Französischen Revolution wurde er konfisziert und sollte als Plane für Fuhrwagen benutzt werden. Irgendjemand bewahrte ihn davor und versteckte ihn bei sich zu Hause. Und im Zweiten Weltkrieg verbrachten die Nazis viel Zeit damit, ihn unter die Lupe zu nehmen. Sie mochten ihn, weil er die Eroberung Englands zeigt, und außerdem wollten sie mit seiner Hilfe ihre blödsinnigen Ideen von der Überlegenheit der »nordischen Rasse« über alle anderen Weltbewohner beweisen. Als Heinrich Himmler merkte, dass es für seine Leute ungemütlich zu werden begann, befahl er, die Stickerei nach Paris zu verbringen, wo sie im Untergeschoss des Louvre eingelagert wurde. Als die Resistance bei der Befreiung von Paris buchstäblich im Louvre und um das Schloss herum kämpfte, wollten SS-Offiziere die Stickerei nach Berlin schaffen, aber als sie hörten, dass aus dem Museum Maschinengewehrfeuer drang, überlegten sie es sich noch einmal; für die Kunst wollten sie ihr Leben doch lieber nicht aufs Spiel setzen.

48
Nelsons letzte Worte waren: »Küss mich, Hardy!«

Was man Ihnen vielleicht erzählt hat

Als Vizeadmiral Horatio Nelson im Sterben lag, nachdem ihn in der Schlacht von Trafalgar die Kugel eines französischen Scharfschützen getroffen hatte, standen seine Waffenbrüder und sein guter Freund Thomas Hardy um ihn herum. Nelsons letzte Worte lauteten: »Küss mich, Hardy!«

Die Widerlegung

Es gibt mehrere Berichte über Nelsons Tod, und sie gehen in der Frage, was seine letzten Worte gewesen seien, auseinander. Die Version, wonach er Hardy gebeten habe, ihn zu küssen, ist am populärsten geworden. Das ist seltsam, denn die anderen potenziellen letzten Worte sind viel heroischer und eindrucksvoller. Aber vielleicht liegt es daran, dass »Küss mich, Hardy!« ein bisschen unerwartet und möglicherweise sogar komisch ist, besonders für kichernde Schulkinder in einer langweiligen Geschichtsstunde. Oder vielleicht ist es eine sehr menschliche Art zu sterben und deshalb für uns vertrauter und liebenswerter als die patriotischen Abschiedsworte, die sich in anderen Quellen finden.

Es dauerte Stunden, bis Nelson an seinen schrecklichen Wunden starb, und er wusste oder ahnte zumindest, dass er dem Tod nahe war. Die meiste Zeit über waren mehrere Männer um ihn, die später ihre Augenzeugenberichte von diesem Moment veröffentlichten. Daher wissen wir, dass Nelson tatsächlich darum bat, Hardy möge ihn küssen, und dass Hardy diesem Wunsch nachkam – er gab ihm einen Kuss auf die Wange und einen auf die Stirn. Und doch waren es nicht Nelsons letzte Worte, nicht einmal die letzten, die er an seinen alten Freund richtete. Seine Abschiedsworte an ihn waren: »Gott sei mit dir, Hardy.«

Immerhin drei Zeugen, der Schiffsarzt William Beatty, der Militärgeistliche Alexander Scott und der Proviantmeister Walter Burke, erwähnen diese emotionale Szene; daher gibt es keine ernsthaften Zweifel daran, dass sie sich so abgespielt hat. Aber es ist nicht ganz klar, wie Nelsons wirklich letzte Worte lauteten.

Es sieht so aus, als hätte Nelson darüber nachgedacht, mit welchen Worten er sich von der Welt verabschieden wollte, und ich glaube, dass er mit aller Kraft versuchte, »Gott sei Dank habe ich meine Pflicht getan« in diesen Rang zu heben, denn laut Dr. Beatty wiederholte er das mehrmals. Aber der Arzt war nicht da, als Nelson die Fähigkeit zu sprechen verlor.

Dem Geistlichen zufolge sagte Nelson ganz zum Schluss »Gott und mein Vaterland«, was ja auch beeindruckende letzte Worte wären. Aber während dieser Zeit verlangte er auch immer wieder, dass man ihm etwas zu trinken brachte, dass man ihm kühle Luft zufächelte und dass man ihm die Brust rieb, weil das die Schmerzen ein wenig linderte. Seine letzten Worte könnten also auch gewesen sein *Drink drink, fan fan, rub rub* (»Trinken, trinken; fächeln, fächeln; reiben, reiben«). Die Augenzeugen schildern, dass Nelson diese Worte hervorgestoßen habe, aber natürlich sind sie als letzte Worte eines sterbenden Helden nicht ganz so eindrucksvoll. Die anwesenden Männer achteten Nelson zutiefst und begriffen vermutlich, was er selbst als seine letzten Worte vorgesehen hatte.

Allerdings passierte das alles, während um diese Männer herum noch eine Seeschlacht tobte. Sie standen in einer dunklen, lauten Ecke des Schiffsdecks zusammengedrängt, ständig rannten andere vorbei, und Kanonen und Gewehre wurden abgefeuert. Daher ist es nicht verwunderlich, dass die Berichte in manchen Punkten voneinander abweichen.

In einem Punkt sind sie sich allerdings einig: »Küss mich, Hardy!« waren nicht Nelsons letzte Worte.

49
Beim Hochwasser von 1910 trieben Hunderte Bücher durch die Straßen von Paris

Was man Ihnen vielleicht erzählt hat

Dieses Foto von einer überfluteten Straße voll dahintreibender Bücher hat unter Buchliebhabern schon lange für Entsetzen gesorgt. Im Jahre 1910 gab es in Paris eine große Überschwemmung, und in der Rue Jacob spülte sie die Bestände einer Buchhandlung aus dem Gebäude heraus auf die Straße. Zahllose kostbare Bücher, die sich mit Wasser vollsogen – ein herzzerreißender Anblick für jeden Bibliophilen!

Die Widerlegung

Atmen Sie tief durch, beruhigen Sie sich, zählen Sie bis zehn. Ich weiß, dass Bücher etwas Wunderbares sind, und allein die Vorstellung, dass so viele von ihnen allmählich von schmutzigem Wasser zerstört werden, kann einem sehr an die Nieren gehen. Aber hier brauchen wir uns keine Sorgen zu machen. Es sind nämlich keine Bücher.

In Paris gab es im Januar 1910 ein gewaltiges Hochwasser – so viel steht fest. Bei dieser Naturkatastrophe stand der Pegel der Seine acht Meter über Normalhöhe, und die Schäden beliefen sich, in heutiger Währung ausgedrückt, auf mehr als eine Milliarde Euro. Die Flut währte fast eine Woche, und in dieser Zeit verloren Tausende Pariser ihr Zuhause, es gab keinen Strom mehr, und der öffentliche Verkehr kam beinahe zum Erliegen. Die Fotos von diesen Geschehnissen sind ziemlich ernüchternd.

Was hier vorliegt, ist jedoch folgendes Phänomen: Jemand von heute schaut auf ein altes Foto, auf dem er etwas sieht, das er nicht begreift oder nicht erkennt, und dann nimmt er an, es wäre etwas, das es aber nicht ist. Die Gegenstände im Wasser mögen wie Bücher aussehen, aber in Wahrheit sind es Holzklötze, die damals zur Straßenpflasterung verwendet wurden.

Ich hoffe, Sie sind jetzt genauso erleichtert, wie ich es war.

Holzklötze sind jahrhundertelang als Straßenbelag genutzt worden, und im 19. Jahrhundert waren sie recht verbreitet. Sie waren relativ billig und leicht zu verlegen; außerdem verursachten sie, wenn Pferde und Wagen über sie hinwegzogen, weniger Lärm als Steine. Im viktorianischen London waren sie eine Zeit lang sogar häufiger als Pflastersteine. Jawohl – immer wenn Sherlock Holmes und Dr. Watson in einer Hansom-Kutsche durch die nebligen Straßen von London rauschen, wäre es historisch akkurater, wenn man dabei die Geräusche hören würde, die Hufeisen und Wagenräder auf Holz machen, obwohl wir sie in vielen Fernsehserien und Filmen über Steine trappeln und rumpeln hören.

Der Nachteil dieser Holzblöcke lag darin, dass sie schnell zu verrotten und zu zerfallen begannen, wenn man sie nicht mit Karbolineum behandelt hatte. Sie waren auch schwer sauber zu halten und nahmen scheußliche Flüssigkeiten aller Art auf, wodurch sie ziemlich übel rochen. Und wenn eine Straße überschwemmt wurde, konnte es durchaus passieren, dass sie fortschwammen …

Als Pferde und Wagen nach und nach von Autos mit Gummireifen abgelöst wurden, konnten die Vorteile von Holzblöcken nicht länger mit denen anderer Materialien mithalten. Aber an manchen Stellen in London kann man noch Reste von hölzernem Straßenbelag entdecken, so in der Belvedere Road hinter der alten County Hall und unweit von Waterloo Station.

50
Dass Karotten orange wurden, verdanken wir den Holländern, die damit ihr Königshaus ehren wollten

Was man Ihnen vielleicht erzählt hat

Dass Möhren orange sind, liegt einzig und allein an den Holländern!

Bis zum 16. Jahrhundert gab es sie in verschiedenen Farben, aber dann begannen holländische Bauern die orange Form zu kultivieren, und zwar zu Ehren Wilhelms von Oranien, der den Aufstand gegen die Spanier angeführt, die Niederlande unabhängig gemacht und mehr oder weniger das holländische Königshaus begründet hatte. Diese orangefarbenen Karotten wurden so populär, dass sie weltweit alle andersfarbigen ersetzten.

Die Widerlegung

Das ist ein beliebter Schnipsel »unnützes Wissen«, der immer mal wieder auftaucht. Wer freut sich nicht, wenn er seine Gäste beim Abendessen mit einer »Wusstet ihr schon?«-Geschichte beeindrucken und dabei mit der Gabel eine Mohrrübe aufspießen kann? Bis heute glauben viele Menschen an diese Legende; auch im Internet wird sie regelmäßig verbreitet, und dann muss ich sie korrigieren … und dann wieder … und wieder!

Fangen wir mit dem Grundsätzlichen an. Ja, Möhren gab und gibt es in ganz verschiedenen Farben. Am weitesten verbreitet waren früher die weißen, gelben und purpurfarbenen. Später sind orange Karotten extrem populär geworden; sie haben die andersfarbigen weitgehend verdrängt, sodass heutzutage viele Leute nicht einmal mehr wissen, dass Karotten auch nicht-orange sein können. Es stimmt ebenfalls, dass Orange die Farbe des niederländischen Königshauses und damit auch die niederländische Nationalfarbe ist. Davon konnten Sie sich ja vielleicht schon überzeugen, wenn Sie ein Länderspiel mit der niederländischen Fußballmannschaft gesehen haben oder wenn Sie am Königstag, unserem Nationalfeiertag, zufällig gerade in den Niederlanden waren. Im Namen aller Niederländer bitte ich jeden um Entschuldigung, der bei dieser Gelegenheit schon einmal in dem verrückten orangen Chaos stecken geblieben ist – aber vielleicht war es für ihn ja auch ein ganz toller Tag, und dann freuen wir uns natürlich.

Wilhelm von Oranien hat den holländischen Aufstand gegen die Spanier im 16. Jahrhundert tatsächlich angeführt. Er war sehr beliebt und gilt noch immer als Nationalheld sowie in gewisser Hinsicht als Gründervater der Niederlande.

Aber orangefarbene Möhren wurden bereits im 14. Jahrhundert in Spanien angebaut, wobei man möglicherweise Möhren oder Möhrensaat verwendete, die Händler über die Seidenstraße aus arabischen Gefilden mitgebracht hatten. Wir wissen, dass dieses Gemüse mindestens schon seit dem 5. Jahrhundert in Orange existiert, denn damals zeichnete uns ein Künstler freundlicherweise eine reizende und sehr orange Karotte in den *Codex Anicia Juliana.* Dieser könnte die Kopie eines noch älteren Buches sein, das sich aber leider nicht erhalten hat. Auf jeden Fall waren es also nicht die Holländer, die die Möhren orange gemacht haben – aber sie machten orange Möhren richtig populär. Es war ein bisschen wie mit Coca-Cola und Santa Claus. Als Mohrrüben, deren Farbe ins Orange spielte, den Holländern in die Finger kamen, waren die ganz verrückt danach.

Das kleine Land war zu jener Zeit ein Zentrum der Landwirtschaft und des Handels, und seine Bewohner schafften es, die orangen Karotten zu vervollkommnen, sie heranzuziehen, weiterzuentwickeln, samenecht zu machen und in riesigen Mengen in der ganzen Welt zu vermarkten. Dadurch wurde das Gemüse in dieser Farbe sehr populär. Die orange Möhre wurde von einer Variante, die schon existierte, aber nicht allgemein verbreitet war, zu *der* coolen, angesagten Karotte, die man unbedingt haben musste. Das lag nicht nur an ihrer Farbe – sie war auch ein bisschen süßer und »fleischiger« als die Alternativen. Im Gegensatz zu den purpurfarbenen, die einer Suppe oder einem Schmorgericht eine leicht schmuddelige Färbung verleihen, färben orange Karotten die Speisen nicht ins Bräunliche, was vermutlich ebenfalls ein Grund dafür war, dass die Leute die neue, hippe Sorte bevorzugten. Auch ließ sie sich im westeuropäischen Klima leicht kultivieren.

Wir können es also den Holländern zuschreiben, dass sie die bereits existierenden orangen Möhren weiterentwickelt, genetisch stabilisiert und popularisiert haben. »Erfunden« haben sie sie jedoch nicht, und ursprünglich hatte die ganze Sache auch nichts mit dem Haus Oranien zu tun. Mit der Königsfamilie wurde die Karotte vermutlich erst viel später in Verbindung gebracht. In politisch instabilen Zeiten verbannte man die Farbe Orange bisweilen aus dem öffentlichen Raum (Möhren inbegriffen), was sie unter Royalisten natürlich umso populärer machte.

Um die weißen und purpurnen Karotten müssen wir aber nicht weinen; sie haben in letzter Zeit ein Comeback erlebt, und dass sie nicht orange sind, wird heute als Bonuspunkt betrachtet. So kann man sie nämlich als »historische Sorten« verkaufen, als etwas besonders Schickes und ironischerweise als »Neuheit«, obwohl sie doch uralt sind.

Immer wenn Sie in einem Computerspiel, einem Kinofilm oder einer Fernsehserie, die vor dem 17. Jahrhundert in Europa spielen, einen großen Haufen oranger Möhren erblicken, können Sie also weiterhin mit dem Finger darauf zeigen, laut auflachen und Ihre Familienmitglieder und Freunde nerven. (Oder Sie beschweren sich im Internet darüber.) In einer historisch korrekten Szene mit Karottenbezug sollte es weiße, purpurne und rötliche Sorten geben und hin und wieder vielleicht eine einzelne orangefarbene – aber ein ganzes Bund mit orangen Möhren ist einfach nur falsch.

51
Carl Benz hat das Auto erfunden

Was man Ihnen vielleicht erzählt hat

Im Jahre 1885 erfand Carl Benz das Automobil!

Die Widerlegung

Um entscheiden zu können, wem wir die Erfindung des Autos verdanken, müssen wir zunächst einmal festlegen, wann ein Auto »Auto« genannt werden kann. Bevor Carl Benz seinen Patent-Motorwagen baute, hat es schon viele »Beinahe-Autos« gegeben, einige davon bereits im 15. Jahrhundert.

So verkaufte im Jahre 1479 ein Mann namens Gilles de Dom an die Stadt Antwerpen einen Wagen, der sich mit rein mechanischen Mitteln fortbewegte. Aber das ist auch schon alles, was wir darüber wissen. Ehrlich gesagt wissen wir nicht einmal, ob es stimmt. Ich bin auf diese Behauptung in einer amerikanischen Zeitschrift von 1901 gestoßen. Es klingt aber faszinierend, nicht wahr?

Etwas mehr wissen wir über ein anderes »Auto« aus derselben Epoche, das von Leonardo da Vinci persönlich entworfen wurde. Er dachte sich ein lustiges kleines Aufziehfahrzeug aus, das durch ein Federsystem angetrieben wurde. Es funktionierte wirklich, war aber wahrscheinlich nicht für den Transport von Menschen gedacht.

Lassen Sie uns also lieber davon ausgehen, dass wir, wenn wir von Autos sprechen, ein motorisiertes Fahrzeug meinen, also einen motorbetriebenen Wagen, der von Menschen tatsächlich zum Fahren benutzt wird, und keine Testmodelle im Miniaturformat oder irgendwelche alten Vehikel, die ohne Pferdekraft von einem Federmechanismus angetrieben werden. (Sorry, Leonardo.) Diese Definition schließt auch dampfbetriebene Fahrzeuge aus – wie jenes, das Ferdinand Verbiest im Jahre 1672 entworfen hat, aber auch den von Nicolas-Joseph Cugnot 1769 für militärische Zwecke erfundenen Dampfwagen, den Elektrokarren, den der Schotte Robert Anderson in den 1830er Jahren baute, sowie das Fahrzeug, das der holländische Professor Sibrandus Stratingh etwa zur gleichen Zeit schuf. Ich denke, Sie könnten gute Gründe dafür finden, das eine oder andere dieser Fahrzeuge als das ursprüngliche Auto anzusehen, denn warum sollte ein Elektrofahrzeug nicht zählen? Doch selbst wenn alle diese Erfindungen sehr beeindruckend waren und in gewisser Weise als Automobile betrachtet werden können, sind sie ausgehend von unserer heutigen Definition wahrscheinlich besser als Vorläufer des Autos zu bezeichnen. Wir haben es nämlich nicht mit motorisierten Fahrzeugen zu tun, die mit Treibstoff angetrieben wurden und Menschen transportieren sollten.

Man experimentierte damals allerorten mit Fahrzeugtypen unterschiedlichster Art. Im frühen 19. Jahrhundert liefen bereits Fahrzeuge mit Wasserstoff oder Kohlegas.

Wenn die Leute Carl Benz die Erfindung des Autos zuschreiben, haben sie gewöhnlich einen benzinbetriebenen Wagen mit Verbrennungsmotor im Sinn. Und tatsächlich brachte dieser Fahrzeugtyp den Durchbruch: Es entstand ein Wagen, der in Massenproduktion hergestellt werden und von sehr vielen Menschen benutzt werden konnte. Das leitete das Zeitalter des Automobils ein; damit wäre die Frage eigentlich gelöst. Aber selbst wenn wir uns auf diesen Fahrzeugtyp beschränkten, wäre Benz noch immer nicht der Erste.

In Frankreich baute Édouard Delamare-Deboutteville ein vierrädriges Fahrzeug (das von Benz hatte nur drei), welches von einem Verbrennungsmotor angetrieben wurde. Es wurde 1884 getestet und im selben Jahr patentiert, ging also dem Wagen von Benz zeitlich voraus. Einige der Wagen des Franzosen hatten jedoch die hässliche Eigenschaft, zu explodieren, und der praktische Nutzen der Erfindung konnte nicht bewiesen werden, sodass dem Fahrzeug der Erfolg versagt blieb.

Benz konstruierte sein Fahrzeug 1885 und erhielt 1886 das Patent dafür. Es handelte sich um eine eindrucksvolle Erfindung, ein echtes Automobil. Es wurde das erste im Handel erhältliche Auto und erlangte dank Benz' Frau Bertha bald große Berühmtheit. Wir können Benz wirklich das Verdienst zugestehen, das Auto von einem obskuren Testobjekt zu dem Transportmittel gemacht zu haben, das unsere Welt für immer verändern sollte.

Allerdings gibt es einen Mann, dessen Name stets vergessen wird, wenn dieses Thema zur Sprache kommt. Es ist der österreichische Erfinder Siegfried Marcus. Seine Beiträge zur Entwicklung des Automobils wurden buchstäblich vertuscht.

Marcus baute sein erstes Fahrzeug vermutlich in den späten 1860ern, also mindestens fünfzehn Jahre vor Benz. Es handelte sich um ein Fahrzeug mit einem Verbrennungsmotor, einem Vergaser und vier Rädern. (Es gehört zwar nicht hierher, aber er erfand auch den magnetelektrischen Zündapparat mit T-Griff – offiziell »Wiener Zünder« genannt –, der zum Sprengen mit Dynamit verwendet und von der Zeichentrickfigur Wile E. Coyote häufig benutzt wurde.) Marcus war nicht bloß irgendein Amateur, der in seinem Schuppen herumbastelte; er war ein sehr bekannter Mann und wurde zu Lebzeiten weithin als Erfinder des Automobils betrachtet.

Doch Marcus war jüdischer Abstammung.

Er starb lange, bevor die Nazis an die Macht kamen, aber seine Leistungen waren ihnen immer noch ein Dorn im Auge. Deshalb versuchten sie, ihn buchstäblich aus der Geschichte zu tilgen. Sie entfernten sein Denkmal und vernichteten die Beweise für seine Erfindungen. Sie strichen sogar seinen Namen aus den Lexika und ersetzten ihn durch Benz und Daimler als Erfinder des modernen Automobils. Das macht es leider schwierig, seinen wirklichen Anteil an der Innovation zu bestimmen.

Waren seine Automobile experimentell und praxisfern? Das ist möglich und sogar wahrscheinlich, aber Autos waren es trotzdem, und sie funktionierten. Seine Fahrzeuge und auch der Mann, der sie erfunden hat, verdienen die Anerkennung, welche die Nazis ihnen verwehren wollten.

Es ist also weiterhin schwierig, sich darauf zu einigen, wen man für die Erfindung des ersten Autos würdigen soll. Für mich ist aber klar, dass es nicht Carl Benz ist. Es gibt einfach zu viele andere Anwärter und zu viele Fahrzeuge, die wir eindeutig als »Autos« bezeichnen können und die früher kamen. Den Namen Benz kann man sich leicht merken, meiner Meinung nach verdienen es aber auch Monsieur Delamare-Deboutteville und Herr Marcus, im selben Atemzug genannt zu werden.

52
Das ist ein Foto von Bertha Benz und ihren Söhnen bei der allerersten Autoreise 1888

Was man Ihnen vielleicht erzählt hat

1885 baute Carl Benz das allererste Automobil und erfand damit praktisch das Auto. Aber es war seine Frau Bertha, die drei Jahre später beschloss, das Fahrzeug für eine richtige Spritztour zu nutzen. Sie erfand damit die Autoreise und beging möglicherweise auch den ersten Autodiebstahl.

Die allererste Autofernfahrt wurde tatsächlich von einer Frau gemacht. Und erstaunlicherweise gibt es sogar ein Foto, das Bertha und ihre zwei Söhne in dem Auto bei diesem ersten Ausflug zeigt.

Die Widerlegung

Es ist so eine interessante Story: Der Erfinder des Autos hatte Zweifel an der Praktikabilität seiner Erfindung, und ihm fehlte das Selbstvertrauen, sie weiter voranzutreiben. Da beschloss seine Frau, die Sache selbst in die Hand zu nehmen, und steuerte das Automobil durch Felder und Städte, wobei sie die Einheimischen in Angst und Schrecken versetzte und die Kühe aufscheuchte. So demonstrierte sie der Welt, dass das Auto gekommen war, um zu bleiben. Wir können die Szene ganz deutlich vor unserem inneren Auge sehen. Und keine Angst, ich werde die Story nicht widerlegen; es ist wirklich passiert.

Carl mag zwar nicht der Erfinder des Autos sein (das habe ich im vorangegangenen Kapitel erläutert), aber Bertha borgte sich tatsächlich den Wagen aus, den ihr Mann gebaut hatte, und unternahm damit eine Spritztour. Technisch und rechtlich gesehen war es vermutlich auch ihr Auto, da sie mit dem Eigentümer verheiratet war und ihr eigenes Geld in dessen Erfindung gesteckt hatte. Außerdem bezweifle ich, dass es damals schon Gesetze zum Thema Autodiebstahl gab.

Bertha war überhaupt ziemlich außergewöhnlich. Sie hat nicht nur ihr Geld in die Arbeit ihres Mannes investiert und als Testfahrerin für seinen ersten Entwurf einer pferdelosen Kutsche fungiert – sie trug auch zum Design bei und schlug wichtige Verbesserungen vor. Sie war an der Erfindung des »ersten« Autos genauso beteiligt wie er und verdient es meines Erachtens, ebenso gewürdigt zu werden.

Carl hatte zwar ein paar seiner Autos verkauft, war aber nicht besonders gut im Vermarkten der Erfindung. Er schien auch nicht recht an die Zukunft seines Gefährts zu glauben. Bertha wusste es besser, und eines Tages lieh sie sich das Auto aus, ohne ihren Mann zu fragen, und unternahm eine Fahrt von der Werkstatt in Mannheim in das 100 Kilometer entfernte Pforzheim, wo ihre Mutter lebte. In gewisser Weise erfand sie auch die Tankstelle, denn sie hielt bei einer Apotheke an, um Treibstoff zu kaufen. Es war keine bequeme Reise, aber ihr Plan ging auf. Die Fahrt sorgte für viel Publicity und gab der Entwicklung und Popularität des Automobils einen richtigen Schub.

Allerdings hatte sie nicht daran gedacht, eine Kamera mitzunehmen.

Als ich sah, dass im Internet ein Foto kursiert, das angeblich Bertha und ihre Söhne an diesem historischen Tag zeigt, wusste ich sofort, dass daran etwas verdächtig war. Und als ich es genauer betrachtete, entdeckte ich etwas, das offenbar nur wenige bisher bemerkt hatten: Berthas Söhne tragen moderne Schuhe mit dicken Gummisohlen. Aber irgendwie reichte das nicht, um jeden vollkommen davon zu überzeugen, dass das im Internet geteilte Foto nicht echt war. Ich nehme mal an, die Leute möchten wirklich glauben, es sei echt.

Wenn man mehr über ein Foto herausfinden möchte, sind Stockfoto-Webseiten fast immer ein guter Ausgangspunkt. In diesem Fall war das nicht so, denn auch sie schienen von der Echtheit des Fotos überzeugt zu sein. Sogar die offizielle Homepage von Mercedes sowie Bücher, Zeitungen und Zeitschriften haben das Foto verwendet, ohne zu wissen oder darauf hinzuweisen, dass es nicht die wirkliche Bertha im Jahre 1888 zeigt. Nachdem ich einige *Reverse-Image*-Suchmaschinen genutzt und zahllose Auto-Webseiten sowie längst verlassene Foren und Blogs durchsucht hatte, bin ich schließlich fündig geworden.

Ich stieß auf das Foto in Farbe statt in Schwarz-Weiß, was es noch offensichtlicher macht, dass es modernen Ursprungs ist. Weitere Detektivarbeit und das Stöbern im Mercedes-Benz-Archiv führten mich tatsächlich zum Originalfoto, das 1988 während der Feier zum hundertjährigen Jubiläum der ersten Autofernreise aufgenommen worden war.

Ein weiteres Indiz war, dass das Auto auf dem Foto nicht der von Bertha benutzte Patent-Motorwagen Modell 3, sondern ein anderes Modell war und dass das Foto nicht an der Fahrtstrecke gemacht wurde, sondern in der ziemlich hübschen Stadt Ladenburg unweit vom Automuseum Dr. Carl Benz.

Ein amüsantes Detail am Rande – als ich das Mercedes-Benz-Archiv in Deutschland wegen des Fotos kontaktierte, antwortete man mir: »Sie glauben ja gar nicht, wie viele Leute nach diesem Bild oder nach den Abbildungsrechten fragen, weil sie überzeugt sind, dass man darauf Bertha und ihre Söhne sehen kann.«

53
Im Mittelalter konnte niemand außer dem Klerus lesen

Was man Ihnen vielleicht erzählt hat

Im Mittelalter konnte niemand lesen und schreiben. Sogar Könige mussten Urkunden mit einem Kreuzchen unterzeichnen. Lediglich Mitglieder des Klerus waren gebildet, und daher stammen von ihnen auch sämtliche schriftlichen Zeugnisse aus dieser Epoche. Alle anderen waren zu sehr mit dem nackten Überleben beschäftigt, sodass sie weder das Bedürfnis noch einen praktischen Grund hatten, lesen und schreiben zu lernen.

Die Widerlegung

Es ist richtig, dass die meisten Schriftstücke, die bis heute überdauert haben, vom Klerus stammen. Sie haben da bestimmt ein Bild vor Augen: Mönche, die in Klöstern mit großer Sorgfalt die erstaunlichsten Bücher mit prächtigen Illustrationen hervorbrachten und dabei nur einige Zeilen pro Tag schrieben.

Technisch gesehen wurde man einst als schriftkundig betrachtet, wenn man lateinische Texte lesen und schreiben konnte. Das dürfte wohl die meisten heute lebenden Menschen (mich inbegriffen) zu Analphabeten machen. Allerdings verwende ich den Begriff so, wie er heutzutage benutzt wird, nämlich für die allgemeine Fähigkeit, lesen und schreiben zu können. Einfache Leute, die vielleicht nicht fähig waren, Latein zu lesen und zu schreiben, konnten mitunter in ihren regionalen Sprachen schreiben.

Es ist schwierig, eine Aussage zur Alphabetisierung im mittelalterlichen Europa zu treffen, da es sich schließlich um ein ziemlich großes Gebiet handelte, in dem sich die Kulturen und Bräuche von Region zu Region, mitunter sogar von einem Dorf zum nächsten, stark unterschieden. Das Mittelalter dauerte zudem mehrere Jahrhunderte, und viele Dinge änderten sich während dieser 1000 Jahre zwischen Antike und Neuzeit grundlegend. Unglücklicherweise ist meines Wissens auch niemand mit Stift und Klemmbrett von Tür zu Tür gegangen, um herauszufinden, wer im jeweiligen Haushalt lesen und/oder schreiben konnte. (Was würde ich dafür geben, auf Daten einer detaillierten Volkszählung zurückgreifen zu können, die alles bis zurück zur Steinzeit umfasst!) Daher müssen alle Behauptungen über das *ganze* Europa während des *gesamten* Mittelalters mit Vorsicht behandelt werden.

Außerdem muss man daran erinnern, dass die wenigen wertvollen Bücher, die überdauert haben, nicht repräsentativ für alles Schriftgut sind, das einmal existiert haben mag. Welcherlei Schriften werden wohl so umsichtig behandelt, dass sie Jahrhunderte überstehen? Mit kostspieligen Büchern wird man anders umgegangen sein als mit ein paar Hausaufgaben oder einem Einkaufszettel. Solche Bücher wurden zudem mit qualitativ hochwertiger Tinte auf teures Pergament geschrieben; sie waren durch feste Einbände geschützt und wurden sicher verschlossen aufbewahrt. Alltäglichere Dinge hielt man dagegen auf kleinen, mit Wachs überzogenen Holzbrettchen fest. Auf diese Schreibtafeln ritzten die Menschen im Mittelalter ihre Notizen mit einem Griffel. Sie benutzten daneben auch Holz, Knochen und sogar Baumrindenstücke, um darauf Mitteilungen festzuhalten. Diese überdauerten nur selten ein paar Monate, geschweige denn Jahrhunderte. Wenn man also bloß auf das blickt, was überlebt hat, erhält man eine verzerrte Vorstellung vom damals existierenden Schriftgut.

Man kann sich vorstellen, dass eine auf Baumrinde geschriebene Botschaft nicht lange erhalten bleibt, denn sie ist ohnehin schon zerbrechlich und beginnt bald zu verrotten. Dennoch wurden in den 1950er Jahren in Russland über 1000 Mitteilungen auf Baumrinde gefunden. Der besondere Boden in der Region von Nowgorod konservierte solche Nachrichten, die aus der Zeit vom 11. bis zum 15. Jahrhundert stammten. Interessanterweise wurden viele davon offenbar von einfachen Leuten verfasst, und sie bieten eine Menge Einblicke in das alltägliche Leben vor vielen Jahrhunderten. Es handelt sich nicht um religiöse Meisterwerke oder bedeutende politische Dokumente, sondern um Geschäftsabschlüsse, sehr private Mitteilungen, freche Geschichten und sogar Schulaufgaben sowie Zeichnungen von Kindern.

Besonders schön sind die Texte des siebenjährigen Onfim. Er übte zum Beispiel das Alphabet und bat Gott um Hilfe, aber er zeichnete auch Menschen mit Strichhänden, genau wie die Kinder es heute noch tun. Schließlich sind Hände schwierig zu zeichnen.

Mikita schrieb Anna: »Heirate mich, ich will dich, und du willst mich.« Boris bat Nastasya, ihm sein Hemd, das er vergessen hatte, zu schicken, und ein Sohn bat seinen Vater um Hosen und Stoff und versprach, dafür zu bezahlen, wenn er noch am Leben sei.

Das deutet darauf hin, dass es sich entweder um eine kleine Weltgegend gehandelt hat, in der die Schreibfähigkeit viel stärker ausgeprägt war als überall sonst, oder dass Schriftkundigkeit weiter verbreitet war, als wir glauben. Weil aber die Menschen nicht so nett waren, für uns ihre Schriften in diesem besonderen Boden zu verlieren, blieb von ihren Aufzeichnungen nur wenig erhalten. Die klimatischen Bedingungen spielen häufig eine wichtige Rolle: Kaltes Wetter, Moore und Torf erlauben es vielen Materialien, die andernorts verrotten würden, zu überdauern.

In Norwegen fand man die sogenannten Bryggen-Inschriften, Hunderte im Mittelalter in Holz und Knochen geritzte Texte. Viele behandeln religiöse Themen, aber einige sind … ähm … zu unschicklich, als dass ich sie hier zitieren könnte. Genau wie die Borkennachrichten aus Russland scheinen sie oft von einfachen Leuten zu stammen.

Zudem gibt es überall in Europa Graffiti, die in regionalen Sprachen verfasst wurden. Das beginnt bei den Wikingern, die unanständige Dinge in die Wände neolithischer Monumente geritzt haben, und geht bis zu der Person, die an der Wand der Marienkirche im englischen Steeple Bumpstead im 14. Jahrhundert, womöglich zur Zeit der Pestepidemie, »Gott hilf mir« hinterließ. All dies zeugt davon, dass die Menschen während des

Mittelalters an verschiedenen Stellen Europas schreiben konnten (wenn auch nicht auf Latein).

Hinzu kommt, dass Archäologen inzwischen fast schon in den Stiften ertrinken, mit denen die Menschen einst Nachrichten in Wachs ritzten – so regelmäßig tauchen sie auf.

Einige Bücher sind auch nicht auf Latein geschrieben worden. Die Peterborough-Chronik aus dem 12. Jahrhundert, die berühmten Canterbury-Erzählungen von Geoffrey Chaucer und die populäre Wyclif-Bibel aus dem 14. Jahrhundert wurden alle auf Mittelenglisch verfasst. Für wen sollten diese Bücher aber geschrieben worden sein, wenn nur der Klerus lesen konnte und der auch nur zu lateinischen Büchern griff?

Keines dieser Beispiele beweist, dass die Alphabetisierungsrate im mittelalterlichen Europa hoch gewesen wäre. Aber sie deuten darauf hin, dass sie möglicherweise höher war, als wir sehr lange angenommen haben. Behauptungen hinsichtlich der Alphabetisierung im mittelalterlichen Europa oder irgendwo sonst im Mittelalter sind gewöhnlich sehr grobe Schätzungen. Einige Historiker sind aber zu dem (meiner Ansicht nach vorsichtigen) Schluss gekommen, dass um 1200 vermutlich jeder mindestens eine Person kannte, die lesen und schreiben konnte.

Wir finden ständig neue Dinge heraus, Aufzeichnungen werden (wieder)entdeckt, neue Studien aufgelegt, und die Sichtweise ändert sich. Bis vor relativ kurzer Zeit war das Interesse am Leben des einfachen Volkes gering. Das hat sich aber in den letzten Jahrzehnten deutlich geändert. Wer weiß, was wir in den kommenden Jahren noch alles erfahren werden …

54
Das allererste Video- oder Computerspiel war *Pong*

Was man Ihnen vielleicht erzählt hat

Im Jahre 1972 kreierten schlaue Typen das erste Computerspiel der Welt. Dabei musste man einen senkrechten weißen Strich hoch und runter bewegen und versuchen, damit einen kleinen Würfel zu treffen und ihn in Richtung gegnerischer Spieler zurückzuschlagen. Mit ein wenig Fantasie konnte man das als ein Tennisspiel betrachten.

Die Widerlegung

Es mag so aussehen, als wären Computerspiele erst seit gestern ein Teil unseres Lebens. Wenn Sie dieses Thema nun aber in einem Buch über Fake History finden, fühlen Sie sich vielleicht wirklich alt. Tut mir leid, wenn Sie das ausgerechnet durch mich gemerkt haben! Aber wenn Sie sich noch an die frühesten Computerspiele erinnern und (wie ich) diesen ganzen nervigen jungen Leuten gern erzählen, dass Sie schon seit *Pong* ein Gamer sind und die Jugend keine Ahnung habe, was es heißt, ein Spiel von einem Audiokassettengerät hochzuladen – ja, dann sind Sie wirklich alt. Und wie die meisten alten Menschen glauben auch wir, dass alles begonnen hätte, als es in unserer Erinnerung begann. Und so hat sich *Pong* in unser kollektives Gedächtnis als das allererste Computerspiel eingebrannt. War es aber nicht.

Computer Space (das Spiel mit dem kleinen Raumschiff im Zentrum des Bildschirms, das man lenken konnte, um Asteroiden abzuschießen) wurde im Jahre 1971 geschaffen, ein Jahr früher als *Pong*. Beide waren die ersten allgemein im Handel erhältlichen Arcade-Computerspiele. Darauf geht die Legende wahrscheinlich zurück.

Ein Großteil der Vorgeschichte des Gaming ereignete sich allerdings abseits der öffentlichen Wahrnehmung. Von denen, die 1958 zum Tag der offenen Tür ins Brookhaven National Laboratory kamen, glaubten viele, nur ein Tennisspiel der etwas anderen Art gesehen zu haben. Dieses Spiel, das später *Tennis for Two* hieß, haben Superschlaue den Leuten entgegengehalten, die behaupteten, *Pong* sei das erste Computerspiel gewesen. Es wurde von dem Physiker William Higinbotham entwickelt und nutzte ein Oszilloskop, das mit dem *Donner Model 30*-Analogcomputer und einem Bildschirm verbunden war. Aber auch dies war nicht das erste Videospiel.

Wie immer hängt auch hier alles von unserer Definition eines Videospiels ab. Und was die Sache noch verzwickter macht: Diese Definition scheint sich in den letzten Jahrzehnten verändert zu haben und ist noch immer im Wandel begriffen. Meine Definition eines Videospiels geht so: Es ist etwas, das mit einem Computer gespielt wird, wobei auf einem Videobildschirm zu Unterhaltungszwecken Bilder bewegt werden.

Computerspiele gab es natürlich bereits zu einer Zeit, als Computer noch gar keine Bildschirme hatten.

Wir werden vielleicht niemals wissen, wer das erste Computerspiel erfand. Womöglich war es jemand, der irgendwo in einem Labor arbeitete und sich dort mit wirklich großen, eindrucksvollen Computern herumschlug. Um die Zeit zu überbrücken, die für Rechenoperationen nötig war, mag er gespielt haben. Es handelte sich vielleicht um ein ganz simples Spiel, das in dem Moment, in dem der Professor mit seiner Tasse Tee zurückkam, umgehend und für immer verschwand.

Vielleicht war es auch einer der Codeknacker in Bletchley Park[4], der mal für kurze Zeit das Ziel, den Krieg zu gewinnen, beiseiteschob und ein bisschen Spaß mit Alan Turings Codeknackermaschine »Bombe« haben

4 Bletchley Park, ein Landsitz in der englischen Grafschaft Buckinghamshire, beheimatete die zentrale militärische Dienststelle der Briten; dort wurde im Zweiten Weltkrieg erfolgreich der deutsche Nachrichtenverkehr dechiffriert. (Anm. d. Redaktion)

wollte, wenn Turing gerade mal nicht hinschaute. So stelle ich mir das zumindest gern vor.

Das ist natürlich etwas albern, aber nicht so weit hergeholt, wie es klingen mag. Alan Turing selbst hat nämlich 1948 zusammen mit David G. Champernowne ein Schachprogramm mit dem Namen *Turochamp* entwickelt! In gewisser Hinsicht kann man es als eines der ersten Computerspiele betrachten, wenngleich es Turing leider nicht gelang, das Spiel auf einem Computer zum Laufen zu bringen, da Computer zu dieser Zeit einfach noch nicht leistungsfähig genug waren.

Nicht alle frühen Computerspiele wurden allerdings hinter verschlossenen Türen gespielt. Auf der New Yorker Weltausstellung von 1939 (der zweiten Runde, die verwirrenderweise im Jahre 1940 stattfand) wurde eine riesige, eine Tonne schwere Maschine namens Nimatron ausgestellt. Ihre einzige Funktion war das Spiel *Nim*. Technisch gesehen handelte es sich um einen Computer, und man konnte ein Spiel mit ihm spielen. Daher könnte man sagen, dass es ein Computerspiel war. Allerdings besaß diese Maschine keinen richtigen Bildschirm, sondern nur mehrere Reihen von Glühbirnen. Dennoch sorgte das Gerät für große Aufmerksamkeit, und das Spiel wurde von vielen Tausend Besuchern gespielt. Es mag daher das erste »Computerspiel« gewesen sein, von dem die Öffentlichkeit gehört hat, und so verdient es hier eine Erwähnung. Außerdem liebe ich die Vorstellung, dass irgendwo eine Oma ihren Enkelkindern erzählen kann, sie sei bereits seit 1940 Gamerin.

Im Jahre 1949 erlebten die Kinobesucher in Großbritannien, wie Donald Watts Davies *Tic Tac Toe* auf einer Maschine spielte, die selbst denken konnte. Es wurde zwar ein Bildschirm verwendet, doch handelte es sich auch hier nur um ein aufgemotztes Set von Glühbirnen. In gewisser Weise war es trotzdem ein Computerspiel. Spätere Erfindungen von Mr. Davies werden als entscheidend für die Schaffung des Internets angesehen. Man kann die Filmaufnahmen auf YouTube unter dem Titel »Noughts And Crosses Machine (1949)« finden – wirklich großartig.

Ein weiterer früher Anwärter ist der Computer *Bertie das Gehirn*, der von Dr. Josef Kates im Jahre 1950 für die *Canadian National Exhibition* gebaut wurde. Es handelte sich wiederum um eine riesige Maschine (fast vier Meter hoch), die es den Besuchern gestattete, *Tic Tac Toe* auf einem Monitor zu spielen. Auch dieser Computer nutzte einen Bildschirm, der mit Glühbirnen arbeitete. Es handelte sich daher zwar quasi um ein Computerspiel, aber eigentlich nicht um ein Videospiel. Es hängt auch hier wieder davon ab, wie man ein Videospiel definiert.

1952 wurden mehrere Spiele entwickelt, die nicht nur Computer nutzten, sondern ihren Spielern auch das direkte Eingreifen erlaubten und anstelle von an- und ausgehenden Lichtern ein wirkliches elektronisches Display verwendeten. Diese Spiele entsprechen unserer Definition eines Videospiels. Daher war eines davon wahrscheinlich das allererste Videospiel, von dem wir Kenntnis haben.

Im Frühjahr 1952 gelang es Christopher Strachey, einem Kumpel von Alan Turing, ein Damespiel, an dem er 1951 zu arbeiten begonnen hatte, auf dem *Manchester Mark 1*-Computer an der Victoria University von Manchester zum Laufen zu bringen. Es ist unbekannt, an welchem Tag genau das Spiel zum ersten Mal funktionierte; es mag bereits bei einem Test Anfang 1951 gewesen sein, doch auf jeden Fall funktionierte es spätestens am 9. Juli 1952. Daher ist Strachey für mich der Erfinder des Videospiels und sein Damespiel das allererste (bekannte) Videospiel.

Etwa zur gleichen Zeit schuf der MIT-Student Oliver Aberth ein Spiel, bei dem man auf dem *Whirlwind I*-Computer einen Ball in ein Loch werfen muss. Das ereignete sich irgendwann zwischen Anfang 1952 und Februar 1953, wahrscheinlich aber eher später, da bei einer Vorführung Anfang 1953 nur der hüpfende Ball erwähnt wurde, nicht aber, dass es sich um ein Spiel handelte. Zudem gibt es nur vereinzelte Belege dafür.

Ende 1952 gelang es Alexander S. Douglas, ein *Tic Tac Toe*-Spiel (das später *OXO* genannt wurde) auf dem *EDSAC*-Computer der Universität Cambridge zum Laufen zu bringen. Im November entwickelte Stanley Gill auf demselben Computer ein Spiel, bei dem man Tore für Schafe öffnen musste. Ebenfalls Ende 1952 programmierte Arthur Samuel ein Damespiel für den *IBM 701*-Computer. Wenig später schob er ein Schachspiel hinterher.

Ob eines dieser Spiele für den Titel infrage kommt, hängt ein wenig davon ab, wie eng man die Definition eines Videospiels fasst. Sicher ist allerdings, dass weder *Pong* noch *Computer Space* oder *Tennis for Two* als erstes Videospiel bezeichnet werden können. Als diese Spiele auf der Bildfläche erschienen, hatten manche Menschen schon seit Jahrzehnten Videogames gespielt.

55
Die chinesische Große Mauer ist das einzige von Menschen geschaffene Objekt, das aus dem Weltall erkennbar ist

Was man Ihnen vielleicht erzählt hat

Obwohl sie schon vor vielen Jahrhunderten gebaut wurde, ist die einmalige und gigantische Große Mauer in China wirklich eindrucksvoll. Es ist das einzige vom Menschen geschaffene Bauwerk, das man vom Weltall aus sehen kann!

Die Widerlegung

Wir Menschen halten uns gern für etwas ganz Besonderes, was wir natürlich auch sind, aber wir möchten das so oft wie möglich bestätigt kriegen. Wir sind schon ein bedürftiger Haufen. Daher finden wir es vielleicht auch beruhigend zu glauben, dass unser Tun nicht nur Einfluss auf die Erde hat, sondern weit darüber hinaus. Und so gefällt uns der Gedanke, dass das, was wir auf unserem kleinen Planeten geschaffen haben, vom Weltall aus gesehen werden kann. Tatsächlich kann man vieles von dem, für das wir verantwortlich sind, vom Weltall aus erkennen – die chinesische Große Mauer allerdings nicht.

Die Große Mauer ist eine der eindrucksvollsten architektonischen Leistungen der Menschheit. Auf 21.196 Kilometer Länge verläuft sie durch Täler und über Hügel und Berge; sie zieht eine Linie durch die Natur, und es brauchte Jahrhunderte, um sie zu errichten. Aber wenn Sie aus dem Fenster eines Raumschiffs gucken, werden Sie sie nicht erblicken.

Interessanterweise gab es diese Behauptung bereits, bevor Raumfahrten überhaupt ein Thema waren. Schon 1754 dachte William Stukeley, ein anglikanischer Geistlicher, Historiker und Arzt aus Lincolnshire, dass die Mauer vom Mond aus zu sehen sein könnte. Wir wissen nicht, ob das der Ausgangspunkt für den Mythos war, aber es dauerte nicht mehr lange, bis sich diese Vorstellung festsetzte.

Nun hängt die Möglichkeit, etwas auf der Erde zu sehen, zunächst einmal davon ab, wo im All man sich befindet. Der Weltraum ist bekanntlich ganz schön groß. Wenn wir mit unserem Raumschiff die Erde verlassen, treten wir zuerst in den niedrigen Erdorbit (Low Earth Orbit, kurz LEO) ein. Hier hängen einige unserer Raumstationen und künstlichen Satelliten herum. Er beginnt bei einer Höhe von ungefähr 160 Kilometern und gehört technisch gesehen bereits zum Weltall. Allerdings scheint das nicht gerade weit weg zu sein, oder? Es ist nicht einmal die Hälfte der Strecke zwischen Amsterdam und London. Aber aus dem LEO kann man bei perfekten Wetterverhältnissen die chinesische Große Mauer sehen.

Moment, habe ich jetzt gerade meine eigene Widerlegung widerlegt?

In gewisser Weise ja. Man kann die chinesische Große Mauer vom Weltall aus sehen, nämlich vom niedrigen Erdorbit aus, das heißt, gleich außerhalb der Hintertür der Erde. Wenn man die Augen zusammenkneift, sieht man an einem guten Tag dort, wo die Große Mauer verläuft, mit etwas Glück eine Art Strich. So sagen es zumindest einige Astronauten. Wenn man ein Fernglas benutzt, kann man sie viel besser sehen, aber mit einem richtig guten Fernglas kann man sogar so kleine Dinge wie Flugzeuge und Schiffe erkennen!

Die Internationale Raumstation ISS umkreist die Erde jedoch in viel größerer Höhe, nämlich in etwa 420 Kilometern. Ich wünsche Ihnen viel Glück beim Betrachten der Mauer von dort oben!

Die Behauptung, die ich hier widerlege, besagt auch, dass die Große Mauer das einzige menschengemachte Objekt wäre, das man vom Weltraum aus sehen kann. Und das stimmt einfach nicht, insbesondere dann nicht, wenn man sich im niedrigen Erdorbit befindet. Wenn Sie beispielsweise aus dem Fenster auf der linken Seite unseres Raumschiffes schauen, meine Damen und Herren, dann werden Sie 180 Kilometer unter uns die Großen Pyramiden von Gizeh sehen. Und während unseres eindrucksvollen Fluges rund um den Globus werden Sie noch einige andere menschengemachte Dinge erblicken: Wüstenstraßen, die Gewächshäuser von Almería in Spanien, gewaltige Brücken, den Kühlteich von Tschernobyl. Und ja, auf der dunklen Seite der Erde können wir natürlich viele Beweise für menschliches Leben sehen – etwa die Millionen Lichter, die jede Nacht angeknipst werden.

Das beeindruckendste von Menschenhand geschaffene Objekt, das vom All aus zu sehen ist, sind aber vielleicht die Niederlande, denn Teile davon sind entstanden, als die Holländer das Meer in Land verwandelt haben.

56
Im Mittelalter dachten die Leute, die Erde sei eine Scheibe

Was man Ihnen vielleicht erzählt hat

Bis ins 16. Jahrhundert hinein glaubten die Menschen immer, die Erde sei flach – besonders diese dämlichen Leute aus dem Mittelalter, die keine Bildung hatten und sich nicht für Wissenschaft interessierten. Als in der Renaissance die ersten Menschen behaupteten, die Erde sei eine Kugel, verbrannte man sie auf dem Scheiterhaufen. Dann entdeckte der gute alte Kolumbus Amerika, statt mit seinen Schiffen vom Rand der Weltscheibe zu fallen. Ihm ist es zu verdanken, dass die Leute schließlich merkten, dass die Erde wirklich rund war.

Die Widerlegung

Es ist irgendwie tröstlich, wenn wir unsere Vorfahren für Idioten halten können. Und doch deuten keine Belege darauf hin, dass der Glaube an eine scheibenförmige Erde in der Zeit des Mittelalters besonders verbreitet gewesen wäre.

Natürlich bedeutet das nicht, dass *niemand* an eine scheibenförmige Erde geglaubt hätte. Ich konnte ein paar Fälle ausfindig machen, in denen Leute die Erde für flach hielten oder man ihnen das vorwarf oder sie dafür verspottete, aber umgekehrt lesen wir in vielen Quellen von Menschen, die wussten, dass die Erde eine Kugel ist. Wenn man das aussprach, wurde es auch nicht als umstrittene Äußerung betrachtet.

Schon im 6. Jahrhundert vor Christus glaubten die alten Griechen, die Erde habe Kugelform, und mittelalterliche Gelehrte stimmten dem zu und stützten diese Behauptung mindestens seit dem 7. Jahrhundert. Die alten Griechen hatten die Sache erforscht, und Aristoteles hatte die Kugelgestalt mit ziemlich genauen Berechnungen bewiesen. Er konnte sogar eine beeindruckend exakte Schätzung des Erdumfangs vorlegen. Und im ersten nachchristlichen Jahrhundert meinte der berühmte Historiker Plinius der Ältere, alle seien sich doch darin einig, dass die Erde eine Kugel sei.

Im 7. Jahrhundert kam es im westgotischen Königreich Hispania zu einer Renaissance – nein, es war nicht *die* Renaissance, aber eine von mehreren »kleinen Renaissancen« im mittelalterlichen Europa. In dieser Weltgegend florierten damals die Wissenschaften, und man spricht von der »Isidorischen Renaissance«. Isidor war Bischof von Sevilla; er beschrieb die Welt als radförmig und behauptete in seinem Werk *De Natura Rerum* sogar, dass die Sonne um die Erde kreise. Daran liege es nämlich, dass die eine Seite der Erde dunkel sei, wenn die andere im Licht liege.

Ja, das schrieb er im 7. Jahrhundert. Nach »finsteren Zeiten« klingt es nicht gerade, oder?

Ein anderes eindrucksvolles Beispiel dafür, wie sich die Leute damals die Erde vorstellten, ist eine Passage aus der *Summa Theologiae* des Thomas von Aquin aus dem 13. Jahrhundert:

> *Der Physiker beweist, dass die Erde rund ist, mit seinen Mitteln, der Astronom mit anderen: denn Letzterer beweist es mit den Mitteln der Mathematik, zum Beispiel durch die Ausprägung der Mond- und Sonnenfinsternisse und Ähnliches, während Ersterer es mit den Mitteln der Physik beweist, zum Beispiel durch die Bewegung schwerer Körper zum Zentrum hin.*

Und einige Jahre später, im frühen 14. Jahrhundert, schrieb auch Dante Alighieri in seinem Epos *Die Göttliche Komödie* von einer kugelförmigen Erde und schilderte sogar den Wechsel der Schwerkraft in dem Moment, wo er den Mittelpunkt der Erde passiert und schließlich in der Nähe von Jerusalem ankommt. Das hat er aber nicht herausgefunden, indem er tatsächlich einmal quer durch den Erdball spaziert ist, denn so etwas ist bekanntlich unmöglich.

Natürlich verrät uns all das nicht viel darüber, welche Meinung das gemeine Volk zu diesem Thema hatte. Es wurde gewöhnlich nicht gefragt und hatte nur selten Gelegenheit, uns seine Ansichten und Ideen zu hinterlassen. Aber solange wir keine Quellen besitzen, die uns über seine Vorstellungen aufklären, müssen wir bei dem bleiben, was wir haben.

Die antireligiöse Propaganda in viktorianischer Zeit und die romantische Bewegung sind an der Fehldeutung einiger Quellen schuld. Sie behaupteten fälschlicherweise, dass die Spannungen, die in viktorianischer Zeit zwischen Kirche und Wissenschaft bestanden, im Mittelalter noch schlimmer gewesen sein mussten. Ja – in Sachen Geschichtslegendenbildung müssen wir auch hier wieder diesen Viktorianern Vorwürfe machen. Vor 1830, als Washington Irving es in einem geschichtlichen Buch über Kolumbus erwähnte, konnte ich nicht viele Belege für Leute finden, die behaupteten, unsere Vorfahren hätten die Erde für eine Scheibe gehalten.

Im Mittelalter ging die Kirche davon aus, dass ihr die Wissenschaft nur dabei helfen werde, Gott und die von ihm geschaffene Welt besser zu verstehen. Deshalb förderte sie auch sehr oft wissenschaftliche Forschungen, Fortschritt und Bildung. Diese Haltung änderte sich erst ein bisschen, als Wissenschaftler Entdeckungen zu machen begannen, die mit den von der Kirche erwünschten »Wahrheiten« kollidierten.

Es gibt also keine Indizien dafür, dass bis zur Renaissance die meisten Menschen geglaubt hätten, die Erde wäre flach. Heutzutage hingegen …

57
Im Mittelalter leerte jeder seinen Nachttopf auf die Straße, oft gleich aus dem Fenster hinaus

Was man Ihnen vielleicht erzählt hat

Während des Mittelalters haben unsere schmuddeligen, schmierigen, ekligen Ahnen oft einfach das Fenster aufgemacht und Eimer voller Abfall auf die darunterliegende Straße geschüttet; sogar der Inhalt ihrer Nachttöpfe nahm diesen Weg. Häufig traf das Passanten, die mit diesem Dreck übergossen wurden. Aber denen war es egal, denn im Mittelalter waren sie sowieso immer dreckig. Wer ein bisschen bessere Manieren hatte, setzte wenigstens noch einen Warnruf ab, bevor er haufenweise widerliches Zeug aus dem Fenster kippte. So hieß es etwa in Schottland *Gardyloo* – Vorsicht vor dem »Wasser« …

Die Widerlegung

Natürlich will ich nicht behaupten, so etwas wäre *nie* passiert, aber die Vorstellung, es sei gang und gäbe gewesen, und die Leute hätten es toleriert, ist eine Legende.

Überbevölkerung war in den meisten Städten bis in die Renaissance und die Frühe Neuzeit hinein kein Problem. Die meisten Städte waren noch landwirtschaftlich geprägt, und die meisten Häuser unterschieden sich nicht sehr von Bauernhöfen. Die Bewohner hatten ihr eigenes Stück Land oder einen Garten mit genügend Platz für ein Plumpsklo und einen Misthaufen oder eine Jauchegrube; sie hielten Vieh und hatten Gemüsebeete und einen Kräutergarten. Was sie allerdings nur selten hatten, war ein Obergeschoss mit Fenstern, aus denen man etwas werfen konnte. Es gab für sie nicht wirklich einen Grund, den Nachttopfinhalt aus dem Fenster zu schütten, denn sie konnten ihn ja hinten im Garten ausgießen. Selbst wenn jemand unbedingt ein Dreckspatz sein wollte, hätte er ein Fenster im Erdgeschoss dazu genutzt – die Scheußlichkeiten wären also nicht von oben gekommen.

Außerdem müssen wir daran erinnern, dass es den Menschen zu keiner Zeit gefallen hat, eine Urindusche zu bekommen oder … ähm … etwas noch Schlimmeres. Unsere Vorfahren wären in diesem Fall sogar noch wütender geworden als wir – immerhin können wir unsere schmutzigen Sachen in die Waschmaschine stecken und uns unter die Dusche stellen, während wir es der Polizei überlassen, sich um die Person zu kümmern, die uns ihren Nachttopfinhalt über den Kopf geleert hat. Jemand aus dem

Mittelalter hätte seine Kleider per Hand waschen und – wenn überhaupt möglich – ein schnelles Bad nehmen müssen, indem er in einen Kanal oder einen Teich gehüpft wäre. Alles Aktionen, die damals eine Menge Zeit und Mühe gekostet hätten!

Es wäre wohlgemerkt auch nicht so leicht wie heute gewesen, die Gesetzeshüter dazu zu bringen, sich mit dem Übeltäter zu befassen. Da die meisten Menschen im Mittelalter ein Messer bei sich trugen, wären sie vielleicht versucht gewesen, sich den Schurken selbst vorzuknöpfen, was für alle Beteiligten nur noch mehr Ärger bedeutet hätte. Und wenn Sie Ihr Töpfchen genauso bequem auf dem Komposthaufen hinten im Garten ausschütten konnten, warum sollten Sie dann riskieren, eine Strafe zahlen zu müssen oder gar von einem Passanten, der gerade unter Ihrem Fenster vorbeiging, erstochen zu werden? Sie hätten den Nachttopfinhalt auch aufheben und später verkaufen können, denn er hatte seinen Wert! Kot und Urin ließen sich nämlich auf vielerlei Weise verwenden – nicht nur als Kompost, sondern auch als Zutat für gewerbliche Verfahren wie Gerben, Bleichen, Textilproduktion und so weiter. Dass man seine Abfälle verkaufen konnte, war ein Grund mehr, sie nicht einfach aus dem Fenster zu werfen.

Als die Städte im Spätmittelalter wuchsen und es eng in ihnen wurde, stiegen die Bodenpreise, weil immer mehr Leute in der Stadt leben wollten. Man begann also höhere Häuser zu bauen, deren Gärten und Hinterhöfe kleiner waren als früher und schließlich ganz verschwanden, wenn jemand beschloss, auf diesem Areal ein Haus zu errichten. Wo mehr Leute sind, ist natürlich auch mehr Abfall, und wenn es weniger Stellen gibt, an denen man seinen Abfall entsorgen kann, dann hat man ein Problem.

Sie können sich vorstellen, was passiert, wenn man plötzlich verpflichtet ist, seinen Abfall zu einem speziellen Abladeplatz zu bringen oder darauf zu warten, dass er eingesammelt wird. Dann gerät man echt in Versuchung, ihn irgendwo unerlaubt hinzuschütten. Städtische Urkunden belegen, dass sich manche Leute beschwerten und sehr ärgerlich wurden, wenn Nachbarn eine Schweinerei anrichteten oder Unannehmlichkeiten verursachten. Im London des 14. Jahrhunderts konnten Strafen gegen jeden verhängt werden, der in der Nähe einer Stelle wohnte, an der man Dreck fand. Wenn

Sie also Ihren Nachbarn dabei erwischten, wie er Abfälle auf die Straße schüttete, dann wussten Sie, dass auch Sie für sein Verhalten zur Kasse gebeten werden konnten! Wenn Sie andererseits einen Dreckfinken meldeten, konnten Sie in manchen Städten einen Teil von seiner Geldstrafe selbst einstreichen. Petzen lohnte sich also, und gleichzeitig half man, die Wohngegend sauber zu halten.

Wir kennen Berichte, nach denen ein Bursche dabei ertappt wurde, wie er einfach nur auf die Straße pinkelte. Die Anwohner wollten ihn grün und blau schlagen, weil er etwas so Dreckiges getan hatte. Ein anderer Mann hatte bloß ein Stück Fischhaut auf die Straße geworfen, und der Hausbesitzer, der dafür eine Strafe berappen musste, wurde so wütend, dass er den Verschmutzer attackierte. Wenn überhaupt, dann legen die historischen Aufzeichnungen nahe, dass die mittelalterlichen Europäer sich wirklich Mühe gaben, ihre Städte sauber zu halten. Die meisten Beispiele dafür, dass diese ziemlich dreckig waren, stammen aus viel späterer Zeit.

Im Laufe des 16. Jahrhunderts (technisch gesehen also kurz nach dem, was wir im Allgemeinen als »Mittelalter« bezeichnen) tauchen einige neue Gesetze auf, die den Umgang mit Abfällen betreffen. Im heutigen Belgien gab es beispielsweise ein sehr spezifisches Gesetz, welches besagte, dass Fenster, die über dem Hof oder dem Garten des Nachbarn lagen, vergittert sein mussten, sodass man aus ihnen keinen »Pisspott« leeren konnte. Dies zeigt, dass solche schmutzigen Gebräuche damals in dieser Region existierten – zumindest muss es so oft passiert sein, dass man dieses Gesetz für notwendig erachtete.

Obwohl es eindeutig oft genug geschah, um in einem kleinen Teil des mittelalterlichen Europa den Erlass spezieller Gesetze zur Folge zu haben, war es – zumindest in Antwerpen – offenbar auch nicht so schlimm, dass es die Straßen in riesige Abfallgruben verwandelt hätte. So bezeugen es zumindest andere Berichte. Und wenn es doch einmal passierte, fand es normalerweise in Seitenwegen und versteckten Nebenstraßen statt; die Leute kippten ihren Dreck nicht einfach auf Spaziergänger, die in den geschäftigen Hauptstraßen unter ihnen langgingen.

Gleichzeitig sollten wir auch nicht annehmen, dass Gesetze immer nur erlassen wurden, wenn etwas zu einem riesigen Problem geworden war. Manche Gesetze betreffen ganz kleine Misslichkeiten, oder sie waren nur für einen kleinen Teil der Gesellschaft gedacht. Einige Gesetze wiederum drehen sich um Dinge, die zu ihrer Entstehungszeit problematisch waren, und sind immer noch in Kraft, obwohl das Problem gar nicht mehr existiert.

Natürlich lief häufig etwas schief, und es kam zu etlichen Vorfällen, bei denen sich die Leute über üblen Gestank oder überall herumliegenden Abfall beschwerten. Aber die Vorstellung, dass dies ein Bestandteil des Alltagslebens aller Menschen im mittelalterlichen Europa gewesen wäre, ist eine Legende, die wir widerlegen können. Der Grund dafür, dass wir all diese zeitgenössischen Berichte überhaupt haben, ist doch, dass die Probleme zur Kenntnis genommen wurden; die Menschen beklagten sich, weil sie solche Vorfälle nicht akzeptieren wollten, und bestanden darauf, dass sich etwas änderte.

Im Mittelalter stellten die Leute eine Verbindung zwischen Geruch und Gesundheit her. Schlechte Luft galt als ungesund. Alle Menschen, die eine Nase haben, verabscheuen üble Gerüche, aber unsere Vorfahren hatten dafür den zusätzlichen Grund, gegen unhygienische Situationen anzukämpfen. Und trotzdem gilt bis heute: Immer wenn jemand über Hygiene im Mittelalter schreibt, stellt er sie als nicht existent dar. Filme und Fernsehserien suhlen sich lustvoll im Dreck.

Es gibt eine berühmte mittelalterliche Illustration, auf der man eine barbusige Frau sieht, die ihren Nachttopf aus dem Fenster heraus auf ein paar Musikanten ausgießt. Das sollte doch ein überzeugendes Beweisstück für die Existenz solcher Praktiken sein – oder?

In Wahrheit stammt der Holzschnitt aus Sebastian Brants Buch *Das Narrenschiff*, in dem es von vorn bis hinten um schlechtes Benehmen sowie lächerliche und seltsame Situationen geht. Die Frau leert ihr Nachtgeschirr über einen Haufen nerviger Vollpfosten, die nachts unter ihrem Fenster laute Musik machen. Das ist zwar fies und eklig, aber es soll gewiss keine Darstellung einer alltäglichen Begebenheit sein. Stellen Sie sich vor, künftige Generationen bezögen ihre Vorstellungen von unserer heutigen Lebensweise aus Filmmaterial mit Besoffenen, die sich Samstagnacht in irgendeiner britischen Innenstadt schlecht benehmen …

Es stimmt also nicht, dass Abfälle mir nichts, dir nichts aus dem Fenster geschüttet wurden. Meist trug man sie in den eigenen Hinterhof, gab sie einem Abfallsammler mit oder brachte sie zu einer kommunalen Abfallgrube oder einem eigens dafür bestimmten Fluss oder Abwasserkanal. Dort gab es fließendes Wasser, und es entstand nicht viel Gestank (außer wenn der Kanal verstopft war – das konnte scheußlich sein). Erst als die Städte überbevölkert waren, brach dieses relativ gut funktionierende System hin und wieder zusammen.

Wenn es um solche schrecklichen Situationen geht, wird immer wieder mit dem Finger auf das Mittelalter gezeigt, obwohl die Städte des Römischen Reiches die gleichen Probleme hatten. Und etliche mittelalterliche Städte waren deutlich sauberer als die Slums des viktorianischen London.

58
Königin Elisabeth I. badete einmal jährlich, »ob sie es nötig hatte oder nicht«

Was man Ihnen vielleicht erzählt hat

Im England der Tudorzeit waren alle Leute dreckig. Keiner hat sich je gewaschen, und Wasser machte ihnen sogar Angst. Königin Elisabeth I. war eine Ausnahme – sie badete einmal im Jahr, »ob sie es nötig hatte oder nicht«! Wenn selbst die reichsten und mächtigsten Leute so selten ein Bad nahmen, badete das gemeine Volk bestimmt noch weniger?!

Die Widerlegung

Viele Menschen sind von den Royals besessen oder zumindest fasziniert. Das geht schon so, seit sich jemand zum allerersten Mal eine Krone aufgesetzt hat. Seltsame und ungewöhnliche Verhaltensweisen in der Königsfamilie oder Gerüchte über sie finden eine Menge Aufmerksamkeit und werden dazu genutzt, alle Leute, die zur jeweiligen Zeit gelebt haben, über einen Kamm zu scheren.

Das ist besonders bei folgender Legende der Fall: Die englische Königin Elisabeth I. habe nur einmal pro Jahr gebadet, »ob sie es nötig hatte oder nicht«.

Sie haben diese Behauptung sicher schon einmal gehört, vor allem wenn Sie Brite sind (eine Variante lautet, sie habe nur einmal pro *Monat* gebadet, was ebenfalls nicht stimmt). Sie wird in Schulen gelehrt, in Museen erwähnt, und selbst seriöse Historiker schreiben sie in ihre Geschichtsbücher. Ich möchte die Behauptung in zwei Stufen auseinandernehmen: zuerst die Sache mit dem Baden, dann das Zitat.

Elisabeths Badegewohnheiten

Also, wie häufig badete Elisabeth I. denn nun, und woher kommt die Vorstellung, sie habe es derart selten getan?

Es ist ziemlich schwer herauszukriegen, wie oft die Tudors ein Bad nahmen – was verstehen wir heute unter »baden«, und was meinte man zur Tudorzeit, wenn man von einem »Bad« sprach? Meinte man damals das vollständige Eintauchen in eine große Wanne mit warmem Wasser, oder reichte es schon, wenn man kurz mal in einen See sprang? Und wenn man sich in einem kleinen Bottich mit warmem Wasser wusch? Oder mit Wasser aus einer Schüssel? Oder wenn einen die Diener und Mägde sauber schrubbten? Wir können nicht immer mit Sicherheit sagen, was gemeint war.

Wenn beispielsweise manche (nicht alle) Ärzte und Kirchenleute vor Bädern warnten, meinten sie nicht unbedingt die häusliche Badewanne, sondern eher die Badehäuser, in denen bisweilen unzüchtige Dinge passierten und gewisse Krankheiten florierten. Zum Glück konnte man sich auch noch auf andere Weise reinigen als durch den Besuch eines Badehauses.

Man muss einen weiteren wichtigen Punkt bedenken: Wenn in alten Quellen ein Bad erwähnt wird, meinten unsere Vorfahren damit manchmal ein medizinisches Bad – dann ging es nicht bloß darum, sich zu reinigen oder sich zum Vergnügen ein bisschen einzuweichen, sondern dies war eine ärztliche Verordnung. Während manche Ärzte vor warmen Bädern warnten, wurden sie von anderen empfohlen.

Eines sei gleich einmal klargestellt: Wenn man ein warmes Vollbad nehmen wollte, war das zu jener Zeit sehr arbeitsaufwendig – es war echt ein Luxus. Aber buchstäblich jede andere Art, sich zu waschen oder zu baden, erforderte geringe Mühe!

Wir wissen, dass die Tudors ihre Bäder liebten; immerhin hatten sie in vielen ihrer Paläste Badezimmer einrichten lassen – darunter so luxuriöse wie das in Whitehall, das über ein Dampfbad verfügte, über (ja, wirklich) fließendes warmes und kaltes Wasser, das in Röhren von einer Süßwasserquelle herangeleitet wurde, über ein »Schwitzbad« und ein Wasserspiel mit Austernschalen und Felsen, von denen das Wasser rann. Sie ließen sich auch spezielle Badebekleidung anfertigen, und das Wasser wurde mit Zimt, Kreuzkümmel, Minze, Süßholz und vielen anderen Kräutern und Blumen versetzt, die angenehm rochen und denen man auch gesundheitsfördernde Wirkungen zuschrieb. Es kann sogar sein, dass sie sich vor dem Baden mit Ölen einrieben, weil sie dachten, davon schlössen sich die Poren (manche Leute glaubten nämlich, warmes Wasser öffne die Poren, was als gefährlich galt, weil es angeblich Krankheiten über die Haut in den Körper eindringen ließ).

Wir wissen, dass die Royals stinkende Leute hassten und dass so etwas am Hof nicht toleriert wurde – aus zeitgenössischen Berichten und Palastregeln geht klar hervor, dass sie von diesem Thema ziemlich besessen waren. Außer dass man badete und sich wusch, verwendete man auch angenehme Düfte wie etwa Rosenöl. Manch einer entschied sich dafür, seltener zu baden, und achtete stattdessen darauf, dass seine Kleidung sauber war, vor allem die Unterwäsche. Das funktioniert tatsächlich besser als die umgekehrte Option (regelmäßig zu baden, aber dafür die Sachen nicht zu wechseln) – zumindest in puncto Gerüche. Die Historikerin Ruth Goodman hat es ausprobiert; lesen Sie dazu ihr Buch *How to Be a Tudor*. Sie mögen es kaum glauben, aber selbst wenn man sich monatelang nicht wäscht, muss man noch nicht stinken, vorausgesetzt, man hält seine Kleidung sauber. Leinen ist wirklich gut darin, die Haut zu reinigen und unerfreuliche Gerüche wie den von Schweiß zu absorbieren. Das ist auch die Erklärung dafür, weshalb es ziemlich gut funktionieren würde, wenn Sie sich nur mit einem Leinentuch sauber rubbelten, sogar ohne Wasser. Natürlich müsste man das Tuch vor der nächsten Benutzung auswaschen.

Die Königsfamilie beschäftigte Heerscharen von Wäscherinnen und Näherinnen, die ständig damit befasst waren, die vielen verwendeten Kleidungsstücke zu reinigen, zu waschen und zu reparieren. Obgleich wir bei der Vorstellung, Körperpflege ginge auch ohne viel Wasser, vielleicht die Stirn runzeln und solche Praktiken für unreinlich halten, haben die Leute damals zumindest nicht sehr gestunken – und wenn doch, hätte man schon ein kräftiger Stinker sein müssen, um den Rauchgeruch zu überbieten, der wegen der vielen offenen Feuerstellen überall in der Luft lag.

Doch selbst wenn es populär war, sich auf das Reinigen der Unterwäsche zu konzentrieren, haben die Tudors und auch die einfachen Leute jener Epoche durchaus gebadet. Es gab immer noch Badehäuser, und die Leute sprangen, um sich zu waschen, auch in Kanäle und Seen. Das wissen wir aus städtischen Aufzeichnungen, in denen die beim Baden Ertrunkenen aufgelistet sind.

Nun aber zurück zu Elisabeth.

Wir wissen, dass sie mehrere extrem luxuriöse Badezimmer besaß, die das Baden zu einem Vergnügen machten. Es wurden eine Menge Geld und Mühe investiert, um der Tudorfamilie leichten und regelmäßigen Zugang zu Badefreuden in aller Bequemlichkeit zu ermöglichen. Und das galt nicht nur für Elisabeths Paläste – sie hatte sogar ein »Hüftbad« (so eine Wanne, in der man nur sitzen, aber nicht liegen kann), das sie immer auf Reisen mitnahm. Ja, sie wollte auch auf halbem Wege zwischen ihren Palästen mal baden können.

Aber selbst wenn sie nur hin und wieder ein Vollbad genommen haben sollte, wusch sie sich doch auch, und noch häufiger wurde sie gewaschen. Wenn ihre Hofdamen sie mit nassen Lappen wuschen, war sie am Ende natürlich richtig sauber, aber ich habe meine Zweifel, ob heutzutage viele Leute so ein Abrubbeln als »baden« bezeichnen würden, selbst wenn es mehr gebracht haben könnte als eine schnelle Dusche. Dazu kommt noch, dass sich Elisabeth offenbar sehr um ihre persönliche Hygiene, ihr Aussehen und ihre Gesundheit gesorgt hat. Als sie sich im Jahre 1562 einmal unwohl fühlte, nahm sie zuerst mal ein Bad (das leider nichts half, denn wie sich herausstellte, hatte sie die Pocken).

Woher kommt also die Idee, sie habe niemals gebadet? Völlig unbegründet ist sie nicht. In Elisabeths letzter Lebensphase veränderte sich vieles. Ihr Gesundheitszustand begann sich zu verschlechtern, sie wurde depressiv und verlor immer mehr gute Freunde. Darunter waren auch einige Hofdamen, die seit ihrer Kindheit um sie herum gewesen waren und beim Waschen und Baden der Königin eine Funktion gehabt hatten. Elisabeth war inzwischen eine hinfällige, kränkliche Frau von siebzig Jahren, die ein sehr stressiges und forderndes Leben gehabt hatte, ein Leben voller Kummer, wenn sie etwa die Hinrichtung von Menschen anordnen musste, die sie eigentlich sehr mochte. Mit ihrer Gesundheit ging es bergab, und sie wurde von Trübsinn erfasst. Dass sie jahrelang eine Menge bleihaltigen Make-ups verwendet hatte, machte die Sache vielleicht noch schlimmer. Elisabeth war einsam und wurde von Geistervisionen heimgesucht – sie war nicht mehr so, wie man sie gekannt hatte. Sie weigerte sich, gewaschen und gebadet zu werden, und wollte sich auch nicht von Ärzten untersuchen lassen. Für jemanden in ihrem Zustand ist das natürlich nicht besonders überraschend.

Vielleicht entstand hier die Legende, dass sie selten gebadet habe – möglicherweise in Verbindung mit einer generellen Fehldeutung tudorzeitlicher Hygiene. Es ist unfair und lachhaft, nur aufgrund ihres Verhaltens kurz vor ihrem Tode zu behaupten, Elisabeth hätte sich nie gewaschen und sei dreckig herumgelaufen. Wie dem auch sei, wir können jedenfalls mit Sicherheit sagen, dass sie mehr als einmal pro Jahr gebadet hat und dass sie sich vermutlich täglich wusch oder von anderen gewaschen wurde.

Der Ursprung des Zitats

Wenn behauptet wird, Elisabeth habe nur einmal jährlich gebadet, wird oft hinzugefügt, sie habe es getan, »egal ob es nötig war oder nicht«. Das Zitat ist sehr populär. Es wird sogar in vielen Büchern erwähnt, denen fundierte Recherchen zugrunde liegen. Keines davon erwähnt aber irgendeine zeitgenössische Quelle für diese Worte. Wer hat es gesagt? Elisabeth selbst? Oder hat es jemand über Elisabeth gesagt? Falls ja, wer war dieser Jemand, und woher konnte er es wissen?

Damit wir überhaupt in Erwägung ziehen können, dass dieses Zitat von der Königin selbst oder von jemandem aus ihrem Bekanntenkreis stammt, müssten wir es bis zu Elisabeths Lebzeiten zurückverfolgen können oder bis zu einer Zeit kurz nach ihrem Tode oder jedenfalls so weit wie möglich an ihr Todesjahr 1603 heran. Aber bisher habe ich es nicht geschafft, auch nur in die Nähe dieser Ära zu kommen, wodurch das ganze Zitat höchst verdächtig wird. Ich kann *keine* Erwähnung dieser Worte im Zusammenhang mit Elisabeth finden, die weiter zurückreicht als bis in die 1920er Jahre.

Two Bells war das Magazin für Beschäftigte der Eisenbahngesellschaft von Los Angeles. In seiner Ausgabe vom Oktober 1927 stand geschrieben, Dame Beatrix Lyall habe bei einer Tagung in London folgenden Satz vorgelesen, der ihr zufolge aus einem elisabethanischen Klatschblatt stammte: »Die Königin ließ sich ein Bad bauen, wo sie einmal im Monat badete, ob es erforderlich war oder nicht.« In anderen Veröffentlichungen heißt es, die Szene habe sich auf der Mothers' Union Housing Conference abgespielt, möglicherweise schon einige Jahre früher – aber zu diesen Archiven habe ich keinen Zugang. Um die Dinge noch ein wenig verdächtiger zu machen, erwähnt das Druckwerk bei derselben Gelegenheit eine berüchtigte Zeitungsente.

Im Jahre 1917 veröffentlichte der Journalist H. L. Mencken in der *New York Evening Mail* einen Artikel, in dem er behauptete, die Badewanne sei erst 1828 erfunden worden, und das allererste Bad in den Vereinigten Staaten stamme von 1842. Obwohl das eindeutig Nonsens ist und fast sofort widerlegt wurde, war diese Story einfach nicht totzukriegen. Noch im Jahre 2008 erwähnte man sie ganz ohne Augenzwinkern im Fernsehen.

In den 1930er Jahren wurde das »Elisabeth-Zitat« in den USA in ein Buch von Elton Raymond Shaw aufgenommen. Es trägt den Titel *The Body Taboo: Its Origin, Effect, and Modern Denial* (»Das Körpertabu: Ursprünge, Wirkungen und heutige Verneinung«). Nun begann die Story ein Eigenleben zu führen. Der Wortlaut und die angebliche Quelle änderten sich oft ein wenig. Manche behaupteten, die Information stamme aus Hofdokumenten oder von einem Tagebuchschreiber, andere erwähnen Briefe eines Botschafters oder Ähnliches. Aber es ist verlorene Liebesmüh, nach diesen Quellen zu fahnden, und ich komme nur immer auf besagte Tagung aus den 1920er Jahren zurück. Solange man keine ältere Erwähnung findet, muss man wohl Dame Beatrix Lyall die Schuld an der Legende geben, Elisabeth I. habe sich selten gewaschen.

Interessanterweise scheint das Zitat schon früher existiert zu haben, ohne dass es auf Königin Elisabeth bezogen wurde. In der *Timber and Wood Working Machinery* vom 15. April 1893 wird ein Entertainer aus den

Vereinigten Staaten, der sogenannte »Yankee-Entertainer«, mit einem verdächtig ähnlichen Satz zitiert. Im Laufe seiner Darbietung machte er nämlich folgende Bemerkung: »Ich nehme einmal jährlich ein Bad, egal ob ich es nötig habe oder nicht.«

Und im Jahre 1905 finden wir in Sigmund Freuds Buch *Der Witz und seine Beziehung zum Unbewussten* die folgende Passage:

> *Zwei Juden sprechen über das Baden. »Ich nehme jedes Jahr ein Bad«, sagt der eine, »ob ich es nötig habe oder nicht.«*
> *Es ist klar, dass er sich durch solche prahlerische Versicherung seiner Reinlichkeit erst recht der Unreinlichkeit überführt.*

Offenbar war es seinerzeit ein allgemein bekannter Witz. Das macht es natürlich noch unwahrscheinlicher, dass es jemals einen echten Zusammenhang mit Elisabeth gegeben hat.

Auf Grundlage dessen, was ich gefunden habe, lautet mein vorläufiges Fazit: Elisabeth hat nicht bloß ein- oder zweimal jährlich gebadet – sie hat es sogar mehr als einmal pro Monat getan. Höchstwahrscheinlich badete sie jeden Monat mehrmals, und dazu wurde sie sehr regelmäßig, vermutlich sogar täglich, gewaschen und saubergerubbelt. Die letzten Wochen oder Monate ihres Lebens bildeten dabei eine Ausnahme. Und es gibt keinerlei Belege dafür, dass das berühmte Zitat eine Verbindung zu ihr hat. Das Zitat ist mit großer Wahrscheinlichkeit ein alter, einst gut bekannter Witz, der in den 1920er Jahren mit Elisabeths Namen verknüpft wurde, um auf einer Tagung in billiger Weise für einen Lacher zu sorgen. Seitdem sind diese Worte an Königin Elisabeth I. kleben geblieben.

Wenn Sie von einer früheren Erwähnung des Witzes wissen oder mir einen Link zu einem zeitgenössischen Dokument liefern können, aus dem hervorgeht, dass Elisabeth wirklich nur einmal/zweimal pro Jahr/Monat gebadet hat und dass sie einen Ausspruch tätigte, der unserem Zitat ähnelt, oder wenn Sie wissen, dass jemand, der ungefähr zur gleichen Zeit wie Elisabeth gelebt hat, irgendetwas ähnlich Lautendes über sie geäußert hat – dann geben Sie mir bitte Bescheid.

59
Der Ausdruck »upper crust« für die oberen Zehntausend kommt daher, dass die Reichen früher die Oberseite eines Brotes bekamen, während sich die Armen mit dem Boden zufriedengeben mussten

Was man Ihnen vielleicht erzählt hat

Im 16. Jahrhundert hing es vom sozialen Status ab, welchen Teil des Brotes man bekam. Da es auf dem Boden von Öfen gebacken wurde, war die Unterseite des Brotes oft mit Asche überzogen. Deshalb ging dieser Teil an die Armen, die das Brot nicht selten auch als Teller benutzten. Das Mittelstück ging an Menschen, die sozial höher standen, und die oberste Schicht des Brotes, die *upper crust* (»obere Kruste«), an Leute, die richtig Geld hatten. Bisweilen war sie auch Gästen vorbehalten oder der ranghöchsten Person am Abendbrottisch. Seitdem wird der Ausdruck *upper crust* für die oberen Gesellschaftsschichten verwendet.

Die Widerlegung

Wir lieben kleine Geschichten wie diese hier. Die Herkunft von Wörtern und Ausdrücken ist faszinierend, und wenn sie noch einen Sinn enthüllt und wir den Eindruck bekommen, wir hätten etwas gelernt, können wir beinahe spüren, wie wir ein bisschen schlauer werden. All dieses »unnütze Wissen« und dieses »Wussten Sie schon?« sind Goldstaub für die sozialen Medien. Wenn Sie ein hübsches Stückchen davon im Internet teilen, kriegen Sie so gut wie garantiert einen Haufen Klicks und Interaktionen. Doch Sie laufen auch Gefahr, dass sich so mancher einstellt, der Sie korrigieren will.

Aber das mit dem Brot wird doch in Dokumentarfilmen, von Lehrern und einem Heer von Burgführern erwähnt, da muss es doch wahr sein?!

Nein, ist es nicht. Aber es ist auch keine komplett verrückte Idee.

Vor vielen Jahren arbeitete ich im archäologischen Freilichtmuseum Archeon, in dem ich eine Bäckersfrau aus dem 14. Jahrhundert verkörperte. Ich musste mich wie eine Frau aus dem Mittelalter anziehen und verbrachte den ganzen Tag in einer perfekten Nachbildung eines mittelalterlichen Hauses, wo ich mit einem mittelalterlichen Ofen und mittelalterlichen Techniken Brot herstellte. Es war eine unglaubliche Erfahrung, denn egal wie viel man liest und studiert – es selbst auszuprobieren, ist noch mal etwas ganz anderes.

Mittelalterliche Brotbacköfen funktionierten so, dass man zuerst Holz *in* einem Ofen aus Ziegelsteinen oder Lehm verbrannte, nicht aber *unter* dem Ofen. War die Ofenröhre richtig heiß, kratzte man die Reste des Feuers heraus, reinigte den Boden der Röhre und legte dann den zum Laib geformten Teig auf diesen Boden. Man schloss die Tür und wartete; die Hitze von den Ziegelsteinen und der Luft in der Röhre buk indessen das Brot. Dadurch hatten diese Laibe tatsächlich ein wenig Asche und winzige Stückchen von verkohltem Holz an ihrer Unterseite. Aber sofern man nicht gerade einen echt schlampigen Bäcker erwischt hatte, war das kein Problem; man schmeckte davon nichts. Ich habe eine Menge Brot gegessen, das auf diese Weise gebacken worden war, und es hat mich nie gestört. In Wahrheit war es das beste Brot, das ich je zwischen die Zähne bekam.

Es stimmt auch, dass die Leute Brot als Teller benutzten, aber dazu nahmen sie meistens Brot, das schon einige Tage alt oder speziell zu diesem Zweck gebacken worden war. Immerhin musste es stabil sein und durfte nicht auseinanderfallen, sobald ein bisschen Fett oder Suppe in seine

Poren einsickerte. Dieses Brot, das voller Nahrungsmittelsäfte war, konnte hinterher den Armen oder auch dem Vieh gegeben werden. Je nachdem, was von diesem »Teller« gegessen wurde, konnte es aber auch ziemlich schmackhaft sein, und so schätze ich mal, dass die Teller bisweilen von den Damen und Herren selbst verzehrt wurden – vielleicht in einem Moment, als niemand hinguckte.

Es kann sein, dass es zum guten Ton gehörte, einem vornehmen Gast die Oberseite des Brotes zu geben, aber für diese Praxis gibt es nur wenige Quellen, die alle ungefähr das Gleiche besagen. So heißt es in John Russells *The boke of nurture, folowyng Englondis gise* (1460, »Das Buch der Ernährung nach englischer Art«):

> *Schneide zuerst die Viertel des Brotlaibs von allen Seiten schön rund und trenne die obere Kruste für deinen Herrn ab und mache eine Verbeugung zu ihm hin; und lass den anderen Teil an der Unterseite verbleiben, und wenn sein Stück fast aufgebraucht ist, dann setze ihm von der Krume ein Viertel des Brotlaibs vor.*

Das sind Instruktionen, die ein Zeremonienmeister für einen Diener aufgeschrieben hat, also recht spezielle Vorschriften dafür, wie man einer vornehmen Person Brot serviert. Der Diener soll die obere oder äußere Kruste für den Gast oder für seinen Herrn abschneiden. Das ergibt auch Sinn, denn es ist doch angenehm, wenn man sein Brot nicht selber schneiden muss. Die obere Kruste wurde vielleicht wirklich als bestes Stück des Brotes betrachtet und der Unterboden als der am wenigsten ansprechende Teil, aber die verfügbaren Quellen erwähnen nicht, dass dem Gast einzig der oberste Teil gereicht wurde oder dass man den Rest den Armen gab – es ist nur die Rede davon, dass das Brot aufgeschnitten wurde.

In der Form, wie wir die Geschichte kennen, taucht sie erst im 19. Jahrhundert auf. »Verdammt noch mal!«, werden Sie jetzt sicher rufen. »Schon wieder waren es diese Viktorianer, die eine historische Fabel erfunden haben, von der wir jetzt nicht mehr loskommen!« Zum vermutlich ersten Mal fand der Ausdruck in einem 1823 erschienenen Buch von John Badcock Verwendung. Es trägt den herrlichen Titel *Slang, a Dictionary of the Turf, the*

Ring, the Chase, the Pit, of Bon-Ton, and the Varieties of Life (»Slang – ein Wörterbuch der Pferderennbahn, des Boxrings, der Jagd, des Hahnenkampfplatzes, des guten Tons und der Vielgestaltigkeit des Lebens«). In diesem Werk heißt es: »*Upper-crust*: Jemand, der über andere herrscht, ist Mr. Upper-crust.« Wir können also nicht mit Gewissheit sagen, dass es keine direkte Verbindung gibt, aber es wäre schon sehr seltsam, wenn der Ausdruck es geschafft hätte, mehrere Jahrhunderte lang unter dem Radar zu laufen und nirgendwo aufgeschrieben zu werden.

Wahrscheinlicher ist es, dass zu einer Zeit, in der das Mittelalter sehr populär war, jemand ein bisschen herumgelesen hat und dann die Passage vom Brotaufschneiden mit der Story von den Brotunterseiten als Teller und darauffolgender Armenspeise verknüpfte und am Ende damit aufwartete, dass der ganze Brotlaib in Schichten geschnitten und je nach sozialer Zugehörigkeit der Esser aufgeteilt worden sei.

1 + 1 = 3.

60
Ein langer Bart kostete seinen Träger das Leben

Was man Ihnen vielleicht erzählt hat

Ein sehr spezielles Foto, das regelmäßig in den sozialen Medien auftaucht, zeigt uns einen Herrn mit extrem langem Bart. Es handelt sich um Hans Staininger, den Stadthauptmann der österreichischen Stadt Braunau am Inn. Er war sehr stolz auf seinen Bart, der ungefähr zwei Meter lang war. Aber der Bart war auch sein Verderben, denn als Staininger im Jahre 1567 einem Brand entfliehen wollte, stolperte er über sein Barthaar und brach sich den Hals.

Die Widerlegung

Wenn Sie nicht schon herausbekommen haben, dass diese Story nicht wahr sein kann, lesen Sie sie noch einmal.

Denken Sie mal nach. Ein Foto von einem Mann, der 1567 starb? Genau. Im 16. Jahrhundert war die Fotografie noch gar nicht erfunden, also kann das nicht stimmen. Offenbar ist das wieder mal ein Beispiel dafür, wie jemand eine coole Geschichte, die er irgendwo gelesen hatte, im Internet teilen wollte, aber kein passendes Bild dazu fand und einfach zu dem griff, was er auftreiben konnte. Oder jemand las eine Story über lange Bärte und vermutete, das Foto würde sich auf Herrn Staininger beziehen, obwohl das gar nicht der Fall war. Bisweilen braucht man nur ein einziges Mal im Internet etwas schlampig unter die Leute zu bringen, und eine neue Legende aus dem Reich der Fake History ist geboren.

Was ist also die wahre Geschichte?

Hans Staininger war eine reale Person. Er war im 16. Jahrhundert tatsächlich Stadthauptmann von Braunau, und ja, er hatte einen riesigen Bart, der etwa zwei Meter maß! Sein Bart war so lang, dass er ihn meistens aufrollte und in einem Beutel mit sich herumtrug. Zu seiner Zeit war er ziemlich berühmt dafür. Wie die Legende zu berichten weiß (was natürlich bedeutet, dass es keine Beweise dafür gibt), erspähte Staininger eines Tages einen Fürsten; er wollte hinrennen, um ihm seine Ehrerbietung zu erweisen, trat aber auf seinen Bart, schlug hin und starb.

Sollten Sie jemals nach Braunau am Inn kommen, schauen Sie sich dort mal um. Sie können in dem Städtchen wunderbare und eindrucksvolle Abbildungen von diesem Mann finden, und im Bezirksmuseum Herzogsburg können Sie sogar seinen Bart sehen – ja, echt! Nach Stainingers Tod wurde ihm der Bart abgeschnitten und von der Familie aufbewahrt. Jahrhunderte später schenkten die Nachkommen ihn der Stadt Braunau, die ihn ins Museum überführte.

Eines besitzt das Museum allerdings nicht. Sie haben es bestimmt schon erraten – ein Foto von Staininger. Die Fotografie war ja noch nicht erfunden.

Wer also ist der Mann mit dem prächtigen und sehr langen Bart? Sein Name ist Hans Nilson Langseth. Er wurde am 14. Juli 1846 in Norwegen geboren und hält den Weltrekord für den längsten Bart. Als er im Jahre 1927 starb (nicht infolge eines Strauchlers), wurde sein Bart abgeschnitten und vermessen. Er brachte es auf 5,33 m.

Wenn Sie bei YouTube nach einem Video mit dem Titel *The End of the Chase (1923)* suchen, können Sie Mr. Langseth sogar in Aktion erleben. Er protzt dort mit seinem Bart vor der Kamera (auch der Film war übrigens ein Medium, das es im 16. Jahrhundert noch nicht gab). Hans Nilson Langseths Bart endete ebenfalls im Museum: 1967 schenkte man ihn der Smithsonian Institution.

61
Königin Elisabeth II. verbeugte sich vor Kaiser Haile Selassie

Was man Ihnen vielleicht erzählt hat

Zwei alte Fotos zeigen, wie sich Königin Elisabeth II. und Prinz Philip vor Haile Selassie, dem Kaiser von Äthiopien, und Menen Asfaw, seiner Gemahlin und Kaiserin, tief verneigen. Britische Monarchen verbeugen sich normalerweise vor niemandem, aber weil Haile Selassie aus einem uralten afrikanischen Königsgeschlecht stammte und sogar Kaiser war, stand er über der Queen, und sie hatte keine andere Wahl.

Die Widerlegung

Dies ist eine alte Geschichte, die schon oft widerlegt wurde, und doch taucht sie immer wieder hier und da auf. Die Leute lieben es, sie in den sozialen Medien zu teilen. Für manche ist es ein wunderbarer Augenblick: Eine Vertreterin des britischen Empire muss einer Schwarzen Person Respekt erweisen. Es ist ein emotional aufgeladenes Foto, denn es hat eine politische Bedeutung und berührt zugleich den Nationalstolz.

Aber das Bild zeigt nicht, was manche auf ihm zu sehen glauben. Zunächst einmal: Die Queen und ihr Mann sind gar nicht mit drauf. Die Bilder wurden Ende Oktober oder Anfang November 1955 vom Fotografen Alfred Eisenstaedt in Äthiopien gemacht, vermutlich am 2. November anlässlich des 25. Jahrestages der Krönung Haile Selassies. Es war eine große Jubiläumsfeier mit vielen wichtigen Gästen, aber die britische Monarchin war nicht unter ihnen. Wäre sie dabei gewesen, hätten alle Medien davon berichtet. Die zahlreichen Reporter und Gäste hätten es allesamt erwähnt, es hätte in den Zeitungen gestanden, wäre im Kino in der Wochenschau gelaufen und so weiter. Man hätte viele Fotos geschossen und veröffentlicht; es war ja kein privates Ereignis, das im Geheimen stattgefunden hätte. Elisabeth und Philip waren schlicht und einfach nicht dabei – sie waren nicht einmal in diesem afrikanischen Land.

Wo die Queen weilte und was sie tat, war normalerweise kein Staatsgeheimnis, zumindest nicht im Nachhinein, und Auslandsreisen ließen sich gleich gar nicht verheimlichen. Solche Reisen waren mit einer Menge Papierkram verbunden, und Dutzende, wenn nicht Hunderte Menschen mussten sich um den Transport, die Dokumentation, die Sicherheit und so weiter kümmern. Die Vorstellung, Elisabeth und ihr Ehemann könnten es irgendwie geschafft haben, einen Kaiser in Afrika bei einer riesigen öffentlichen Jubiläumsfeier zu besuchen, ohne dass es jemand mitbekommen hätte, ist einfach albern.

Es ist zwar kein perfektes Alibi, aber die Queen war damals ziemlich beschäftigt. Während der Feierlichkeiten in Äthiopien tourte sie kreuz und quer durch England, wovon viele Zeitungen berichteten.

Aus der *New York Times* erfahren wir, dass Königin Elisabeth eine silberne Zigarrenkiste als Geschenk nach Äthiopien senden ließ – noch ein Indiz dafür, dass sie nicht persönlich anwesend war.

Elisabeth hat Äthiopien zwar tatsächlich einen Besuch abgestattet, aber das war erst ein Jahrzehnt später, im Jahre 1965. Diese Reise wurde von den Medien als erster offizieller Besuch der Monarchin in diesem Land bezeichnet. Die auf den Fotos abgebildete Kaiserin starb im Jahre 1962, also vor Elisabeths Besuch. Und Haile Selassie hatte Großbritannien 1954 besucht – ein Jahr vor seinem Thronjubiläum. Beide Ereignisse fanden ein großes Medienecho. Aber weder beim einen noch beim anderen Besuch verbeugte sich die Queen vor dem Kaiser. Und überhaupt war keiner der beiden Herrscher ranghöher – sie standen auf derselben Ebene. Das Paar, das sich auf dem Foto verneigt, konnte nicht identifiziert werden, gehörte vermutlich aber dem Diplomatischen Korps an.

62
Im Mittelalter waren die Europäer dreckig, und die Mauren mussten ihnen die Grundlagen der Hygiene und den Gebrauch von Seife erst beibringen

Was man Ihnen vielleicht erzählt hat

Als die Mauren von Afrika aus im Jahre 711 in Europa einfielen, fanden sie dort ein unkultiviertes Volk vor, das schmutzig war und niemals badete. Und nicht nur, dass die mittelalterlichen Europäer nie badeten – sie wussten auch nicht, was Seife ist.

Die Widerlegung

Über diese Behauptung werden Sie vielleicht die Stirn runzeln und sich fragen, ob es Leute gibt, die so etwas ernsthaft glauben – aber ja, ich fürchte, die gibt es. Wenn Sie sich in den sozialen Medien oder ganz allgemein im Internet umschauen, werden Sie schnell auf Menschen stoßen, die solche Behauptungen wiederholen. Wenn ein Experte vorsichtig nahelegt, dass wir vielleicht nicht ganz so häufig duschen sollten, oder irgendeine amerikanische Berühmtheit meint, sie benutze nie eine Gesichtslotion, oder eine alberne Person auf TikTok angibt, sie dusche äußerst selten, dann kommen immer wieder Leute mit den Mauren daher. Oft ist damit die Behauptung verbunden, weiße Menschen wären noch immer alle sehr schmutzig und würden sich nicht die Füße waschen, und daran hängt noch ein ganzer Rattenschwanz von anderen irrigen Vorstellungen.

Aber zumindest dann, wenn jemand Behauptungen über geschichtliche Begebenheiten aufstellt, können wir mit unseren Recherchen beginnen und relativ leicht beweisen, dass er unrecht hat.

Kehren wir also zur Ausgangsbehauptung zurück. Ihr liegt die Vorstellung zugrunde, dass die Europäer allesamt buchstäblich wie Höhlenmenschen gelebt hätten, ehe die Mauren kamen und sie zivilisierten. Die Idee, dass Eroberer die angestammte Bevölkerung »zivilisieren«, gehört natürlich eindeutig in die Mottenkiste. Die Wechselbeziehung zwischen verschiedenen Kulturen führt immer zu einem Austausch von Ideen und Wissen, aber die Behauptung, dass Völker unzivilisiert gewesen wären, bis ihnen andere Völker die grundlegendsten Dinge beigebracht hätten, ist echt überholt. Genau wie die Europäer die von ihnen kolonisierten Afrikaner nicht zivilisiert haben, haben es auch die Mauren mit den Europäern nicht getan; auf allen Kontinenten haben bereits lange vor diesen Geschehnissen Zivilisationen existiert.

Es ist verständlich, dass manche Menschen an die Wahrheit solcher Geschichten glauben möchten. Wenn Sie zu einer Minderheit gehören, die von den Europäern sehr lange als rückschrittlich, unzivilisiert und schmutzig angesehen wurde, dann ist es für Sie natürlich toll, den Spieß umdrehen zu können und zu erklären, dass Ihre Ahnen den Vorfahren der Europäer erst mal alles beibringen mussten, was sie heute über Hygiene wissen – und dass eigentlich die alten Europäer die Schmutzfinken waren.

Die Mauren aus Nordafrika (hauptsächlich aus der Region des heutigen Marokko) sind im 8. Jahrhundert tatsächlich in Teile Europas eingedrungen und haben dort die Macht übernommen. Es stimmt auch, dass sie neues Wissen und neue Waren eingeführt haben. Aber sie haben weder die Seife noch die Badehäuser nach Europa gebracht, und sie mussten auch niemandem beibringen, wie man badet. Baden und Waschen waren in großen Teilen Europas schon lange vor dieser Zeit eifrig praktizierte Gewohnheiten gewesen. Die Römer waren ziemlich versessen darauf, und als sie einen großen Teil der damals bekannten Welt eroberten, errichteten sie überall Bäder, die sogenannten Thermen. Bis heute sind sie einigermaßen berühmt dafür. Aber eigentlich setzten sie nur die Tradition der alten Griechen fort, die schon vor mehreren Tausend Jahren Badehäuser, Wannen und sogar Duschen hatten. Und selbst die »barbarischen« Stämme in Westeuropa fuhren aufs Baden und Waschen ab. Es waren die Kelten – speziell die Gallier –, die bei den Römern die Seife einführten. Die verliebten sich in das neue Erzeugnis und verbreiteten es bald im ganzen Römischen Reich.

Plinius, Julius Cäsar, Tacitus und der griechische Arzt Aretaios von Kappadokien schrieben allesamt darüber, dass europäische Stämme Seife verwendeten, badeten und sich ganz allgemein um ihre Körperhygiene sorgten. Sie erwähnten auch, dass manche Stämme in Germanien ihren Tag mit einem Bad im See oder Fluss begannen. Hier haben wir also Belege für das Baden und den Gebrauch von Seife in Europa vor 2000 Jahren. Und wenn wir uns nur aufs Baden konzentrieren, können wir noch weiter zurückgehen. Die Minoer im alten Griechenland hatten vor 3000 – vielleicht sogar vor 4000 – Jahren bereits Badewannen, Druckduschen, Waschbassins sowie fließendes kaltes und womöglich sogar warmes Wasser. In Schottland hat man bronzezeitliche Bäder und Dampfräume (also Saunen) gefunden, und auch in den Niederlanden entdeckte man Indizien für Dampfbäder der Bronzezeit.

Können wir vielleicht die These aufstellen, dass die Mauren diese Dinge *von Neuem* eingeführt haben? Nicht wirklich. Es ist eine alte und größtenteils überholte Vorstellung, in Westeuropa habe nach dem Abzug der Römer ein »finsteres Zeitalter« eingesetzt, in dem die Menschen innerhalb von ein, zwei Generationen vollkommen vergessen hätten, wie man sich um die grundlegendsten Dinge kümmert. Das stimmt schon ganz allgemein nicht, aber für das von den Mauren eingenommene Gebiet ist es besonders unzutreffend.

Die Mauren haben nie über Europa geherrscht – sie regierten einen relativ kleinen Teil Europas, eine wichtige, reiche und mächtige Region, die aber nicht sehr groß war. In ihrer Blütezeit hatten die islamischen Kalifate von Al-Andalus die Macht über fünf Prozent von Europa, hauptsächlich im heutigen Spanien und Portugal. Aber vor Ankunft der Mauren hatten in dieser Region bereits Griechen, Römer und Westgoten geherrscht – alles Zivilisationen, die es sehr mit dem Baden hatten. Als die Mauren in die Städte der Iberischen Halbinsel einmarschierten, warteten dort schon die Badehäuser auf sie. Die Westgoten hatten aufgegriffen, was die Römer zurückgelassen hatten. Sie hatten die von den Römern errichteten Bäder, Brunnen, Wasserleitungen und Aquädukte instand gehalten und sogar neue gebaut, etwa die Alcázar-Leitung in Córdoba und das Aquädukt von Reccopolis.

Aber wie verhält es sich ganz allgemein mit der Vorstellung, die Leute im Mittelalter seien schmutzig gewesen und hätten sich nicht um Hygiene geschert? Auch das stimmt so nicht – oder zumindest war es nicht so schlimm, wie viele annehmen. Die Europäer haben auch nach dem Rückzug der Römer gebadet und sich weiterhin gewaschen. Warum sollten die Menschen plötzlich aufhören, sich um ihre Reinlichkeit und um ihren Körpergeruch zu kümmern? Wer mieft, wird nicht geküsst, und wenn man seine Hände nicht wäscht, landet Sand im Essen oder Fett auf der Kleidung. Auch im Mittelalter hatten die Leute Nasen, und auch damals hassten sie es, die Wäsche zu machen. Trotzdem sind viele Leute immer noch überrascht, wie ähnlich unsere Ahnen uns waren. Und selbst wenn im Mittelalter jemand ein bisschen müffelte, wäre dieser Geruch kaum wahrnehmbar gewesen, denn ein anderer Geruch überdeckte alles – durch die allgegenwärtigen offenen Feuer stank es überall nach Rauch.

Die großen, schicken Bäder nach römischer Art wurden nicht länger gebraucht, denn die Städte verloren an Größe und Einwohnerzahl. Andererseits waren die mittelalterlichen europäischen Gesellschaften nun weniger auf Sklaverei angewiesen. Ohne Sklaven wurde der Betrieb eines großen Bades wesentlich teurer und komplizierter. Aber die Bäder verschwanden nicht einfach; sie entwickelten sich weiter. Archäologische Funde und Schriftzeugnisse zeigen uns, dass die Menschen im Mittelalter ihre Badehäuser liebten – es waren gesellige Treffpunkte, die man in jeder Stadt finden konnte. Sie waren populär und wurden als unverzichtbar betrachtet.

Im 13. Jahrhundert verfasste Taddeo Alderotti seine Abhandlung *De conservatione sanitatis* (»Über die Bewahrung der Gesundheit«). Hier ist ein Auszug daraus:

> *Wenn du morgens aufstehst, strecke deine Glieder, sodass die natürliche Hitze stimuliert wird. Kämme sodann dein Haar, denn dies entfernt den Schmutz und tut dem Gehirn gut. Wasche dein Gesicht mit kaltem Wasser, um deiner Haut eine gute Färbung zu verleihen und die natürliche Hitze anzuregen. Putze deine Nase, reinige deine Brust durch Abhusten und säubere dir Zähne und Zahnfleisch mit der Rinde eines aromatischen Baumes.*

Die Menschen im Mittelalter benutzten also Seife, sie gingen gern in Badehäuser und hüpften regelmäßig in Seen und Kanäle, um sauber zu werden. Sie wuschen sich täglich und badeten mindestens einmal pro Woche, sogar die Armen. Der Zugang zu sauberem Wasser war kein so großes Problem, wie Sie vielleicht annehmen, denn viele Häuser besaßen ihren eigenen Brunnen, und obwohl Wasseranschlüsse im Haus zu dieser Zeit relativ wenig verbreitet waren, waren sie doch nicht völlig unbekannt. Verschiedene Städte, Klöster und Abteien hatten Brunnen, Abwasserkanäle sowie Leitungen, über die sauberes Wasser aus weiter entfernten Quellen herangepumpt wurde. In England gründete man im 14. Jahrhundert die *Worshipful Company of Plumbers* (»Ehrwürdige Zunft der Klempner«), deren Aufgabe zum großen Teil darin bestand, Wasserleitungen zu installieren, zu reparieren und instand zu halten.

Als Heinrich VI. bei seiner Rückkehr aus Frankreich im Jahre 1432 feierlich durch Cheapside zog, wurden die Leitungen dazu genutzt, die Massen kostenlos mit Wein zu versorgen. Überall in London konnten die Menschen ihre Krüge aus öffentlichen Brunnen damit füllen. Das ist ein Stück mittelalterliche Geschichte, das unsere moderne Gesellschaft leider nicht nachmachen kann.

Als sich das Mittelalter seinem Ende näherte, kam es in manchen Weltgegenden tatsächlich zu einem gewissen Niedergang der Hygienegewohnheiten, aber das lag vor allem an den Pestepidemien und den sich ausbreitenden Geschlechtskrankheiten, die den Besuch von Badehäusern gefährlich machten. Der berühmte niederländische Philosoph Erasmus von Rotterdam schrieb im Jahre 1526: »Vor 25 Jahren gab es in Brabant nichts Modischeres als öffentliche Bäder. Heute gibt es keine mehr [...] die neue Plage hat uns gelehrt, sie zu meiden.«

Im Mittelalter kannte man mehrere relativ einfache Seifenrezepte mit Zutaten und Herstellungstechniken, die auch gewöhnlichen Leuten zugänglich waren. Seife ist ja eigentlich nur Asche und Wasser, manchmal zur besseren Bindung noch mit Talg versetzt. Das steht sogar schon in der Bibel (4. Mose 19):

> *Und ein reiner Mann soll die Asche [...] aufraffen und sie schütten draußen vor dem Lager an eine reine Stätte, daß sie daselbst verwahrt werde für die Gemeinde der Kinder Israel zum Sprengwasser; denn es ist ein Sündopfer.*

In Italien und Frankreich wurde Seife nicht einfach nur hergestellt und gehandelt – es geschah sogar in so großem Maßstab, dass man dafür Zünfte gründen musste. Auch dies ereignete sich vor Ankunft der Mauren. Neapel hatte seit dem 6. Jahrhundert eine Seifenmacherzunft, und in Frankreich kamen vergleichbare Organisationen ein Jahrhundert später auf.

Es geht überhaupt nicht darum, die Bedeutung des islamischen Wissens für den Fortschritt in Europa kleinzureden oder irgendwie anzudeuten, die maurischen Kalifate hätten Europa nichts Wertvolles gebracht. Das haben sie sehr wohl. Hier ein Beispiel: Im Unterschied zu europäischen Seifen wurden die im Nahen Osten und in Nordafrika verwendeten mit Olivenöl hergestellt; das war angenehmer als Talg und roch auch besser. Außerdem errichteten die Mauren viele neue Bäder. Man kann also sagen, dass sie an der Art und Weise, wie man sich in Europa reinigte, einiges verbesserten. Aber sie mussten die Europäer nicht erst mit Seife bekannt machen und ihnen ebenso wenig beibringen, wie man badet – das tat sowieso schon jeder.

63
Die ersten Frauen in kurzen Hosen provozierten einen Autounfall

Was man Ihnen vielleicht erzählt hat

Wir schreiben das Jahr 1937. Zwei Frauen tragen erstmals in der Öffentlichkeit kurze Hosen. Die Männer bleiben stehen und gaffen, und die Autofahrer sind dermaßen abgelenkt, dass es zu Unfällen kommt.

Die Widerlegung

Dieses Foto kursiert regelmäßig im Internet, und der Grund dafür ist leicht zu verstehen. Die Szene erinnert an alte freche Ansichtskarten und Karikaturen. Sie lässt uns nicht kalt, entweder weil sie uns zum Lächeln bringt oder weil wir uns vor den Kopf gestoßen fühlen. Wir beginnen uns zu fragen, wie es wohl gewesen sein muss für diese Frauen, die doch einfach nur kurze Hosen tragen wollten wie die Männer. Doch sie wurden angestarrt und mussten miterleben, wie ihretwegen Autos gegen Laternenpfähle krachten! Raten Sie mal, wer die Schuld dafür bekam, weil er (oder vielmehr sie) den Fahrer abgelenkt hätte …

Die Frauen, beide in wunderbaren sportlichen weißen Kleidern, halten Händchen, was den einen oder anderen heutigen Betrachter auf den Gedanken bringen könnte, dass sich hinter der Fotografie noch eine andere Geschichte verbirgt. Auf jeden Fall löste das Foto im Internet einige Diskussionen darüber aus, welche Motive alle Beteiligten gehabt haben mögen, wer am Unfall schuld sei und so weiter und so fort.

Aber das Bild ist fast zu gut, um wahr zu sein … und das liegt daran, dass es ein Stück Fake History ist.

Ein Indiz dafür, dass die Dinge nicht so sind, wie sie zu sein scheinen: Das Fahrzeug weist überhaupt keine Schäden auf, und niemand beachtet den Crash, der gerade erst passiert ist. Natürlich gibt es da zwei Damen, die so beeindruckende *gams* (in den 1930er Jahren ein Slangausdruck für »Beine«) haben, dass jedermann davon abgelenkt wird. Aber ein Auto, das gegen einen Laternenmast rauscht, sollte die Aufmerksamkeit eigentlich von den beiden weglenken, ganz zu schweigen davon, dass die Frauen selbst es auch mitbekommen haben müssten. Aber vielleicht war es ja kein Crash, sondern ein ganz sanfter Stups, und vielleicht ist es lange genug vor der Aufnahme des Fotos geschehen, sodass sich die Männer wieder auf die Damen konzentrieren konnten. Sehr überzeugend klingt das freilich nicht.

Einen Teil der Behauptung können wir sofort vom Tisch wischen: Dies war nicht das erste Mal, dass Frauen in der Öffentlichkeit Shorts trugen. Womöglich war es das erste Mal, dass *diese* Frauen kurze Hosen anhatten, aber andere waren ihnen schon vorausgegangen. In den 1930er Jahren wurde es allmählich akzeptabler, dass Frauen Shorts anhatten – nicht gerade in aller Öffentlichkeit wie auf dem Foto, aber zumindest war es nicht vollkommen unerhört und schockierend. Frauen trugen kurze Hosen bei allen möglichen sportlichen Freiluftaktivitäten, aber auch auf der Kinoleinwand konnte man sie erblicken. Revue-Girls trugen welche, Tänzerinnen und andere Frauen ebenso. Wenn Frauen sie auf der Straße trugen, konnte das aber noch hochgezogene Augenbrauen zur Folge haben, und die Leute fanden, dass es die Männer zu sehr ablenkte – aber gut, das ist ja heute kaum anders.

Ich musste ein bisschen tiefer graben. Die Bilder stammen aus dem Toronto Archive und gehören zu einer Serie, die eindeutig beweist, dass die ganze Szene gestellt ist. Die fünf Fotos zeigen, wie ein Fotograf und die beiden Frauen in der Innenstadt herumspazieren, Reaktionen inszenieren und Bilder machen. Wenn man alle Fotos zusammen sieht, liegt klar auf der Hand, dass an diesen Aufnahmen so gut wie nichts spontan ist. Auch das Auto ist verräterisch, denn es taucht auf mehreren Fotos auf. Es gibt ein Bild, auf dem der Wagen gegen den Laternenpfahl gekracht ist und der Fahrer die Frauen anstarrt, aber sonst ist niemand auf dem Foto. Und dann haben wir ein anderes Bild, das exakt dieselbe Situation zeigt, nun aber plötzlich mit einem Trupp von Schaulustigen. Es sieht so aus, als hätte der Fotograf beschlossen, die Szene brauche mehr Beteiligte, und als hätte er ein paar Umstehende dazu überredet, mit aufs Bild zu kommen.

Das Foto wurde für das *Alexandra Studio* von einem eigens damit beauftragten Fotografen gemacht. Es wurde nicht einfach von jemandem geknipst, der zufällig vorbeikam. Daher ist es wahrscheinlich, dass ein Magazin oder eine Zeitung beim Studio angerufen und solche Fotos bestellt hat, um damit einen Artikel zu illustrieren.

Leider habe ich noch nicht in Erfahrung bringen können, warum die Fotos geschossen und wozu sie verwendet wurden.

64
Ein Mann testete Football-Helme, indem er mit dem Kopf voran gegen eine Mauer rannte

Was man Ihnen vielleicht erzählt hat

Heutzutage wird alles, was wir benutzen, mithilfe ausgeklügelter Technik in teuren Laboren getestet, aber wie haben das die Menschen vor 100 Jahren gemacht? Nun ja, ein Foto zeigt uns, wie in den Vereinigten Staaten im Jahre 1912 ein lederner Football-Helm getestet wurde. Keine Roboter, keine Crashtest-Dummys, keine weißen Kittel – nur ein Kerl, der mit dem Kopf voran gegen eine Wand springt, lange bevor Gesundheits- und Sicherheitsbeauftragte den ganzen Spaß zunichtemachten.

Die Widerlegung

Wenn wir sehen, wie bescheuert frühere Generationen manche Dinge zu lösen versucht haben, fühlen wir uns selbst gleich viel besser – und wenn wir sehen, wie sie Risiken eingingen, die wir heute gar nicht mehr eingehen dürften, fühlen wir uns auch gut, besonders wenn wir in mürrischer Stimmung sind und all die Regeln und Vorschriften der modernen Welt uns nerven.

Wow, einen Helm testen, indem man damit gegen eine Wand rennt – warum denn nicht? Was für ein toller Kerl! Solche coolen Typen gibt es heute gar nicht mehr!

Aber die Geschichte ist anders, als man vielleicht denkt. Das Foto wurde tatsächlich 1912 aufgenommen, und es wird wirklich ein Helm getestet, aber das sind auch schon die einzigen korrekten Details in der ursprünglichen Behauptung. Bei dem Helm handelt es sich nicht um einen Football-, sondern um einen Fliegerhelm, und die Aufnahme wurde nicht in den Vereinigten Staaten gemacht, sondern in Großbritannien, wo man richtigen Fußball spielt, also mit den Füßen. Die wahre Geschichte ist viel interessanter als der Test eines Sporthelms.

Der Bursche auf dem Bild ist W. T. Warren, der Erfinder des Sicherheitshelms, der damals eine Neuheit war. Neben einer Menge Rosshaar hatte dieser Helm in seinem Inneren auch Stahlfedern, die den Kopf des Trägers schützten. Das Foto wurde auf dem damals brandneuen Flughafen *Hendon Aerodrome* in London geschossen – einem Ort, der durch viele Experimente bekannt wurde: Luftpost, Fallschirmsprünge, Nachtflüge und so weiter. Auch in den beiden Weltkriegen spielte er eine große Rolle, aber heute ist er nicht mehr in Betrieb, sondern dient als Museum.

Im Jahre 1912 besuchte ein Reporter des Magazins *Flight* (offenbar das »weltweit erste Wochenblatt für Luftfahrt« und offizielles Organ des Königlichen Luftfahrt-Clubs in Großbritannien) diesen Flughafen, und Warren konnte ihm seinen Helm vorführen.

Zuerst zog ihm der Reporter ein Stück Holz über den Schädel, und dann preschte Warren mit dem Kopf voran gegen eine Hangarwand. Zumindest steht das so in der Zeitschrift.

Obwohl der Reporter behauptet, genau diesen Augenblick eingefangen zu haben, glaube ich, dass es sich um ein Trickfoto handelt – Photoshop à la 1912. Ich kann es nicht beweisen, aber ich glaube, man hat ein Foto genommen, auf dem Mr. Warren seinen Kopf gegen die Wand knallt, dabei jedoch mit einem Fuß auf dem Boden steht. Mit Schere und Kleber wurde es dann sensationeller gemacht und suggeriert, unser kühner Held würde in der Luft schweben.

Ich habe ein paar Spezialisten für Fotografie gefragt, und sie stimmten mir zu: Das Foto sieht bearbeitet aus.

Wegen der langen Belichtungszeit der meisten damaligen Kameras war es sehr schwierig, schnelle Bewegungen einzufangen. Jemand, der durch die Luft sprang, wäre auf dem Foto höchstwahrscheinlich nur ein verschwommener Fleck gewesen. Außerdem gibt es farbliche Unterschiede zwischen dem Mann und dem Hintergrund. Es wurde kein Blitzlicht verwendet, und der Bursche grinst, während er seinen Kopf gegen die Wand schlägt – alles subtile Indizien dafür, dass die Dinge nicht so sind, wie sie scheinen.

Egal welche Story wirklich hinter dem Foto steckte – es hat funktioniert, denn Warrens Sicherheitshelmen wurde eine Menge Aufmerksamkeit zuteil. Er ließ sie patentieren und begann, sie zu verkaufen. Schließlich wurde sein »Patentierter Warren-Sicherheitshelm« sogar von den Piloten des *Royal Flying Corps* (»Königliches Fliegerkorps«, Vorläufer der *Royal Air Force*) im Ersten Weltkrieg verwendet. Interessanterweise mussten manche amerikanische Piloten zu einem Notbehelf greifen – sie trugen Football-Helme.

Mr. Warren verkaufte die Patentrechte kurz vor dem Krieg an ein anderes Unternehmen. Ich hoffe, er machte dabei ein gutes Geschäft, und sein Leben war nicht ruiniert, als er merkte, dass er vielleicht zu kurz gekommen war, weil sein Helm ein riesiger kommerzieller Erfolg wurde. Aber ich muss erst noch herausfinden, was aus Warren wurde. Ich bin sicher, dass es ihn zumindest stolz gemacht hat, einen wichtigen Beitrag geleistet und möglicherweise viele Leben gerettet zu haben.

65
Paris Hilton hat das Selfie erfunden

Was man Ihnen vielleicht erzählt hat

Wie jeder weiß, wurde das Selfie 2006 von Paris Hilton und Britney Spears erfunden. Paris hat das auf Twitter ja selbst gesagt; Millionen Menschen auf der ganzen Welt haben es gesehen und geglaubt.

Die Widerlegung

Selbstverständlich haben Paris und Britney das Selfie *nicht* erfunden! Ihre Fans möchten das vielleicht gern so sehen, und für viele mag es eine realistische Behauptung sein, denn in unserem kollektiven Gedächtnis ist das Selfie etwas relativ Neues. Aber wenn wir mal in Ruhe über die Behauptung nachdenken, wird uns schnell klar, dass es Selfies schon lange vor 2006 gab.

Bevor wir in die Geschichte eintauchen, müssen wir uns erst einmal darauf einigen, was ein »Selfie« ist. Ich habe in ein paar Wörterbücher geschaut, und der allgemeine Konsens ist, dass es sich um ein Foto von einem selbst handelt, das meistens (aber nicht immer) mit einem Handy oder einer Webcam aufgenommen und im Internet geteilt wird. Aber im Kern ist es nichts anderes als ein fotografisches Selbstporträt.

Ich wette, dass Ihnen ein paar solche Bilder einfallen, die schon entstanden, ehe Paris und Britney auf diese Idee kamen. Vielleicht haben Sie persönlich auch welche geknipst. Und sogar wenn wir beschließen, dass man die Kamera beim Fotografieren selbst halten muss, haben wir mehr als 100 Jahre alte Fotos, die belegen, dass man bereits in der Generation unserer Urgroßeltern Selbstporträts machte, indem man den Arm ausstreckte und den Fotoapparat auf sich selbst richtete.

Halten wir uns doch einfach an die grundlegendste Definition – ein Selbstporträt in Form eines Fotos. Damit können wir alle Fotos einbeziehen, die Leute jemals vor einem Spiegel machten, und auch die reichen mehr als ein Jahrhundert zurück. Praktisch seit Erfindung der Fotografie haben Menschen versucht, Fotos von sich selbst zu schießen.

Wir wissen jetzt also, dass Paris und Britney nicht die Ersten waren – bei Weitem nicht –, aber wer war es dann?

Wenn Sie das recherchieren, landen Sie fast immer bei Robert Cornelius, dem oft das früheste fotografische Selbstporträt zugeschrieben wird. Dabei kommt ihm zugute, dass er ein ziemlich verwegen aussehender Mann war. Er wirkt ein bisschen wie ein Hipster, der einen Instagram-Filter benutzt; mit zerzausten Haaren und gekreuzten Armen starrt er in die Kamera. Mit anderen Worten: wie jemand, der bestimmt Klicks bekommt, wenn sein Bild im Internet geteilt wird.

Cornelius war verrückt nach Chemie. Abgesehen davon, dass er Geschäftsmann und Erfinder war, bastelte er auch viel mit neuen Technologien herum, und nur einen Monat, nachdem Louis Jacques Mandé Daguerre der Welt im Januar 1839 die Erfindung seines fotografischen Verfahrens verkündet hatte, begann Cornelius schon, damit herumzuexperimentieren. Im Oktober oder November 1839 (es gibt keine genauen Aufzeichnungen darüber) machte Cornelius dieses Foto von sich selbst – das erste Selfie in den Vereinigten Staaten.

Jahrelang nahm man an, es gäbe keine anderen Anwärter auf den Titel »allererstes Selfie«, und im Schatten der Geschichte blieb ein französischer Fotograf unerkannt und unbeachtet.

Hippolyte Bayard hatte nicht nur einen tollen Namen, er war genau wie Cornelius ein begabter Mann – ebenfalls ein Tüftler und Erfinder. Auch ihn hatte Daguerres Mitteilung angestachelt, und er begann, wie besessen mit seiner eigenen Technologie zu experimentieren. Er arbeitete extrem schnell und machte in sehr kurzer Zeit große Fortschritte. Nach zwei Monaten konnte er Freunden bereits die ersten Resultate präsentieren.

Als er sie jedoch dem Politiker François Arago zeigte, der viele Erfinder unterstützte, überredete ihn dieser, mit seiner Erfindung noch ein wenig hinterm Berg zu halten. Drei Monate später wurde Daguerres Verfahren in der *Académie des sciences* und der *Académie des beaux-arts* in Paris vor großem Publikum von einem seiner wichtigsten Unterstützer detailliert vorgestellt – und zwar von niemand anderem als ebenjenem François Arago, der Bayard gesagt hatte, er möge doch noch ein wenig warten, ehe er sein Werk der Öffentlichkeit vorstelle, und der für Daguerre bereits einen lukrativen Deal arrangiert hatte. Klingt ziemlich dubios, nicht wahr?

Wir werden vermutlich nie erfahren, was da wirklich lief und warum, aber Bayard war jedenfalls überzeugt, dass Arago es absichtlich so inszeniert hatte, um seinem Freund Daguerre zu helfen. Bayard richtete im Juni 1839 sogar eine Fotoausstellung aus (die allererste überhaupt). Aber er stellte seine Bilder nie offiziell bei einer Institution vor, bekam nie die Anerkennung, die er verdient zu haben glaubte, und erlangte auch keinen solchen Status, solche finanzielle Unterstützung oder solchen Erfolg wie Daguerre.

Aber wir haben uns ablenken lassen. Zurück zum Selfie.

Privatdozent Dr. James McArdle, der sich mit der Geschichte des Bildes befasst, hat zu Bayards Frühwerk geforscht und dabei festgestellt, dass einer der im Juni 1839 ausgestellten Abzüge ein Porträt war. In sein ordentlich geführtes Notizbuch hatte Bayard auch seine Testfotos mit eingeklebt. Mehrere davon sind *autoportraits*, Selbstbildnisse, die durch ein fotografisches Verfahren entstanden waren – kurz gesagt: Selfies.

Besonders gut sind sie nicht: zu dunkel, unscharf, zu hell – es sind eben nur Probefotos. Bayard hatte auch nicht die Sturmfrisur und das gute Aussehen eines Robert Cornelius. Seine Selbstporträts würden nicht viel Aufmerksamkeit erregen, wenn man sie im Internet teilte. Bestenfalls würden die Leute bei ihrem Anblick die Schultern zucken: Soll das alles sein?! Doch auch wenn Bayard es nicht schaffte, als Erfinder der praxistauglichen Fotografie anerkannt zu werden, können wir nicht bestreiten, dass die fotografischen Versuche, die er zwischen Januar und März 1839 anstellte, die ältesten erhaltenen Selfies sind.

Ein kleiner Nachtrag noch: In diesem Fall dreht sich alles um die praxistaugliche Fotografie. Schon vor Daguerres und Bayards Erfindungen haben Menschen Fotos gemacht, aber das Aufnehmen dieser Bilder beanspruchte viele Stunden, und so kann man sie eher als »Experimente« bezeichnen denn als richtige Fotografie.

66
Wojtek der Bär wurde im Zweiten Weltkrieg Mitglied einer polnischen Militäreinheit, wechselte aber die Seiten und lief zu den Deutschen über

Was man Ihnen vielleicht erzählt hat

Im Zweiten Weltkrieg nahmen polnische Soldaten ein Bärenjunges auf. Als es heranwuchs, verdiente es seinen Lebensunterhalt, indem es Munitionskisten heranschleppte, salutierte und zum Maskottchen wurde. Schließlich nahm man Wojtek den Bären offiziell in die Armee auf; er wurde ein richtiger Soldat, trank und rauchte allerdings ein bisschen zu viel. Am Ende wechselte er jedoch irgendwie die Seiten und half künftig den Deutschen! Das jedenfalls legen Fotos nahe, die im Internet kursieren …

Die Widerlegung

Die Geschichte von Wojtek ist in der Form, wie sie im Internet meist verbreitet wird, zum großen Teil wahr. Er ist ein sehr populärer Bär und gilt in Polen als Nationalheld. Durch die Verbindungen zwischen Großbritannien und Polen sowie die Tatsache, dass Wojtek seine letzten Jahre im Zoo von Edinburgh zubrachte, reizt er nicht nur die Fantasie von Leuten, die sich für Tiere und für Kriege interessieren – er hat auch dabei mitgeholfen, die beiden Nationen enger zusammenrücken zu lassen. Sowohl in Schottland als auch in Polen sind dem Bären mehrere Skulpturen und Erinnerungstafeln gewidmet; es gibt eine Gedenkstiftung, Bücher und Dokumentarfilme, und während ich dies schreibe, wird gerade ein Zeichentrickfilm über ihn produziert – ein gemeinsames polnisch-britisches Projekt.

Aber dass er die Deutschen unterstützt haben soll? Sie mögen sich darüber wundern. Ich komme gleich darauf zurück.

Wojtek wurde tatsächlich in die Armee aufgenommen, aber das ist nicht so ungewöhnlich, wie Sie vielleicht denken. Es ist nämlich echt schwierig, den Kommandostab dazu zu bringen, zusätzliche Nahrungsrationen zu liefern, nur weil man es nicht lassen konnte, irgendein niedliches Tier mit an die Front zu schleifen. Aber wenn man dem Tier einen Dienstrang gibt und es ganz offiziell zum Mitglied der Einheit macht, hat es Anspruch auf Nahrung, Getränke und sogar Zigaretten. Sie wissen doch, wie diese Federfuchser sind. Und Sie erkennen das Problem sicher wieder – wir hatten in einem früheren Kapitel über Bambi, den von französischen Fremdenlegionären aufgenommenen Esel, bereits davon gesprochen.

Man ist sich nicht ganz einig darüber, ob Wojtek tatsächlich geholfen hat, Munition zu schleppen, aber ein britischer Kriegsveteran behauptet, er habe gesehen, wie der Bär in der Schlacht um Monte Cassino im Jahre 1944 Granaten trug. Damals zweifelte das offenbar kaum jemand an, und das Oberkommando war davon so beeindruckt, dass die Kompanie ihr Emblem ändern durfte: Künftig war darauf ein Bär zu sehen, der eine Granate trug. Für mich reicht das als Beleg aus.

Wenn man im Internet eine Geschichte teilt und damit Klicks generieren will, ist eine ansprechende Illustration recht hilfreich. Aber als die Leute nach einem Foto von Wojtek suchten, liefen die Dinge aus dem Ruder. Sie starteten oft nur eine einfache Google-Suche und wählten ein Bild aus, das angeblich Wojtek darstellte. Viele dieser Fotos zeigen ihn jedoch gar nicht. Auf einem, das mit am häufigsten auftaucht, sieht man einen Bären, der mit zwei deutschen Fallschirmjägern in einem Loch sitzt, während sie eine Mörsergranate auf Monte Cassino abfeuern.

Auf den Helmen dieser Männer erkennt man einen Adler mit Hakenkreuz, und so braucht man keine großartigen Geschichtskenntnisse, um zu merken, dass hier etwas Seltsames vor sich geht. Was ist in Wojtek gefahren, dass er plötzlich dem Feind hilft?! Nein, Wojtek, nein!

Aber keine Sorge, er war ein heldenhafter Bär und kein Verräter: Das Tier auf dem Foto ist nicht Wojtek, und überhaupt ist es kein echtes Foto, sondern eine Photoshop-Montage. Es gibt eine ganze Serie von Bildern, die einen Bären an der Seite der deutschen Truppen im Zweiten Weltkrieg zeigen. Sie sind ziemlich gut gemacht, aber auf keinem davon sieht man unseren Wojtek.

Es war relativ leicht, die ursprünglichen Fotos zu finden, auf denen noch kein Bär vorhanden ist. Das beweist schon mal, dass die Bärenfotos nicht echt sind, aber ich wollte auch wissen, wer diese Photoshop-Kreationen erstellt hat und warum. Das herauszufinden, war schon viel kniffliger, aber schließlich konnte ich die Spur bis zu einem deutschen Filmhochschulprojekt namens *Bär* zurückverfolgen. Es ist von 2014 und stammt von Pascal Floerks.

Der Film erzählt die Geschichte von Floerks' Großvater im Krieg, aber auf allen Bildern wird der deutsche Soldat als Bär dargestellt. Es gibt Dutzende Aufnahmen, die »Opa« bei der Ausbildung zeigen, auf Flugzeugen, beim Fallschirmsprung oder neben brennenden Panzern – und dann auch nach dem Krieg, in seiner Wohnung und im Garten. Es ist ein interessanter Film, und man kann ihn auf YouTube finden. Geben Sie einfach »Bär (2014)« ein. Aber es ist kein Film über Wojtek – unser Held wird nicht einmal am Rande erwähnt. Floerks trägt also keine Schuld an dem Missverständnis. Er bearbeitete die Fotos aus einem völlig anderen Grund, und die Leute haben sich einfach keine Gedanken darüber gemacht, woher die Bilder kamen, die sie im Internet geteilt haben.

Einige weitere Kriegsfotos von Soldaten mit einem Bären, den man irrtümlich für Wojtek hält, zeigen »Mischa«, einen ausgestopften Meister Petz, den man an der Route nach Leningrad aufgestellt hatte, in einem Ort namens Rozhdestveno. Mischa wurde unter den deutschen Soldaten extrem populär, und sie posierten häufig neben ihm.

Oft scheinen die Menschen gar nicht zu verstehen, dass ein Foto mit einem Bären darauf vermutlich nicht Wojtek zeigt, wenn der Bär mit dem Feind auf Kumpel macht! Wenn Sie also Wojteks Geschichte weiterverbreiten und mit einem Bild versehen möchten, sollten Sie darauf achten, dass die Männer in seiner Begleitung keine deutschen Uniformen tragen. Es gibt eine Menge Fotos, die den echten Wojtek mit seinen polnischen Kameraden zeigen – nehmen Sie einfach diese.

67
Dies ist die Klinge der Guillotine, mit der Marie Antoinette getötet wurde

Was man Ihnen vielleicht erzählt hat

Diese unheilvoll aussehende scharfe Klinge ist an einem unförmigen dunklen Klumpen mit Bolzen und Griffen befestigt, bei dem es sich offenbar um verbranntes Holz handelt. Es ist die Klinge, die Marie Antoinette zu Tode brachte. Viele Jahre lang wurde sie in Madame Tussauds Wachsfigurenkabinett ausgestellt. Darunter lag ein kleines Schild, auf dem behauptet wurde: »Mit dieser Guillotinen-Klinge wurde Marie Antoinette im Jahre 1793 enthauptet. Erworben aus dem Besitz der Henkersfamilie.«

Die Widerlegung

Obwohl die meisten Menschen nur sehr wenig über Marie Antoinette wissen, sind sie unweigerlich von ihr fasziniert, besonders wegen ihres schauerlichen Todes. Mit der Guillotine ist seit 1977 niemand mehr hingerichtet worden (ja, selbst dann noch!), aber wir scheinen dieses Hinrichtungswerkzeug nicht mehr aus den Köpfen zu bekommen. Es ist ein ziemlich grausiges Geschehen – der Verurteilte steigt die Stufen des Schafotts hoch, wird oben auf das Schwingbrett gefesselt, sein Kopf unter der Klinge eingespannt, ein Hebel wird betätigt, die Klinge saust nieder, das abgetrennte Haupt fällt in einen Korb und zeigt womöglich noch Spuren von Leben … Es spricht die dunkle Seite unserer Fantasie an (das Geschehen, nicht das Haupt).

Ich erinnere mich, vor vielen Jahren als Kind einmal Madame Tussauds in London besucht zu haben. Was ich dort sah, faszinierte mich, und zwar so sehr, dass ich den viel zu teuren Katalog mit Farbabbildungen kaufte.

Marie Antoinette verlor ihren Kopf am 16. Oktober 1793. Der Scharfrichter Henri Sanson betätigte den Hebel. Henri entstammte einer Familie von Henkern und wählte den Beruf seines Vaters. Später folgte ihm sein eigener Sohn, Henry-Clément Sanson. Die Sansons hatten oft neugierige Besucher, die mehr über den schrecklichen Familienbetrieb erfahren wollten. Gegen eine Gebühr konnten sie die Guillotine in Aktion erleben, wobei Strohpuppen enthauptet wurden oder, für ein Extrasümmchen, auch mal ein lebendiges Schaf. Englische Touristen waren offenbar besonders interessiert – sie standen Schlange, um das häusliche Ausstellungsstück besichtigen zu können.

Die Familie brauchte das Geld, denn Henry-Clément war spielsüchtig, und seine Gläubiger waren ihm immer auf den Fersen. Er verbrachte einige Zeit in einem Schuldgefängnis und verpfändete sogar zwei Guillotinen aus seinem Besitz. 1847 wurde er als amtlicher Scharfrichter gefeuert; der Staat entzog ihm die offizielle Guillotine, aber eine weitere blieb bei ihm. Diese verkaufte er 1854 an Joseph Tussaud (der sie erst einmal aus dem Pfandhaus hatte auslösen müssen).

So weit, so gut. Aber verdächtig wird die Sache, weil es verschieden lautende Behauptungen darüber gibt, was mit der Guillotinen-Klinge passierte.

Der berühmte Schriftsteller Victor Hugo (Verfasser von *Die Elenden* und *Der Glöckner von Notre-Dame*) behauptete in seinem Erinnerungsbuch *Choses vues* (»Dinge, die ich gesehen habe«), den früheren Gehilfen des Pariser Scharfrichters getroffen zu haben, der ihm einiges über die Familie Sanson erzählte – womit ihr Haus dekoriert gewesen sei und wie Monsieur Sanson seine Gäste unterhalten habe. Er berichtete ihm auch eine Anekdote über eine englische Familie, deren Tochter ein bisschen mehr erwartet hatte als eine Klinge, die durch ein paar Strohbündel rauschte. Sie bestand darauf, »in den Ofen geschoben« zu werden. So nannte man es damals, wenn der Verurteilte gefesselt und sein Hals unter die Klinge gerückt wurde. Die Eltern erhoben keine Einwände, und so legte man dem Mädchen an Armen und Beinen Fesseln an und schnallte sie auf das sogenannte Schwingbrett. Sie bestand sogar darauf, dass ihr Kopf durch die Halterung für den Hals geschoben wurde. Sehr zur Erleichterung des Gehilfen genügte ihr das dann aber, und sie verlangte nicht, dass man das Beil niedersausen ließ. Gäste wie diese wollten immer die Klinge sehen, mit der die Köpfe des Königs und der Königin abgetrennt worden waren. Doch dem früheren Gehilfen zufolge hatte man diese Klinge später an den Schrotthändler verkauft, »nicht anders als alle übrigen Guillotinen-Klingen, wenn sie stumpf geworden waren«. Und weiter schreibt Hugo: »Wenn er einen Handel damit betrieben hätte, wären so viele Richtbeile Ludwigs XVI. verkauft worden wie Spazierstöcke von Voltaire.« Diese waren damals nämlich auch beliebte Erinnerungsstücke, und man brachte sie in großer Zahl in Umlauf, obwohl natürlich nur wenige davon wirklich dem Philosophen gehört hatten.

Einer anderen Theorie zufolge sei die komplette Guillotine schließlich auf einem Felsen gelandet, der eine Strafkolonie in Französisch-Guyana, die sogenannte Teufelsinsel, überragte. Bei ihrer Ankunft sahen die neuen Gefangenen oft als Erstes diese Guillotine – ein dezenter Hinweis darauf, was sie erwartete, wenn sie sich nicht an die Regeln hielten.

Um Tussauds Guillotinen-Klinge ranken sich noch eine Menge spezielle Geschichten. Fakt ist, dass während der Französischen Revolution und danach Tausende solcher Klingen benutzt wurden, und selbst wenn Sanson einst die echte Klinge, mit der das Königspaar hingerichtet wurde, besessen haben sollte, sieht es doch so aus, als hätte er seine Sammlungsobjekte nicht gerade gut behandelt; er verpfändete sie und gab sie zum Ausprobieren frei. Wir wissen von seinen ernsten finanziellen Problemen, und eine Klinge, die man für berühmte Opfer verwendet hatte, wäre mehr wert gewesen als irgendeine zufällige, hätte er sie tatsächlich als Altmetall verkauft – wie Victor Hugos nicht namentlich genannter Gewährsmann behauptete.

Im Gedächtnis behalten müssen wir dabei aber auch, dass in Madame Tussauds Wachsfigurenkabinett die Geschichten um die Ausstellungsstücke und um Madame selbst gern ein wenig ausgeschmückt wurden. So erwähnt Marie Tussaud, die französische Wachsbildnerin und Begründerin der ersten nach ihr benannten Sammlung, in ihrer Biografie an keiner Stelle, dass man sie gezwungen hätte, Abgüsse von den Köpfen des Königs und der Königin zu machen. Später wurde jedoch behauptet, dass es ihr irgendwie gelungen sei, Modelle von den königlichen Häuptern anzufertigen, ehe diese in ungelöschtem Kalk begraben wurden. Dieser Ätzkalk war Bestandteil einer höchst geheimen Operation, mit der sichergestellt werden sollte, dass von den Köpfen zu wenig übrig blieb, als dass man sie später als Reliquien hätte verwenden können. Die Tussaud-Familie hat immer nachdrücklich behauptet, Marie sei dazu gezwungen worden, die Totenmasken abzunehmen. Dabei hatten die Behörden damals verzweifelt versucht, alle Spuren der Königsfamilie auszulöschen, und Marie selbst war ihnen verdächtig gewesen, hatte sie doch einst am königlichen Hof als Lehrerin gearbeitet.

An dieser Geschichte ist so vieles faul, dass niemand behaupten kann, die Klinge wäre bei einer bestimmten Person zum Einsatz gekommen.

Selbst in Madame Tussauds Wachsfigurenkabinett haben sie das inzwischen eingesehen. Sie räumen auf ihrer Website ein, es gebe »keine belastbaren Beweise dafür, dass sie mit dem Tod der ›Sollen sie doch Kuchen essen‹-Königin in Verbindung steht«.

Ja, ich weiß, sie entkräften die eine Legende und wärmen gleichzeitig eine andere wieder auf. Falls Sie das Kapitel darüber noch nicht gelesen haben, kann ich Ihnen ja schon mal eins verraten: Marie Antoinette hat das nie gesagt.

68
Die Minions aus *Ich – Einfach unverbesserlich* basieren auf Fotos von Naziexperimenten an Kindern

Was man Ihnen vielleicht erzählt hat

Eine Gruppe von Kindern, die merkwürdige Helme mit kleinen Sichtfenstern tragen, steht neben einem Mann in dunkler Uniform aufgereiht. Es sind jüdische Kinder, an denen die Nazis Experimente durchführten. Sie nannten diese Kinder *Minions* – ein deutsches Wort. Die Kinder sprachen kein Deutsch, und ihre Wächter lachten darüber, wie die verängstigten Kleinen redeten.

Im Filmstudio Pixar dachte man, das wäre doch eine lustige Story, aus der sich ein Trickfilm machen ließe …

Die Widerlegung

Können Sie sich vorstellen, dass jemand Nazigräuel erfindet, um ein wenig Aufmerksamkeit zu erhaschen? Ich meine, gibt es nicht schon mehr als genug furchtbare Geschichten und Bilder von Verbrechen gegen Männer, Frauen und Kinder aus all den Kriegen, die die Menschheit erleiden musste? Die Auswahl ist riesengroß, man muss seine Fantasie überhaupt nicht bemühen. Und doch ist genau dies passiert. Jemand sah ein Foto, dachte, dass die darauf abgebildeten Männer in ihren sehr speziellen Outfits den Minions ähnelten, und beschloss, eine entsetzliche Geschichte daraus zu machen.

Hier gibt es eine Menge zu entwirren. Beginnen wir mit dem eigentlichen Foto.

Eine schnelle umgekehrte Bildersuche entlarvt die ans Bild gekoppelte Behauptung binnen Sekunden. Es ist nicht einmal ein Foto aus dem Zweiten Weltkrieg. In Wahrheit wurde es 1908 aufgenommen und zeigt eine britische U-Boot-Mannschaft mit den sogenannten Untersee-Rettungs-Geräten von Hall und Rees. Diese Apparate taten genau das, was auf der Verpackung stand. Wenn Ihr U-Boot eine Havarie erlitt, konnten Sie sich den Schutzanzug überstreifen und sich durch eine Rettungsluke zwängen. (Die Anzüge waren zu klobig und nahmen zu viel Platz weg, sodass man sie schließlich wieder aus dem Verkehr zog.) Das erklärt, warum die »Minions« auf einem U-Boot stehen. Weitere Recherchen verraten uns, dass es sich um ein C7-U-Boot handelt, das kurz nach dem Ersten Weltkrieg ausgemustert wurde. Die »Minions« sind keine jüdischen Kinder, sondern britische Marineangehörige.

Minion ist auch kein deutsches Wort, sondern geht aufs französische *mignon* zurück; die deutsche Entsprechung dafür wäre »Günstling«. Und natürlich hat Pixar die Minion-Figuren nicht nach dem Modell jüdischer

Kinder geschaffen, die Opfer von schrecklichen Experimenten wurden. Überhaupt wurde keiner der Filme aus der Minion-Reihe von Pixar produziert – sie entstanden in einem Unternehmen namens *Illumination.*

Die Minions wurden von Eric Guillon gestaltet und waren ursprünglich als Roboter gedacht. Ohnehin haben viele Minions heutzutage nicht nur ein Auge, sondern zwei, womit sie den Seeleuten von dem historischen Foto gar nicht mehr ähnlich sehen.

69
Das Weiße Haus wurde weiß angestrichen, um die Schäden zu verdecken, nachdem die Briten es angezündet hatten

Was man Ihnen vielleicht erzählt hat

Während des britisch-amerikanischen Krieges von 1812 nahmen britische Truppen Washington ein und setzten das Weiße Haus in Brand, womit sie beträchtliche Schäden verursachten. Die Amerikaner beschlossen, das Gebäude sofort wiederherzustellen, aber es war mit Brandspuren überzogen, die einfach nicht wegzubekommen waren. So entschied man sich dafür, das ganze Haus weiß anzustreichen. Seither hat es diese Farbe behalten, und so ist es auch zu seinem Namen gekommen.

Die Widerlegung

Es ist eine interessante, aufregende und sogar dramatische Geschichte, die etwas erklärt, worüber sich viele von uns vielleicht schon mal Gedanken gemacht haben. Aber natürlich stimmt sie nicht.

Die Briten haben Washington tatsächlich angegriffen, und zwar im August 1814, zwei Jahre nach der Kriegserklärung durch die Vereinigten Staaten. Sie plünderten die Stadt und zündeten mehrere Gebäude an, darunter auch das Weiße Haus (nachdem sie zunächst die Speisen gegessen und den Wein getrunken hatten, die man dort für eine Präsidentenparty bereitgestellt hatte). Sie leisteten wirklich ganze Arbeit und rieben sogar die hölzernen Tür- und Fensterrahmen mit Schießpulverpaste ein; außerdem feuerten sie Raketen ab. Robert Ross, der General, der die britischen Truppen anführte, hatte gehofft, das würde für die Amerikaner eine solche Demütigung sein, dass sie das Ende des Krieges bedeutete. Aber in Großbritannien missbilligte die Öffentlichkeit, was man der Stadt Washington angetan hatte, auch wenn es ein Revancheakt dafür war, was die Amerikaner in ein paar von den Briten gehaltenen Städten angerichtet hatten.

Die Schäden am Weißen Haus waren beträchtlich; die Inneneinrichtung war beinahe vollständig zerstört, und viele Außenwände mussten niedergerissen und neu hochgezogen werden, weil Feuer und Regen sie beschädigt hatten. Für die Amerikaner war es wirklich eine Demütigung, doch sie beschlossen, dass dieses bedeutende Bauwerk restauriert werden musste, auch wenn es Jahre dauern und ein Vermögen kosten sollte.

Aber es wurde nicht weiß gestrichen, um die Brandspuren zu verdecken. Es war auch nicht das erste Mal, dass dieses Gebäude in Weiß erstrahlte. Nicht nur, dass das Weiße Haus schon vor dem Krieg von 1812 weiß angestrichen war – es wurde auch vorher schon »Weißes Haus« genannt. Das Bauwerk wurde im Jahre 1798 aus Sandstein errichtet, einem ziemlich porösen Material, das eine kalkhaltige Tünche braucht, um gegen die Wetterunbilden geschützt zu sein. Daher war es sogar bereits vor seiner offiziellen Fertigstellung weiß – es ging gar nicht anders!

Obwohl es vermutlich schon seit seiner Erbauung »Weißes Haus« genannt wurde, führt es diesen Namen offiziell erst seit 1901. Es gehört also ins Reich der Legenden, dass der Name mit der Brandstiftung durch die Briten verbunden wäre, und doch bleibt es ein heikles Thema.

Im Jahre 2014 postete die britische Botschaft in Washington ein Foto von einem Kuchen, auf dem ein Modell des Weißen Hauses, eine britische und eine amerikanische Flagge sowie ein paar Wunderkerzen prangten. Der dazugehörige Text lautete: »Zur Erinnerung an den 200. Jahrestag des Brandes im Weißen Haus. Diesmal sind es nur Wunderkerzen!« Nicht jeder konnte den ironischen Kommentar goutieren, und nach wenigen Stunden folgte eine Entschuldigung.

Übrigens: Wenn Sie irgendwann in Washington sind und man Sie lässt, drehen Sie doch mal eine Runde um das Gebäude. An einigen Stellen können Sie die Brandspuren immer noch sehen!

70
In der Tudorzeit verwendete man Gewürze, um den Geschmack von altem Fleisch zu überdecken

Was man Ihnen vielleicht erzählt hat

In der Tudorära (1485–1603) gaben die Leute haufenweise Gewürze auf ihr Fleisch, um den widerlichen Geruch und Geschmack zu übertünchen. Als der Kühlschrank noch nicht erfunden war, war das Fleisch nämlich oft schon etwas alt oder schlichtweg faulig.

Die Widerlegung

Das ist ein berühmtes Stück Fake History. Bestimmt haben Sie auch schon davon gehört – sei es bei einer Führung durch ein Gebäude aus der Tudorzeit oder sogar im Schulunterricht. Obwohl diese Behauptung oft mit den Tudors verknüpft wird, wird sie bisweilen auch in Verbindung mit anderen Epochen erhoben. Aber der Grundtenor ist immer gleich. Wenn Sie so etwas hören, sollten in Ihrem Kopf sofort ein paar Alarmglocken läuten. Lassen Sie uns die Legende Stück für Stück auseinandernehmen.

Zunächst einmal: Warum sollte jemand faulendes Fleisch essen? Unsere Vorfahren waren doch nicht blöd – sie wussten, was passieren konnte, wenn man verdorbene Nahrung zu sich nahm. Sie trotzdem zu essen, wäre eine extreme Verzweiflungstat gewesen, aber natürlich waren die Menschen oftmals verzweifelt; Hungersnöte waren nicht unbekannt, und wer hungrig ist, der ist häufig auch bereit, Dinge zu tun, die sich die meisten von uns heutigen Menschen nicht einmal vorstellen können.

Okay, so weit, so gut, aber die Legende legt nahe, so etwas wäre nicht nur in extremen Fällen vorgekommen, sondern regelmäßig – als hätte man Fleisch bereits in solchem Zustand gekauft, dann gebraten und auf den Abendbrottisch gestellt, sogar bei Festen. Wir wissen jedoch, dass es strenge Gesetze gab, die den Verkauf und die Zubereitung von Fleisch betrafen. Wären Sie als Diener daran schuld gewesen, dass jemand eine Lebensmittelvergiftung bekam, dann hätte Ihnen das mächtigen Ärger eingebracht.

Es stimmt, dass unsere Vorfahren aus der Tudorzeit keine Kühlschränke hatten, aber sie wussten trotzdem, wie man Fleisch aufbewahren kann. Das Einsalzen wurde nach dem Mittelalter erschwinglicher, und man trocknete und räucherte Fleisch und Fisch auch – was nicht besonders schwierig war, denn in fast jedem Haus brannten ohnehin jeden Tag Feuer. Manchmal brauchte man nichts weiter zu tun, als das Fleisch in den Kamin zu hängen. Und in einigen schicken Häusern hatten sie sogar Eiskeller – kleine eingesenkte Kammern, die man im Winter mit Eis füllte, sodass sie danach monatelang kalt blieben.

Aber selbst wenn unsere Vorfahren all dies aus irgendeinem Grund nicht auf die Reihe bekommen und ständig mit verdorbenem Fleisch zu tun gehabt hätten, wieso um alles in der Welt sollten sie Gewürze genommen haben, um den Geschmack zu überdecken? Es fängt schon damit an, dass es überhaupt nicht funktioniert.

Versuchen Sie's doch mal. Ähm, nein, versuchen Sie es nicht! Sie könnten mich sonst vielleicht verklagen. Ich sage Ihnen hiermit ganz offiziell, dass Sie es *nicht* versuchen sollen. Stellen Sie sich also lediglich vor, Sie würden es versuchen. Besorgen Sie sich ein hübsches Stück fauliges Fleisch. Falls Sie es in die Hand nehmen können, ohne ständig würgen zu müssen, sollten Sie es dann von allen Seiten mit Gewürzen bedecken, in die Bratröhre schieben und … Glauben Sie, die Gewürze würden ausreichen, um die Ekligkeit der schmierigen, gammeligen, von Maden wimmelnden Bissen nicht mehr zu schmecken?

Wenn Sie die allerschärfsten verfügbaren Gewürze nehmen, könnte es vielleicht sein – aber wirklich nur vielleicht –, dass Sie das Fleisch nicht schmecken und auch nichts anderes mehr – nie wieder, denn Ihre Zunge wäre taub und würde im Dunkeln vermutlich glühen. Aber selbst wenn Sie das Fleisch irgendwie hinunterbekämen, würden Sie, Ihr Bauch und womöglich auch der Allerwerteste diese Entscheidung schon bald bereuen. Die Tatsache, dass es nicht funktioniert, ist allerdings nicht einmal der Hauptgrund dafür, dass die ganze Geschichte einfach nur albern ist.

Die meisten Gewürze kamen aus dem Ausland. Sie mussten aus fernen Weltgegenden herangeschafft werden, was sie sehr teuer machte. Die Behauptung suggeriert also, dass Menschen etwas, das sie sich nicht leisten konnten, weil es oftmals buchstäblich ein Vermögen kostete, dazu verwendet hätten, etwas vergleichsweise Günstiges, das sie nicht ordentlich gelagert hatten, genießbarer zu machen.

Es gibt keine historischen Quellen, die belegen würden, dass so etwas tatsächlich geschehen ist. Man findet ganz selten ein paar Rezepte, die Lösungen für angegangenes Fleisch anbieten, aber Gewürze sind dabei nie mit im Spiel. Die Empfehlung lautet stattdessen, die schlechten Teile wegzuschneiden und das Fleisch zu waschen.

Ein gutes Steak, Lamm oder Schweinefleisch konnten sich die meisten Menschen nicht oft leisten, aber Hähnchen, Karnickel, Vögel und so weiter waren keine so seltenen Speisen. Von dem Geld, das all die Gewürze zum Übertünchen des Geruchs und Geschmacks von verdorbenem Fleisch gekostet hätten, hätte man stattdessen eine Menge frisches Fleisch kaufen können.

Ich gebe zu, dass Rezepte aus dem Mittelalter und der Tudorzeit für unseren modernen Geschmack oft extrem anmuten. Nicht nur, dass sich die Reichen an Speisen erfreuten, die viele von uns außerordentlich seltsam finden würden – sie zeigten ihren Gästen auch gern, dass sie sich etwas echt Teures leisten konnten. Und so liebten sie es tatsächlich, ihrem Essen Gewürze hinzuzufügen, aber das war eine Art Angeberei.

Wir mögen jetzt versucht sein, ein süffisantes Grinsen aufzusetzen und einmal mehr zu murmeln, wie einfältig die Leute damals doch waren. Dabei vergessen wir jedoch, dass wir gerade erst im Fernsehen miterlebt haben, wie ein Küchenchef seine dekonstruierte, mit Gurkenschaum bedeckte, über Holzkohle gegrillte und über Eichenholz geräucherte Kartoffel mit Blattgold überzogen hat, damit irgendein Promi ein kleines Vermögen dafür zahlen kann, mit diesem Gericht auf Instagram zu posieren, bevor er einmal den Mund aufmacht und es hinunterschlingt. Vielleicht unterscheiden wir uns doch nicht so sehr von unseren Ahnen.

71
Erin O'Keefe wurde im Jahre 1876 von Bergratten gefressen

Was man Ihnen vielleicht erzählt hat

Im Jahre 1876 wurden auf dem Berg Pikes Peak in den Rocky Mountains (USA) Sergeant John O'Keefe und seine junge Familie von wilden Ratten angegriffen, die eines Nachts auf der Suche nach frischem Fleisch aus den Felsspalten gekrochen kamen. John zog sich Ofenrohre über die Beine, um sich vor den Rattenbissen zu schützen, und kämpfte gegen die Nager an, als sie durch ein Fenster in das Häuschen der Familie eindrangen. Seine Frau Nora legte Drähte vom Telegrafensystem auf dem Fußboden aus und begann, den Ratten mit einer Batterie Elektroschocks zu verpassen. Das schlug sie schließlich in die Flucht. Aber für ihre zwei Monate alte Tochter

Erin war es tragischerweise zu spät; die Ratten hatten sie bereits aufgefressen, und nur der Schädel war übrig geblieben.

Die O'Keefes begruben sie auf dem Berg und platzierten einen Grabstein, auf dem zu lesen stand: »Errichtet zur Erinnerung an Erin O'Keefe, Tochter von John und Nora O'Keefe. Sie wurde im Jahre 1876 von Bergratten gefressen.«

John erzählte jedem, der den Gipfel erreichte, seine Geschichte, und die Besucher posierten dort oft für Fotos. Zeitungen druckten die Story, und sie wurde ziemlich bekannt. Sicher konnte niemand an ihr zweifeln – es gab ja ein Grab … und einen Grabstein!

Die Widerlegung

Es ist eine starke Story, oder? Eine jener typischen Wild-West-Geschichten, die zu der altmodischen Vorstellung von einer aufregenden, abenteuerreichen Ära der Entdecker und mutigen Männer passen, die in einem neuen, fremden Land unglaubliche Risiken eingingen. Sie hat auch so viele Details, durch die wir uns die haarsträubende Szene besser ausmalen können. Aber nichts davon ist wahr.

John gehörte zur Fernmeldetruppe *US Signal Service*, die später in *Army Signal Corps* umbenannt wurde. Er war in der Signalstation auf dem Gipfel des Pikes Peak stationiert, ganz allein, in fast völliger Isolation, und das beinahe drei Jahre lang. Dort verbrachte er alle seine Tage und Nächte damit, meteorologische Daten zusammenzutragen und an seine Vorgesetzten zu senden. Sicher können Sie sich vorstellen, dass dies die meiste Zeit kein besonders spannender Job war. Hin und wieder kamen Besucher vorbei, und manchmal stieg er den Berg hinab, um mit den Bewohnern von Colorado Springs ein paar Drinks zu schlürfen, was für unseren gelangweilten Soldaten eine echte Abwechslung gewesen sein muss. Und was lieben Gäste, Touristen und Trinkkumpane am allermeisten? Erstaunliche Geschichten!

Einer der Männer, denen er die Rattenstory erzählte, war der Zeitungsherausgeber Eliphat Price. Der war schwer beeindruckt und beschloss, darüber zu schreiben. Seine Artikel wurde veröffentlicht, und John empfing immer mehr Besucher, die natürlich alle auch das Grab sehen und die Story hören wollten. Mag sein, dass sie auch ein Erinnerungsfoto kauften oder den armen, traurigen Vater auf dem Berg mit einer großzügigen Spende bedachten. Bald wurde an einem großen Haufen von Felsblöcken ein Grabstein errichtet, und niemand schien sich zu wundern, weshalb man so viele Steine herangeschafft hatte, nur um einen Babyschädel zu bestatten. Aber es hatte gar keine Erin O'Keefe gegeben. Es gab ja nicht einmal eine Mrs. O'Keefe. John hatte sie beide und die gesamte Rattenstory von vorn bis hinten erfunden. Der Felshaufen bedeckte vermutlich die Überreste des Kompaniemaultiers.

In den Rocky Mountains gibt es keine wilden Rudel von grausamen nachtaktiven Ratten, die Menschen anfallen. Übrigens findet man in diesem Gebirge auch keinen aktiven Vulkan, und so konnte es auch nicht zu einem Vulkanausbruch gekommen sein, obwohl John das ebenfalls behauptet hatte. Entgegen den Aussagen von Johns Vorgänger auf der Signalstation lebten im See Mystic Lake auch keine Ungeheuer. Es ist ein bisschen so, als würden Leute, die echt gelangweilt und einsam sind, nach etwas zusätzlicher Aufmerksamkeit gieren und deshalb irgendwelche abenteuerlichen Storys erfinden.

John war für seine Lügengeschichten und Possen bekannt. Man nannte ihn den »Flunkerkönig von Pikes Peak«, und als er aus der Armee ausschied, wurden sein schalkhaftes Benehmen und seine Geringschätzung der Wahrheit in den Tischreden mehrmals erwähnt.

Dass die Story ein Fake ist, habe nicht ich herausgefunden. Im September 1877, gut ein Jahr nach Veröffentlichung der Geschichte, widerlegte ein Reporter der *Rocky Mountain News* aus Denver die ganze Sache, obwohl seine Zeitung selbst darüber berichtet hatte, als die Nachricht erstmals die Runde machte. Er war so klug, seine Leser an die Tatsache zu erinnern, dass diese Tiere – egal ob nachtaktive Nager, die in Felsspalten hausen und Menschen attackieren, oder aber ganz gewöhnliche Ratten – nicht oberhalb der Baumgrenze leben und dass damit alles nur Schwindel war. Aber der Journalist schrieb auch: »Die Leute glauben lieber eine gute Story als die trockene Wahrheit.«

Womit er vollkommen recht hatte.

Sergeant O'Keefe erzählte weiterhin jedem, der sie hören wollte, seine Fabelgeschichten, und eine war verrückter als die andere. Dank Internet und ein paar Fotos von Erins Grabstein, die bis heute überdauert haben, bindet er uns noch aus dem Jenseits einen Bären auf.

72
Königin Elisabeth II. bewarf arme Afrikaner mit Lebensmitteln

Was man Ihnen vielleicht erzählt hat

Kurz nachdem Königin Elisabeth II. im September 2022 gestorben war, verbreitete sich im Internet rasend schnell ein alter grobkörniger Filmausschnitt von zwei Frauen, die irgendetwas auf arme Leute werfen. Er zeigt die damals noch junge Prinzessin Elisabeth dabei, wie sie arme und hungrige afrikanische Kinder mit Nahrung bewirft. Wie scheußlich!

Die Widerlegung

Als große Teile der Welt trauerten und unsere Fernsehbildschirme sowie das Internet mit Filmmaterial und Storys geflutet wurden, um die verstorbene Monarchin zu ehren, gab es natürlich auch viele Menschen, die eine andere Sicht verbreiten wollten.

Für viele waren die Queen und das, was sie verkörperte, alles andere als positiv; ihr Name war für sie mit Unterdrückung, Kolonialismus, Nationalismus und blindem Patriotismus verknüpft. Im Internet wurden unzählige Geschichten und Bilder geteilt, die zeigten, was andere Menschen – manchmal außerhalb von Großbritannien – der Königin gegenüber fühlten und wofür sie in den Augen dieser Menschen stand.

Es gab ein klar erkennbares Bedürfnis nach dieser alternativen Sichtweise, und das ist auch vollkommen verständlich. Aber ich vermute, dass irgendjemand entweder keine Lust hatte, sich nach einer echten negativen Geschichte oder unerfreulichem Filmmaterial über die königliche Familie beziehungsweise den britischen Imperialismus in Elisabeths Herrschaftszeit auf die Suche zu machen, oder dass diese Person womöglich falsch verstand, was sie entdeckt hatte. Aus irgendeinem Grund fand man jedenfalls altes Filmmaterial und teilte es im Internet, verknüpft mit falschen Behauptungen. Die Postings in den sozialen Medien, die dieses Material weiterverbreiteten, waren oft von negativen Kommentaren über das britische Königshaus, den Imperialismus und so weiter begleitet. Die Sache führte im Internet zu vielen – oft heftigen – Auseinandersetzungen.

Obgleich die Bilder sehr unscharf waren, konnte man leicht erkennen, dass die Behauptungen nicht zu der Vorlage passten. Zunächst einmal stammt die Kleidung entweder aus dem späten 19. oder dem frühen 20. Jahrhundert, und Elisabeth II. wurde erst 1926 geboren. Die Mode, die wir in diesem Filmstreifen sehen, stammt eindeutig nicht aus den 1920er Jahren oder gar noch späterer Zeit.

Es war nicht besonders schwierig, die Quelle des originalen Filmmaterials zu finden – und das, obwohl die Ausschnitte von schlechter Qualität und nachträglich koloriert waren. Ich brauchte nur ein paar Screenshots zu machen und diese durch Suchmaschinen zu jagen, um zum *Catalogue Lumière* zu gelangen, einem wunderbaren Online-Verzeichnis aller Filme, die von den berühmten Filmpionieren Auguste und Louis Lumière gedreht wurden.

Dort fand ich den Film, um den es ging. Er war Ende 1899 oder Anfang 1900 vom Kameramann Gabriel Veyre in Französisch-Indochina (dem Gebiet des heutigen Vietnam, Laos und Kambodscha) aufgenommen worden. Veyre war so freundlich, uns ein paar Notizen zu hinterlassen, aus denen hervorgeht, dass die Frauen in dem Film Madame Paul Doumer und ihre Tochter sind.

Paul Doumer war damals Generalgouverneur des besagten Kolonialgebiets. Die Frauen warfen nicht mit Nahrung, sondern verstreuten sogenannte *sapèques* – kleine Münzen mit Loch, die häufig bündelweise mit einer Schnur zusammengehalten wurden. Wir können erkennen, wie die junge Frau ihre Mühe mit den Dingern hat. Diese Münzen waren sehr wenig wert, und die ganz offensichtlich armen Menschen in diesem Filmausschnitt hätten schon eine Menge davon sammeln müssen, ehe sie ihnen etwas gebracht hätten.

Laut Lumière-Katalog wurden die Filmaufnahmen in der »Pagode des dames« gemacht, die heute Chùa Láng heißt – ein Tempel in Láng Thượng (Distrikt Đống Đa, Hanoi). Ich konnte dafür keine Bestätigung finden, denn der Gebäudekomplex ist ziemlich ausgedehnt und wurde häufig restauriert und umgebaut; auf modernen Fotos war die Stelle nicht zu identifizieren.

Ich habe einige Vietnamesinnen und Vietnamesen gefragt, ob das Werfen von Münzen vielleicht ein Brauch oder eine Tradition gewesen ist. Womöglich handelte es sich um etwas, das mit diesem speziellen Tempel verbunden war. Es fiel ihnen jedoch nichts dazu ein. Münzen in Teiche werfen? Sicher, das kam vor, und manchmal legte man sie auch am Altar ab. Das tun die Menschen heute noch, genauso wie sie Obdachlosen Kleingeld geben. Es existieren auch Bräuche, bei denen man so etwas wie Glückspfennige verschenkt, aber meinen vietnamesischen Gewährsleuten zufolge war es damals vermutlich genauso entwürdigend und geschmacklos wie heute, den Armen Almosen vor die Füße zu schmeißen.

Obwohl es nicht unwahrscheinlich war, dass es vor dem Tempel Bettler geben würde, ist es doch seltsam, dass die Frauen beschlossen hatten, eine Menge Münzen mitzubringen, nur um sie auf die Bedürftigen zu werfen. Es ist besonders geschmacklos, wenn wir daran denken, dass die französischen Kolonialherren zu der Zeit, als man die Filmaufnahmen machte, viele lebensnotwendige Güter enorm besteuerten – und Monsieur Doumer, der Ehemann beziehungsweise Vater der Frauen auf dem Filmstreifen, war für einige dieser Steuern, die vielen Einheimischen das Leben erschwerten, direkt verantwortlich. Manche der Menschen, die hier mit Münzen beworfen werden, sind vielleicht durch diesen Mann verarmt.

Natürlich können wir uns nicht sicher sein, ob sich die Frauen einfach nur keinen Kopf machten und unanständig verhielten oder ob der Kameramann sie extra darum gebeten hatte. Ich möchte nicht krampfhaft irgendwelche Entschuldigungen für ihr Verhalten heranziehen, aber ich habe selbst für Film und Fernsehen gearbeitet und weiß, dass wir auf dem Bildschirm niemals die ganze Geschichte sehen.

Familie Doumer kehrte später nach Frankreich zurück, und Paul Doumer wurde Staatspräsident. 1932 fiel er auf einer Buchmesse in Paris einem Attentat zum Opfer.

Wieder einmal ist die wahre Geschichte hinter dem Filmmaterial interessanter als die erfundene. Aber egal wie oft die Leute die Wahrheit posteten, es war bereits zu spät: Millionen hatten die Lüge gesehen und geglaubt. Kurz darauf wurde der Filmausschnitt mitsamt der Falschbehauptung auch von *60 минут* (»60 Minuten«), einer Sendung im russischen Staatsfernsehen, verbreitet. Dort diente er als Vorwand, Königin Elisabeth, den Westen und »die Angelsachsen« im Rahmen einer der vielen üblen Propagandasendungen während des Ukrainekrieges zu attackieren.

73
Marlene Dietrich wurde in den 1930er Jahren festgenommen, weil sie Hosen trug

Was man Ihnen vielleicht erzählt hat

Als Marlene 1933 Paris besuchte, verhaftete die Polizei sie auf dem Bahnsteig, weil sie Hosen trug. Das war in Frankreich nämlich verboten! Aber die Schauspielerin kümmerte es wenig – als die Polizisten sie abführten, sah sie so cool aus wie immer.

Die Widerlegung

Die Fotos von Marlene Dietrichs »Verhaftung« an jenem Tag im Frankreich der 1930er Jahre sind fantastisch. Da schreitet sie voran, in einem Herrenanzug, mit Krawatte und Sonnenbrille, je einen Mann zur Linken und zur Rechten, der Kamera entgegen. Und so eine Geschichte von Trotz und Widerstand spricht die Leute natürlich aus vielerlei Gründen an. Abgesehen davon, dass Marlene brillant aussieht, ist sie auch eine Rebellin; sie führt einen gerechten Kampf für die Freiheit, sich so anzuziehen, wie man will, für den Feminismus, für die Rechte von Homosexuellen und so weiter und so fort. Die Menschen interpretieren das Foto auf ganz verschiedene Weise.

Es schmälert zwar die Verdienste oder die Coolness der Dietrich überhaupt nicht, aber leider ist die wahre Geschichte hinter diesem Bild nicht ganz so aufregend, wie man denken würde. Als das Foto zum ersten Mal geteilt wurde, wollte ich mehr darüber wissen. Ich hielt die Story nicht von vornherein für verdächtig, aber als großer Fan von Marlene war ich neugierig, was an diesem Tag wirklich geschehen ist. Bald fand ich heraus, dass sie nicht wirklich verhaftet worden war, und dann stieß ich auf einen sehr gut recherchierten Artikel von Gilles Tran. Mit seiner Genehmigung möchte ich nun wiedergeben, was er herausgefunden hat.

Marlene wurde von der französischen Polizei weder verhaftet noch festgehalten. Im Mai 1933 erlaubte die Filmgesellschaft Paramount ihrem Star, Urlaub in Europa zu machen. Sie bestieg in New York mit ihrer Tochter Maria und »Bordgepäck, das 25 Garnituren Männerkleidung, Dutzende Männeroberhemden, Krawatten und Socken enthielt«, die *Europa.* Am 19. Mai 1933 kam sie in Cherbourg an, wo sie von ihrem Ehemann Rudolf Sieber begrüßt wurde (er ist auf dem Foto einer der beiden Männer an ihrer Seite). Sie nahmen den Zug nach Paris und mussten feststellen, dass auf dem Bahnhof Saint-Lazare bereits eine Meute von Reportern auf sie wartete. Marlene war müde, und so stieg sie in einen Wagen und fuhr unverzüglich davon, ohne eine Fotopause einzulegen, womit sie manche Reporter verärgerte.

Die französische Presse kommentierte ihr »maskulines« Outfit ausführlich: Hosen, Schlips, schokoladenbrauner Polo-Mantel, weißes Oberhemd, Sonnenbrille und Barett. Auch ihre Tochter war auf diese Art gekleidet (allerdings ohne Schlips). Einige Kommentare waren positiv, aber viele spotteten über ihr Aussehen, das Geschlechterrollen durcheinanderwirbelte und daher auch in Karikaturen auf die Schippe genommen wurde (eine zeigt einen Mann, der einem zweiten, sehr feminin dargestellten Mann hinterhergafft und sagt: »He, das könnte Marlene Dietrich sein!«). Trotzdem war sie ein Weltstar, und die französische Presse hofierte sie, Hosen hin oder her.

Auf jeden Fall wird nirgendwo erwähnt, dass die Pariser Polizei Marlene Dietrich festgenommen hätte. Wäre das geschehen, dann hätte es weltweit auf den Titelseiten gestanden. Am nächsten kam die Dietrich der französischen Polizei, als sie von Madame Chiappe, der Frau des Pariser Polizeichefs, zu einer Benefizveranstaltung für pensionierte Polizeibeamte eingeladen wurde. Dietrich besuchte die Veranstaltung, »allem maskulinen Aufputz entsagend, [...] gekleidet in modisches Grün mit Luchspelz, womit sie außerordentlich reizend aussah« (*Chicago Tribune* und *Daily News* vom 13. Juni).

Donald Spotos Biografie erwähnt freilich, die französische Polizei habe »ernsthaft einen Haftbefehl erwogen«, weil Marlene Dietrich sich als Mann ausgegeben hätte, und Steven Bachs Biografie behauptet, dass Dietrich und Sieber »offizielle Warnungen von der entrüsteten Polizeipräfektur zu lesen bekamen«. Für die erste Behauptung werden keine Quellen angeführt, aber die zweite soll auf eine amerikanische Zeitung zurückgehen. Und tatsächlich berichteten US-amerikanische Blätter, dass Jean Chiappe, der Polizeichef, Marlene Dietrich mit Arrest gedroht habe, wenn sie in Männerkleidung herumlaufen sollte (*Waterbury Democrat* vom 22. Mai). In französischen Zeitungen wurde davon allerdings nichts mitgeteilt, obwohl die Medien Chiappes Aktivitäten genau verfolgten. Es ist auch unwahrscheinlich, dass Chiappe einem internationalen Filmstar erst öffentlich gedroht und ihn zwei Wochen später zur Teilnahme an einer von seiner Frau organisierten Wohltätigkeitsveranstaltung bewogen hat. Viel eher lässt sich vermuten, dass ein US-Journalist, der sich darüber ärgerte, von der Schauspielerin bei ihrer Ankunft in Paris verprellt worden zu sein, eine »kreative Reportage« verfasste, die auf Gerüchten beruhte. Pariser Zeitungen erwähnten zwar ein »Anti-Hosen-Gesetz« und ein theoretisch mögliches Vorgehen der Polizei gegen Marlene, aber es war scherzhaft gemeint.

Die Vorstellung, dass Frauen das Tragen von Hosen untersagt sei, kursierte also tatsächlich, und manche betrachteten die berühmte Hosenliebhaberin Marlene Dietrich als potenzielle Zielscheibe polizeilichen Eifers. Aber schon die Historikerin Christine Bard hat in ihrer *Histoire politique du pantalon* (»Eine politische Geschichte der Hose«) vermerkt, dass die Sache mit Chiappe nichts als ein Gerücht war.

In Frankreich gab es so etwas Ähnliches wie ein Gesetz, welches Frauen das Tragen von Hosen verbot. Am 7. November 1800 erließ die Pariser Polizeipräfektur eine Verordnung (kein Gesetz, denn ein solches hätte im Parlament verabschiedet werden müssen), in der es hieß: »Jede Frau, die sich wie ein Mann kleiden möchte, muss die Polizeipräfektur aufsuchen, um die entsprechende Erlaubnis einzuholen, welche nur auf Grundlage einer amtsärztlichen Bescheinigung erteilt werden kann.«

Im Grunde richtete sich die Verordnung gegen Crossdressing – ein altes soziales Tabu, sofern nicht besondere Umstände vorlagen. Im frühen 20. Jahrhundert war dieser Erlass durch die Entwicklung in der Frauenbekleidung jedoch bereits aus der Zeit gefallen und nutzlos. Doch auch wenn das »Gesetz« in der Praxis nicht länger von Interesse war, blieb es noch über Jahrzehnte hinweg im öffentlichen Bewusstsein verankert.

Das zeigte sich besonders während des von einer Frauensportorganisation angestrengten Zivilverfahrens gegen die Sportlerin Violette Morris. Morris, die stets Männerkleider trug, war eine der bemerkenswertesten Athletinnen ihrer Zeit. Ihre Disziplinen waren Speerwerfen, Kugelstoßen, Rad- und Autorennen, Fußball, Boxen und Schwimmen. Sie war aber auch bekannt dafür, aggressiv gegenüber Kampfrichtern und Sportlerkollegen aufzutreten. Als die *Fédération féminine sportive* (FFS) sie auszuschließen versuchte und ihr die Teilnahme an den Olympischen Spielen verwehrte, lautete eines der Argumente, sie ziehe sich unerlaubterweise wie ein Mann an.

Während des Prozesses im Jahre 1930 erinnerte Yvonne Netter, Anwältin der FFS und selbst engagierte Feministin, das Gericht daran, dass es »die Verordnung gebe« und dass Morris von der Polizei verhaftet werden könne, weil sie nicht über die berühmt-berüchtigte Ausnahmegenehmigung verfügte. Henri Lot, der Verteidiger von Morris, brachte im Gegenzug das Argument vor, dass die Verordnung inzwischen ungültig sei, und präsentierte zum Beweis einen Brief des Polizeipräfekten Chiappe (den wir ja schon kennen), in dem bestätigt wurde, dass Frauen in Hosen nicht länger Gegenstand polizeilicher Aufmerksamkeit seien. Morris verlor ihren Prozess trotzdem. Das alles hatten die Leute vielleicht noch im Hinterkopf, als im Mai 1933 das Gerücht umging, Chiappe habe Marlene Dietrich mit Verhaftung gedroht.

Die Aufhebung der Verordnung von 1800 ist in der französischen Politik regelmäßig wieder ins Spiel gebracht worden – meist, weil man damit auf einfache Weise punkten konnte. Wer kann sich schon dagegen sträuben, ein »Gesetz« aufzuheben, welches Frauen das Hosentragen verbietet?

Die vorerst letzte Runde fand 2013 statt, als das Ministerium für Frauenrechte befand, dass diese Verordnung mit den von der Verfassung (und anderen Texten) garantierten Prinzipien der Gleichberechtigung von Mann und Frau unvereinbar sei und deshalb keinen gesetzlichen Status mehr habe. Sie sei nur noch ein »Archivstück«. Aber Christine Bard, die zu diesem Thema einen Rechtswissenschaftler konsultiert hat, merkt an, dass dies nur *eine* Auffassung sei und dass das Ministerium gar keine rechtliche Zuständigkeit für Angelegenheiten der Präfektur habe. Die wiederum hat es bisher abgelehnt, sich mit dem Thema zu befassen. Technisch betrachtet, ist die Verordnung also noch immer in Kraft. In der Praxis aber ist sie seit mehr als einem Jahrhundert mausetot.

74
In der Schlacht von Gallipoli kollidierten 1915 zwei Gewehrkugeln – so etwas passiert mit einer Wahrscheinlichkeit von eins zu einer Milliarde

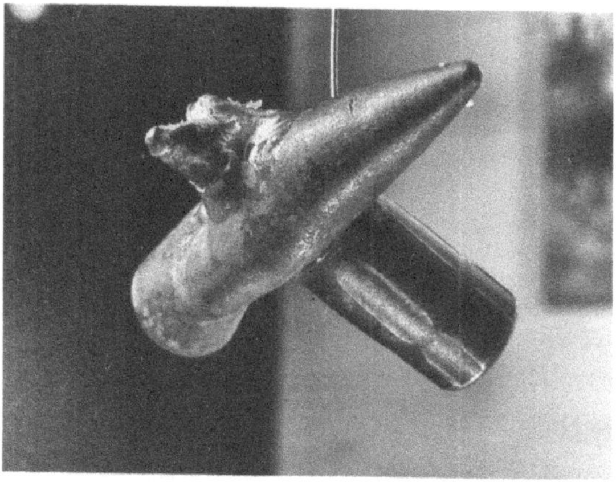

Was man Ihnen vielleicht erzählt hat

In der Schlacht von Gallipoli im Ersten Weltkrieg prallten zwei fliegende Projektile in der Luft zusammen. Es ist extrem unwahrscheinlich, dass so etwas passiert. Haben zwei Soldaten aus verfeindeten Lagern diesen Tag vielleicht nur überlebt, weil ihre Kugeln das Ziel nicht erreichten? Begleitet wird das Bild häufig von der Aufforderung an den Betrachter, ein noch unwahrscheinlicheres Ereignis zu benennen.

Die Widerlegung

Das Foto und die dazugehörige Aufgabe sind so etwas wie eine Goldgrube für die sozialen Medien. Nicht nur, dass man hier eine fantastische historische Behauptung und ein erstaunliches Foto hat – man verlockt den Betrachter auch dazu, eine Antwort zu posten.

Was ist unwahrscheinlicher als ein Zusammenprall zweier Gewehrkugeln, zu dem es nur in einem von einer Milliarde Fällen kommt?

Natürlich geht es bei der Sache nicht wirklich um Gallipoli, den Feldzug im Ersten Weltkrieg auf dem Gebiet der heutigen Türkei, wo bei Kämpfen, die fast ein Jahr andauerten, mehr als 440.000 Soldaten verwundet wurden und mehr als 100.000 fielen. Das Bild ist zu etwas geworden, das die jungen Leute heutzutage ein »Meme« nennen. Aber beruht es wenigstens im Entferntesten auf Tatsachen?

Die Projektile auf dem Foto lagen früher ganz sicher irgendwo in einem Museum, und so sollte sich doch jemand daran erinnern, sie dort gesehen zu haben. Nichtsdestotrotz erforderte es eine ganze Menge Detektivarbeit, die Spuren des Fotos zu verfolgen. Egal wie oft ich in den sozialen Medien danach gefragt habe – der Aufbewahrungsort dieser Geschosse blieb jahrelang ein Mysterium.

Die Gegend um Gallipoli ist immer noch von Gegenständen übersät, die mit jenen Kämpfen zu tun haben; das führte zur Einrichtung mehrerer Museen und Sammlungen in der Region. Aber wo genau befand sich das gesuchte Ausstellungsstück? Nachdem ich auf Twitter um Hilfe gebeten hatte, wurde mir schließlich mehrmals eine Adresse genannt: das *1915 Seddülbahir Ahmet Uslu Müzesi* in Çanakkale.

Die Kommunikation mit dem Museum war ein bisschen schwierig, aber durch einen meiner Follower auf Twitter wurde ich an die Tatsache erinnert, dass es auf Google Maps oft von Besuchern geknipste Fotos bestimmter Orte gibt. Auf diese Weise konnte ich in das Museum schauen, ohne hinreisen zu müssen. Ich sah mir unzählige touristische Schnappschüsse an, bis ich endlich die Gewehrkugeln fand. Das bestätigte mir, dass zumindest die Verbindung mit der Schlacht von Gallipoli real war.

Aber sind die Kugeln wirklich mitten in der Luft zusammengeprallt?

Ich bin keine Expertin für Ballistik, und so musste ich die Sache mit Hilfe von ein paar alten Freunden überprüfen, die sich mit so etwas besser auskennen als ich. Allgemeiner Konsens war, dass dieser Teil der Geschichte nicht stimmte. Wenn ein Geschoss aus den damals benutzten Gewehren abgefeuert wurde, hinterließ der Gewehrlauf Streifenmuster (die sogenannten Drallspuren) auf dem Projektil. Die Innenseite eines Gewehrlaufs ist nie vollkommen glatt und oft sogar spiralförmig geschnitten, um der Kugel einen stabileren Flug zu ermöglichen. Sie haben davon bestimmt schon in einem Kriminalfilm oder einem entsprechenden Theaterstück gehört, wenn sich die forensische Wissenschaft diese Spuren vornimmt, um die Kugel einer ganz bestimmten Waffe zuordnen zu können. Und hier fällt die Story auseinander – eine der beiden Gewehrkugeln hat keine Drallspuren. Das bedeutet, dass in dem Moment, wo die Kugeln aufeinandertrafen, nur die eine in Bewegung war, die andere aber ruhte. Wahrscheinlich war sie in einem Patronenkasten verpackt, oder vielleicht steckte sie im Patronengurt eines Soldaten.

Das kommt viel häufiger vor als die Kollision zweier Gewehrkugeln während des Fluges. Ich würde nicht sagen, dass es regelmäßig passiert, aber doch so häufig, dass recht viele Museen solche Kugeln unter ihren Ausstellungsstücken haben. Leider vergessen manche dieser Museen zu erwähnen, dass die Kugeln vermutlich nicht mitten in der Luft aufeinandergetroffen sind, oder sie suggerieren sogar, *dass* es so gewesen wäre, obgleich sie es besser wissen müssten.

Warum soll man auch zulassen, dass die Wahrheit einer tollen Story im Wege steht, nicht wahr?! Nun ja, genau für solche Situationen bin ich da – ich versperre einer tollen Story den Weg und decke nebenbei hoffentlich ein paar andere Geschichten auf, die sogar noch besser sind.

Kommt es überhaupt vor, dass fliegende Kugeln miteinander kollidieren? Ja, aber wirklich sehr selten.

Ich bin in Mathe eine schreckliche Niete, aber so selten das bereits wäre, die Wahrscheinlichkeit beträgt vermutlich nicht eins zu einer Milliarde, vor allem wenn man die Zahl der in Gallipoli abgefeuerten Geschosse berücksichtigt. Eines muss man noch dazusagen: Wenn moderne Gewehrkugeln aufeinandertreffen, nachdem sie den Lauf verlassen haben, dann bleibt meist sehr wenig von ihnen übrig – sie explodieren in lauter winzige Stücke. Die heute noch existierenden Belege für solche Kollisionen stammen deshalb aus dem 19. Jahrhundert, als Kugeln aus weicherem Material bestanden und mit geringerer Geschwindigkeit unterwegs waren.

Um die Verwirrung noch größer zu machen: Man munkelt von Soldaten, vielleicht auch Ingenieuren, die ein bisschen zu viel Freizeit sowie Zugang zu einer Menge Munition, Werkzeug und Werkstätten haben. Es heißt, dass sie solche angeblich »in der Luft kollidierten« Kugeln extra fabrizieren. Immerhin geben sie tolle Souvenirs und Sammlerstücke ab – genau wie Kugeln, die in eine Bibel, eine Münze, ein Zigarettenetui oder Ähnliches eingedrungen sind …

Aber so etwas sehen wir auf unserem Bild ja nicht. Vor uns liegt eine Gewehrkugel, die auf ruhende Munition abgefeuert wurde. Und das ist nicht so selten, wie es die Behauptung nahelegt.

75
Dieses mysteriöse Foto zeigt ein verlassenes mittelalterliches Dorf

Was man Ihnen vielleicht erzählt hat

Dieses wunderbare Foto zeigt einen alten Brunnen auf einem kleinen Platz, der von mittelalterlichen Häusern umgeben ist. Ist es nicht fantastisch? Ist es nicht romantisch? Manche behaupten, der Ort liege in Schottland; möchten Sie ihn nicht eines Tages besuchen? Es sieht so aus, als hätten ihn die Bewohner eben erst verlassen – oder vielleicht ist er auch schon seit den Tagen des Schwarzen Todes menschenleer. Dies ist ein echtes mittelalterliches Dorf, das von seinen Bewohnern aufgegeben wurde, aber niemand weiß, wo es sich befindet …

Die Widerlegung

Dieses hinreißende Foto stachelt unsere Neugier an und lässt unsere Fantasie Höhenflüge vollführen. Wo genau ist der Ort, können wir ihn besichtigen, weshalb wurde er verlassen? Und überhaupt, wie hat dieser uralte Eimer, der da im Wasser hängt, all die Jahre überstanden?

So romantisch und spannend die Idee von einem jahrhundertealten aufgegebenen Dorf auch ist und obwohl es in Schottland tatsächlich verlassene Dörfer gibt – auf diesem Foto sehen wir etwas anderes.

Die Szenerie wirkt beinahe so, als wäre sie einem Märchen entsprungen. Kein Wunder, denn das ist sie wirklich; sie stammt aus der modernen Version eines Märchens, nämlich aus einem Film. Man kann relativ leicht herausfinden, wo das Foto aufgenommen wurde. Mehrere Faktenchecker haben bereits aufgedeckt, dass es im Studio Babelsberg geknipst wurde, nahe Berlin. Es ist das älteste große Filmstudio der Welt. Das Gelände umfasst eine Gesamtfläche von etwa 460.000 Quadratmetern, und dank dieser Größe kann man Filmsets dort einfach stehen lassen, statt sie abzureißen, sobald die Dreharbeiten beendet sind.

Obwohl das Studio einen großen und sehr populären Filmpark mit einem »Mittelalterbereich« hat, ist die Stelle, an der das Foto gemacht wurde, der Öffentlichkeit nicht zugänglich. Die Aufnahme muss also von jemandem stammen, der an einem Film mitarbeitete. Auf der Website des Studios Babelsberg las ich, dass dieses Filmset zuletzt für die Dreharbeiten zu *Hänsel und Gretel: Hexenjäger* im ersten Halbjahr 2011 genutzt wurde. Konnte das Foto von diesen Dreharbeiten stammen? Ich wusste es nicht.

Im Internet begann man erstmals auf das Foto aufmerksam zu werden, als es auf Imgur, einem Filehosting-Dienst für Bilder, geteilt wurde. Die Bildunterschrift lautete damals »*Skyrim* in echt«, was eine Anspielung auf ein populäres Videospiel ist. Auch wenn einer der Kommentarschreiber bereits erklärt hatte, dass es sich um ein Filmset handelte, begann das Foto bald ein Eigenleben zu entwickeln. Als es jemand mit der Erläuterung »Verlassenes Dorf in Schottland« in Umlauf brachte, regte es die Fantasie der Leute mächtig an und ging viral.

Ich hatte eigentlich nicht vor, einen Artikel über dieses Foto zu schreiben, denn viele Faktenchecker hatten die Falschinformationen ja bereits widerlegt, und doch ärgerte es mich, dass der wahre Ursprung des Fotos ein Geheimnis geblieben war. Daher beschloss ich, einen letzten Blick auf diesen Fall zu werfen – und mir gelang der Durchbruch.

Bei Flickr stieß ich auf einen Account mit dem mysteriösen Foto. Es gab dort auch mehrere andere Bilder, die mich vermuten ließen, dass die Person, die sie hochgeladen hatte, vielleicht der ursprüngliche Fotograf war. Das Foto war dort 2013 online gestellt worden – früher als auf allen anderen Websites, auf denen ich es entdeckt hatte. Mithilfe dieses Flickr-Accounts konnte ich sagen, dass der User 3PASSA *Urban Exploring* betrieb. Dabei sucht man alte, verlassene Orte auf – manchmal Krankenhäuser, Armeebaracken und Fabriken mit zerbrochenen Fensterscheiben, zurückgelassenen Gegenständen und gespenstischen Räumen – und macht dort Bilder. Die Resultate sind oftmals umwerfend und eigentlich immer faszinierend.

Viele der von diesem Account hochgeladenen Fotos waren in und um Berlin aufgenommen worden – ein weiteres Indiz. Der Account teilte auch Bilder von Requisiten und Modellen, die der Fotograf als Teil seiner Arbeit gemacht hatte. Ich war ganz sicher auf der richtigen Fährte: Jemand, der in Berlin lebte, in der Film- und Fernsehbranche arbeitete und ein Foto von einem Filmset im Studio Babelsberg hochgeladen hatte … ja, ich war nahe dran!

Ich investierte noch etwas mehr Detektivarbeit. Aus seinem Flickr-Profil erfuhr ich, dass er Alex hieß. Ich war selbst einige Jahre lang in dieser Branche tätig gewesen. Neben Recherchen für Film und Fernsehen schuf ich auch ein paar historische Filmsets, fertigte einige Requisiten an und hatte sogar mit Spezialeffekten zu tun. Und so zog ich jetzt an ein paar

Strippen, behelligte einige Filmleute, mit denen ich damals zusammengearbeitet hatte, und schaute überall nach.

Wieder hatte ich das Glück auf meiner Seite. Ich stieß bei LinkedIn auf einen gewissen Alex Friedrich, und als ich mir seine Website ansah, war mir klar, dass ich den richtigen Mann gefunden hatte. Ich nahm mit Alex Kontakt auf, und er bestätigte mir, dass er das ursprüngliche Foto gemacht hatte. Er wusste bereits, dass es mit einer erfundenen Geschichte im Internet geteilt wurde, und erzählte mir auch, dass dieses Dorf nicht für *Hänsel und Gretel: Hexenjäger* gebaut worden war, sondern für *Anonymus* (2011), einen Film über Shakespeare. Ursprünglich umfassten die Filmbauten sogar eine Nachbildung des berühmten *Globe Theater*, die aber nach Ende der Dreharbeiten wieder abgebaut wurde. Die übrigen Gebäude verwandelte man in jenes Städtchen, das wir aus dem späteren Film kennen.

Alex wirkte bei *Hänsel und Gretel* als Requisitenbauer mit und machte ein paar Fotos, nachdem die Dreharbeiten abgeschlossen waren. Er berichtete mir auch, dass beide Filmsets im Winter errichtet worden waren, manchmal bei Temperaturen von minus zehn Grad! Das mag verrückt klingen, aber die meisten Filme werden im Frühling und Sommer gedreht, und die Herstellung eines Sets dauert eine Weile, sodass manchmal nur die kalte Jahreszeit dafür bleibt.

In Schottland findet man tatsächlich verlassene Dörfer, obgleich natürlich keines davon so aussieht wie das auf dem Foto. Da wären zum Beispiel die Inselgruppe St. Kilda, die fast 2000 Jahre lang bewohnt war, in den 1930er Jahren jedoch aufgegeben wurde, und der Ort Lawers in der Grafschaft Perthshire, der es kürzlich in die Medien schaffte, als er zum Verkauf angeboten wurde (samt alten Ruinen und einem Geist, obwohl ich nicht recht glaube, dass der Immobilienmakler eine Garantie dafür abzugeben wagte, dass es an diesem Ort wirklich spukt).

Ich fühlte mich wie ein Detektiv, der wieder einen Fall gelöst hat – obwohl es diesmal ein vergleichsweise trivialer gewesen war. Aber es ist einfach innerlich befriedigend, ein Geheimnis zu erhellen, ganz egal, welche Dimensionen es hat

76
Hugh Hefners Großvater erfand die *Playboy*-Häschen

Was man Ihnen vielleicht erzählt hat

Es ist ein ziemlich eigenartiges viktorianisches Foto: Ein Herr steht mit vier reizenden Damen auf der Eingangsterrasse eines Hauses. Alle vier tragen Hasenohren auf den Köpfen. Ein Schild über der Tür verkündet: *The Jack Rabbit Club*. Bei dem Mann handelt es sich um Hugh Hefners Großvater, und die Frauen sind die allerersten *Playboy*-Häschen!

Wussten Sie, dass es die schon so lange gibt? Nein? Ich auch nicht. Ich dachte, sie stammten aus den 1960er Jahren. Aber Fotos lügen nicht, oder?

Die Widerlegung

Natürlich lügen Fotos, und nicht zu knapp. Ich denke, wir haben das inzwischen festgestellt!

Es handelt sich um ein lustiges Foto, und die Leute wollen natürlich glauben, dass es die Frühgeschichte der *Playboy*-Hasen abbildet. Wenn man eine Frau mit Hasenohren sieht, kommt einem das unweigerlich in den Sinn – zumindest, wenn man einer bestimmten Generation angehört.

Ich suchte zuerst in Archiven und alten Zeitungen nach dem *Jack Rabbit Club*. Ich fand auch einen, aber das war ein 1891 gegründeter Veteranen-Sportclub. Freilich könnte ein Club, dessen eingetragener Zweck ist, »den Schieß- und Angelsport zu pflegen«, eine gute Tarnung für einen Ort abgeben, an dem Kerle mit hübschen Frauen rumhängen, ohne dass ihre Ehegattinnen davon Wind bekommen. Bei allem, was ich über den Club herausgefunden habe, deutet aber nichts darauf hin, dass er auch nur ein bisschen aufregender gewesen wäre, als er selbst behauptete.

Einer meiner ersten Schritte bei der Untersuchung eines Fotos besteht darin, dass ich nach der größten auffindbaren Version mit der besten Auflösung suche. Das ist mit einer guten Suchmaschine relativ einfach zu bewerkstelligen. In unserem konkreten Fall bemerkte ich dabei, dass dem im Internet geteilten Foto eine Kleinigkeit fehlte. Jemand hatte unten einen Streifen weggeschnitten, aber in der Version, die ich gefunden hatte, war er noch dran. Auf diesem Streifen war zu lesen: »© Steven Cook 2011«.

Nun ja, damit war der Fall gelöst!

Das Foto selbst war echt, aber von dem britischen Künstler, Fotografen und Grafik-Designer Steven Cook für seine *Alternity*-Serie verändert worden. Für diese Reihe schuf er seltsame und wunderbare Szenen, indem er seine eigenen Aufnahmen mit alten Fotos mischte. Die Ergebnisse waren ungewöhnlich und bisweilen magisch. Nachdem ich den Ursprung des Bildes gefunden hatte, setzte ich mich mit Mr. Cook in Verbindung, der so freundlich war, alle meine Fragen zu beantworten.

Unglücklicherweise ist das originale, unveröffentlichte Foto in seinen Archiven derzeit nicht auffindbar. Ich konnte es deshalb hier nicht als ultimativen Beweis einfügen. Mr. Cook erklärte, er habe das Schild über der Tür dem Foto hinzugefügt, und die Hasenohren waren einst natürlich auch nicht drauf gewesen. Die Leute teilen das Foto im Internet also nicht nur, ohne den Künstler und Rechteinhaber des Bildes zu nennen – sie vergessen auch zu erwähnen (oder merken nicht einmal), dass es sich nicht um eine echte historische Aufnahme handelt. Auf diese Weise verbreiten sie Fake History.

77
Dies ist die allererste Miss World

Was man Ihnen vielleicht erzählt hat

Ein sehr altes Foto zeigt eine wunderschöne Dame, aber sie ist nicht irgendwer – sie ist die allererste Miss World! Wussten Sie, dass es diesen Titel bereits seit mehr als einem Jahrhundert gibt?

Die Widerlegung

Die Miss-World-Wettbewerbe haben im Leben der meisten von uns irgendeine Rolle gespielt. Wir haben sie uns entweder angesehen oder etwas darüber gelesen oder aber versucht, ihnen aus dem Weg zu gehen. Die allererste Siegerin zu erblicken und dabei zu begreifen, dass der Wettbewerb schon so lange stattfindet, ist für die meisten Menschen interessant. Das macht daraus ein beliebtes Thema in den sozialen Medien. Allerdings zeigt das Foto gar nicht die erste Miss World.

Schon eine flüchtige umgekehrte Bildersuche ergibt, dass die Dame auf dem Foto Cléo de Mérode ist, eine Frau, die für ihren Tanz, ihre Auftritte, ihren Glamour und ihre Schönheit berühmt war. Sie war die uneheliche Tochter einer Baronin und eines Richters. Schon früh zeigte sich ihr Bühnentalent, und mit elf Jahren hatte sie ihren ersten Auftritt in der Pariser Oper. Noch berühmter wurde sie aber durch ihr Aussehen: Die Kleider, in denen sie sich zeigte, und die Art, wie sie ihr Haar trug, waren in Paris Stadtgespräch, und sie fand überall Nachahmerinnen. Berühmte Künstler porträtierten sie und fertigten Skulpturen von ihr an. Fotos von ihr wurden unglaublich populär – sowohl in Frankreich als auch über die Landesgrenzen hinaus.

Schon bald war ihr Erscheinungsbild auf der ganzen Welt bekannt. Und natürlich gab es auch unzählige Gerüchte über sie. So wurde behauptet, sie hätte eine Affäre mit dem belgischen König Leopold II. – genau, mit dem Monster vom Kongo-Freistaat. Die Presse kreierte sogar den Namen »Cléopold«. Das klingt bekannt, oder? Noch heute kombiniert man die Namen von Berühmtheiten auf diese Weise. Die ganze Geschichte war aber Blödsinn, also eine weitere Portion Fake History.

Man kann sagen, dass sie vielleicht der erste Weltstar war, dessen Ruhm auf Bildern beruhte. Sie war für ihr Image und ihr Verhalten berühmter als für ihr Talent. Und vielleicht war sie in gewisser Weise die erste inoffizielle Miss World – berühmt für ihr Aussehen und als schönste Frau ihrer Zeit betrachtet. Möglicherweise hätte sie den ersten Miss-World-Wettbewerb gewonnen, wenn es ihn damals schon gegeben hätte. Aber es gab ihn noch nicht. Cléo de Mérode hat diesen Titel nicht getragen. Sie war nicht die erste Miss World.

Der Schönheitswettbewerb namens »Britain Bikini Girl« wurde 1951 in London organisiert. Bei diesem Titel war es allerdings kein Wunder, dass sich die Medien für »Miss World« entschieden, und der ziemlich smarte Organisator Eric Morley ließ diese Bezeichnung rasch als Marke eintragen. Als er hörte, dass die Amerikaner ein Jahr später einen Miss-Universe-Wettbewerb organisierten, machte Eric aus seiner Alternativveranstaltung, die eigentlich als einmaliges Ereignis konzipiert gewesen war, ein alljährlich stattfindendes Event. Denen würde er es aber zeigen!

Auf jeden Fall war Cléo de Mérode bereits 76 Jahre alt, als dieser Wettbewerb stattfand. Es wundert daher nicht, dass sie nicht daran teilnahm. Gewinnerin war die Schwedin Kerstin »Kiki« Håkansson. Sie war damals 22 und nicht so leicht mit Miss de Mérode zu verwechseln.

78
Dies ist der erste Roboter der Welt

Was man Ihnen vielleicht erzählt hat

Ein erstaunliches Foto zeigt einen Roboter, der irgendwo in den USA der 1890er Jahre zwischen mehreren schwarzen Soldaten steht. Wir erfahren nicht, wer die Männer sind oder was der Roboter dort macht, aber es sieht so aus, als wäre er bereit für die Schlacht. Das Einzige, was der beigefügte Text uns mitteilt: Dies ist der erste Roboter der Welt …

Die Widerlegung

Es mag für Sie und für mich schwer begreiflich sein, dass Leute darauf hereinfallen, aber sie tun es trotzdem.

Es ist ein tolles Bild, eine erstklassige Photoshop-Arbeit, aber die meisten Menschen werden es automatisch als Fake abstempeln, weil es einfach keinen Sinn ergibt, so cool es auch aussieht. Es ist ansprechend, es hat Steampunk-Qualitäten und eine H.-G.-Wells-Atmosphäre, nur zeigt es leider keinen viktorianischen Roboter.

Der Roboter auf diesem Bild heißt Boilerplate. Er ist eine fiktionale Gestalt, erfunden vom Künstler Paul Guinan, und zwar nicht in den 1890ern, sondern mehr als ein Jahrhundert später. Guinan baute einen Modellroboter und schuf eine ganze Website über die Abenteuer von Boilerplate, den er in reale historische Begebenheiten integrierte. Zusammen mit seiner Co-Autorin Anina Bennett schuf er das wundervolle Buch *Boilerplate: History's Mechanical Marvel* (etwa: »Boilerplate: Das mechanische Wunder der Geschichte«). Es gibt dazu sogar Fanartikel. Guinan hat so gute Arbeit geleistet, dass sich recht viele Leute täuschen ließen, aber die Sache wurde trotzdem bald aufgedeckt. Dennoch ist es beeindruckend, dass sich bis heute so einige Leute davon in die Irre führen lassen.

Das Bild, in das Boilerplate mittels Photoshop eingebaut wurde, ist auch ohne den Roboter faszinierend. Die Männer darauf sind sogenannte »Büffelsoldaten«, die gerade eine Pause machen. Im Jahre 1894 begleiteten sie General Wesley Merritt bei einer Reise quer durchs Land. Ursprünglich handelte es sich um Mitglieder des Zehnten Kavallerieregiments der US-Armee, das aus schwarzen Soldaten bestand. Indigene Amerikaner verpassten ihnen den Spitznamen »Büffel«, der dann von einigen Regimentern der sogenannten schwarzen Kavallerie, die nach dem Amerikanischen Bürgerkrieg entstand, übernommen wurde. Sie waren in mehreren Kriegen im Einsatz: in den »Indianerkriegen«, während der Mexikanischen Expedition und sogar im Ersten und Zweiten Weltkrieg.

Das Bild stellt uns aber noch vor eine andere Frage: Wenn der gute alte Boilerplate nicht der erste Roboter war, wer oder was dann?

Die Antwort hängt natürlich sehr davon ab, wie wir »Roboter« definieren. Wenn wir von der grundlegendsten Bedeutung des Wortes ausgehen und nach dem ersten Gerät suchen, das menschliche Bewegungen und Funktionen automatisch nachbilden kann, könnten wir behaupten, dass Automaten die ersten Roboter waren. Diese mechanisch gesteuerten Geräte, die aufgezogen wurden und oft Menschen oder Tiere darstellten, konnten eine vorher festgelegte Abfolge von Bewegungen ausführen. Man kann sie vielleicht am besten mit den heutigen Animatronics vergleichen. Bereits im klassischen Altertum wird von Automaten – Statuen, Möbelstücken und so weiter – berichtet, die sich von selbst bewegten und auf Menschen reagierten. Deshalb lässt sich wahrscheinlich nicht herausfinden, welcher der allererste Roboter war. Einige existierten nur im Mythos. Die Geschichten über sie sind vermutlich nur erfunden oder zweifelhafter Herkunft. Das macht die Sache kein Stück einfacher.

Trotzdem ist es lohnend, sich im Internet Videos von solchen Automaten anzuschauen. Es ist wirklich faszinierend, was äußerst kluge Menschen vor Jahrhunderten hervorbringen konnten. Besonders beeindruckend ist der Musikautomat, der Königin Marie Antoinette darstellt und acht Töne auf einem Hackbrett spielen kann. Er wurde im Jahre 1784 vom deutschen Kunsttischler David Roentgen geschaffen.

79
Die Pyramiden wurden von Sklaven erbaut

Was man Ihnen vielleicht erzählt hat

Die großen Pyramiden in Ägypten wurden von Sklaven erbaut. Das steht sogar in der Bibel.

Die Widerlegung

Wir alle kennen das Bild: Sklaven schleifen riesige Steine über Rampen empor, während ihr Aufseher sie mit Peitschenhieben antreibt. Aber dieses Bild entspringt weitgehend der Fantasie. Es gab natürlich Sklaven im alten Ägypten, und an irgendeiner Stelle waren sie vermutlich auch als Teil der Produktionskette in den Bau der Pyramiden einbezogen – immerhin war Sklaverei Teil des alltäglichen Lebens. Deshalb können wir nicht sagen, dass sie nichts mit der Errichtung der Pyramiden zu tun hatten. Es gibt aber keinen Beweis dafür, dass sie sie tatsächlich gebaut haben.

Und nein, es wird auch nicht in der Bibel erwähnt. Das Buch Exodus (2. Mose 1:13 f.) sagt, dass die Hebräer zu »Arbeit in Ton und Ziegeln« gezwungen wurden. Es wird jedoch nicht angegeben, dass man diese Materialien für die Pyramiden verwendete:

> *Und die Ägypter zwangen die Kinder Israel zum Dienst mit Unbarmherzigkeit und machten ihnen ihr Leben sauer mit schwerer Arbeit in Ton und Ziegeln und mit allerlei Frönen auf dem Felde und mit allerlei Arbeit, die sie ihnen auflegten mit Unbarmherzigkeit.*

Die Legende entstand wahrscheinlich, weil jemand missverstanden hatte, was Herodot, der antike griechische Historiker, der auch »Vater der Geschichtsschreibung« und sogar »Vater der Lügen« genannt wurde, in seinen *Historien* im Jahre 430 vor Christus (also über 2000 Jahre nach der Erbauung) über die Pyramiden geschrieben hat:

> *Die einen seien beauftragt gewesen, aus den Steinbrüchen im arabischen Gebirge Steinblöcke bis an den Nil zu schleifen; nachdem die Steine auf Schiffen über den Fluss gebracht worden seien, habe er anderen befohlen, sie in Empfang zu nehmen und bis zu dem sogenannten illyrischen Gebirge zu schleifen. Es hätten stets an die hunderttausend Menschen daran gearbeitet, jeweils drei Monate lang. Das gepeinigte Volk habe es eine Zeit von zehn Jahren für die Straße gekostet, auf der sie dann die Steine dahingeschleift hätten; mit dieser Straße bauten sie ein Werk, das nicht viel geringer war als die Pyramide selber, wie mir scheint.*

Irgendwann zählte jemand eins und eins zusammen und kam am Ende auf drei. Dann schaltete sich Hollywood ein, und das Bild eines hemdlosen Charlton Heston, der den Pharao Yul Brynner auffordert, sein Volk gehen zu lassen, verankerte sich im allgemeinen Bewusstsein.

Erst vor relativ kurzer Zeit begannen Historiker und Archäologen, Zeugnisse zu finden, die dieser lange akzeptierten Story entgegenstehen. Die Historiker fragten sich zunächst, wo all die Menschen, die an den Pyramiden mitgebaut hatten, denn eigentlich untergebracht waren. Der Bau der Pyramiden hatte sicher Tausende Arbeiter erfordert, die alle irgendwo leben mussten. Dann fand man in der Nähe der Pyramiden die Arbeiterstadt. Wie erwartet war sie riesig, aber sie sah nicht aus wie ein Ort, an dem man Sklaven untergebracht hatte! Entlang gut gebauter Straßen standen große Häuser, die Wohnheimen ähnelten. Zudem gab es Hinweise auf die Zubereitung von Fisch, die Schlachtung von Rindern und das Backen von Brot in großem Maßstab. Diese Arbeiter genossen eine gute Ernährung mit hochwertiger, man könnte sogar sagen luxuriöser Kost. Das waren keine Mahlzeiten, die man an gemeine Sklaven ausgegeben hätte – Menschen, die von früh bis spät schuften mussten und bis aufs Blut ausgepeitscht wurden. Das wäre widersinnig gewesen.

In einem auf Papyrus geschriebenen Brief beklagt ein Expeditionsleiter, dass es einfach zu viel Zeit kosten wird, seine Arbeiter mit Kleidern zu versorgen. Die Arbeitskräfte bekamen also eine gute Unterbringung, tolles Essen und Kleidung. Das zeigt, dass man sich sehr gut um sie kümmerte. Es kann auch bedeuten, dass sie all dies als Bezahlung für ihre Arbeit erhalten haben. Sklaven wurden jedoch nicht bezahlt.

Archäologen fanden an verschiedenen Gebäuden Inschriften, darunter die Namen einiger Bauarbeiterteams. Eine Gruppe nannte sich »Die Trunkenbolde von Menkaure«. Das hört sich so an, als wären sie ein lustiger Haufen gewesen. Klingt das nach etwas, das Sklaven tun würden? Ihrer Truppe einen lustigen Namen verpassen? Hatten Sklaven angesichts ihrer mageren Rationen überhaupt Gelegenheit, zu Trunkenbolden zu werden?

Man hat zudem die sterblichen Überreste einiger Erbauer gefunden, und zwar auf einem speziellen Friedhof, der dicht bei den Ruinen der Stadt und sehr nahe an den Gräbern der Pharaonen liegt. Wenn Sie eine reiche und mächtige Persönlichkeit wären, ein Halbgott sogar, würden Sie dann Ihre Sklaven bis in alle Ewigkeit in Ihrer Nähe haben wollen? Vermutlich nicht. Deren Geister können außer Sichtweite bleiben und jeden Tag zur Arbeit schweben. Die Nähe der Gräber zu den Pharaonen war ein Zeichen des Respekts, etwas, das den Durchschnittsbürgern nicht gewährt wurde. Die menschlichen Überreste offenbarten Anzeichen von Arthritis sowie Schäden und Abnutzung an der Wirbelsäule. Die Arbeit war offensichtlich hart und anspruchsvoll. Das verleitet zu der Annahme, dass diese Menschen zur Arbeit gezwungen worden wären, aber es gibt noch viele andere Gründe dafür, harte und strapaziöse Arbeiten zu leisten. Einige Skelette wiesen tatsächlich Spuren medizinischer Behandlungen auf: Man hatte an verletzten Händen und Beinen Operationen durchgeführt. Als diese Leute nicht arbeiten konnten, muss sich jemand um sie gekümmert haben, und zwar über mehrere Tage, Wochen oder sogar noch länger. Auch das hätte man sicher nicht getan, wenn diese Arbeiter einfache Sklaven gewesen wären. Manche Arbeiter mögen zwar geschuftet haben, um ihre Steuern zu bezahlen, was schon nicht mehr ganz freiwillig klingt. Sklaverei ist es deshalb noch lange nicht.

Warum aber sollen sie diese gefährliche und sehr anspruchsvolle harte Arbeit verrichtet haben, wenn sie nicht dazu gezwungen wurden? Abgesehen davon, dass man sie bezahlte und verwöhnte und dass sie mit ihrem Lohn vielleicht Steuerschulden abzahlen konnten, empfanden sie es vielleicht auch als Ehre, am Bau so bedeutender Gebäude mitzuwirken, und glaubten, dass sie nach dem Tode dafür belohnt würden. Außerdem handelte es sich natürlich auch um eine »feste Stelle«, da der Bau einer Pyramide Jahrzehnte dauerte! Überdies haben die Menschen im Laufe der Jahrhunderte bei der Arbeit immer wieder ihre Gesundheit aufs Spiel gesetzt. Auch die Erbauer der europäischen Kathedralen im Mittelalter riskierten ihr Leben, waren aber keine Sklaven. Die britischen Bergarbeiter im 19. Jahrhundert schädigten ihre Lungen bis aufs Letzte, um ihren Lebensunterhalt zu verdienen, waren aber keine Sklaven. Und heute ruinieren sich viele von uns den Rücken, weil sie von neun bis 17 Uhr vor einem Computer sitzen, aber auch wir sind keine Sklaven – nun ja, jedenfalls nicht im eigentlichen Wortsinn. Vielleicht haben wir nicht immer die Wahl, aber wir werden zumindest bezahlt und gehören niemandem.

Zusammenfassend lässt sich also sagen: Es gibt zahlreiche Belege dafür, dass die Pyramiden von gut betreuten Arbeitern errichtet wurden. Dahingegen gibt es überhaupt keinen Beweis dafür, dass sie von Sklaven gebaut worden wären. Ach ja, und von Außerirdischen wurden sie auch nicht erbaut – nur damit Sie es wissen.

80
Das ist ein Foto von Bill the Butcher, dem berüchtigten Bandenchef aus dem 19. Jahrhundert

Was man Ihnen vielleicht erzählt hat

Haben Sie *Gangs of New York* (2002) gesehen, den Film von Martin Scorsese mit Leonardo di Caprio, Cameron Diaz und Daniel Day-Lewis, der William »Bill the Butcher« Cutting spielte? Diese Figur geht auf einen echten Bandenchef des 19. Jahrhunderts zurück. Er hieß William Poole, und das hier ist ein Foto von ihm. Er sieht sogar noch gruseliger aus als im Film. Schauen Sie bloß mal, wie er dasteht – in einer schmutzigen Schürze, an der ein großes Messer befestigt ist, in den Händen eine Säge und ein Hackmesser. Unter seinem schicken Zylinder hervor starrt er den Betrachter mit hochgezogener Augenbraue an. Wenn das kein gruseliger Typ ist …

Die Widerlegung

Der Film *Gangs of New York* hinterließ bei vielen Menschen einen tiefen Eindruck und ist immer noch recht bekannt. Einer der Gründe für seine andauernde Popularität ist die Art, wie Day-Lewis Bill the Butcher, einen gefährlichen, brutalen Psychopathen, verkörpert. Mit seiner Zunge, die so scharf ist wie seine Messer, und seinem Witz, der so kraftvoll zuschlägt wie seine Fäuste, schafft er es irgendwie, attraktiv zu wirken (jedenfalls hier und da ein kleines bisschen). Er hat einen Kultstatus erlangt, der möglicherweise über den Film selbst hinausreicht, da seine Aussprüche im Internet sogar von Leuten verbreitet werden, die den Film nie gesehen haben. In den sozialen Medien wurde er zu einem beliebten Gif, also einem Bewegtbild, das eine Art kurze, sich wiederholende Animation zeigt. Einige Leute benutzten sein Bild und seine Sprüche sogar, um andere dafür zu gewinnen, Donald Trump zu unterstützen. Ich nehme mal an, sie wussten nicht, dass Bill im Film ein Bösewicht war.

Auf jeden Fall war die Filmfigur charismatisch und populär, und sie beruhte auf einer realen historischen Person. Daher ist es nicht verwunderlich, dass die Leute begannen, sich mit der Geschichte des echten William Poole zu beschäftigen.

Poole war Metzger und hatte das Handwerk von seinem Vater erlernt. Er war aber auch freiwilliger Feuerwehrmann. Damals war das ein hart umkämpfter Nebenjob, denn es gab viele Brände, und mehrere Feuerwehren schlugen sich (manchmal im wahrsten Sinne des Wortes) darum, wer das Feuer löschen durfte. William gründete und führte eine Straßengang, die *Bowery Boys*. Das waren harte Kerle, die oft versuchten, andere Feuerwehrleute vom Löschen abzuhalten, bis Williams eigene Männer am Ort des Geschehens eintrafen.

Bill war jemand, den man sich nicht als Gegner wünschen würde. Er maß einen Meter dreiundachtzig und wog mehr als neunzig Kilogramm. Er war ein guter Boxer, aber auch ein hinterhältiger Kämpfer, der alle Regeln brach. Wenn man mit ihm in Streit geriet, hatte man Glück, wenn er einem nicht die Nase abbiss, die Augen mit den Fingern eindrückte oder gleich kurzen Prozess machte. Außerdem verachtete er jeden, der nicht weiß war und einer anderen Religion angehörte als er selbst, alle, die erst kürzlich in die Vereinigten Staaten eingewandert waren, und überhaupt jeden, der mit seinen Ansichten nicht konform ging oder ihn einfach falsch angeguckt hatte. Er machte sich viele Feinde, und das führte schließlich zu seinem Untergang. Im Jahre 1855 wurde er angeschossen und musste mehrere sehr lange und schmerzerfüllte Tage durchstehen, bis er starb.

Aber der Mann auf dem Foto ist nicht Bill the Butcher.

Er sieht faszinierend aus, doch leider kann ich Ihnen nicht mehr sagen, als dass er Fleischer war und sich circa 1875 fotografieren ließ, also zwanzig Jahre, nachdem Poole gestorben war. Ich bin auch nicht sicher, ob er der Beschreibung des ziemlich großen und massigen Bill entspricht. Bei dem Foto handelt es sich um das berufliche Porträt eines Fleischers, der die Werkzeuge seines Metiers präsentieren möchte. Es ist nicht seine Schuld, wenn uns diese Gegenstände gruselig erscheinen. Und gerade der flotte Zylinder verleiht dem Bild etwas Unheimliches, zumindest für den heutigen Betrachter.

Wenn die Leute über Dinge, die sie in einem Film kennengelernt haben, mehr erfahren wollen, schauen sie natürlich zuerst bei Wikipedia nach. Verstehen Sie mich nicht falsch – ich liebe Wikipedia. Es ist eine tolle Website von unschätzbarem Wert. Auch für mich als Forscherin ist Wikipedia immer der erste Schritt; allerdings passe ich auf, dass es nicht der einzige bleibt.

So wunderbar und reichhaltig jeder Artikel auf dieser Website auch ist, es besteht immer die Möglichkeit, dass sich ein Fehler eingeschlichen hat. Das passiert zwar nicht so häufig, wie einige Leute behaupten (insbesondere wenn die betreffende Seite Dinge mitteilt, die sie nicht hören wollen). Man sollte es aber trotzdem im Hinterkopf behalten. Und ich fürchte, hier handelt es sich um einen der Fälle, bei denen wir Wikipedia für die Verbreitung von Fake History tadeln müssen: Der Seite über William Poole wurde nämlich im August 2016 dieses falsche Foto beigefügt. Zwar entfernte man es nach ein paar Monaten wieder, aber der Schaden war bereits angerichtet. Bevor der Fehler berichtigt wurde, war das Foto bereits auf Reddit geteilt worden, und seitdem ist es in Umlauf.

Da das Foto nach meinen Recherchen bis dahin nie mit Bill the Butcher in Verbindung gebracht wurde, gebe ich Wikipedia die Schuld. Aber fairerweise muss man hinzufügen, dass der Artikelbearbeiter, der das Foto hochgeladen hat, es natürlich schon anderswo in diesem Zusammenhang gesehen haben könnte.

Manchmal frage ich mich, ob irgendwo da draußen vielleicht der Geist eines Fleischers herumschwebt, der entweder sehr wütend darüber ist oder sich geehrt fühlt, mit William Poole verwechselt zu werden …

81
Der erste Computervirus der Welt war eine universelle Friedensbotschaft

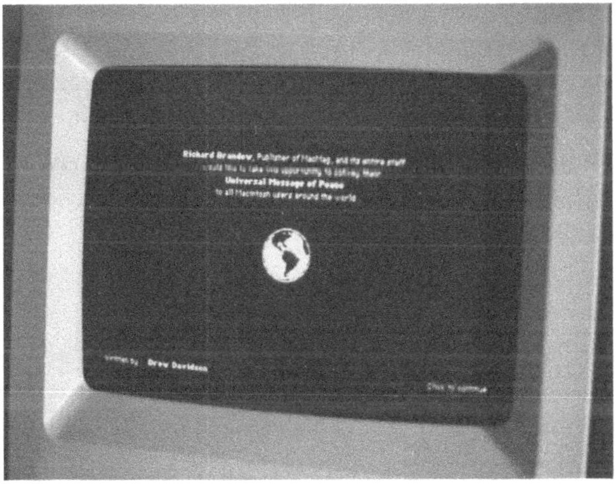

Was man Ihnen vielleicht erzählt hat

Ja, es geht schon wieder um die Behauptung einer Weltpremiere. In den sozialen Medien gibt es Accounts, die nur um solche Dinge kreisen, und fast immer liegen sie falsch. In diesem Fall haben sie doch aber *ganz sicher* recht. Schau mal, sie präsentieren sogar ein Bild! Seht euch das bloß an, Leute. Dieser Text mit einer universellen Friedensbotschaft ist der allererste Computervirus, geschaffen im Jahre 1988! Das muss doch stimmen, schließlich steht der Text auf einem alten Computermonitor – erinnert ihr euch noch an diese schweren beigefarbenen Ungetüme aus Plastik?

Die Widerlegung

Geschichten von Dingen wie Computerviren sind mittlerweile altmodisches Zeug, von dem junge Leute nichts mehr wissen. Für manche von uns – vor allem, wenn sie mal zu den Geschädigten gehörten – ist es jedoch so, als wäre das alles erst gestern passiert.

Wir haben alle schon einmal mit Computerviren zu tun gehabt. Sie scheinen nicht mehr ein ganz so großes Problem zu sein wie vor einigen Jahrzehnten. Denken Sie nur an die Panik rund um »MyDoom«. Allerdings verursachen sie noch immer eine Menge Ärger, und eines Tages könnten sie natürlich das Ende der menschlichen Zivilisation herbeiführen und den Robotern bei der Machtübernahme helfen. Aber es ist nicht meine Aufgabe, über die Zukunft zu spekulieren.

Lassen Sie uns daher lieber die Behauptung widerlegen, bevor mein Computer anfängt, merkwürdige Dinge zu tun.

Das im Internet geteilte Foto zeigt tatsächlich einen Virus. So weit, so gut. Es handelt sich um den »MacMag«-Virus in Aktion. Richard Brandow und Drew Davidson erschufen ihn im Jahre 1988, und er war relativ harmlos. Er infizierte nur Macintosh-Computer und projizierte letztlich nur die gezeigte Friedensbotschaft, was doch ganz nett ist. Aber war er wirklich der erste Computervirus?

Wie immer müssen wir die Analyse solcher Behauptungen mit einer Definition dessen beginnen, worüber wir reden. Gemäß dem Oxford English Dictionary von 2010 handelt es sich bei einem Computervirus um »einen Code, der sich selbst kopieren kann und in der Regel schädliche Auswirkungen hat, etwa die Beschädigung des Systems oder die Zerstörung von Daten«. Das bedeutet auch, dass er nicht unbedingt über das Internet verbreitet werden muss.

Vor dem »MacMag«-Virus gab es bereits verschiedene andere Computerviren. Hier ist eine kurze Liste derjenigen, die ich finden konnte. Es kann auch mehr gegeben haben und sogar noch frühere; sollten Sie welche kennen, lassen Sie es mich bitte wissen.

»Creeper« 1971
»Rabbit« oder »Wabbit« 1974
»Animal« 1975
»Elk Cloner« 1982
»Brain« 1986
»Vienna« 1987
»SCA Virus« 1987
»Lehigh« 1987

Offenbar war das Programm »Creeper« von 1971 der erste Virus. Zwar gab es bereits im Jahre 1969 eine Attacke auf den »Burroughs 5500-Computer« im Computerzentrum der Universität Washington, aber ich denke, dass es sich dabei technisch gesehen nicht um einen Virus, sondern eher um einen Hackerangriff gehandelt hat.

Ich habe die Liste der Viren nur bis 1987 geführt, weil das der Zeitpunkt war, an dem die Dinge aus dem Ruder liefen. Allerdings verdient der Computerwurm »Morris« von 1988 eine besondere Erwähnung, da er der erste Virus war, der sich über das Internet verbreitete.

82
Die Europäer erbauten in Äthiopien eine Brücke, aber die Einheimischen konnten sie nicht reparieren und überquerten den Fluss an Seilen

Was man Ihnen vielleicht erzählt hat

Ein Foto zeigt mehrere Männer, die ein Seil benutzen, um einen Fluss zu überwinden. Sie stehen auf den Ruinen einer Brücke, die sehr alt aussieht. Die Bildunterschrift verrät uns, dass sich diese Brücke in Äthiopien befindet. Sie wurde vor Jahrhunderten von Europäern erbaut, und die Afrikaner haben sie nie repariert. Das beweist mal wieder, dass die Europäer einfach besser sind, dass sie in Afrika viele tolle Sachen geschaffen haben und dass die Afrikaner noch nicht weit genug sind, um sie angemessen zu reparieren, wenn sie kaputtgehen.

Die Widerlegung

Zunächst einmal bitte ich für diese Einführung um Pardon. Sie ist ziemlich abscheulich, aber es dürfte klar werden, was ich damit meine: Die Bildunterschrift suggeriert, dass die Europäer große Brücken gebaut haben, die Afrikaner aber offensichtlich nicht in der Lage seien, sie zu erhalten und wiederherzurichten. Es handelt sich hier um ein Stück Fake History, das alles andere als harmloser Unsinn ist. Vielmehr wird es instrumentalisiert, um eine grauenhafte Ideologie zu verbreiten.

Die Behauptung passt perfekt zu einem Vorurteil, das viele Menschen bewusst oder unbewusst haben. Viele von uns Nichtafrikanern sind aufgewachsen, ohne über Äthiopien mehr zu wissen als das, was wir gelegentlich in den Nachrichten zu sehen bekamen – Kriege, Völkermord, politisches Chaos, Hungersnöte und Armut. Die Bildunterschrift wirkt auf sehr clevere Weise, und das macht sie noch gefährlicher. »Schaut mal, hier ist das Foto. Wir sehen die Brücke, sie ist alt, sie sieht europäisch aus, irgendwie römisch vielleicht. Sie ist gewiss schon lange kaputt, und da gibt es Leute, die sich zur anderen Seite hinüberhangeln.« Da die meisten von uns so wenig über Äthiopien wissen, wirkt diese Interpretation überzeugend. Aber natürlich ist sie Unsinn.

Fangen wir doch mit dem Grundlegenden an.

Die Brücke gibt es wirklich. Sie heißt Sebara Dildiy, was so viel bedeutet wie »zerbrochene Brücke«. Sie ist also, wenig überraschend, tatsächlich kaputt. Zudem steht sie tatsächlich in Äthiopien. Es handelt sich um eine von mehreren »portugiesischen« Brücken über den Blauen Nil. Alle sehen ähnlich aus, und ihr Baustil wirkt ein wenig römisch. Es ist nicht bekannt, wer sie erbaut hat, aber es scheinen deutliche europäische Einflüsse vorzuliegen. Manche meinen, dass die Technologie für diese spezielle Art von Brücken auf portugiesische Soldaten zurückgeht, die im 17. Jahrhundert in dieser Region waren. Sie könnten diese Brücken möglicherweise sogar gebaut haben.

Professor Richard Pankhurst, ein bekannter Äthiopienforscher zog mit seiner Mutter 1956 nach Äthiopien und blieb zwanzig Jahre dort. Er lehrte an der Universität und war Gründungsdirektor des Instituts für Äthiopienstudien. Ihm zufolge wurde die erste »portugiesische Brücke« von indischen Steinmetzen während der Herrschaft von Kaiser Sissinios I. gebaut, der von 1607 bis 1632 regierte. Die späteren Brücken wurden während der Regentschaft von Kaiser Fasilides, dem Sohn von Sissinios I., im gleichen Stil errichtet. Verschiedene zeitgenössische Berichte von Jesuiten bestätigen dies. Ich halte Pankhurst für einen überzeugenden Historiker; immerhin hat er in der Region gelebt und nicht allein schriftliche, größtenteils europäische, Quellen studiert, sondern auch Zugang zur lokalen mündlichen Überlieferung gehabt. Daher finde ich seine Behauptung überzeugender als die, dass portugiesische Soldaten die Brücken erbaut hätten.

Kaiser Fasilides zeichnete ebenfalls verantwortlich für die Errichtung von Fasil Ghebbi, einer beeindruckenden Festungsstadt in der Region Gonder. Sie würde Ihnen vielleicht europäisch vorkommen, aber in Wirklichkeit wurde sie durch arabische, nubische und Hindu-Architektur beeinflusst. Äthiopien übernahm schon sehr früh das Christentum, nämlich im 2. Jahrhundert, unterhielt Handelsbeziehungen zum Römischen Reich sowie nach Indien und pflegte noch weitere kulturelle Beziehungen. Diese Region war also gar nicht so abgeschnitten vom Rest der Welt, wie manch einer gedacht haben mag.

Obwohl die Äthiopier bereits wussten, wie man Brücken baut, ist nicht vollständig klar, wer die Technologie und das Wissen zur Konstruktion dieser speziellen Brücken in die Region brachte und wer sie tatsächlich erbaute. Ich tendiere zu der These, dass Inder das Wissen mitbrachten und die Brücken auf Befehl des äthiopischen Kaisers zusammen mit den Einheimischen errichteten. Das scheint auch plausibel, weil die Portugiesen möglicherweise bereits aus der Region vertrieben waren, als einige der Brücken entstanden.

Unglücklicherweise ist der Blaue Nil ein temperamentvoller Fluss, der regelmäßig über seine Ufer tritt. Daher wurden die Brücken oft beschädigt, und immer wieder mussten sie repariert werden. Das erledigten die Äthiopier, die natürlich wussten, wie man das macht. Auch die Sebara Dildiy wurde häufig zerstört und wieder instand gesetzt. Darauf geht ja ihr Name zurück. Allerdings wurden ihr die Schäden, die man auf dem Foto sieht, absichtlich und für einen guten Zweck zugefügt.

Äthiopien wurde 1935 vom faschistischen Italien überfallen. Um den Vormarsch von Mussolinis Truppen zu erschweren, beschloss die lokale Bevölkerung, die Brücke zu zerstören. Eine große Gruppe von Menschen riss einen Teil des Bauwerks mithilfe landwirtschaftlicher Geräte ab. Bedauerlicherweise kamen beim Einsturz vierzig dieser tapferen Helden ums Leben. Es war das letzte Mal, dass die Brücke ernsthaft beschädigt wurde.

Anders als die Behauptung nahelegt, stand die Brücke also nicht seit Jahrhunderten beschädigt und vernachlässigt da. Nach der letzten Zerstörung wurde sie mehrmals repariert, aber immer nur notdürftig, mit einfachen Holzbalken, Drähten und so weiter. Eine ordnungsgemäße Reparatur hätte viel Geld gekostet, und Äthiopien musste seine Mittel nach dem Krieg für wichtigere Dinge einsetzen.

Eine andere während des Krieges zerstörte Brücke, die Abbay-Brücke, war wichtiger und musste wiederaufgebaut werden. Im Jahre 1948 wurde eine massive hochmoderne Betonbrücke freigegeben, auf die andere folgten. Es ist also nicht so, dass die Äthiopier nicht gewusst hätten, wie man Brücken instand hält. Sie entschieden sich vielmehr dafür, einige nicht zu reparieren, und konzentrierten sich stattdessen darauf, an anderer Stelle neue und bessere Brücken zu errichten.

Es ist unfair, das Bild einer alten, ruinösen Brücke zu posten und anzudeuten, sie sähe so aus, weil die Menschen vor Ort sie vernachlässigt hätten und einfach unfähig wären. Stellen Sie sich vor, man täte das mit europäischen Wahrzeichen. In diesem Teil der Welt gibt es eine ganze Reihe von Aquädukten, Amphitheatern und Brücken, die schon seit Jahrhunderten nicht repariert worden sind! Kann vielleicht mal jemand den armen Einheimischen im Norden Englands helfen, den Hadrianswall instand zu setzen?! Der wird schon seit beinahe 2000 Jahren vernachlässigt!

83
Dr. Batty's Asthmazigaretten wurden in viktorianischer Zeit als gesundheitsförderlich beworben

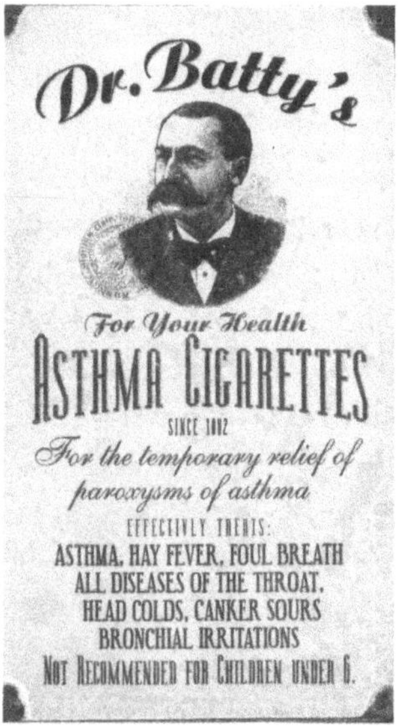

Was man Ihnen vielleicht erzählt hat

Ein wunderschönes viktorianisches Emailleschild möchte uns Dr. Batty's Asthmazigaretten mit dem Hinweis verkaufen, sie würden zur vorübergehenden Linderung von Asthmaanfällen führen. Es behauptet, man könne damit Asthma, Heuschnupfen, schlechten Atem, alle Erkrankungen des

Rachens, Erkältungen, Magengeschwüre und Reizungen der Bronchien wirkungsvoll behandeln. Für Kinder unter sechs Jahren werden sie allerdings nicht empfohlen. Es ist einfach ein Beispiel für die typische verrückte viktorianische Werbung, wie man sie aus dieser Zeit erwartet. Was hatten wir nur für dumme Vorfahren! Über Gesundheit wussten sie wirklich nicht Bescheid, oder?

Die Widerlegung

Schräge historische Werbung ist immer beliebt. Es gibt reichlich Auswahl, und häufig ist diese Reklame rassistisch oder sexistisch; sie ergibt für uns überhaupt keinen Sinn oder erinnert uns an die wilden Zeiten, in denen sich niemand um Gesundheit und Sicherheit zu scheren schien. Die einen amüsiert das, die anderen nervt es, und wieder andere sehnen sich nach einer Vergangenheit zurück, die es so nie gegeben hat.

Schon als ich diese Werbung das erste Mal sah, wusste ich sofort, dass damit etwas nicht stimmen konnte. Im Laufe der Jahre habe ich zahllose viktorianische Bilder, Anzeigen und Emailleschilder untersucht, und diese Werbetafel ließ bei mir einige Alarmglocken schrillen.

Rein optisch sieht es nicht wirklich wie ein viktorianisches Emailleschild aus, vielmehr wie ein Bild, das versucht, diesen Anschein zu erwecken. Es ist weder ausgebaucht noch auf Emaille gemalt oder gedruckt. Das ist kein Foto von einem real existierenden Gegenstand.

Einer der ersten Schritte, die man gehen kann, wenn man misstrauisch gegenüber Abbildungen ist, die Text enthalten, ist die Ermittlung der verwendeten Schrift. Es gibt Internetseiten und Apps, die einem dabei helfen, den Namen der Schrift herauszubekommen. Mit diesen Informationen lässt sich leicht herausfinden, wer der Schöpfer ist und – in diesem Fall noch wichtiger – wann das Objekt erschaffen wurde. Alle Rechercheergebnisse deuteten auf Schriften hin, die es in der viktorianischen Zeit noch gar nicht gab.

Asthmazigaretten gab es damals tatsächlich. Das mag uns seltsam vorkommen, aber die Verabreichung von Medikamenten über Rauch, die sogenannte Inhalationstherapie, ist gar nicht so unüblich. Marihuana-Zigaretten werden ja bis heute eingesetzt, weil sie Menschen, die unter bestimmten Krankheiten leiden, einen Nutzen bringen. In einer Londoner Zeitung fand ich eine echte Werbung aus dem Jahre 1881, die den Lesern »Cigares de Joy« (»Freudenzigarren«) verkaufen wollte – auf Französisch klingt das natürlich gleich viel schicker, wobei es korrekt eigentlich »joie« heißen müsste. Man versprach nicht nur sofortige Linderung bei Asthma, pfeifenden Atemgeräuschen und Winterhusten, sondern sogar eine dauerhafte Heilung. Anders als bei Dr. Batty's Zigaretten durften sogar Frauen und Kinder sie gefahrlos rauchen. Puh!

Während ich diese Anzeige untersuchte, begann ich, mich auf das Bild von Dr. Batty zu konzentrieren. Wieso kam mir dieses Gesicht vertraut vor? Plötzlich war mir klar, dass ich diesen Mann schon einmal gesehen hatte, und zwar erst vor Kurzem bei mir zu Hause! Zwar leider nicht den echten Mann oder seinen Geist, aber zumindest das Bild von seinem Gesicht. Als Historikerin, Zeitreisende und Sammlerin von alten Dingen habe ich eine ziemlich große Kollektion aller möglichen besonderen Artefakte zusammengetragen. Tatsächlich starrte mich der gute Doktor an – aus meinem Küchenregal, und zwar vom Etikett einer alten Flasche Sloan's Liniment, einem Schmerzmittel. Warum habe ich ihn nicht gleich erkannt? Und wie groß ist die Wahrscheinlichkeit, dass ich in einem Fall, den ich untersuche, wirklich selbst Beweismittel besitze?

Wie dem auch sei, über das Etikett meiner alten Flasche konnte ich den angeblichen Dr. Batty als Dr. Earl Sawyer Sloan (1848–1923) identifizieren. Sloan war ein berühmter amerikanischer Unternehmer und Philanthrop. Er hatte zwar nur eine bescheidene Ausbildung durchlaufen, verschlang aber alle möglichen Bücher und verbrachte so viel Zeit mit der Pflege und Heilung von Tieren, vor allem Pferden, dass er zu einem angesehenen autodidaktischen Tierarzt wurde. Sein Vater hatte Pferde mit einer Art Salbe behandelt, die ihre versteiften Muskeln entspannte. Dieses Heilmittel wurde sehr populär, und Sloan verkaufte eine Menge davon. Als ein Kunde die Salbe eines Tages für seinen eigenen Rücken statt für den seines Pferdes benutzte, stellte er fest, dass sie auch bei Menschen großartig wirkte. Sloan begann, sich selbst »Doktor« zu nennen, obwohl er nicht wirklich einer war. Er bewarb das Produkt mit seinem Konterfei und wurde bald reich und berühmt.

Es ist daher sehr unwahrscheinlich, dass eine zeitgenössische Marke so töricht gewesen sein sollte, sein äußerst bekanntes Gesicht zu stehlen und unter einem anderen Namen für die Asthmazigaretten-Werbung zu verwenden. Nicht nur, dass zahllose Menschen bemerkt hätten, dass dieses Konterfei nicht das von Dr. Batty war und die Marke daher nicht ganz in Ordnung sein konnte – auch die Anwälte von Dr. Sloan hätten sich wahrscheinlich darauf gestürzt.

Als ich meine Suche fortsetzte, stolperte ich schließlich über eine Website, auf der über diese Anzeige diskutiert wurde. Sie enthielt ein Geständnis von jemandem, der von sich behauptete, die Reklame selbst verfertigt zu haben:

Ich sollte in der Lage sein, die Sache aufzuklären. Die beiden genutzten Schriftarten sind »Manzanita« und »Aristocrat«. Ich arbeite bei einer Werbeagentur und habe diese Anzeige als angehender Grafikdesigner vor acht Jahren entworfen. Wir verkaufen sie noch immer recht häufig. Den Großteil des Textes habe ich in wirklich existierenden alten Werbeanzeigen für Asthmazigaretten gefunden. Die Zeile »Für Kinder unter 6 Jahren nicht empfohlen« habe ich selbst erfunden. Es schien der damaligen Zeit angemessen … Ich finde es wirklich lustig, wie das Werbeschild auf verschiedenen Seiten im Internet als echte historische Reklame präsentiert wird. Für mich sieht es sehr nach einer Fälschung aus!
Aaron Howe, 2011

Ich setzte mich mit Mr. Howe in Verbindung, und er bestätigte seinen früheren Kommentar zu dieser Anzeige. Er war der Designer. Damit ist der Fall abgeschlossen!

Übrigens kann man Sloan's Liniment auch heute noch bekommen, Asthmazigaretten hingegen seltener.

84
Dieses riesige Gerät war die erste Kamera der Welt

Was man Ihnen vielleicht erzählt hat

Guck dir nur dieses unglaubliche Foto an! Dieses riesige Gerät musste von einem ganzen Team bedient werden. Es war die erste Kamera der Welt. Sagt jedenfalls die Bildunterschrift, also muss es wahr sein.

Die Widerlegung

Noch eine Behauptung aus der Reihe »Das erste … der Welt«. Gibt es auch mal eine, die stimmt?

Ein tolles Foto ist es ja, und wenn man nicht viel über Fotografie weiß, scheint es durchaus plausibel zu sein, dass die erste Kamera der Welt gewaltige Ausmaße hatte. Immerhin erinnern wir Oldtimer uns noch daran, dass die Kameras in unserer Jugend größer waren, während sie heute in ein tragbares elektronisches Telefon passen.

Es handelt sich allerdings um ein berühmtes Foto, dessen historischer Hintergrund nicht schwer zu ermitteln ist. Deshalb denke ich: Wer auch immer diese Bildunterschrift verfasst hat, weiß, dass sie nicht wahr ist. Es handelt sich nicht um die welterste Kamera, aber was genau sehen wir auf dem Bild? Was ist das für eine Riesenkamera?

Es handelt sich um die Mammutkamera, deren Schöpfer George R. Lawrence (1868–1938) auch auf dem Foto zu sehen ist. Er steht rechts neben der Linse. Mister Lawrence war so etwas wie ein Erfinder. Er betrieb ein Porträtstudio, tüftelte daneben aber auch an der Fototechnik herum und verbesserte sie. Er experimentierte gern und machte Aufnahmen, für die er seine Kamera an Drachen und Ballons hängte. Später schoss er auch Fotos von Flugzeugen aus.

1899 oder 1900 wurde er gebeten, eine detaillierte und eindrucksvolle Aufnahme vom Alton Limited Train zu machen, einem Zug der Eisenbahngesellschaft Chicago & Alton Railway. Der Zug bot Luxusreisen an, die wir uns heute kaum noch vorstellen können. Es gab aber ein Problem: Der Zug war lang, er hatte acht Waggons. Eine normale Kameraaufnahme aus entsprechender Distanz wäre ihm kaum gerecht geworden, denn man hätte sehr weit entfernt stehen müssen, um den gesamten Zug in einem Bild einzufangen.

Mr. Lawrence erklärte dem Hersteller, der Zug könne in einer Menge von Einzelaufnahmen abgelichtet werden, die man dann zusammensetzen müsste. Die Eisenbahngesellschaft war davon aber nicht begeistert. Ihr Zug war tadellos und von perfektem Design. Zusammengeklebte Fotos würden dem nicht gerecht werden. Sie wollte den Zug auf einem einzigen riesigen Foto verewigt haben.

Also baute unser Held in zwei Monaten eine spezielle Riesenkamera nur für dieses eine Foto. Sie wog 408 Kilogramm, mit geladenem Fotoplattenhalter sogar 635 Kilo. Die Kamera war mit den (bis dahin) größten jemals hergestellten Objektivlinsen ausgestattet, und die Fotoplatte maß 243 mal 137 Zentimeter. Die Kamera musste per Zug transportiert und von einem ganzen Team aufgebaut werden. Die Kosten, so wurde gemunkelt, beliefen sich auf über 5000 Dollar, was heute mehr als 160.000 Dollar entsprechen würde.

Nach zweieinhalb Minuten Belichtungszeit war die Aufnahme gemacht, und das Ergebnis war großartig: Das 243 Zentimeter breite Foto zeigte den Zug perfekt in allen Details. Es hinterließ bei jedem, der es sah, einen bleibenden Eindruck. Ein Abzug wurde sogar per Schiff zur Weltausstellung nach Paris geschickt, wo sich niemand vorstellen konnte, dass es ein echtes Foto war. Daher wurde der französische Generalkonsul beauftragt, die Kamera zu untersuchen, und es mussten eidesstattliche Erklärungen unterzeichnet werden, um die Organisatoren davon zu überzeugen, dass es sich tatsächlich um ein riesiges Foto handelte.

Da es heute, soweit ich weiß, keinen Abzug des Fotos in voller Größe oder auch nur in angemessener Qualität mehr gibt, können wir weder seinen besonderen Gütegrad nachvollziehen noch seine Wirkung auf die Menschen, die es im Jahre 1900 betrachteten. Es handelte sich um eine beeindruckende Leistung. Daher ist es auch ein bisschen traurig, dass das Foto von Mr. Lawrence' Kamera größere Aufmerksamkeit findet als die Aufnahme, die er an diesem Tag gemacht hat.

Kurz nach Fertigstellung des Fotos erschien eine wunderbare Broschüre, die die Entstehung detailliert festhält. Sie enthält eindrucksvolle Fotos unter anderem vom Zusammenbau und vom Transport der Kamera. Man kann sich die Broschüre als PDF von der Internetseite der Indiana Historical Society herunterladen.

Einige Jahre später erntete Mister Lawrence viel Ruhm mit seinem einmaligen Foto von San Francisco, das er einige Tage nach dem schrecklichen Erdbeben von 1906 machte, indem er eine 22 Kilogramm schwere Kamera an eine Konstruktion aus mehreren Drachen hängte. Das Ergebnis war ein sehr detailreiches riesiges Foto, wie man es nie zuvor gesehen hatte. Abzüge davon verkauften sich wie warme Semmeln, und allein dieses eine Foto brachte Lawrence viel Geld ein. Sehen Sie sich im Netz mal eine hochauflösende Version des Fotos an; sein Detailreichtum ist atemberaubend.

Wir wissen nun also, dass die »Mammut« nicht die erste Kamera der Welt war. Welche war es aber dann?

Das hängt wie immer ein wenig von unserer Definition ab. Was ist eigentlich eine Kamera? Man könnte argumentieren, dass es welche gab, seit die Menschen begonnen haben, mit der Camera obscura zu experimentieren: ein dunkler Raum oder eine dunkle Kiste mit einer Linse, durch die Lichtstrahlen fallen und ein Bild der Außenwelt auf die gegenüberliegende Wand projizieren. Diese Technik wurde vor über 2000 Jahren entdeckt.

Fotoapparate, mit denen man richtige Fotos machen konnte, gab es allerdings erst seit dem frühen 19. Jahrhundert. Eine Menge Leute experimentierten mit der Fotografie, aber die meisten dieser frühen Kameras waren nichts anderes als die bekannte Camera obscura, die mit einer empfindlichen Platte ausgestattet war, um das Bild festzuhalten. Unglücklicherweise schwand es immer relativ schnell wieder dahin. Erst als es jemandem gelang, das Foto zu fixieren und sein Verblassen zu verhindern, kann man, denke ich, von richtigen Fotokameras reden.

Das geschah im Jahre 1822, als Joseph Nicéphore Niépce das erste fotografische Abbild eines Kupferstichs von Papst Pius VII. herstellte. Diese Aufnahme ist bedauerlicherweise verschollen. Viele Leute kennen aber das Foto, das er 1827 machte und das bis heute erhalten ist. Da es nicht nur einen alten Kupferstich zeigt, sondern einen realen Blick aus einem Fenster, wird es allgemein als die erste (erhaltene) Fotografie betrachtet. Das wiederum bedeutet, dass die Kamera, die Niépce in dieser frühen Zeit benutzte und die heute im Musée Nicéphore Niépce ausgestellt ist, die erste Kamera der Welt sein könnte – *wenn* es denn tatsächlich die Kamera ist, mit der er das erste erhaltene Foto der Welt gemacht hat, und *wenn* wir davon ausgehen, dass nur eine Kamera, die ein dauerhaftes Foto erzeugen kann, eine tatsächliche Kamera ist.

Beschließen wir hingegen, dass alles, was jemals »Kamera« genannt wurde, technisch gesehen die erste Kamera der Welt sein könnte, dann ist die Sache weitaus komplizierter, da der Begriff vom altgriechischen Wort *καμαρα* kommt, was ungefähr bedeutet: »alles mit einer gewölbten Abdeckung, etwa ein überdachter Wagen oder ein überdachtes Boot, eine gewölbte Kammer, ein Gewölbe«.

Viel Spaß bei der Suche nach der ersten derartigen Kamera!

85
Das ist das allererste Katzenfoto

Was man Ihnen vielleicht erzählt hat

Das Netz liebt Katzen. Wenn Sie bisher auch nur entfernt mit dem Internet zu tun hatten, dürfte Sie das nicht überraschen, denn diese Tiere sind dort wirklich überall anzutreffen. Und schauen Sie sich nur mal dieses wunderhübsche Geschöpf an – es ist die erste Katze, die jemals auf ein Foto gebannt wurde.

Die Widerlegung

Wenn das Bild im Netz geteilt wird, lautet die dazugehörige Unterschrift meist etwa so: »Das allererste Foto von einer Katze, 1880«. Die Jahresangabe fiel mir zuerst auf, da es Fotos bekanntlich schon seit den 1820er Jahren gibt. Ich kann natürlich verstehen, dass zu einer Zeit, in der für die Aufnahme eines Fotos noch mehrere Minuten nötig waren, nicht so viele Bilder von Katzen gemacht wurden. Tiere können bekanntermaßen nicht gut still sitzen, und Katzen sind notorisch eigensinnig. Trotzdem schien es mir doch sehr unwahrscheinlich, dass 60 Jahre lang niemand seine kuschlige Mieze fotografiert haben sollte.

Ich habe versucht, das Foto bis zu seinem Ursprung zurückzuverfolgen, muss aber gestehen, dass es mir nicht gelungen ist. Es wurde im Jahre 2009 auf der Fotoplattform Flickr hochgeladen. Vielleicht war es einfach ein altes Foto, das jemand zufällig gefunden hat. Wir werden es vermutlich nie erfahren, da der Account nicht länger aktiv und das Posting verschwunden ist. Ich habe eine Vielzahl historischer Fotos studiert (das ist schließlich mein Job), aber ich zögere, eine Vermutung über das Alter des Fotos anzustellen. Ich glaube nicht, dass es aus den 1880er Jahren stammt, kann aber nicht wirklich etwas Handfestes über den Entstehungszeitpunkt sagen. Aber selbst wenn es in den 1880er Jahren aufgenommen worden ist, wissen wir doch, dass bereits zuvor Katzenfotos gemacht worden waren.

In den 1870er Jahren hat Harry Pointer aus Brighton in England nicht einfach nur ein paar Katzenaufnahmen gemacht – er schuf sie in so großer Zahl, und sie waren so wunderbar, dass er damit Berühmtheit erlangte. Harry war ein ehemaliger Korporal des Ersten Regiments der Leibgarde, die für den Schutz von Königin Viktoria im Buckingham-Palast zuständig war. Er lebte mit Frau und Kindern in Brighton und verdiente seine Brötchen eine Zeit lang als Instrukteur für militärischen Drill an einer öffentlichen Schule. Das wurde damals als eine Art Körperertüchtigung betrachtet, bei der man strikte Disziplin erlernte und zugleich etwas für die Gesundheit tat.

Harrys Frau, Rosa Myra Drummond, war selbst eine begabte Künstlerin. Sie schuf großartige Gemälde und Zeichnungen, meistens Porträts.

Möglicherweise hat ihr Werk Harry dazu inspiriert, den Beruf zu wechseln und Fotograf zu werden. Vermutlich hat sie ihn dabei auch unterstützt. Zur damaligen Zeit waren Fotos im Visitformat gerade der letzte Schrei. Jeder wollte solch ein Porträt von sich im Miniaturformat. Man tauschte sie mit Freunden, sammelte sie oder versuchte, jemanden, auf den man stand, damit zu beeindrucken. Es war vielleicht ein bisschen wie mit Facebook.

Harry war ein guter Fotograf, aber seine Fotos stachen aus der Masse nicht heraus. Das änderte sich, als er in den späten 1860er Jahren damit begann, Katzen zu fotografieren. Die abgelichteten Tiere machten, was Katzen halt tun: Sie fraßen, schliefen, saßen herum oder planten ihre Übernahme der Weltherrschaft – das Übliche also. Harry machte sich aber auch einen Spaß daraus, mit den Katzen kleine Szenen zu arrangieren, die er dann mit amüsanten Bildunterschriften versah. Man kann vielleicht sagen, dass er das erfand, was heute im Internet unter dem Schlagwort »LOLcatz« zu sehen ist – lustige Katzenbilder mit passenden Sprüchen.

Den zeitgenössischen Medien zufolge hatte Harry eine besondere Art, mit Katzen umzugehen. Statt Schulkindern Befehle entgegenzubrüllen, brachte er nun also Katzen auf irgendeine Weise dazu, längere Zeit still sitzen zu bleiben und so zu gucken, wie er es wollte. Ich stelle mir vor, wie dieser große, strenge, zum Befehlston neigende Mann die Kätzchen flüsternd betörte, damit sie für seine bezaubernden Fotos posierten. Im Laufe einiger Jahre gelangen ihm mehr als 100 dieser Fotos, und sie wurden sehr populär. Unsere viktorianischen Vorfahren sprangen offenbar nicht anders als wir auf reizende und lustige Katzenbilder an.

Harry konnte gar nicht genug von diesen Bildern machen und zeigte seine Fotos sogar auf prestigeträchtigen Ausstellungen. Er hat also nicht einfach nur ein paar lustige Tierbilder aufgenommen. Diese Arbeit führte er bis zum Tod seiner Frau fort. Vielleicht war der Kummer über ihren Verlust der Grund, dass er wenige Monate später selbst starb.

Die Katzenfotos hatten Harry in den frühen 1870er Jahren zu Berühmtheit verholfen, aber dies waren nicht die frühesten Katzenfotos überhaupt. Welches war aber das erste?

Ich wünschte, wir wüssten es.

Als Harry in den 1860er Jahren seine Karriere als Fotograf begann, hatten die Leute bereits von vielen Dingen Daguerreotypien gemacht. Was auch immer man sich vorstellen kann – irgendein Fotopionier hat versucht, es auf eine Platte zu bannen. Daher müssen wir uns diesen frühen Fotoexperimenten zuwenden, wenn wir das erste bis heute erhaltene Katzenfoto finden wollen.

Es gibt tatsächlich viele Katzenfotos, die bereits in den 1840ern und 1850ern aufgenommen wurden. Leider war aber nicht jedem Fotografen klar, dass eines Tages in ferner Zukunft irgendjemand würde wissen wollen, wann und wo er welches Foto geschossen hat und wie der Name der Katze lautete.

Das bedeutet, dass wir einige sehr alte Katzenfotos haben, aber nicht genau wissen, wann genau sie aufgenommen wurden. Die meisten frühen Daguerreotypien von Katzen stammen aus den 1850er Jahren. Gute Chancen hat ein Foto, das zwischen 1843 und 1850 (Bild EGH064 auf www.daguerreobase.org) entstand und eine Menschengruppe bei einem schicken Abendessen zeigt. Im Vordergrund links sieht man eine Katze, die vielleicht darauf wartet, dass endlich Essen auf den Tisch kommt, um sich etwas vom Menü zu stibitzen.

86
Dies ist das allererste Hundefoto

Was man Ihnen vielleicht erzählt hat

Das älteste Katzenfoto, das Sie im Internet gesehen haben, war also nicht das erste, das jemals gemacht wurde. Wie schade. Aber keine Sorge, dafür wissen wir doch bestimmt, wann das allererste Hundefoto entstand, oder? Wenn ich bei Google *»first dog photo ever made«* eingebe, erscheint es im Handumdrehen auf dem Bildschirm! Es ist eine wunderschöne Pudeldame mit Schleifchen um den Hals und golden eingerahmt. Das Bild sieht aus wie eine Daguerreotypie, die erste Fototechnologie, die der Öffentlichkeit zugänglich war – da wird es doch sicher stimmen?!

Die Widerlegung

Einverstanden, das Foto ist herrlich. Was für eine fabelhafte Pudeldame! Ja, sie ist ein braves Mädchen, ganz bestimmt. Aber ist es die älteste Aufnahme von einem Hund? Vermutlich nicht.

Wir haben hier dasselbe Problem wie bei den Katzenbildern: Fotografen aus früheren Zeiten haben nicht mitbekommen, dass sie Geschichte schrieben, und deshalb vergessen, für uns Historiker der Zukunft detaillierte Notizen aufzubewahren. (Wo wir gerade beim Thema sind: Los, liebe Leser, sprinten Sie doch bitte die Treppe hoch, schnappen Sie sich auf dem Dachboden die Schachtel mit den alten Fotos und schreiben Sie auf die Rückseite eines jeden Bildes so viele Informationen wie möglich! Ja, ich bitte Sie inständig darum. Eines Tages wird jemand unfassbar glücklich darüber sein, dass Sie es getan haben.)

Auf jeden Fall wurde das Bild, das im Internet so häufig als ältestes Hundefoto auftaucht, zum ersten Mal online geteilt, als beim Auktionshaus Sotheby's im Jahre 2009 eine Sammlung alter Fotografien unter den Hammer kam. Los 73 wurde folgendermaßen beschrieben: »Unbekannter amerikanischer Fotograf. PUDEL, MIT SCHLEIFE, AUF TISCH. Daguerreotypie, Sechstelplatte, Stempel modern, im Kästchen, 1850er Jahre. Schätzwert 5000 bis 7000 USD.«

Am Ende ging das Bild für 8125 Dollar weg.

Leider wissen wir nicht, wann, wo und von wem das Foto gemacht wurde. Wir verfügen nur über eine qualifizierte Schätzung, die es in die 1850er Jahre einsortiert. Die Experten bei Sotheby's wissen, wovon sie reden, und haben bei der Datierung des Fotos sicher gute Arbeit geleistet, aber sie würden mir zustimmen, dass eine noch genauere Altersbestimmung nicht möglich ist – es könnte auch etwas älter oder etwas jünger sein. Damals wurde es als *eines* der frühesten Hundefotos bezeichnet, was ja auch korrekt ist. Aber irgendwann später war jemand faul oder in Eile oder einfach unbekümmert; er vergaß diese ausschlaggebenden Worte und machte daraus *das* früheste Hundefoto.

Zwei andere Bilder sind meiner Meinung nach berechtigte Anwärter auf diesen Titel. Beide entstanden vor den 1850er Jahren. Wenn die Experten bei Sotheby's richtigliegen, was vermutlich der Fall ist, sind die folgenden Fotos also älter als das von der Auktion.

Der erste Anwärter sieht seltsamerweise viel moderner aus als die übrigen. Mein erster Gedanke war, dass hier ein Fehler vorliegt und das Foto aus den 1920er Jahren stammt, aber das liegt daran, dass die kleine Hundehütte auf dem Papierrahmen in sehr moderner Weise gezeichnet ist.

Das Foto verdanken wir Louis-Auguste Bisson, einem der zahlreichen Pioniere der Daguerreotypie, die damals mit der neuen Technik experimentierten. Bisson war ein faszinierender Mann, der einige erstaunliche Fotos schoss, darunter auch welche auf dem Mont Blanc (er war quasi mit einer Armee von Trägern hinaufgeklettert, die seine Ausrüstung schleppen mussten). Er machte auch eines der drei überlieferten Fotos des Komponisten Frédéric Chopin.

Er nahm das Hundebild und zeichnete den hübschen Rahmen für Rosa Bonheur, seine Nachbarin aus Kindertagen, die später seine Schwester wurde, als ihre Mutter starb und Louis-Augustes Familie das Mädchen adoptierte. Wieder einmal müssen wir uns auf die Recherchen von Historikern und Museumsexperten aus dem Metropolitan Museum of Art in New York stützen, die dieses Foto auf die 1840er Jahre datiert haben.

Aber es gibt noch einen letzten Anwärter, obwohl es wirklich schwierig ist, irgendwelche Informationen zu diesem Foto zu finden.

Als ich zu diesem Thema recherchierte, stieß ich auf eine tolle Website, die von Claude Marillier betrieben wird und die voller faszinierender Artikel über Fotografie ist. Die Beiträge stammen von Claudes Vater, dem inzwischen verstorbenen Pierre G. Harmant, und von ihrem Ehemann Paul Marillier. Pierre war fasziniert von Geschichte und Fotografie und schrieb zu diesem Themenbereich eine Menge wunderbare Aufsätze. Es war eine Freude, sich diese Artikel durchzulesen, und auf einer Seite gab es eine Sammlung von Fotos, die Daguerre selbst gemacht hatte – ja, der »Vater der Fotografie« höchstpersönlich! Alle seine Bilder gehören zu den frühesten überhaupt; die meisten sind aus den 1840er Jahren. Als er damit begann, Platten in kleinerem Format zu verwenden, machte er Fotos von allem Möglichen: von seiner Familie, seinen Freunden und … seinem Hund Médor?

In einem Brief aus dem Jahre 1837 schrieb er:

Ich danke Dir, mein lieber Isidor, für die Zusendung der Lebkuchen, die Du für unseren kleinen Médor gebacken hast; ich bin überzeugt, dass ihm dieses freundliche Souvenir von Dir sehr zu Herzen geht und dass er Dich bei nächster Gelegenheit zum Fressen gernhaben wird.

Das Foto, das auf der Website neben diesem Brief steht, zeigt einen reizenden weißen Hund mit einem Stock zwischen den Zähnen.

Ich habe versucht, die Spur des Fotos bis zu seinem Ursprung zurückzuverfolgen, aber es ist mir nicht gelungen. So wissen wir lediglich, dass man mit diesem Foto auf einer Website einen Brief bebildert hat. Das beweist gar nichts, aber der Gedanke, dass es eine Verbindung zwischen beiden geben könnte, ist außerordentlich verlockend. Ich habe Experten kontaktiert und unzählige Bücher durchgesehen, aber leider habe ich für meine weiteren Recherchen nur die Informationen von der Website in der Hand. Falls es tatsächlich Daguerres Hund ist, schätze ich, dass die Aufnahme 1843 oder 1844 entstand, jedenfalls nicht viel später. Ich glaube also, dass dies das älteste Hundefoto der Welt sein könnte. Wenn es sich doch nur beweisen ließe …

Aber wie dem auch sei, Médor ist ein feiner Kerl! Ja, das ist er.

87
In viktorianischer Zeit verhüllte man die Beine von Möbelstücken, weil sie zu aufreizend waren

Was man Ihnen vielleicht erzählt hat

Die Viktorianer waren dermaßen prüde und sexuell gehemmt, dass sie die Beine von Möbelstücken und Flügeln verhüllten, damit niemand in Erregung geriet.

Die Widerlegung

Lassen Sie mich eines gleich zu Beginn ganz klar feststellen: Die Viktorianer waren ein Haufen Lustmolche. Aus dem Bild, das sie in die Öffentlichkeit projizierten, mag es zwar nicht so deutlich hervorgehen, und vielleicht kollidiert es auch mit der Sicht, die wir heute auf diese Ära haben, aber sie waren absolut sexbesessen. Sie feierten verrückte, wilde Partys, schrieben in Tagebüchern und Briefen leidenschaftlich über ihre erotischen Abenteuer und nutzten jeden Vorwand, um aufreizende und oftmals skandalöse Kleidung zu tragen. Verkäufer von erotischen Büchern machten riesige Umsätze, und raten Sie mal, womit die Viktorianer sehr schnell begannen, nachdem die Fotografie erfunden worden war …

Königin Viktoria persönlich besaß eine beeindruckende Kollektion von Aktbildern. Um es kurz und knapp zu sagen: Die Viktorianer waren auch nur Menschen, genau wie wir. (Das mag manch einen überraschen.)

Die Beine von Möbelstücken haben sie nicht verhüllt. Obwohl ich mir sicher bin, dass irgendwer irgendwann und irgendwo angesichts eines wohlgeformten Teils eines Konzertflügels oder einer bequemen Chaiselongue in Wallung geraten ist, gehörten die Beine von Möbelstücken nicht zu den Dingen, die der durchschnittliche Viktorianer für so bedenklich hielt, dass er sie jedweden Blicken entziehen wollte.

Die Geschichte begann mit Captain Frederick Marryat, einem englischen Marineoffizier, der im Jahre 1839 sein *Tagebuch in Amerika* veröffentlichte – ein Buch, das einen ziemlich kritischen Blick auf die amerikanische Gesellschaft richtete und sie sogar verspottete. Dabei ging er so weit, dass die Amerikaner seine Bücher verbrannten. Marryat schrieb über eine junge Amerikanerin, die davon schockiert war, dass er in Gegenwart einer Dame das Wort *legs* (Beine) verwendete. Das tat man in der anständigen Gesellschaft einfach nicht. Sie erklärte ihm, man solle stattdessen das Wort *limbs* (Extremitäten) benutzen. An dieser Schilderung ist etwas dran; manche Leute benutzten damals tatsächlich lieber *limbs* als *legs*.

Einige Wochen später schrieb der Captain, er sei Zeuge der folgenden Möbelverkleidungs-Szene geworden:

> *Damit jedoch die Damen, welche ihre Töchter besuchten, das außerordentliche Zartgefühl und die besondere Sorgfalt würdigen möchten, welche die Vorsteherin der Anstalt aufbot, um unter ihren Zöglingen die höchste Reinheit der Ideen zu bewahren, hatte sie alle diese vier Limbs in bescheidene Höschen, die unten mit Krausen versehen waren, gekleidet!*

Hier wissen wir nun endlich einmal genau, wie eine Legende entstanden ist. Es ist nicht sicher, ob sich Marryat über die prüden Amerikaner lustig machen wollte und die Sache satirisch aufgebauscht hat oder ob ihm irgendwelche Amerikaner einen Bären aufgebunden und dem naiven Engländer einen Witz erzählt haben. Es gibt jedenfalls keinerlei Belege dafür, dass ein solcher Umgang mit Möbeln tatsächlich Brauch war – nicht einmal in Amerika. Ich suche noch immer nach einem Foto von Möbelstücken mit Beinkleidern; falls Sie eins finden, geben Sie mir bitte Bescheid!

Die britischen Leser liebten diese Geschichte natürlich. Sie konnten der Versuchung, sich über die seltsamen Amerikaner lustig zu machen, einfach nicht widerstehen. Die Geschichte wurde sogar zum *Running Gag*, und ein Lied darüber gelangte auf die Bühne. Aber dann hörten die Franzosen davon und verwendeten die Story, um über die Engländer zu witzeln! Das ist einfach unfair. Und um alles noch schlimmer zu machen: Die nachfolgenden Generationen, die ja sowieso immer gern über die ulkigen Gewohnheiten ihrer Eltern und Großeltern spotten und dabei natürlich glauben, sie wären klüger und besser als ihre Vorfahren, griffen die Behauptung nach und nach auf, um sich über die Viktorianer lustig zu machen. Inzwischen hatten alle vergessen, dass es am Anfang doch nur ein alberner Witz gewesen war …

88
Im Mittelalter brannten überall Fackeln

Was man Ihnen vielleicht erzählt hat

Wie erhellten die Leute im Mittelalter ihre Umgebung? Mit Fackeln natürlich! Wir sehen die Dinger doch in allen Filmen und Fernsehserien, wo sie Burgen, Gasthöfe und Kirchen auf dramatische Weise erleuchten. Dabei stecken sie meist in passenden Halterungen, aber es war auch sehr praktisch, sie in die Hand zu nehmen und damit durch die Gegend zu laufen.

Die Widerlegung

Sie sehen fantastisch aus und passen so gut zum Bild, das wir von dieser Epoche haben. Finstere Burgkorridore, das flackernde Licht der Fackel an der Wand. O nein, ein Bösewicht! Und so ergreift unser kühner Ritter die Fackel und benutzt sie als Waffe. Solche Szenen haben wir unzählige Male gesehen, und die Sache ergibt auch Sinn – ganz bestimmt sind Fackeln häufig verwendet worden, denn die Menschen im Mittelalter hatten ja keinen elektrischen Strom.

Das Hauptproblem mit Fackeln ist, dass sie nicht besonders lange brennen. Feuer braucht Nahrung, und wenn Sie sich mal eine durchschnittliche Fackel anschauen, insbesondere eine aus Film und Fernsehen, dann besteht sie meist nur aus ein paar Lappen, die um einen Stock gebunden sind. Aber selbst eine Fackel von guter Qualität und mit dem richtigen Brennstoff wird selten viel länger als eine halbe Stunde durchhalten. Das macht sie zu einer guten Lichtquelle, wenn man nachts nur mal einen kurzen Weg hat, aber sie ist ziemlich nutzlos, um Gänge, Räume oder Straßen zu erleuchten.

Stellen Sie sich nur mal die folgende Szene vor: Der König spricht vor der bevorstehenden Schlacht zu seinen Mannen, aber mittendrin wird der Raum plötzlich dunkel, und irgendein Diener mit einem Eimer voller Fackeln eilt herbei und beginnt, eine abgebrannte Fackel nach der anderen zu ersetzen, wobei er Entschuldigungen murmelt und alle Welt nervt.

Wenn er schließlich abzieht, können die Leute wieder etwas sehen, die Rede geht weiter, die Männer jubeln dem König zu – es ist an der Zeit, auf die Landkarte zu schauen und sich auf die Schlacht vorzubereiten … o nein, da wird es schon wieder finster, und da kommt erneut dieser nervtötende Diener angerannt … Jede einzelne Fackel hätte ein- bis zweimal stündlich ersetzt werden müssen, den ganzen Abend und die ganze Nacht hindurch. Das ist kein Problem, wenn man einen Film dreht und ein Team von Assistenten für Spezialeffekte hat. Ich weiß das, weil ich selbst so eine Assistentin war. Ich war diejenige, die herbeirennen musste, um dem Schauspieler die brennende Fackel aus der Hand zu reißen, sie zu löschen und für die nächste Szene eine neue anzuzünden. Um ehrlich zu sein, war das ziemlich gruselig, denn die Statisten trugen allesamt ausgefallene Hüte, und ihre Frisuren waren mit Tonnen von Haarspray fixiert. Eine unbedachte Bewegung, und der Schauspieler hätte sich selbst in eine Fackel verwandelt. Und das ist natürlich das nächste Problem mit Fackeln: Man hat ein offenes Feuer in Kopfhöhe und manchmal auch in beängstigender Nähe zu hölzernen Zimmerdecken und Balken. Das schreit geradezu nach Ärger, besonders wenn die Leute noch dazu mit Speeren, Helmen, wallenden Umhängen und spitzen Hüten herumlaufen.

Im Mittelalter verwendeten die Leute tatsächlich Fackeln, die oft aber ganz anders aussahen als das, was wir auf dem Bildschirm erblicken – es waren längere, dickere Keulen auf Stangen, was ja auch sinnvoll war, denn so konnten sie mehr Brennstoff aufnehmen und hielten länger durch. Man hatte damals auch metallene Feuerschalen für Kohle oder andere Brennstoffe, die man zur Beleuchtung, aber auch als tragbare kleine Wärmequellen nutzte.

Eine populäre, länger brennende, weniger gefährliche und geruchsärmere Alternative war natürlich die Kerze, aber oftmals vergessen wir, dass Kerzen die meiste Zeit im Mittelalter ganz schön teuer waren. Obwohl Zimmer oder Hallen, die von drei Zentnern Kerzen erhellt werden, natürlich großartig aussehen, hätte das damals ein Vermögen gekostet. Das wäre in einer Burg vorstellbar gewesen, im Haus einer reichen Familie oder in der Kirche, wenn ein spezielles Ereignis anstand, eine besondere Messe oder ein Fest, aber besonders häufig hat man so etwas nicht gesehen. Etwa zu dieser Zeit wurde die Imkerei ein großes Geschäft, denn Bienenwachs war für Kerzen sehr gefragt, aber für eine einzige Bienenwachskerze musste man mitunter einen kompletten Tageslohn hinblättern.

Die Leute fertigten auch Kerzen aus Unschlitt beziehungsweise Talg, geschmolzenen und wieder ausgehärteten Tierfetten. Unschlittkerzen waren viel billiger, aber nicht so gut – sie räucherten und rochen nicht besonders fein. Doch zumindest spendeten sie Licht!

Die Nachfrage nach Kerzen wuchs weiterhin, sodass man Wachs aus Ländern importieren musste, die noch viele Wiesen und Wälder besaßen, in denen die Bienen ihr Ding machen konnten. Auf diese Weise erwirtschaftete die Hanse, ein Verband zum Schutz der Interessen von Händlern und Städten in mehreren europäischen Ländern, einen Teil ihres Reichtums.

Erst als der Deutsche Karl von Reichenbach im Jahre 1830 ein Verfahren entwickelte, mit dem man Rohöl in Paraffin umwandeln konnte, wurden gute Kerzen für die meisten Menschen erschwinglich.

Was also haben die meisten Leute im Mittelalter stattdessen genutzt? Ich finde es interessant, dass diese Frage offensichtlich kein Thema ist, wenn wir über die alten Römer sprechen. Fragen Sie doch mal die Leute, womit die Römer sich ihre Nächte erhellt haben – viele werden Ihnen sagen, man habe damals Öllampen verwendet. Aber genau das haben die Menschen auch im Mittelalter getan! Viele denken, das Ende des Römischen Reiches wäre in Europa so etwas wie eine Apokalypse gewesen, und die Leute hätten plötzlich alles vergessen und wären in die Steinzeit zurückgerutscht. Aber das war ja nicht der Fall. Außer Bienenwachs- und Unschlittkerzen benutzten die einfachen Leute wie auch die Reichen Öllampen in allen Formen und Größen. Sie verbrannten darin tierische Fette und verschiedene Arten von Öl – darunter Oliven-, Sesam- und Traubenkernöl. Solche Lampen konnten schlicht sein oder auch richtig schick, mit einem einzigen Docht oder mehreren; mal hingen sie von der Decke hinab, mal standen sie auf dem Tisch. Sie brennen eine ganze Weile länger als Fackeln und sind sicherer und billiger. Trotzdem sollte man versuchen, nicht direkt hineinzustolpern.

Öllampen wären demnach die korrekte historische Beleuchtung für Filme und Fernsehserien, die im Mittelalter spielen. Und weil sie oft von der Decke hingen oder sogar von Laternen umschlossen waren, würde man nicht einmal die Flamme sehen, sodass der Requisiteur auch einfach schummeln und ein LED-Lämpchen hineintun könnte. Dies ist so ein Fall, bei dem die realistische Lösung einfacher und billiger ist als die Nonsensversion.

Es gab noch eine andere Möglichkeit, einen Raum zu erhellen, aber auf dem Bildschirm sieht man sie nicht besonders oft. Wenn Sie doch mal darauf stoßen, dann haben Sie es mit einem historisch gut recherchierten Film zu tun. Es handelt sich um das Binsenlicht, für welches man das getrocknete Mark von Binsenstängeln in Fett oder Unschlitt tränkte und dann in einen Halter steckte. Eigentlich ist es nur ein kleiner Stab, der wie ein Streichholz langsam abbrennt – nicht gerade hell, aber neben dem Kaminfeuer die billigste Alternative.

Andererseits muss man sagen, dass für viele Menschen damals der Tag mit dem Sonnenuntergang endete. Für uns ist ein Leben ohne Elektrizität schwer vorstellbar, aber für die meisten unserer Vorfahren über fast alle Epochen der Geschichte hinweg waren die Abende dunkel, sehr dunkel.

89
Beethoven war schwarz

Was man Ihnen vielleicht erzählt hat

Wusstest du schon, dass Beethoven schwarz war? Zu seinen Lebzeiten bezeichneten ihn die Leute als »dunkelhäutig«. Seine Familie kam aus Flandern, das einst von den Spaniern beherrscht wurde, und die wiederum wurden einst von den Mauren beherrscht, und seine Mutter hatte eine Affäre mit einem Mauren, sodass er einen gemischten ethnischen Hintergrund besaß! Aber man hat alle Bilder von ihm aufgehellt, um zu verbergen, dass er schwarz war. Die rassistischen weißen Leute konnten es natürlich nicht ertragen, dass ein so berühmter Komponist nicht weiß war.

Die Widerlegung

Ich kann verstehen, dass manche Menschen diese Geschichte gern glauben möchten. Beethoven war ein fantastischer Komponist, dessen Einfluss auf die Musikgeschichte unbestreitbar ist, und so wird jeder noch so kleine »Fakt« über ihn von Interesse sein. Andererseits wird man damit auch viele Leute gegen sich aufbringen, die aus irgendeinem Grund die Vorstellung, dass Beethoven nicht weiß war, nicht verkraften können. Aber wichtiger noch: Es erlaubt Schwarzen Menschen, eine Verbindung zu einem Genre herzustellen und zu einem Schöpfergeist, den man ihnen in manchen Weltgegenden so lange absprach (und oft immer noch abspricht).

Es mag sich wie eine relativ neue Behauptung anhören, und doch ist sie schon sehr alt und taucht gerade lediglich wieder auf. Schon im frühen 20. Jahrhundert gab es Leute, die behaupteten, Beethoven habe afrikanische Wurzeln gehabt.

Sein Stammbaum ist eingehend erforscht worden, und so wissen wir, wer seine Eltern und Großeltern waren. Wir wissen sogar, wie sie aussahen, denn sie haben Porträts von sich malen lassen. Die Beethovens können bis ins 15. Jahrhundert zurückverfolgt werden, und so ziemlich alle von ihnen waren Flamen; es gibt keine Spuren von spanischen oder afrikanischen Vorfahren. Könnte einer oder eine von Beethovens Ahnen ein Baby mit einer nicht-weißen, von Mauren abstammenden Person aus Spanien gehabt haben? Ja, das ist möglich, aber nicht bewiesen.

Das mit dem »Mauren« ist ein merkwürdiger Teil dieser Geschichte. Die heutigen Niederlande waren im 16. Jahrhundert tatsächlich von den Spaniern besetzt, und das heutige Belgien war es sogar noch im 17. und frühen 18. Jahrhundert – also lange nachdem die Mauren Spanien erobert hatten. Die Mauren, die aus dem Gebiet des heutigen Marokko stammen, hatten schon im 13. Jahrhundert die Kontrolle über den größten Teil von Spanien verloren und hatten, soweit wir wissen, meist einen ziemlich hellen Hautton. Alles davon spielte sich lange vor Beethovens Geburt im Jahre 1770 ab.

Beethoven hatte, wenn man seinen Porträts glauben darf, dunkles Haar und dunkle Augen; von manchen Zeitgenossen wurde er als »dunkel« beschrieben, was man über jemanden sagen könnte, der einen sehr dunklen Hautton hat, aber auch über jemanden, dessen Haut einfach nur etwas dunkler ist als die der meisten Leute um ihn herum, über jemanden mit Sonnenbräune oder auch einfach nur mit dunklem Haar. Blonde, blauäugige Deutsche haben einen Weißen, der schwarzes Haar und dunkle Augen hatte, vielleicht schon als »dunkel« angesehen.

Beethovens Spitzname war *Spagnol*, »der Spanier«, und Gottfried Fischer, ein Freund aus Kindertagen, schrieb, der kleine Ludwig habe eine »schwarz-braune Gesichts Farb« gehabt. Das kann natürlich so gedeutet werden, dass Beethoven ein Schwarzer gewesen wäre, und vielleicht ist dies ja der Ursprung der ganzen Legende. Aber es könnte auch jemanden beschreiben, dessen Haut und Haare dunkler waren als die der meisten Leute – immer durch die Augen eines Deutschen des 18. Jahrhunderts gesehen.

Hätte Beethoven einen sehr dunklen Hautton gehabt, hätten die Leute vermutlich andere Worte gewählt, um ihn zu beschreiben. Fräulein von Kiesow, eine Dame, die ihn schon in jungen Jahren kannte, schrieb über ihn, er habe ein hässliches rotes Gesicht voller Pockennarben gehabt. Autsch!

Beethoven war über einen großen Teil seines Lebens ein sehr berühmter Mann, und man schuf viele Porträts von ihm. Für manche Bilder saß er sogar selbst Modell. Wir verfügen über Berichte von Leuten, die dem Komponisten persönlich begegnet sind und ihn mit diesen Porträts verglichen haben, denn die konnte man seinerzeit in Musikgeschäften kaufen. Wir können uns vorstellen, dass es jemand erwähnt hätte, wenn er in echt ganz anders ausgesehen hätte als auf den Bildern – wenn er also zum Beispiel eine braune oder schwarze Hautfarbe gehabt hätte. Ich wette, dass es den Leuten sogar aufgefallen wäre, wenn er seine dunkle Haut mit Make-up kaschiert hätte (das wird bisweilen nämlich auch behauptet).

Es gibt einige Drucke und Radierungen, auf denen er ein wenig dunkler wirkt. Das hat teilweise mit den Drucktechniken jener Zeit zu tun. Wenn man die Tiefenwirkung oder den Kontrast verstärken möchte, aber keine Farben zur Verfügung hat, muss man manche Teile des Bildes heller und andere dunkler anlegen. Beethoven sieht auf verschiedenen Drucken auch verschieden aus, aber viele dieser Blätter entstanden in Massenproduktion und wurden von Künstlern geschaffen, die den Komponisten nie gesehen hatten; manchmal wurden die Drucke auch mit ein paar Brauntönen nachkoloriert. Louis Spohr, ein Geiger, der Beethoven persönlich kannte, wurde einmal von einem Beethoven-Fan gefragt, welches der vielen unterschiedlich aussehenden Porträts, die die junge Frau von ihm im Zimmer hängen hatte, der Wirklichkeit am nächsten sei. Das verrät uns, dass Beethoven Fans hatte, die ihre Räume mit Bildern ihres Idols dekorierten – genau wie heutige Teenager, die von Popmusik besessen sind. Es bestätigt aber auch, dass man nicht einfach annehmen darf, ein Porträt von jemandem aus dieser Zeit sei unbedingt naturgetreu und realistisch gewesen.

Obwohl die Leute ihm Spitznamen verpassten, die auf seinem dunklen Haar und seinem dunklen Teint beruhten, beschrieb ihn keiner, der ihm je begegnete, als Schwarzen. Zu diesen Zeitgenossen zählt auch George Bridgetower, ein Komponist, der Beethovens Freund (und später Feind) war. Bridgetower hatte einen schwarzen Vater, und wenn Beethoven den gleichen Hintergrund gehabt hätte, dann hätte George das doch bestimmt erwähnt!

Es gibt also keine Belege dafür, dass Beethoven schwarz oder generell nicht-weiß gewesen wäre. Andernfalls hätte es häufig Erwähnung gefunden. Er könnte natürlich einen schwarzen Ahnen gehabt haben, von dem wir nichts wissen – jeder von uns kann einen haben –, aber auch dafür gibt es keine Belege, sondern nur Gemunkel und »Was wäre wenn«-Spekulationen.

Im Rückblick auf Beethovens Epoche dürften die meisten von uns annehmen, dass er als Schwarzer nicht die gleichen Möglichkeiten gehabt hätte. Das ist teilweise wahr, aber wir wissen auch, dass es andere Schwarze nicht davon abgehalten hat, zur gleichen Zeit und am gleichen Ort berühmte Komponisten zu werden. Ihre Hautfarbe und ihr ethnischer Hintergrund wurden oft erwähnt und nicht geheim gehalten, und ihre Porträts wurden nicht aufgehellt. Das mag für manche Leser schwer zu glauben sein. Gewiss gab es im damaligen Europa Rassismus, aber gleichzeitig berühmte schwarze Künstler. Beides ist wahr.

Behauptungen, dass Beethoven schwarz gewesen sei, lassen sich leicht widerlegen und vom Tisch wischen, aber der eigentliche Skandal ist, dass man mit dieser Diskussion Zeit verschwendet, statt über die tatsächlich bekannten schwarzen Komponisten zu reden, die selbst talentiert und berühmt waren, heute aber übersehen werden. Statt also sinnlos darüber zu streiten, ob Beethoven schwarz gewesen ist, sollten wir über sie sprechen – darunter sind auch Zeitgenossen und sogar Freunde von Beethoven.

* George Augustus Polgreen Bridgetower (1778–1860) wurde in Polen geboren. Er war der Sohn einer schwäbischen Mutter und eines Vaters, der vermutlich aus der Karibik kam und Georges Taufeintrag zufolge ein afrikanischer Fürst war. Bridgetower ging nach London und warb schon mit zehn Jahren als Soloviolinist auf der Bühne des Drury Lane Theatre um die Gunst des Publikums. Er tourte durch Europa, trat vor Königen und

Präsidenten auf und gab auch ein Konzert zusammen mit Beethoven, der von Georges Talent sehr beeindruckt war.

* Joseph Bologne, Chevalier de Saint-George (1745–1799) wurde auf den Kleinen Antillen geboren. Sein Vater war Plantagenbesitzer und seine Mutter eine 16-jährige Sklavin senegalesischer Herkunft. Obwohl Joseph ein uneheliches Kind war, erkannte sein Vater ihn an, gab ihm seinen Familiennamen und nahm ihn mit nach Frankreich, wo er eine Ausbildung genoss. Joseph wurde Offizier der königlichen Leibgarde; man bewunderte ihn für seine Fecht-, Reit- und Tanzkünste, und er war bei den Damen sehr beliebt (wenn Sie sein Porträt sehen, wird Sie das nicht wundern). Er war ein sehr talentierter Geiger und begann, Instrumentalmusik und Opern zu komponieren. In Frankreich und England war er ein Star – als Fechter und als Komponist.

* Charles Ignatius Sancho (um 1729–1780) kam auf einem Sklavenschiff zur Welt und wurde nach England gebracht. Er war erst zwei Jahre alt, als man ihn zu zwei Schwestern gab, deren Diener er werden sollte. Er konnte es aber nicht ertragen, für sie zu arbeiten, und flüchtete zu einem Herzog, der die Schwestern oft besucht hatte und von dem Jungen beeindruckt gewesen war. Im Hause des Herzogs brachte man ihm das Lesen bei, und er vertiefte sich in Musik und Poesie. Als der Herzog und seine Frau starben, hinterließen sie Charles eine beträchtliche Summe. Er heiratete, hatte sieben Kinder, eröffnete seinen eigenen Laden, schrieb Erzählungen und Theaterstücke und komponierte Musik. Er war der erste Mensch afrikanischer Herkunft, der in Großbritannien an allgemeinen Wahlen teilnahm, und der erste, der in den britischen Medien einen Nachruf erhielt.

Alle diese Männer waren begabte und zu ihrer Zeit bekannte Komponisten, und sie verdienen mehr Aufmerksamkeit als eine unbewiesene These, nach der Beethoven womöglich eine Oma hatte, die ein Kind mit einem Typen gehabt haben könnte, der eventuell Spanier war und dessen Großeltern vielleicht irgendwelche maurischen Wurzeln hatten. Tun Sie also diesen Komponisten und sich selbst einen Gefallen – schlagen Sie sich den schwarzen Beethoven aus dem Kopf, hören Sie sich die großartige Musik dieser Männer an und teilen Sie im Internet lieber deren Lebensgeschichten.

Ein Nachtrag: Als ich mein Buch schon fast vollendet hatte, veröffentlichte ein internationales Forscherteam einen Aufsatz über die Ergebnisse der Genanalyse von Beethovens Haar. Man hatte genügend Locken von ihm gesammelt, um feststellen zu können, welche davon tatsächlich dem Komponisten gehört hatten, und die wissenschaftlichen Untersuchungen enthüllten eine Menge Details über ihn. Ihr Hauptanliegen hatte darin bestanden, mehr über seinen Gesundheitszustand zu erfahren (er hatte eine genetische Veranlagung für Leberkrankheiten und infizierte sich kurz vor seinem Tode mit Hepatitis B); die Forscher fanden jedoch auch heraus, dass einige Leute, die behaupteten, mit Beethoven verwandt zu sein, es gar nicht waren (aua!), dass eine berühmte Haarlocke, über die ein Bestseller geschrieben worden war, gar nicht von Beethoven stammte (noch mal aua!) und dass sein Großvater nicht sein Großvater war! Damit war zumindest dieser Teil der Gerüchte wahr – seine Großmutter hatte eine Liebesaffäre gehabt. Aber Beethovens wirklicher Großvater war trotzdem kein Afrikaner gewesen. Seine Vorfahren sind zu mehr als 99 Prozent Europäer, und das geografische Cluster seines Stammbaums liegt genau in der Mitte von Europa. Es gibt also keinerlei Belege für irgendwelche nicht-europäischen Gene in Beethovens jüngerer Ahnenreihe.

90
Diese Frauen wurden 1922 in China wegen Hexerei bestraft

Was man Ihnen vielleicht erzählt hat

Ein Foto aus dem Jahre 1922 zeigt drei Frauen, deren Köpfe in einem Holzbrett stecken. Sie werden dafür bestraft, dass sie Hexen sind! Noch im frühen 20. Jahrhundert mussten unschuldige Frauen leiden, weil man sie der Hexerei bezichtigte.

Die Widerlegung

Was den Frauen um den Hals geschlossen wurde, ist ein Holzkragen. Es hat ihn wirklich gegeben, und er wurde zur Bestrafung unterschiedlichster Verbrechen benutzt. Abgesehen davon, dass es demütigend war, ihn tragen zu müssen, war es auch sehr unangenehm und schmerzhaft. Er ist eine tragbare Variante des Prangers, den man aus Film und Fernsehen kennt und über den man in zahllosen Museen, Burgen und auf Jahrmärkten stolpert. Aber statt im Sitzen oder Stehen mit Händen, Kopf und eventuell auch Füßen in irgendwelchen Löchern festzustecken, mussten Sie den Holzkragen um den Hals tragen. Manchmal war er durch eine Kette mit einem anderen Verbrecher oder einer Mauer verbunden, sodass man sich nicht sehr weit entfernen konnte – zum Beispiel nicht bis zum nächsten Schmied, der einen davon hätte befreien können. Anders als beim Pranger oder beim Block war die Bestrafung mit einem Holzkragen manchmal mit einem grausamen Los verbunden: dem Hungertod.

Gefangene, die den Holzkragen trugen und nirgendwohin gehen konnten, waren auf die Barmherzigkeit von Passanten angewiesen; sie mussten gefüttert werden, da sie sich ja nicht selbst ernähren konnten. Das von dem jeweiligen Gefangenen begangene Verbrechen wurde auf einem Papier vermerkt, das man am Holzbrett befestigte. So konnten Sie nachlesen, was diese Leute getan hatten, und selbst entscheiden, ob Sie ihnen beim Essen helfen oder sie lieber verhungern lassen wollten. Falls Gefangene, die im Dorf jeder hasste, für längere Zeit den Holzkragen tragen mussten, kann man sich vorstellen, wie die Sache ausging. Um es noch schlimmer zu machen, konnte je nach Art des Verbrechens ein besonders schwerer Holzkragen verwendet werden. Er schnitt sich allmählich ins Fleisch, je länger er getragen wurde. Außerdem brachte die Form des Holzkragens es mit sich, dass die Träger sich nicht wirklich hinlegen und ausruhen konnten. Früher oder später machte sie das verrückt, manchmal im wahrsten Sinne des Wortes. Allerdings trugen die Delinquenten den Kragen oft nur für kurze Zeit, denn die eigentliche Strafe war, dass sie in diesem Zustand von allen gesehen werden sollten. Diese Form der Bestrafung scheint recht verbreitet gewesen zu sein, besonders in China.

Aber zurück zum Foto. Hat man diese Frauen der Hexerei bezichtigt? Nein. Zumindest gibt es dafür keinerlei Beweise.

Das Foto ist in den späten 1870er oder frühen 1880er Jahren von William Thomas Saunders aufgenommen worden – also nicht im Jahre

1922. Der in London geborene Fotograf reiste durch ganz China und eröffnete sogar in Shanghai ein Studio. Er wurde zu einem sehr erfolgreichen Porträtfotografen, machte aber auch Bilder von bedeutsamen Ereignissen, von der Region und von einfachen Leuten, die ihren Geschäften nachgingen. Seine Fotos wurden enorm wichtig, weil er einer der ersten und insgesamt wenigen Außenstehenden war, die das Alltagsleben im damaligen China dokumentierten.

Er veröffentlichte mehrere Bücher, und seine Fotos erschienen in den nächsten Jahrzehnten in zahlreichen Zeitschriften in aller Welt. Das Foto dieser drei Frauen gehört zu einer seiner Sammlungen und ist mit folgender Beschreibung versehen: »Shanghai, weibliche Gefangene«. Es gibt keinen Hinweis darauf, dass sie Hexen gewesen wären oder mit irgendeiner Art von Zauberei zu tun gehabt hätten. Anscheinend hat das jemand ein fach erfunden, oder er hat das Motiv nicht richtig verstanden. Wir wissen nicht, was man diesen Frauen zur Last gelegt hat – oder ob sie überhaupt Beschuldigte waren. Sie könnten auch völlig unschuldig gewesen sein und nur für den Fotografen posiert haben.

Régine Thiriez vom *Institut d'Asie Orientale*, die die Geschichte der Fotografie in China erforscht und darüber auch geschrieben hat, ist der Ansicht, das Foto sei wahrscheinlich gestellt. Sie führt dafür einige überzeugende Argumente an: Erstens fehlen die Papierstreifen, auf denen verzeichnet ist, welcher Verbrechen sich die Frauen schuldig gemacht haben. Diese Zettel mussten aber stets an das Brett geklebt werden. Außerdem gibt es in derselben Sammlung ein anderes Foto, das zwei Männer mit einem Doppelkragen zeigt. Das ist schon etwas verdächtig: drei Frauen und zwei Männer, die in der gleichen Situation und am selben Ort mit ihrem Holzkragen geduldig für den Fotografen posieren. Die gesetzlich vorgeschriebenen Papierstreifen mit der Benennung der Art des Verbrechens fehlen beide Male. Und selbst wenn die Frauen und Männer ein wenig unglücklich dreinschauen, sehen sie doch nicht so aus, als hätten sie den Holzkragen schon lange getragen.

Daher halte auch ich es für recht wahrscheinlich, dass es gestellte Fotos sind und dass die Frauen keines Verbrechens beschuldigt wurden – schon gar nicht der Hexerei.

91
Daumen runter bedeutete in der römischen Antike den Tod des Gladiators

Was man Ihnen vielleicht erzählt hat

Zu Zeiten des Römischen Reiches guckten sich die Menschen oft Gladiatorenkämpfe in den Arenen an. War ein Kämpfer niedergerungen, blickte der Sieger hinauf zu den wichtigen, schicken Leuten in den teuren Sitzreihen – Politikern oder Sponsoren der Wettkämpfe –, um zu sehen, welches Schicksal sie sich für den Verlierer wünschten. Die bedeutendste Persönlichkeit reckte dann ihren Daumen wie ein Tramper in die Luft, wenn der unterlegene Gladiator weiterleben durfte. Drehte sie aber den Daumen nach unten, wurde der Verlierer getötet. Oft versuchten die Zuschauer, die Entscheidung zu beeinflussen, indem sie ihrerseits die Daumen hoben oder senkten. Das ist auch der Ursprung der noch heute genutzten »Daumen hoch«- und »Daumen runter«-Gesten.

Die Widerlegung

Mir ist klar, dass diese Geschichte gut klingt. Wir haben das doch überall gesehen, und es wirkt auch glaubhaft. Welch wunderbare Entstehungsgeschichte für eine Geste, die wir ständig verwenden! Nun, in gewisser Weise stimmt die Story, aber gleichzeitig ist sie total verkehrt.

Lassen Sie es mich erklären.

Es gab tatsächlich eine Geste mit dem Daumen, und ja, damit wurde wirklich entschieden, ob ein unterlegener Gladiator am Leben bleiben sollte oder nicht. Bloß dass wir nicht genau wissen, wie diese Geste aussah. Sie hieß auf Latein *pollice verso*, was »mit gedrehtem Daumen« bedeutet. Wir wissen, dass es sie gab, weil zeitgenössische Römer so freundlich waren, darüber zu schreiben.

»Sie richten nun selbst Spiele aus, und wenn es das Volk mit einer Drehung des Daumens befiehlt, geben sie den Befehl zum Töten und werden dafür beklatscht«, schrieb der Dichter Decimus Iunius Iuvenalis. Und bei Aurelius Prudentius Clemens lesen wir:

> *Mit einer Drehung ihres Daumens bittet die züchtige Jungfrau ihn, er solle die Brust des am Boden liegenden Gegners ganz durchbohren, damit ihm auch nicht der kleinste Rest Leben irgendwo in den Eingeweiden verbleibt, während das Schwert schon tiefer in ihn dringt und er im Todeskampf liegt.*

Leider hat sich niemand die Mühe gemacht, genauer zu erläutern, was damit gemeint war. Daumen hoch, Daumen runter, Daumen zur Seite oder vielleicht in die Nase … Sie haben es nie richtig erklärt.

Obwohl die Römer überall Mosaiken, Skulpturen, Schriften und Graffiti hinterlassen haben, hat keiner daran gedacht, dass es doch nett wäre, den Menschen von morgen eine anschauliche Infografik bereitzustellen. Vielen Dank, Leute.

Um die Sache noch mehr zu verkomplizieren, gab es noch weitere Gesten, die unterschiedliche Namen hatten und genauso selten eindeutig beschrieben wurden. Neben *pollice verso* hatten sie auch *pollice compresso*, den gedrückten Daumen. Einige Historiker glauben, dass man ihn dabei in der Faust versteckte, was bedeutete, dass der Kämpfer verschont bleiben solle. Die Geste könnte die Scheide eines Dolches symbolisiert haben – der Daumen wäre dann die Waffe, und die Faust stünde für die Scheide. Den Daumen in die Luft zu halten, würde also bedeuten, dass der Dolch gezückt und der Gladiator getötet werden solle.

Vielleicht hat man dem Gladiator sogar vorgemacht, wie er das Messer einsetzen sollte, indem man sich mit dem Daumen gegen die Brust stieß. Was erwartet wurde, wenn man den Daumen über die Kehle fahren ließ, ist wohl klar. Auch diese Geste ist noch heute bekannt, obgleich ich nicht sicher bin, dass es hier eine Verbindung zu den alten Römern gibt.

Interessanterweise dachte man auch in viktorianischer Zeit, dass die Geste mit dem »Daumen runter« nicht so recht stimmen kann. Ja, ich bin genauso überrascht wie Sie: Ausnahmsweise haben die Viktorianer einmal korrektes Geschichtswissen verbreitet, und wir modernen Menschen tragen die Verantwortung dafür, dass in der ganzen Daumensache solche Konfusion herrscht.

Im *Brewer's Dictionary of Phrase and Fable* von 1898 kann man lesen:

> *War ein Gladiator besiegt, hatten die Zuschauer darüber zu entscheiden, ob er getötet werden sollte oder nicht. Wünschten sie, dass er weiterlebte, umschlossen sie den Daumen in ihrer Faust (pollice compresso favor iudicabatur); sollte er sterben, streckten sie ihre Daumen hervor. Adam schrieb in seinem Werk Roman Antiquities (S. 287): »Wenn sie ihn retten wollten, drückten sie ihre Daumen; sollte er getötet werden, hielten sie die Daumen heraus.« (Plinius, XXVIII, 2; Juvenal, III, 36; Horaz, 1 Epist., XVIII, 66.)*

Man findet sogar die folgende Anmerkung:

Es ist nicht korrekt zu sagen, dass sie ihren Daumen senkten, wenn sie wünschten, dass der Mann weiterlebt, und dass sie den Daumen emporhielten, wenn er getötet werden sollte. »Pollice compresso« bedeutete, dass sie ihre Daumen festhielten.

Wenn Mr. Brewer diese Anmerkung hinzufügte, sah er offenbar die Notwendigkeit, den Sachverhalt klarzustellen. Es ist also wahrscheinlich, dass die Leute das mit den Daumen bereits damals falsch verstanden haben. Die Legende könnte also schon sehr alt sein, genau wie der Versuch ihrer Widerlegung – wenn Brewer heute noch lebte, wäre er vielleicht mein Kollege als Fake History Hunter!

Es gibt noch weitere Belege für die Geste. So existiert ein Medaillon, das einen Mann neben zwei Gladiatoren zeigt. Er reckt seine Faust in die Luft, wobei der Daumen von den Fingern umschlossen ist. Es wird wirklich klar und deutlich gezeigt; der Künstler dachte offensichtlich, dass die Hand besondere Aufmerksamkeit verdient. Darüber ist geschrieben: *Stantes missi*, was so viel wie »stehend verabschiedet« heißt. Es zeigt also vermutlich zwei Gladiatoren, die nach dem Kampf aus der Arena spazieren durften.

Das ist ziemlich überzeugend, nicht wahr? Allerdings nicht so überzeugend, dass alle Historiker anerkennen würden, dass die Gnadengeste so ausgesehen hat. Historiker können schon echt dickköpfig sein.

Es gab also verschiedene Gesten, die Unterschiedliches bedeuteten, und wir können nicht mit Sicherheit sagen, welche »Gnade« bedeutete und welche »Tod«. Was wir aber wissen: »Daumen runter« hieß höchstwahrscheinlich nicht, dass der Gladiator getötet werden sollte. Es gibt keine Beweise dafür, und viel wahrscheinlicher ist, dass der Verlierer weiterleben durfte. Darüber sind sich die meisten Experten für römische Geschichte heute offenbar einig, jedenfalls die meiste Zeit.

Im Jahre 1872 schuf der Maler Jean-Léon Gérôme ein großartiges Gemälde mit dem Titel *Pollice verso*. Im Unterschied zu den meisten damaligen Künstlern und auch so einigen Historikern verwendete Gérôme viel Zeit darauf, jede Einzelheit korrekt wiederzugeben. Er besuchte Museen, schaute sich originale römische Rüstungen an und recherchierte ausgiebig.

So verwundert es nicht, dass die von ihm auf dem Bild festgehaltene »Daumen runter«-Geste von allen für bare Münze genommen wurde.

Genau dieses Gemälde hat übrigens den berühmten Ridley Scott dazu veranlasst, beim Blockbuster *Gladiator* mit Russell Crowe Regie zu führen. Auch deshalb hat er wohl die »Daumen runter«-Geste in den Film eingebaut, obwohl man ihn bestimmt darauf aufmerksam gemacht hatte, dass sie nicht authentisch ist …

Gibt es eigentlich eine Verbindung zwischen der römischen »Daumen hoch«- und unserer heutigen »Alles bestens«-Geste? Aller Wahrscheinlichkeit nach nein. In Italien hat man sie offenbar bis in die 1940er Jahre hinein als überhaupt nicht positiv betrachtet.

Noch eine Nebenbemerkung: Gladiatorenkämpfe endeten selten mit dem Tod. Diese Männer und Frauen waren ein kostbarer Besitz. Man musste viel investieren, um sie zu kaufen, zu trainieren und zu versorgen. Viele von ihnen wurden berühmt, und das Publikum liebte sie. Sie zogen die Zuschauer in Scharen an. Daher lag die Entscheidung über Leben und Tod nicht in der Hand des Publikums und wahrscheinlich auch nicht beim Schiedsrichter oder irgendwelchen VIPs, sondern bei den Sponsoren, die ja alles finanzierten. Wobei die Zuschauer natürlich versucht haben werden, diese Entscheidung zu beeinflussen …

92
Dieses gruselige Foto zeigt die Serienmörderin Leonarda Cianciulli dabei, wie sie aus Menschen Seife macht

Was man Ihnen vielleicht erzählt hat

Eine alte Dame steht neben einem brodelnden Topf. Sie schaut uns über die Zeiten hinweg an, und vielleicht schaut sie sogar durch uns hindurch. Sie mag wie eine harmlose Frau aussehen, aber in Wahrheit ist es ein Foto der Serienmörderin Leonarda Cianciulli, die eine ganze Reihe von Leuten umbrachte und sie zu Seife und Teegebäck verarbeitete – alles nur, um ihren Sohn zu schützen!

Die Widerlegung

Ich muss gestehen, dass ich noch nie von Leonarda Cianciulli gehört hatte, bis ich das im Internet verbreitete Foto sah. Das ist ein wenig peinlich, weil ich mich als Forscherin unter anderem auf das Thema Verbrechen spezialisiert habe. Nachdem ich erstmals von dieser italienischen Mörderin gehört hatte, wollte ich also mehr herausfinden und begann, ein wenig nachzuforschen. Ich bemerkte sehr bald, dass die Fotos, die ich von der Mörderin fand, gar keine Ähnlichkeit mit der kleinen alten Frau mit dem Kessel hatten.

Aber es würde doch niemand ein Bild von einer armen unschuldigen Frau benutzen, um damit die Geschichte dieser grausamen Person zu illustrieren?! Nun ja, irgendwer hat es trotzdem getan. Und obwohl die Frau schon lange tot ist, machte mich das ein bisschen wütend, und ich wollte sie rehabilitieren. Ja, es sieht wirklich etwas verdächtig aus, wie sie in jenem großen Topf herumrührt, aber bestimmt wäre sie sehr aufgebracht, wenn sie erführe, dass jemand sie als Serienmörderin hinstellt. Wären Sie das nicht auch?

Die Geschichte war nicht schwer zu widerlegen. Ein wenig umgekehrte Bildsuche führte mich zu einer Sammlung von Fotos, die im frühen 20. Jahrhundert in Amerika aufgenommen worden waren, also weit entfernt von Italien, wo Cianciulli ihre Verbrechen begangen hatte. Da fand ich sie also wieder, eine unschuldige Großmutter, die Seife herstellt. Wer auch immer den Fehler beging – er hat also wenigstens ein Bild erwischt, auf dem tatsächlich Seife produziert wird.

Leider wissen wir von ihr nur, was sie gerade macht und dass sie in einem Ort namens Santa Claus im Bundesstaat Indiana lebte. Der Fotograf Frank M. Hohenberger, der in einem Fotostudio im quirligen Indianapolis arbeitete, war fasziniert von einigen Fotos, die ein Kunde eines Tages mitbrachte. Sie zeigten das wunderbar ruhige und altmodische Leben auf dem Lande – ein Leben, nach dem sich Frank schon lange gesehnt hatte. Der Mann erzählte Frank, er habe die idyllischen Aufnahmen in dem kleinen Dorf Nashville gemacht, das auch in Indiana liegt.

Bald darauf gab Frank, inzwischen 41, seinen Job auf, packte die Koffer und reiste an den Ort, den er bis dahin nur durch Zufall auf ein paar Fotos gesehen hatte. Er liebte die Landschaft und die Architektur der ersten Siedler, aber die Einheimischen trauten ihm zuerst nicht, und manche meinten sogar, seine Kamera würde ihre Seelen einfangen.

Daher machte Frank anfangs nur Fotos von Feldern und Häusern. Sie wurden sehr populär, und so hatte er ein recht gutes Auskommen, obwohl Amerika in der Großen Depression steckte. Schließlich gewöhnten sich die Einheimischen an ihn, und er durfte Fotos von ihnen aufnehmen – nicht nur ernsthafte, förmliche Porträts, sondern auch Schnappschüsse von normalen Leuten, die ihren alltäglichen Verrichtungen nachgingen. Das fing Frank am liebsten ein. Als er 1963 starb, hinterließ er Fotos und Schriften von unschätzbarem Wert, die eine für immer verlorene Welt festhalten.

Aber was ist denn nun mit der echten seifensiedenden Serienmörderin?

Sind Sie bereit für die Story? Man könnte Cianciulli als typische italienische Mama beschreiben, die gut in eine etwas klischeehafte Pastawerbung passen würde. Ihr Leben war ziemlich schwierig. Sie hatte gegen den Wunsch ihrer Mutter geheiratet und glaubte, dass dies buchstäblich einen Fluch über sie gebracht hätte. Ihr Ehemann kam ins Gefängnis, ihr Haus wurde von einem Erdbeben zerstört, und aus den 17 Schwangerschaften, die sie durchstand, erreichten nur vier Kinder das Erwachsenenalter. Sie glaubte, sie sei vom Unglück verfolgt.

Irgendwann wurde es ein wenig besser. Sie machte in einer Stadt namens Correggio ein Geschäft auf, das richtig gut lief, und ihre Nachbarn mochten und respektierten sie, selbst wenn sie ihnen ein bisschen exzentrisch vorkam. Die noch lebenden Kinder beschützte sie inbrünstig, doch zugleich wurde sie noch immer von dem Gedanken verfolgt, jemand habe sie verflucht. Sie war sehr abergläubisch und ließ sich mehrfach aus der

Hand lesen und die Zukunft vorhersagen. Diese Prognosen gingen oft in Richtung Unglück und Verderben.

1939 hatte ihr Ehemann sie verlassen, und als die dunklen Wolken des nahenden Krieges über Europa aufzogen, trat Giuseppe, Leonardas Ältester, in die Armee ein. Der Fluch, das ganze bereits erlittene Unglück und die Prophezeiungen der Wahrsagerinnen hatten sie enorm verängstigt. In ihr wuchs die Überzeugung, sie müsse etwas unternehmen, um ihren Sohn zu beschützen. Und so kam sie offensichtlich zu dem Schluss, Menschenopfer könnten helfen.

Nacheinander ermordete sie drei ihrer Freundinnen: Faustina Setti, Francesca Soavi und Virginia Cacioppo. Es handelte sich um ältere, allein lebende Frauen, die bei Leonarda Hilfe suchten und von ihr stattdessen mit der Axt erschlagen wurden. Leonarda fing ihr Blut auf, hackte die Körper in Stücke und warf sie in einen Topf. Sie fügte Natronlauge hinzu und schüttete die dabei entstehende schmierige Masse in die Klärgrube. Das Fett des letzten Opfers benutzte Leonarda zur Herstellung von Seife, die sie ihren Nachbarn schenkte. Aber es kam noch schlimmer.

Sie nahm das Blut ihrer Opfer, um daraus »knuspriges Teegebäck« herzustellen (das sind ihre Worte, nicht meine!). Diese Backwaren servierte sie Besuchern und Kindern aus der Nachbarschaft … sie selbst und ihr Sohn probierten auch mal davon. Die Polizei kam ihr bald auf die Schliche. Als Leonarda merkte, dass man ihren geliebten Sohn Giuseppe der Mittäterschaft verdächtigte, gab sie alles zu: *Non ho ucciso per odio o per avidità, ma solo per amore di madre* (»Ich habe nicht aus Hass oder Habgier getötet, sondern allein aus Mutterliebe«).

Sie wurde in eine Heilanstalt für Strafgefangene eingewiesen, wo sie angeblich ihre Memoiren verfasste, die unter anderem Tipps beinhalteten, wie man Menschen zu Seife macht. Ich kann allerdings kein Exemplar davon auftreiben. Laut einer Nonne, die dort früher arbeitete, machte sie auch leckere Süßigkeiten, die aber niemand zu essen wagte. Sie starb im Jahre 1970.

Wenn Sie möchten, können Sie sich den Kessel, in dem sie ihre Opfer kochte, im Kriminalmuseum in Rom anschauen. Leonardas Leben wurde verfilmt und diente auch als Vorlage für ein Musical.

93
Diese jungen Frauen verabschieden sich im Zweiten Weltkrieg voll Traurigkeit von den Matrosen

Was man Ihnen vielleicht erzählt hat

Es ist ein klassisches Foto: Junge Matrosen lehnen sich aus den Bullaugen eines großen Schiffs, um sich von ihren Freundinnen zu verabschieden, die auf dem Dock knien. Eine letzte Umarmung, ein letztes Versprechen, noch eine geflüsterte Liebeserklärung und ein Kuss, der für lange Zeit reichen muss. Es ist eine so anrührende Szene, weil es sich nicht nur um ein trauriges Lebewohl handelt, sondern vielleicht um einen Abschied für immer, denn diese jungen Männer ziehen in den Krieg. Das Foto wurde im Zweiten Weltkrieg aufgenommen, und wir fragen uns unwillkürlich, wie viele von diesen Jungs wieder zurückgekehrt sind und wie viele der Paare sich womöglich nie wieder in den Armen gehalten haben.

Die Widerlegung

Ja, es ist ein klassisches Foto, und diese Paare verabschieden sich wirklich voneinander. Das ist aber auch alles, was an dieser schon lange im Internet kursierenden Story stimmt.

Als ich mir das Foto anschaute, sah ich sofort, dass es nicht aus den 1940er Jahren sein konnte: Wir sehen hier eindeutig etwas, das sich lange nach dem Krieg abgespielt hat. Die Frisuren, die Handtaschen, die Kleider und sogar die Boxkamera, die eine der Frauen an diesem Tag dabeihatte, verraten uns, dass dieses Foto in den 1960ern geschossen wurde. Doch wie Sie inzwischen wissen sollten, ist meine Neugier damit nicht gestillt, und manchmal reicht es auch nicht aus, um die Online-Gemeinde zu überzeugen. Wir wissen, dass es kein Foto aus dem Zweiten Weltkrieg ist, aber was sehen wir dann darauf?

Einige Details auf dem Bild legten nahe, dass auf dem Foto ein italienisches Schiff zu sehen sein könnte. Um mehr herauszufinden, setzte ich mich mit der Historischen Abteilung der italienischen Marine in Verbindung. Leider verhinderte die Coronapandemie, dass ich einige Tage in Italien verbringen und mit verwegenen Matrosen plaudern konnte. Dank Internet sowie den sehr freundlichen und flott arbeitenden Leuten auf der italienischen Seite hatte ich aber rasch alle Informationen, die ich brauchte.

Das Schiff heißt *Amerigo Vespucci* und ist nach dem Entdecker und Seefahrer benannt. Es ist ein berühmtes Schulschiff, das noch heute in der italienischen Marine zum Einsatz kommt. Obwohl es im Jahre 1930 gebaut wurde, ist es von den Segelschiffen des 18. Jahrhunderts inspiriert und bietet mit seinen drei Masten einen beeindruckenden Anblick. 1962 fragte ein amerikanischer Flugzeugträger mit Lichtsignalen nach dem Namen des Schiffs. Nachdem die *Vespucci* sich zu erkennen gegeben hatte, antwortete ihr amerikanisches Gegenüber: »Du bist das schönste Schiff der Welt.«

Ich konnte bisher nicht erfahren, ob sich die beiden Schiffe je wieder begegnet sind und dieser Flirt zu einer substanzielleren Beziehung geführt hat oder ob es doch nur zwei Schiffe waren, die bei Nacht aneinander vorbeiglitten.

Sorry, das konnte ich mir nicht verkneifen.

Die *Amerigo Vespucci* unternimmt viele lange Reisen, was den Kadetten an Bord jede Menge Segelerfahrungen beschert, aber auch das Abenteuer ihres Lebens. 1963 war Robert Borra einer der jungen Männer, die diese einmalige Erfahrung machten. Er hatte gerade einen Lehrgang als Marinefotograf absolviert. Und weil er der Jahrgangsbeste war, hat er den begehrtesten Posten erhalten, den es überhaupt gab: Er durfte auf der *Vespucci* mitfahren, bei einer ihrer längsten und spannendsten Reisen, die Robert 11.000 Meilen über den Ozean führen sollte.

Robert schoss unterwegs viele Fotos, die Zeitungen und Magazinen auf der ganzen Welt zugesandt wurden. Er machte auch Aufnahmen, auf denen sich Matrosen von den Frauen verabschieden, die sie beim Landgang kennengelernt haben. Auch das waren richtig gute Fotos.

Das heißt aber auch, dass sich die Matrosen zu einem spannenden Ausflug aufmachten und nicht in den Krieg zogen. Es bestand also nicht die Gefahr, dass ein U-Boot sie versenkte, und auch wenn es eine lange Reise war, würden sie doch alle zurückkehren. Und sofern sie nicht in einem anderen Hafen ein Mädchen fanden oder ihr Mädchen zu Hause das Herz nicht an einen anderen Matrosen verlor, würden sich die scheidenden Liebenden eines Tages wiedersehen.

94
Um die Nazis zu täuschen, benutzten Geheimagenten sonderbare Schuhe, deren Sohlen verkehrt herum angebracht waren

Was man Ihnen vielleicht erzählt hat

Guck dir bloß mal diese verrückten Schuhe an! Da ist hinten vorn: Der Hacken ist dort, wo die Zehen sein sollten, und der große Zeh ist am Hacken. Da wird einem ganz schwummerig! Tatsächlich sind sie aber genial, denn sie wurden im Zweiten Weltkrieg von Spionen der Alliierten entworfen. Die deutschen Soldaten sahen die Fußabdrücke und glaubten, der Träger dieser Schuhe wäre in die entgegengesetzte Richtung unterwegs.

Die Widerlegung

Diese verrückten Schuhe und die dazugehörige noch verrücktere Story sind in den sozialen Medien schon lange populär, aber an der Geschichte ist ganz offensichtlich etwas faul. Es handelt sich um zivile Schuhe, und so sollen sie bestimmt in der Öffentlichkeit getragen werden, aber sie sehen äußerst seltsam aus. Doch es dürfte kein Geheimagent, der seinen Feind mit diesen Schuhen täuschen will, von irgendjemandem damit gesehen werden, bevor sie zum Einsatz kommen. Andernfalls hätte er sich die Mühe auch gleich sparen können.

Außer dass es einfach eine komische Geschichte ist, sehen auch die Schuhe selbst nicht so aus, als stammten sie aus den 1930er oder 1940er Jahren. Was ist hier also los?

Es war klar, dass sich die Schuhe irgendwo in einem Museum befinden, da im Hintergrund des Fotos eine Vitrine mit anderem Schuhwerk zu erkennen ist. Links sieht man ärgerlicherweise auch noch den Rand eines Schildes, das bestimmt genau erklärt, was es mit den Schuhen auf sich hat. Aber wie genau ich auch hinsah, die Schuhe, das Museum und das kleine Schild blieben außer Reichweite.

Daher griff ich zum mächtigsten Recherchewerkzeug überhaupt: Ich fragte das Internet.

Da ich viele Follower auf Twitter habe und mit manchen Tweets Hunderttausende erreiche, teilte ich das Bild in der Hoffnung, jemand würde es wiedererkennen. Wer die Schuhe in einem Museum gesehen hatte, würde sich doch gewiss daran erinnern?! Ich teilte das Bild im Laufe der Jahre mehrfach, aber niemand kam den Schuhen auf die Spur. Das änderte sich erst kürzlich.

Krystel Contreras, Username *OphisCode*, hat sie gefunden, und das Rätsel war endlich gelöst. Die Schuhe sind im Deutschen Schuhmuseum in Hauenstein ausgestellt. Ich war noch nicht dort, aber der Website nach zu urteilen, ist es ein fantastisches Museum mit vielen großartigen und lustigen Ausstellungsstücken.

Nachdem die Schuhe erst einmal lokalisiert waren, konnte ich natürlich leicht nach weiteren Bildern suchen. Außerdem konnte ich mich auch an das Museum wenden. Da ich nun wusste, wonach ich suchen musste, fand ich im Internet ein anderes Foto, auf dem ich den Text auf dem Schildchen lesen konnte. Und wissen Sie was – bei den Schuhen handelt es sich *nicht* um Spionagewerkzeuge, die im Zweiten Weltkrieg von Geheimagenten benutzt wurden. Jetzt sind Sie sicher schockiert und fassungslos.

Das Museum verriet mir die wahre Geschichte hinter diesen Schuhen: Vor einigen Jahrzehnten hatte ein gewisser Herr Wolf, der für eine Schuhimportfirma arbeitete, die Nase voll davon, dass sich manche Kunden ständig über die neuen Kollektionen beschwerten. Immer passte ihnen irgendetwas nicht. Und so ließ er zum Spaß ein Paar alberne Schuhe anfertigen, vielleicht um sie in seinem Büro auszustellen oder um sie hervorzuholen, wenn wieder mal jemand herummeckerte. Die Schuhe sind also einfach ein herrliches Beispiel für den berühmten deutschen Humor, von dem Sie schon so viel gehört haben.

Die Story mit den Geheimagenten ist natürlich viel aufregender, und so wundert es nicht, dass sich Leute für den geheimnisumwitterten Hintergrund jener Schuhe interessierten. Nun waren diese konkreten Schuhe zwar von einem deutschen Schuhverkäufer in Auftrag gegeben worden, aber in der Geschichte hat es zu verschiedenen Zeiten tatsächlich Schuhe gegeben, die beim Feind Verwirrung stiften sollten.

Schmuggler und Schwarzhändler benutzten zum Beispiel Schuhe, deren Sohlenabdrücke in die falsche Richtung zeigten. Natürlich hätten sie damit nur einen Durchschnittspolizisten oder -grenzer täuschen können. Wer auch nur etwas Erfahrung in Spurenanalyse hat, weiß doch, dass ein Mensch beim Gehen mit Ferse und Fußballen unterschiedlich stark auftritt. Man kann also erkennen, in welche Richtung sich eine Person bewegt, egal wie der Fußabdruck aussieht.

Es gab jedoch Schuhe, mit denen man seine Verfolger viel wirkungsvoller durcheinanderbringen konnte. Schwarzbrenner trugen in den 1920er Jahren Rinderhufe unter ihren Schuhen, was für einen deutlich anderen Abdruck sorgte. Die wahrscheinlich coolsten Schuhe, die ich je gesehen habe, waren die sogenannten *Decoy Sneakers*, die die britische Spezialeinsatztruppe SOE (*Special Operations Executive*) im Zweiten Weltkrieg verwendete.

Es waren aus Gummi gefertigte Attrappen nackter Füße, und man befestigte sie unter den normalen Schuhen. Wenn man dann an irgendeinem Strand anlandete, musste jede Patrouille beim Anblick der Fußabdrücke annehmen, hier wäre ein gewöhnlicher Badegast oder ein Einheimischer langgegangen und nicht jemand in Armeestiefeln.

Das ergibt auf jeden Fall mehr Sinn, als normale Schuhe mit seltsamen Sohlen zu tragen oder gar Schuhe, bei denen vorne und hinten vertauscht wurden. Die Gummiattrappen ließen sich in Sekundenschnelle unter den Schuhen befestigen und noch schneller wieder entfernen.

Und wieder ein Fall gelöst.

95
Die eiserne Jungfrau und die Mundbirne waren brutale mittelalterliche Folterinstrumente

Was man Ihnen vielleicht erzählt hat

Wie jeder weiß, verwendeten die Leute im Mittelalter die scheußlichsten Folterinstrumente, die man sich vorstellen kann. Schon für das kleinste Vergehen wurde man in die eiserne Jungfrau gesteckt, auf die Streckbank geschnallt oder bei lebendigem Leibe verbrannt; man bekam Dinge in Körperöffnungen hineingeschoben, in die man nichts hineingeschoben bekommen möchte, und noch Schlimmeres. Manchmal vielleicht sogar alles zugleich!

Die Widerlegung

Wie jeder normale Mensch bin auch ich von mittelalterlichen Folterwerkzeugen fasziniert, um nicht zu sagen besessen. Das ging schon los, als ich ein kleines Mädchen war.

Was, Sie finden das nicht normal? Aber hören nicht alle Kinder gern gruselige Geschichten, und erschauern sie nicht voller Wonne, wenn sie bei Burgbesichtigungen solche furchtbaren Apparaturen sehen? Nicht ohne Grund ist Roald Dahl ein so populärer Autor! Okay, vielleicht verspürt nicht jeder diese seltsame Faszination. Ich persönlich gebe die Schuld dafür dem alten Tourguide in dem Museum, das ich damals oft besucht habe.

Ich bin in Den Haag aufgewachsen, wo wir das *Gefängnistor* haben, ein wunderbares Museum, das ich in meiner Kindheit mehrmals besichtigt habe. Ich liebte es. Nicht nur, dass es ein faszinierendes und etwas gespenstisches ehemaliges Gefängnis mit beeindruckenden Räumen, Richtschwertern und Graffiti von einstigen Insassen ist – es hatte damals auch echt unverantwortliche Museumsführer, die den Besuchern völligen Quatsch erzählten. (Heute ist das natürlich nicht mehr so, und ich rate Ihnen zu einem Besuch, wenn Sie mal in der Gegend sein sollten.) Da gab es so einen älteren Herrn, der uns herumführte und alle möglichen grausigen Geschichten über die Folterungen erzählte, die dort einst stattgefunden hatten.

Später erfuhr ich, dass viele dieser Storys überhaupt nicht stimmten!

Natürlich ist es wirklich schlecht, wenn man Fake History verbreitet, und dieser Typ hat eine Menge Leute dazu gebracht, an Dinge zu glauben, die einfach nicht wahr sind; aber trotzdem muss ich zugeben, dass er genau wusste, was wir jungen Besucher hören wollten. Während die uns begleitenden Erwachsenen bleicher und bleicher wurden, bekamen wir Kinder vor Aufregung einen immer rosigeren Teint. Die Geschichten waren eklig, abscheulich und furchterregend – und genau deshalb liebten wir sie und sprachen noch lange von diesem Schulausflug. Ich wette, dass sie bei manchem von uns das Interesse an Geschichte gefördert haben.

Im Mittelalter wurde viel gefoltert, und es stimmt, dass sie zu diesem Zweck sehr kreative Apparaturen hatten. Hier geht es mir aber darum, dass einige der berühmtesten »mittelalterlichen« Folterwerkzeuge überhaupt nicht mittelalterlich sind und bisweilen gar nicht zum Foltern verwendet wurden! Und doch findet man sie immer noch in Museen und Burgen, die oftmals zu erwähnen »vergessen«, dass diese Geräte womöglich nicht authentisch sind.

Schauen wir uns also zwei der populärsten an: die eiserne Jungfrau und die Mundbirne.

Die eiserne Jungfrau

Wenn nicht im Museum, so haben Sie diesen Apparat doch sicher schon in zahllosen Filmen und Fernsehserien gesehen, und er stachelt unsere Vorstellungskraft ganz gewiss an. Die Idee dahinter ist, dass man das Opfer in eine Art stehenden Sarg mit menschlichen Umrissen steckt, der innen mit spitzen Stacheln versehen ist. Wenn dann die Klappe geschlossen wird, bohren sich diese Stacheln an vielen verschiedenen Stellen in den Körper und töten den Gefangenen gleich oder lassen ihn langsam verbluten.

Wie Sie vermutlich schon erraten haben, war die eiserne Jungfrau nie in Gebrauch. Weder im Mittelalter noch danach oder irgendwann sonst. Kann sein, dass es ähnliche Apparate gegeben hat, aber jedenfalls keinen, der so aussah oder so funktionierte wie der, von dem hier die Rede ist. Seit Menschengedenken hat man Leute in Kisten und andere Behältnisse gesteckt, die innen spitze Stacheln hatten. Das machte es für ein stehendes Opfer ziemlich ungemütlich, sich anzulehnen. Aber diese Menschen wurden nicht von unzähligen Dornen in einem Sarg aufgespießt.

Es gibt nur eine einzige Quelle dafür, dass die eiserne Jungfrau, wie wir sie kennen, in ferner Vergangenheit einmal benutzt wurde. Sie findet sich in einem Buch von Johann Philipp Siebenkees aus dem Jahre 1793. Er behauptet darin, man habe 1515 ein solches Gerät eingesetzt, aber es gibt nicht wirklich Belege dafür, und manche Historiker glauben, dass er sich das einfach ausgedacht hat oder zumindest ein wenig zu sehr seine Fantasie schweifen ließ. Fairerweise muss man dazusagen, dass Siebenkees selbst nahelegt, es könnte sich auch nur um eine Legende handeln.

Wie dem auch sei – nur wenige Jahre nach ihrer Erwähnung in jenem Buch tauchte so eine eiserne Jungfrau auf geheimnisvolle Weise aus dem Nichts auf, und man stellte sie in Nürnberg zur Schau. Schon bald wurde das Gerät sehr populär, und plötzlich »entdeckte« man noch mehrere dieser Jungfrauen und nahm sie weltweit in Museen und Sammlungen auf. Es ist vielsagend, dass der originale Holzkörper der eisernen Jungfrau im Mittelalterlichen Kriminalmuseum Rothenburg ob der Tauber aus dem 15. oder 16. Jahrhundert stammt, die Stacheln im Inneren aber aus dem frühen 19. Jahrhundert.

Die Viktorianer lasen eine Geschichte, entwickelten eine Obsession dafür und wollten dieses Folterwerkzeug mit eigenen Augen sehen. Museen und Touristenattraktionen freuen sich über hohe Besucherzahlen, und so wollten sie alle einen solchen Apparat haben. Zwielichtige, aber clevere Geschäftsleute begannen mit der Herstellung von Fälschungen. Und wir alle sind darauf reingefallen.

Die Mundbirne

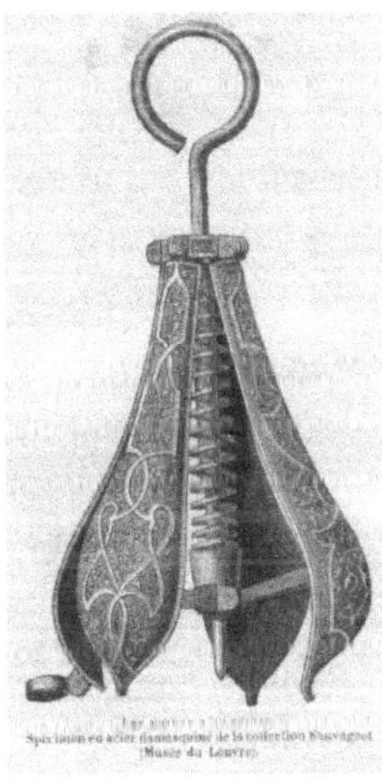

Eine Mund-, Maul- oder Spreizbirne ist ein birnenförmiges Gerät; es hat am schmalen Ende eine Schraube mit Gewinde, mit der sich die einzelnen Teile der Birne auseinanderspreizen lassen. Man führte den Apparat in eine Körperöffnung ein – ja, in genau *die* … und in *die* auch – und ließ ihn dann langsam auseinanderfahren.

Zum Glück für unsere mittelalterlichen Freunde gibt es keinerlei Belege dafür, dass die Mundbirne vor dem 17. Jahrhundert verwendet worden wäre oder auch nur existiert hätte. Die frühesten Erwähnungen deuten darauf hin, dass ein Räuber sie bei einem Überfall als »mechanischen Knebel« einsetzte. Das klingt aber wenig überzeugend und wäre wohl auch nicht praktisch gewesen. Ich bin nicht sicher, dass es überhaupt funktioniert hätte, und außerdem hätte man für jede Person am Schauplatz der Räuberei ein Exemplar von diesen Dingern mitbringen müssen. Und nach erfolgter Tat – ließ man sie dann einfach zurück? Sie müssen doch recht kostspielig in der Herstellung gewesen sein. Warum nahm man nicht einfach einen ganz normalen Knebel? Der funktioniert, ist billig und muss hinterher nicht wieder rausgeholt werden.

Einigen Forschern zufolge können diese Apparate gar nicht funktionieren, denn der Mechanismus ist zu schwach, um ernste Schäden anzurichten, wenn man die Seitenteile im menschlichen Körper auseinanderfahren lässt.

Nach dieser einen Erwähnung, die allein auf weiter Flur steht, hören wir von der Mundbirne erst wieder im viktorianischen Zeitalter. Und selbst da ist nur von einem Gerät die Rede, das mittels einer Feder automatisch aufklappt, wenn man es jemandem in den Mund steckt, und das man mit der Schraube wieder schließen kann – nicht umgekehrt.

Obgleich manche Mundbirnen tatsächlich alt sind, stammt also keine aus dem Mittelalter. Falls sie echt sind und nicht einfach »Nachbildungen« unserer Vorstellungen von diesem Folterwerkzeug, könnte man sie damals für alles Mögliche verwendet haben. Eventuell für medizinische Zwecke, oder vielleicht hatten sie ja eine ganz banale und alltägliche Funktion – wenn man etwa ein glühendes Stück Kohle in einen Schuh stecken wollte, um ihn anzuwärmen. Wir wissen es nicht.

Wir können nichts weiter sagen, als dass ein solches Gerät einer dubiosen Geschichte zufolge angeblich als Knebel genutzt wurde. Später platzierten es die Viktorianer in einer Ausstellung und begannen, darüber zu schreiben; jemand kam auf die Idee, dass es womöglich nicht nur in den Mund eingeführt worden war, und über die nächsten Jahrzehnte hinweg wirkte diese Behauptung auf alle Welt verdächtig erregend. Was hatten wir doch für verdorbene Vorfahren!

Vielleicht ist es Ihnen selbst schon aufgefallen – diese und einige andere Geräte, von denen man annehmen muss, dass sie nicht sehr mittelalterlich sind, haben oft ein paar gemeinsame Merkmale: Sie waren nicht besonders praktisch, hatten häufig mit Sex beziehungsweise sexuellen Konnotationen zu tun und wurden allesamt im 19. Jahrhundert sehr populär. Die Leute strömten in Museen, die solche Ausstellungsstücke hatten, und das führte dazu, dass gerissene Betrüger Fälschungen anfertigten, für deren Anblick wir noch heute Geld ausgeben.

Wir möchten diese Storys glauben, weil die meisten von uns morbide angehaucht sind und das Mittelalter der perfekte Abladeplatz für alles irgendwie Schreckliche ist. Dass man die Menschen damals überall auch noch für kleinste Verfehlungen mit grausamen Werkzeugen gefoltert hätte, passt einfach zu dem allgemein verbreiteten dystopischen Bild, das wir von jener Epoche haben, und die Historiker kämpfen seit Jahrzehnten gegen diese Verzerrungen an. Was wir auf jene alte, längst vergangene Welt projizieren, ist ironischerweise oft die Frucht der Fantasie von Leuten, die viel näher an unserer Gegenwart gelebt haben.

96
Im Mittelalter tranken die Leute statt Wasser Bier

Was man Ihnen vielleicht erzählt hat

Im Mittelalter war das Wasser schmutzig und eklig, weil jeder seinen Dreck einfach in den nächstgelegenen Fluss kippte und dadurch alle Wasserquellen ringsum verseucht wurden. Daher trank niemand jemals Wasser; stattdessen tranken alle Bier, von früh bis spät, jeden Tag, sogar die Kinder. Das hatte natürlich zur Folge, dass unsere mittelalterlichen Vorfahren permanent betrunken waren.

Die Widerlegung

Ich habe bereits darüber geschrieben, dass die Welt im Mittelalter nicht *so* schmutzig war und dass die Vorstellung, jeder hätte seinen Abfall einfach irgendwohin geschüttet, nicht ganz stimmt. Als die Städte geschäftiger wurden und die Bebauungsdichte stieg, liefen die Dinge aus dem Ruder, und manchmal wurden Flüsse, Kanäle und andere Wasserquellen verschmutzt. Das ist heute natürlich nicht anders. Aber auch damals waren die Menschen nicht blöd – oder zumindest nicht so blöd, wie manch einer offenbar glaubt.

Obwohl sie nichts über Bakterien und Mikroben wussten, war unseren Ahnen doch bewusst, dass man aus schmutzig aussehenden und übel riechenden stehenden Gewässern, in denen Ungeziefer, Kot und tote Tiere trieben, lieber nicht trinken sollte. Das wussten die Menschen, seit es sie gibt, und selbst wer es nicht wusste, brauchte nicht lange, um herauszufinden, dass ein kräftiger Schluck aus einer fragwürdigen Wasserquelle zu einem mehrtägigen Aufenthalt im Klohäuschen führte, wo man sich ausgiebig entleerte – oder gleich den Löffel abgab.

Ich glaube, uns modernen Menschen in den meisten Industrieländern ist gar nicht mehr bewusst, wie wichtig sauberes Wasser für unsere Vorfahren war. Wir sind einfach so sehr daran gewöhnt, dass immer nur reines Wasser in unsere Häuser gepumpt wird. Und selbst wenn wir etwas trinken, das wir nicht hätten trinken sollen, können die Ärzte das gewöhnlich wieder in Ordnung bringen. Aber wenn Sie noch vor ein paar Generationen den Fehler gemacht hätten, Ihren Becher in den falschen Tümpel zu tauchen, hätte Sie das buchstäblich umbringen können. Daher haben die Menschen über lange Zeiten hinweg stets versucht, ihre Trinkwasserquellen so sauber und abfallfrei wie möglich zu halten.

Und es gab mehr Trinkwasserquellen, als Sie vielleicht glauben. Wir stellen uns immer einen zentralen Dorfbrunnen vor, den jeder nutzte, aber ehe die Städte überbevölkert waren und Höfe und Gärten zu verschwinden begannen, war es in Teilen des mittelalterlichen Europa nicht unüblich, dass die Häuser – selbst die von Bauern – ihre eigene Wasserquelle hatten. Das funktionierte natürlich nicht überall, aber bei uns in den Niederlanden braucht man manchmal nur ein Loch zu graben, um an sauberes Trinkwasser zu gelangen.

Wo es nur ein paar Brunnen gab, achtete man darauf, dass sie gut geschützt waren durch Gesetze, die es untersagten, Tiere in deren Nähe zu bringen. Oftmals beauftragte man jemanden, den Bereich um die Brunnen herum sauber zu halten. Gewerbe wie etwa die Gerberei durften meist nicht in der Nähe von Trinkwasserquellen ausgeübt werden, und wenn sie Dreck machten, wurden sie ordentlich zur Kasse gebeten.

Wir wissen auch, dass die Menschen ihr Wasser schon seit langer Zeit mit Absetzbecken, Sieben oder Filtern sowie durch Abkochen trinkbar machten, und so liegt es klar auf der Hand, dass im Mittelalter (genau wie davor und danach) eine Menge Mühe und Aufmerksamkeit darauf verwendet wurde, ausreichend sauberes Wasser zu haben.

Abgesehen davon, dass es wohlschmeckend und kostenlos war, wurde Wasser auch als etwas ganz Besonderes angesehen, als ein Geschenk der

Natur und damit Gottes. Es kam aus den Tiefen der Erde, aber auch vom Himmel, und in manchen Fällen tranken Menschen, die damit angeben wollten, wie fromm sie waren, nichts als Wasser (oder behaupteten es zumindest). Es gibt zahlreiche mittelalterliche Geschichten, in denen von Wassertrinkern die Rede ist oder von Mönchen, die so gottesfürchtig waren, dass sie lieber Wasser als Bier tranken (ja, wirklich).

Wir wissen, dass die Menschen Wasser tranken, und zwar eine Menge. Städte und Gemeinden wurden neben Süßwasserquellen gegründet; Wasser war einfach die dringendste Notwendigkeit, und nicht nur zum Trinken. So schrieb der Architekt Leon Battista Alberti im 15. Jahrhundert:

> *Da eine Stadt eine große Menge Wasser benötigt – nicht allein zum Trinken, sondern auch zum Waschen, für die Gärten, für Gerber, Tuchwalker und das Fortschwemmen von Abfällen sowie, und das ist sehr wichtig, im Falle eines plötzlichen Feuerausbruchs, sollte das beste zum Trinken reserviert und das übrige je nach Bedarf verteilt werden.*

Die Idee, dass ein Dorf oder eine Stadt kein sauberes Trinkwasser benötigt hätte, ist einfach abwegig. Sie geht größtenteils darauf zurück, dass manche Leute annahmen, Beschwerden und Aufzeichnungen über Havarien und Missstände würden den damaligen Alltag widerspiegeln und nicht außergewöhnliche Situationen, welche die Menschen wütend machten. Wenn man sich diese Beschwerden einmal genauer anschaut, drehen sie sich interessanterweise häufig immer wieder um dieselben Individuen oder dasselbe Gewerbe. Statt dass jeder seine Umgebung verdreckte, tat das oft nur eine bestimmte Familie oder ein bestimmter Handwerksbetrieb. Auch das ähnelt dem heutigen Geschehen – die Zeitungen berichten uns regelmäßig von Menschen, die sich rücksichts- und gedankenlos gegenüber ihrer Umwelt verhalten.

Stellen Sie sich vor, künftige Historiker würden, nur weil große Industriebetriebe unsere Seen und Flüsse verunreinigen und weil es in den Industrieländern hier und da Orte gibt, in denen das Leitungswasser verschmutzt ist, einfach annehmen, das wäre im frühen 21. Jahrhundert die Norm gewesen, und wir hätten es ganz okay gefunden … Haben Sie schon mal gehört, wie viel ungeklärtes Abwasser in die britischen Seen und Flüsse geleitet wird, und sagt Ihnen »Flint, Michigan« etwas?

Wie sieht es nun aber mit dem Biertrinken aus?

Ja, im Mittelalter – und vielen nachfolgenden Jahrhunderten – haben die Menschen eine Menge Bier, Ale und Met getrunken (Letzterer, mein Favorit, ist eine Art fermentierter Honig). Ale wurde aus fermentiertem Getreide, Wasser und Hefe hergestellt; Bier enthielt noch dazu Hopfen. Nebenbei gesagt funktioniert das Bier- oder Ale-Brauen auch besser, wenn man sauberes Wasser zur Hand hat. Ein wichtiges Detail ist hierbei, dass für Ale das Wasser meist nicht abgekocht wurde, sodass die Idee, es wäre in dem neuen Gebräu unbedenklich gewesen, auch nicht stimmt.

Und selbst wenn das Wasser wie bei der Bierproduktion abgekocht wurde, hat das womöglich nicht viel geholfen, wenn das Bier danach tagelang unter Bedingungen gärte, die alles andere als hygienisch waren. Das meiste Bier wurde nämlich zu Hause gebraut.

Aber ja, man trank tagsüber tatsächlich so einiges an Bier, und ja, auch Kinder tranken welches. Das lag daran, dass es besser oder zumindest anders als Wasser schmeckte, und Abwechslung ist bekanntlich die Würze des Lebens. Aber es war auch voller Nährstoffe, enthielt Kohlenhydrate, Eiweiße und viele Kalorien. Wie mir meine Freunde mehr als einmal betrunken im Pub versicherten, sei ein großes Bier wie ein flüssiges Schnitzel. Das ist toll, wenn Sie 2023 in der Kneipe hocken, aber noch toller war es für einen mittelalterlichen Knecht, der seinen Energydrink wirklich brauchte.

Glücklicher- oder (je nach Sichtweise) unglücklicherweise hatten Bier und Ale, wie sie seinerzeit getrunken wurden, meist einen sehr geringen Alkoholgehalt. Niemand kennt die genaue Prozentzahl, aber die Getränke wurden aus einer der späteren Chargen des Brauvorgangs hergestellt, sodass sie weniger Alkohol enthielten als die ersten. Es wäre also eine echte Herausforderung gewesen, davon betrunken zu werden. Deshalb sagte man manchmal auch »Dünnbier« oder »Nachbier« dazu, und man könnte es mit unseren heutigen Leichtbieren vergleichen.

Das erklärt, weshalb nicht jeder permanent betrunken war. Jetzt fragen Sie sich vielleicht, weshalb Sie diese Legende um Himmels willen überhaupt je für bare Münze genommen haben. (Viele, denen ich diese Dinge erzähle, fragen sich das.) Warum lässt sich diese olle Kamelle so schwer ausrotten? Die Idee ist in unseren Köpfen so fest verwurzelt, dass man der entsprechenden Behauptung in Museen, Schulbüchern und sogar in Geschichtsbüchern von anerkannten und namhaften Wissenschaftlern wiederbegegnet. Es liegt wohl daran, dass wir diese Vorstellung einfach lieben, bezieht sie sich doch auf etwas, das viele von uns mögen – aufs Trinken. Und wenn wir sowieso schon annehmen, dass die Leute im Mittelalter schmutzig und rückständig waren, sind wir umso anfälliger dafür, auch dies zu glauben.

97
Hitler erfand die Autobahn

Was man Ihnen vielleicht erzählt hat

Hitler war, gelinde gesagt, ein übler Kerl, aber jeder weiß, dass er die Autobahn erfunden hat. Es war ein gewaltiges Projekt, das die Massenarbeitslosigkeit in Deutschland praktisch beseitigte. Das müssen wir ihm zugutehalten, ob wir wollen oder nicht. Wie schon Onkel Günther zu sagen pflegte: »Wenigstens hat er die Autobahn gebaut …«

Die Widerlegung

Nein. Hat er *nicht.*

Zunächst mal war er natürlich nicht der Erfinder der Autobahn. Es gibt mehrere Anwärter auf den Titel »Erste Autobahn der Welt«: eine Straße in New York und eine in Italien. Und zwar schon, bevor Hitler überhaupt an die Macht kam. Die italienische wurde *autostrada* genannt, was ich nur erwähne, weil es so ein hübsches Wort ist, *capisce*?

Jetzt höre ich Sie schon einwenden: Aber dann war er womöglich derjenige, der die Autobahn nach Deutschland gebracht hat und mit dem Bau begann?

Wieder *nein.*

In Deutschland wurde das erste Stück Schnellstraße, das man »Autobahn« nennen könnte, obwohl es ein bisschen kurz war, 1921 für die Öffentlichkeit freigegeben, und eine längere – definitiv eine richtige Autobahn – wurde 1932 in Betrieb genommen. Die Nazis ergriffen in Deutschland aber erst 1933 die Macht, und die Autobahn, die in jenem Jahr freigegeben wurde, war seit 1931 erbaut worden, also bevor Hitler ein

Wörtchen dabei mitreden konnte. Wir haben sie der Weimarer Republik zu verdanken und ganz besonders Konrad Adenauer, der später erster Bundeskanzler von Westdeutschland wurde.

Als die Dinge schließlich so liefen, wie er es wollte, begann Hitler natürlich mit dem Bau vieler weiterer Autobahnen. Weder erfand er das Autobahnprojekt, noch gab er den Startschuss dafür, aber er verstand es, den Anschein zu erwecken, es wäre alles seine Idee gewesen. Das war, müssen wir wohl zugeben, einigermaßen clever von ihm, wenn auch auf krumme und lügnerische Art. Als der Bau des ersten Autobahnabschnitts unter Naziherrschaft begann, gab es einen feierlichen ersten Spatenstich, bei dem Hitler anwesend war. Eine Menge Medien waren vor Ort, alle seine Nazikumpel tauchten in ihren gut designten Outfits auf (die *nicht* von Hugo Boss entworfen waren), eine Kapelle machte Musik und so weiter. Und jedes Mal, wenn ein neues Autobahnprojekt startete, veranstaltete man erneut diese ganze Nazizeremonie mit tonnenweise Öffentlichkeitsarbeit. Bald fingen viele Leute an zu glauben, es wäre alles Hitlers Idee gewesen. Die Tatsache, dass die NSDAP vor ihrer Machtergreifung anfangs gegen den Bau von Autobahnen gewesen war, wurde schnell unter den Teppich gekehrt.

Die vierspurige Autobahn der Vor-Nazizeit wurde sogar offiziell herabgestuft und plötzlich zur Landstraße erklärt. Hitler war aktiv an dem Versuch beteiligt, die Geschichte der Autobahn zu verschleiern und durch eine Version zu ersetzen, die ihn selbst als Initiator des ganzen Projekts dastehen ließ. Wer es wagte, in der Öffentlichkeit Zweifel zu äußern, ob die Autobahn wirklich Hitlers Idee gewesen war, konnte damit rechnen, von Fritz Todt, dem Generalinspektor für das deutsche Straßenwesen, einen bösen Brief mit mehr als nur versteckten Drohungen zu bekommen. Und die Propagandamaschine der Nazis arbeitete so effektiv, dass viele Menschen bis heute dieses Märchen glauben.

Die Autobahnen waren riesige Bauprojekte, die eine Menge Arbeitsplätze schufen … aber das hatten sie auch schon getan, als die Nazis noch nicht ihre Finger mit im Spiel hatten. Und obgleich so viele Straßen gebaut wurden, brachte das weniger als fünf Prozent der Millionen deutschen

Arbeitslosen in Lohn und Brot. Die meisten von ihnen fanden schließlich in der Rüstungsindustrie einen Job – oder sie gingen als Soldaten an die Front und wurden erschossen.

In der Nazizeit waren die Autobahnen eigentlich auch ein bisschen nutzlos – in den 1930er und 1940er Jahren blieben sie weitgehend leer, denn nur sehr wenige Deutsche konnten sich ein Auto leisten. Hunderttausende hatten für ihren künftigen privaten Volkswagen bereits bezahlt, oftmals in Raten, ihn aber dann wegen des Krieges nie bekommen. Ich glaube, auch meinen Großeltern war es so ergangen, denn ich fand in ihrem Haus später ein kleines Volkswagen-Markenheft. Ich frage mich, ob sie es in der vergeblichen Hoffnung aufbewahrt hatten, eines Tages doch noch ihr Auto zu bekommen.

Ironischerweise ist es gar nicht unwahrscheinlich, dass die deutschen Autobahnen das erste Mal so richtig voll waren, als die alliierten Truppen einrückten, um die Nazis Geschichte werden zu lassen. Die Befreier waren von den Autobahnen echt begeistert.

Und zum Schluss noch eine kleine patriotische Anmerkung: Die Nächsten, die mit dem Bau von Autobahnen begannen, waren wir Niederländer.

98
Wenn die Ritter zum Kreuzzug aufbrachen, legten sie ihren Frauen Keuschheitsgürtel an

Was man Ihnen vielleicht erzählt hat

Selbstunsichere, bemitleidenswerte adlige Wichte, die ihren Frauen nicht trauten, wenn sie (die Adligen, nicht die Frauen) in der Kreuzzugsaison im Heiligen Land Ungläubige niedermetzelten, ließen sie (die Frauen, nicht die Ungläubigen) metallene Unterhosen mit Vorhängeschloss tragen, sodass sie während der Abwesenheit des Gatten keinen Spaß mit dem Stallburschen haben konnten.

Die Widerlegung

Die Geschichte mag ihren Ursprung in einem altrömischen Brauch haben: Es heißt, dass die Braut damals an ihrem Ehrentag einen Wollgürtel mit dickem Knoten getragen habe, was in der Hochzeitsnacht natürlich total frustrierend gewesen sein muss und die Dinge ein bisschen umständlich gemacht haben dürfte.

Irgendetwas in der Art könnte den Illustrator von Konrad Kyesers *Bellifortis*, einer militärtechnischen Bilderhandschrift aus dem frühen 15. Jahrhundert, dazu inspiriert haben, einen solchen Keuschheitsgürtel zu zeichnen. Angeblich waren das die eisernen Höschen, welche die Frauen von Florenz damals trugen. Für mich klingt es eher nach einem groben Witz über die Prüderie der dortigen Damen oder nach einer gegenstandslosen Albernheit. Und falls wir gegen alle Wahrscheinlichkeit annehmen wollen, sie hätten so etwas wirklich getragen, dann wären es vielleicht Apparate zum Schutz vor Vergewaltigung gewesen – also etwas, das den Frauen diente, nicht ihren fernen Ehemännern. Auf vielen frühen Abbildungen dieser Gürtel in der Kunst sieht man den Schlüssel zum Öffnen des Geräts gleich nahebei, in Reichweite der Frau. Das ermöglichte ihr, selbst darüber zu entscheiden, wer Zugang dazu haben sollte, und das war nicht immer der Gatte.

Dass Frauen ihre Ehemänner kontrollierten oder zum Narren hielten, während sie einen verwegenen Burschen in der Hinterhand hatten, war jahrhundertelang ein beliebtes Thema für Witze und lustige Geschichten. Aber obwohl Keuschheitsgürtel in der Kunst ein populärer Gegenstand sind, glaube ich nach wie vor, dass es sie niemals wirklich gegeben hat. Lassen Sie mich erklären, warum.

Zunächst mal ist die ganze Idee lächerlich. Wenn Sie so eine metallene Apparatur wochen-, ja monatelang tragen, wird das ernsthafte Schäden an Ihrer Haut nach sich ziehen, selbst wenn Sie das Ding innen mit weichem Stoff auspolstern. Man hätte es unter der Kleidung getragen; vom Schweiß wäre es rostig geworden, und es gibt ja noch andere Körperflüssigkeiten … ja, echt eklig.

Stellen Sie sich vor, was den lieben Gatten bei seiner Rückkehr erwartet hätte eine äußerst genervte Ehefrau mit Hautausschlägen, Wunden, üblen Gerüchen und Infektionen … Ach ja, und tot hätte sie wegen alledem auch sein können. Außerdem sind Schlösser auch nicht *so* schwer aufzubekommen; unterschätzen Sie nie den Einfallsreichtum eines Mannes und einer Frau, denen der Sinn nach einem Techtelmechtel steht … Das Vorhangeschloss, das alle Leidenschaften garantiert stoppt, ist noch nicht erfunden worden. Und wenn jemand tatsächlich so einen Keuschheitsgürtel anfertigen ließ, wäre der Schlossschmied doch schön blöd gewesen, wenn er nicht einen Extraschlüssel gemacht hätte, den er hinter dem Rücken des Ehemanns an die Dame oder ihren Verehrer hätte verkaufen können.

Obwohl diese Vorrichtungen seit dem ausgehenden Mittelalter beschrieben werden, scheint es sich größtenteils nur um einen Scherz gehandelt zu haben, etwas Metaphorisches oder Symbolisches, ein Detail in anzüglichen Geschichten. Bis jetzt hat man noch keinen echten Keuschheitsgürtel aus dem Mittelalter gefunden. Was wir aber haben, ist das Patentrezept, das man – was nicht weiter verwundert – in viktorianischer Zeit unwiderstehlich fand: Mittelalter, Schmerz, Sex, derbes Spielzeug, Untreue und eine Ära, die man für so rückständig hielt, dass man sich selbst wunderbar überlegen fühlen konnte. Und auch hier lief es wieder so: Nachdem diese Gegenstände erst einmal populär geworden waren, tauchten sie auf geheimnisvolle Weise überall auf und wurden von Museen und privaten Sammlern angekauft.

Die moderne Wissenschaft erlaubt uns herauszufinden, wie alt Gegenstände aus Metall tatsächlich sind. Das hat zu einiger Verlegenheit geführt, denn manche Ausstellungsstücke in Museen waren deutlich jünger, als man lange angenommen hatte. Im *Musée de Cluny* musste man betrübt konstatieren, dass der Keuschheitsgürtel, der angeblich Katharina von Medici (1519–1589) gehört haben sollte, erst im 19. Jahrhundert angefertigt worden war. Und auch das *British Museum* entfernte einen solchen Gürtel aus seinen Vitrinen; man hatte ihn für mittelalterlich gehalten, doch er stammte ebenfalls aus viktorianischer Zeit.

Wieder einmal gilt: Eine Geschichte, die wir auf unsere Vorfahren aus dem Mittelalter projizieren, sagt letztendlich mehr über uns und unsere Urgroßeltern aus. Erst in neuerer Zeit haben sich Keuschheitsgürtel materialisiert. Die Viktorianer waren von ihnen besessen und verwendeten sie als Anti-Masturbations-Vorrichtungen (hauptsächlich für Jungs), und heute scheinen sie zu völlig entgegengesetzten Zwecken in der Sado-Maso-Szene populär zu sein.

Einmal mehr können wir wohl unseren Lieblingssündenböcken die Schuld daran geben, dass sie der Welt in puncto Geschichte Unsinn beigebracht haben – den Viktorianern!

99
Die Toilette mit Wasserspülung wurde von Thomas Crapper erfunden

Was man Ihnen vielleicht erzählt hat

Die Toilette mit Wasserspülung wurde von Thomas Crapper erfunden, und das ist natürlich der Grund dafür, dass aus seinem Familiennamen das englische Wort für … ähm, Sie wissen schon … ja, für genau das … geworden ist.

Die Widerlegung

Thomas Crapper war ein beeindruckender Mann, der viele Dinge erfand, die unser Leben ein wenig leichter machten. Er ließ sich Gullydeckel patentieren, aber auch Rohrverbindungen, das Schwimmerventil, das U-Rohr und einige andere Dinge.

Sein Leben ist eine Art »Vom Tellerwäscher zum Millionär«-Story: Er kam aus bescheidenen Verhältnissen, besaß am Ende aber eine eigene Firma, die sogar Rohrleitungen und Sanitäreinrichtungen für die königliche Familie installierte. Er machte den Leuten mit viel Leidenschaft klar, dass sie ordentliche Leitungen und funktionstüchtige Innentoiletten brauchten – und das nicht nur, weil er selbst welche verkaufte. Aber zu den Dingen, für die er kein Patent besaß, gehört das Klo mit Wasserspülung – er hat es nämlich nicht erfunden.

Toiletten und sogar Spülklosetts existieren schon seit Jahrtausenden. So glauben die Archäologen beispielsweise, dass kleine Nebenräume in den jungsteinzeitlichen Häusern der winzigen Siedlung von Skara Brae auf den schottischen Orkney-Inseln vielleicht Toiletten gewesen sind. Sie hatten nämlich eine Verbindung zu unterirdischen Abwasserkanälen. Und wie kriegt man seinen Dreck am besten weg? Ja, man lässt ihn in ein Loch plumpsen und schüttet Wasser hinterher. Die Bewohner der Orkney-Inseln haben das mit großer Wahrscheinlichkeit schon vor 5000 Jahren getan!

Andere Beispiele für Spülklosetts haben wir in der Kultur des Industals, bei den Minoern auf Kreta, den Hethitern und den antiken Griechen. Buchstäblich seit Tausenden von Jahren spülen die Leute ihr ekliges Zeug den Schacht hinunter. Obwohl unser Held Thomas also dabei mitwirkte, die Toilette mit Wasserspülung durch gute Werbung und seinen ausgeprägten Geschäftssinn zu popularisieren, kann man ihm nicht deren Erfindung zuschreiben – es sei denn, er hätte eine Zeitmaschine besessen, doch auch die findet sich nicht unter seinen Patenten.

Jetzt denken Sie bestimmt: »Wahrscheinlich sind die hübschen Toiletten mit Spülmechanismus gemeint, wie wir sie heute haben, und nicht einfach irgendwelche Löcher im Boden, in die man einen Eimer Wasser kippen musste, wenn man sein Geschäft verrichtet hatte.« Nun, manche dieser uralten Toiletten waren nicht nur mit Kanälen verbunden, durch die permanent Wasser floss (Sitze hatten sie natürlich auch) – sie besaßen sogar schon mechanische Vorrichtungen, die das Wasser losrauschen ließen, wenn man an etwas zog oder auf etwas drückte. Solche Toiletten existierten bereits, als Thomas noch nicht einmal geboren war.

Clifford's Tower in York, ein beeindruckendes Gebäude aus dem 13. Jahrhundert, hatte ein Spülklosett oder, wie man es damals nannte, eine *garderobe*. Dieser Abort wurde für König Heinrich III. gebaut und hatte neben dem üblichen alten Holzsitz mit Loch und einer Abflussrinne, welche die Ausscheidungen aus der Burg hinausbeförderte, auch eine Art Speirohr, das die Toilette mit Wasser aus einer Regenwasserzisterne auf dem Dach flutete. Ich bin mir nicht sicher, auf welcher Technologie das beruhte. Vermutlich gab es eine Möglichkeit, den Sturzregen zu stoppen und erneut anlaufen zu lassen. Das muss aber eine robuste Vorrichtung gewesen sein, denn sonst hätte sich die ganze Zisterne im Handumdrehen geleert. Auf jeden Fall war es ein Spülklosett, bei dem man nicht einfach nur per Hand eine Kanne Wasser in ein Loch schüttete.

Falls Sie immer noch nicht überzeugt sind – es gibt noch einen anderen Kandidaten. Im 16. Jahrhundert konstruierte Sir John Harington aus Kelston in der Grafschaft Somerset eine Toilette mit einem Mechanismus, der die Exkremente mit Wasser fortspülte, wenn man an einer Schnur zog. Er liebte es, Brunnen zu entwerfen, und als Patenkind von Königin Elisabeth I. verbrachte er viel Zeit am Hof. Die Königin konnte ihn ziemlich gut leiden, denn offenbar scherte er sich nicht weiter darum, welches Verhalten man von ihm erwartete. Er sagte einfach das, wonach ihm gerade war, statt all die politischen Ränkespielchen mitzumachen und die Etikette zu beachten. Mit anderen Worten, er war ein Rebell, so etwas wie ein Unruhestifter.

Wenn er nicht gerade alle Kammerfrauen erzürnte und vom Hof vertrieben wurde, nahm er sich die Zeit, an einem Buch zu schreiben. Es heißt *Metamorphosis of Ajax* (»Die Verwandlung des Ajax«), und er beschreibt darin nicht nur das System einer Spültoilette, sondern veranschaulicht ihre Funktionsweise auch durch eine Zeichnung, die alles deutlich zeigt. Soweit wir wissen, führte das nicht dazu, dass sich jede Menge Leute solche Klosetts in ihre Häuser eingebaut hätten, aber immerhin ließ sich die Königin im Richmond Palace eines installieren. Es war ziemlich umständlich, erforderte viele Wartungsarbeiten und funktionierte nicht gerade prächtig, aber ein mechanisches Spülklosett war es trotzdem.

Als Mr. Crapper endlich in die Toilettenbranche einstieg, gab es bereits öffentliche WCs, die ein Spülsystem hatten. So erregten die Toiletten, die man aus Anlass der ersten Weltausstellung im Kristallpalast im Londoner Hyde Park installiert hatte, im Jahre 1851 große Aufmerksamkeit. Viele Besucher benutzten sie (insgesamt 827.280), und jeder bezahlte für dieses Privileg einen Penny. Ich weiß, jetzt möchten Sie von mir hören, dass der englische Ausdruck *to spend a penny* (»aufs Klo gehen, pinkeln«) dort seinen Ursprung hat, aber auch dafür gibt es nicht wirklich einen Beleg, und die Redensart ist vor den 1940er Jahren nirgendwo aufzufinden. Sorry!

Thomas Crapper tat also eine Menge, um die Funktion der Toiletten zu verbessern, aber der Hauptgrund dafür, dass ihn viele Leute noch immer für den Erfinder der Toilette halten, ist neben seinem Marketinggeschick und seiner Popularität – nun ja, sein Name. Das englische *to crap* heißt nun einmal »scheißen«, und der Konstrukteur war sozusagen ein »Thomas Scheißer«. Aber nein, das Wort *crap* leitet sich nicht von seinem Namen ab. Ich frage mich wirklich, ob sein Geist erleichtert oder enttäuscht ist, wenn er das erfährt. Das Wort war schon seit dem Mittelalter in Gebrauch, auch wenn es damals eine andere Bedeutung hatte. Zur Bezeichnung menschlicher Exkremente wurde es erst viel später verwendet, wenngleich immer noch lange, bevor Mr. Crappers Name weithin bekannt war.

Aber es gibt noch einen anderen Grund dafür, dass wir so lange auf diese Legende reingefallen sind, und man kann sogar einen Schuldigen dafür benennen, einen mutwilligen Übeltäter, einen Verbreiter von Fake History! Im Jahre 1969 veröffentlichte Wallace Reyburn *Flushed with Pride: The Story of Thomas Crapper* (etwa: »Durchflutet von Stolz: Die Geschichte des Thomas Crapper«; der Titel ist jedoch doppeldeutig, kann er doch auch gelesen werden als »Mit Stolz hinuntergespült«). Von einer seriösen Biografie war dieses Buch weit entfernt, und doch beruhte es auf der realen Person, was viele Leute verwirrt haben könnte.

Um es noch mal zusammenzufassen: Mr. Crapper war ein beeindruckender Typ, der viel dafür getan hat, das Spülklosett zu popularisieren und zu einem Bestandteil unseres Alltagslebens zu machen. Dafür sollten wir ihm dankbar sein. Aber weder hat er die Wasserspülung erfunden, noch ist sein Name der Grund dafür, dass Scheiße auf Englisch *crap* genannt wird.

100
Ein aus dem Fenster fallendes Baby wurde zweimal vom selben Mann gerettet

Was man Ihnen vielleicht erzählt hat

Im Detroit der 1930er Jahre ging ein Straßenkehrer namens Joseph Figlock gerade seiner Arbeit nach, als plötzlich ein Baby aus einem offenen Fenster fiel, genau auf Josephs Kopf! Sowohl er als auch das Baby überlebten.

Als er im Jahr darauf dieselbe Straße kehrte, fiel dasselbe Kind aus demselben Fenster, und Joseph fing den Sturz des Kleinen wiederum ab und rettete sein Leben. Was für ein riesengroßer Zufall!

Die Widerlegung

Ja, was für ein Zufall! Wie groß mag die Wahrscheinlichkeit sein, dass so etwas passiert?

Wenn es um Zahlen und Statistik geht, bin ich echt eine Niete – aber ich schätze mal, die Wahrscheinlichkeit, dass diese Geschichte so abgelaufen ist, wie man sie erzählt, dürfte unvorstellbar gering sein. Aber die Story ist nicht ganz wahr, und nicht nur auf Twitter und Facebook wird das Geschehen inkorrekt wiedergegeben – auch in so manchen Büchern taucht das moderne Märchen auf.

Besonders ärgerlich an dieser Fake History ist, dass ihr eine wahre Geschichte zugrunde liegt, die an sich schon erstaunlich genug ist und von unglaublichem Glück zeugt. Aber ich vermute mal, sie war nicht sensationell genug, und irgendjemand musste noch einen draufsetzen. Schauen wir uns also die tatsächlichen Ereignisse an.

Im Jahre 1938 kehrte Joseph Figlock, ein Angestellter der Stadtreinigung, um zehn Uhr morgens eine Straße in Detroit, als der zwei Jahre alte David Glenn Thomas, der in einer Wohnung im vierten Stock zu nahe am Fenster gespielt hatte, hinabstürzte und auf Josephs Kopf und Schultern prallte. Joseph blieb unversehrt, aber der kleine David trug schwere Verletzungen davon und musste ins Krankenhaus gebracht werden. Zum Glück überlebte er – dank Joseph, der ihn unbeabsichtigt aufgefangen hatte.

Wir wissen, dass dies wirklich passiert ist, denn Polizei und Krankenhaus waren in die Geschichte involviert. Wir kennen den Namen des Kindes und seine Adresse (77E Canfield Avenue), denn am Tag darauf erschien in der *Detroit Free Press* ein Artikel, der auch ein Foto des Retters beinhaltete. Als Joseph von dem Reporter interviewt worden war, hatte er erwähnt, dass ihm so etwas schon zum zweiten Mal passiert sei. Ein Jahr zuvor sei ein kleines Mädchen aus dem Fenster gefallen und ihm ebenfalls auf den Kopf geprallt, wodurch er das Leben des Kindes gerettet habe.

Ich kann in den alten Zeitungen keinen Beleg für dieses erste Vorkommnis finden, und vielleicht haben Joseph oder der Reporter es einfach erfunden, aber andererseits haben wir auch keinen Grund, es zu bezweifeln.

Sie mögen es seltsam finden, dass es in Detroit damals Babys regnete, aber gelegentlich kam so etwas schon vor. In den Archiven fand ich ein paar weitere Fälle, und es ist nicht völlig außergewöhnlich. Amerikanische Mietshäuser hatten zu jener Zeit (und haben noch heute) diese berühmten Feuertreppen, die von den Bewohnern oft als improvisierte Balkons genutzt wurden (und werden). Ein Ort, an dem man sich hinsetzen, etwas lesen, ein Duett mit Maria singen, bei einer Hitzewelle schlafen oder seine Kinder spielen lassen kann. Fenster gab es auch genug, und kleine Kinder haben die ärgerliche Gewohnheit, allen möglichen gefährlichen Unsinn zu machen, wenn man mal eine Zehntelsekunde nicht hinschaut. (Am Rande lobend erwähnt sei hier Lena Gauthier, die ihren zweijährigen Sohn aus dem Fenster fallen sah, als sie gerade unten auf der Straße stand. Irgendwie schaffte sie es, ihn aufzufangen, obwohl sie schon ihre sieben Monate alte Tochter auf dem Arm hielt!)

Es passierte also wirklich, dass Kinder aus Häusern fielen, und glücklicherweise überlebten sie es alle – zumindest in den Fällen, die ich gefunden habe. Es gab vermutlich noch viel mehr Vorkommnisse dieser Art, die es nicht in die Zeitungen schafften, und nicht immer werden sie ein Happy End gehabt haben.

Wir haben also diese großartige wahre Anekdote einer unbeabsichtigten Rettung und dazu einen früheren Vorfall, der wohl auch wahr ist, sich aber nicht beweisen lässt. Es ist eine tolle Geschichte, deren Wahrscheinlichkeit bereits gegen null geht. Okay, ein Straßenkehrer, der tagtäglich und Jahr für Jahr durch die Stadt läuft, riskiert eher als die meisten anderen Menschen, dass ein Kind auf ihn fällt, aber ziemlich erstaunlich ist es trotzdem.

Aber irgendjemand muss beschlossen haben, dass das noch nicht fantastisch genug war. Oder vielleicht war er einfach nicht so ganz in der Lage, die Geschichte zu verstehen? Oder es war ein Druckfehler? Wir werden nie erfahren, weshalb dieser unbekannte Dussel die Story abwandelte und Joseph zweimal dasselbe Kind in derselben Straße auffangen ließ.

Können Sie sich vorstellen, was in diesem Fall losgewesen wäre? Ganz abgesehen von dem wahnsinnigen Zufall – was hätten die Leute wohl über die Mutter des Jungen gesagt? »Ah ja, interessant, Sie haben Ihr Kind also *zwei Mal* aus dem Fenster fallen lassen?!«

101
Dies ist eine fantastische Jugendstilvilla in Bukarest

Was man Ihnen vielleicht erzählt hat

Dieses Foto zeigt die erstaunlichste Jugendstilvilla, die man sich vorstellen kann. Ist sie nicht hinreißend? Durch ihre fließenden Linien wirkt sie so, als hätte Mutter Natur selbst sie geschaffen, und das große, atemberaubende Fenster über der Eingangstür vermittelt uns eine Ahnung davon, wie absolut prächtig die Inneneinrichtung beschaffen sein muss. Das Gebäude steht irgendwo in Bukarest.

Die Widerlegung

Das Foto ist wundervoll; diese geheimnisvolle Villa ist ein großartiges Beispiel für die Architektur des Jugendstils – und ja, auch ich würde sie gern einmal besichtigen. Bloß existiert sie leider nicht.

Sie wurde von einem Künstler mithilfe der KI-Software *Midjourney* geschaffen. Wenn Sie diesem Tool ein paar Stichwörter und Befehle eingeben, kreiert es ein Bild für Sie. *Midjourney* ist sehr populär, und seine Schöpfungen fluten das Internet. Manchmal sind die Resultate albern oder sonderbar, aber sie können auch erstaunlich und sehr überzeugend ausfallen. Das macht meinen Job als Fake History Hunter natürlich ein bisschen schwieriger.

Ein nicht existentes Gebäude ist schnell enttarnt, aber wenn man das Foto auf alt getrimmt und behauptet hätte, das Haus sei im Zweiten Weltkrieg zerstört worden, wäre der Beweis, dass es niemals existiert hat, schon viel schwieriger gewesen – auch wenn Architekten und Experten uns sagen können, dass es kein reales Bauwerk sein kann.

Falls Sie Falschinformationen verbreiten wollen, kann Ihnen die künstliche Intelligenz dabei helfen, aber in diesem Fall war das gar nicht die Absicht des Schöpfers.

Das Bild wurde von Thierry Lechanteur erstellt, einem belgischen Künstler, der herkömmliche Fotografie mit digitaler Bearbeitung verbindet. Natürlich hat man Fotos verändert, seit es die Technik der Fotografie gibt, aber dank Photoshop und KI verfügen wir heutzutage über neue und beeindruckende Optionen, die nicht nur erfahrenen Gestaltern, sondern auch der breiten Öffentlichkeit offenstehen.

Lechanteur versucht, eine Traumwelt lebendig zu machen, und hat die KI als neues Hilfsmittel in seine Arbeit einbezogen; er sagt aber immer ehrlich und freimütig dazu, dass er sie nutzt. Wenn er seine Kreationen im Internet teilt, erwähnt er, auf welche Weise sie entstanden sind, und gibt nicht vor, dass seine Gebäude und Stadtlandschaften real wären. Gegenwärtig arbeitet er sogar an einer besonderen Ausstellung über den Jugend stil und hofft, damit die Besucher zum Nachdenken über die Vorzüge, aber auch die Gefahren des Einsatzes von künstlicher Intelligenz in der Kunst anzuregen.

Aber natürlich hat irgendjemand sein Bild gesehen, es im Internet geteilt und »vergessen« zu erwähnen, dass dieses Haus nicht echt ist, sondern mithilfe künstlicher Intelligenz geschaffen wurde. Und unhöflicherweise vergaß er auch gleich noch, den Künstler zu nennen.

Das Gebäude spricht unsere Fantasie an; die Leute verlieben sich in diese Villa, möchten, dass es sie wirklich gibt, und verbreiten sie online, ohne zuvor einen Faktencheck gemacht zu haben. Und manchmal werden sie richtig ärgerlich, wenn ich ihnen die wahre Geschichte erzähle. Es ist eine Ironie des Schicksals, dass ein Künstler, der eine Ausstellung darüber macht, wie umstritten KI-Kunst ist, mit einem seiner Werke aus genau den falschen Gründen so einen durchschlagenden Erfolg im Internet hat.

Das wahre Problem liegt selbstverständlich darin, dass es in den sozialen Medien so viele Betreiber von Accounts gibt, die sich keinen Kopf machen – sie stehlen das Bild irgendwo (oftmals von Reddit), verbreiten es weiter und heimsen die Likes und Shares ein. Und Architektur ist ein dankbarer Bereich, denn viele Menschen sind angeödet vom zeitgenössischen Design und von den Betondschungeln, zu denen unsere Großstädte geworden sind. Sie sehnen sich nach romantischen alten Gebäuden, magischen Villen, reich dekorierten Häusern – sie bevorzugen also die Architektur der Vergangenheit, selbst wenn diese Vergangenheit bisweilen gar nicht existiert hat.

Wenn jemand in früheren Zeiten ein Gemälde sah, wusste er, dass er auf etwas von vorn bis hinten Erfundenes schaute. Dann wurden Fotografie und Film entwickelt, und obgleich wir eigentlich wissen, dass das, was wir sehen, etwas Verändertes und Vorgetäuschtes sein kann, finden wir es offenbar noch immer schwierig, Bilder, die wie Fotos aussehen, kritisch zu betrachten. Ich schätze, dass dies einer der positiven Aspekte von künstlicher Intelligenz ist: Vielleicht wird jetzt endlich jeder merken, dass wir unseren Augen nicht trauen dürfen, sondern jedes Bild, das man uns zeigt, mit skeptischem Blick prüfen müssen.

An KI-Kunst ist nichts Schlimmes, abgesehen von einem ethischen Problem: Man debattiert gegenwärtig darüber, ob es okay ist, wenn eine KI anderer Leute Kunst benutzt, um etwas Neues zu schaffen. Jeder sollte sich die Freiheit herausnehmen dürfen, mithilfe von KI seine eigenen Fantasiebilder zu erzeugen. Ich verstehe allerdings nicht, weshalb manche Leute vorgeben müssen, das Resultat sei echt. Teilen Sie es im Internet doch einfach als KI-Produkt! Das Gebäude wird deshalb nicht weniger prächtig sein.

Googeln Sie das mal

Es gibt noch eine ganze Reihe von Legenden und verbreiteten Irrtümern, die ich in diesem Buch nicht behandeln konnte. Ich möchte sie hier aber wenigstens kurz auflisten. Keine der unten stehenden Behauptungen ist wahr, sie sind allesamt Fake History … oder? Vielleicht schreibe ich in einem anderen Buch mal etwas darüber, aber bis dahin gilt, was die Leute in den sozialen Medien sagen, wenn sie keine Lust haben, etwas zu erklären: Googeln Sie das doch mal!

- Das Monster in Mary Shelleys Roman heißt Frankenstein.
- Sherlock Holmes hat gesagt: »Elementar, mein lieber Watson!«
- Die römischen Galeeren mussten Sklaven rudern.
- Der Palast von Versailles war ein dreckiger Ort, an dem jeder in den Zimmerecken sein Geschäft verrichtete, was aber niemanden störte.
- Die Römer reinigten ihre Zähne mit Urin.
- Das Essen im Mittelalter war fad.
- Cleopatra war schwarz.
- Das letzte Lied, das die Kapelle auf der *Titanic* spielte, war »Nearer My God to Thee« (»Näher, mein Gott, zu Dir«).
- Hohe Tore hinderten die Passagiere der dritten Klasse auf der *Titanic* daran, das Deck zu erreichen, als das Schiff sank.
- Die Neandertaler waren rohe, dumme und wilde Kreaturen; der Homo sapiens war da schon viel fortgeschrittener.
- Im Mittelalter ist niemand sehr alt geworden.
- Kolumbus hat als erster Europäer Amerika erreicht.
- George Washington hatte Zähne aus Holz.
- Es gab mal eine Päpstin, und die hieß Johanna.
- Bis zu ihrem Untergang hatte jeder geglaubt, die *Titanic* könne gar nicht sinken.

- Der Große Brand von London 1666 setzte der Großen Pest ein Ende.
- Jesus wurde am 25. Dezember geboren.
- Julius Cäsar kam per Kaiserschnitt zur Welt.
- Die Holländer erwarben die Insel Manhattan von den amerikanischen Ureinwohnern für Perlen im Wert von 24 Dollar.
- Das Hörspiel *Krieg der Welten* verursachte eine Massenpanik unter Menschen, welche die dargestellten Ereignisse für real hielten.
- Im Mittelalter hatte der lokale Herrscher das Recht, in der Hochzeitsnacht mit den Bräuten der Bauern zu schlafen (»ius primae noctis«).
- Die Feministinnen verbrannten jede Menge BHs.

Nachwort: Wie man Fake History auf die Spur kommt

Fake History zu erkennen und zu entlarven, kann ziemlich knifflig sein. Es gibt aber einige Tipps, mit deren Hilfe Sie herausfinden können, ob Dinge, die jemand ins Internet gestellt hat, wahr oder falsch sind.

Zitate

Wenn Sie irgendwo ein Zitat finden, dem Sie nicht trauen, sind manchmal umfassende Recherchen nötig, um zu überprüfen, ob ein witziger oder kluger Satz tatsächlich von dieser oder jener witzigen und klugen historischen Berühmtheit gesagt oder aufgeschrieben wurde. Möglicherweise müssen Sie alles durchgehen, was diese Person je gesagt oder geschrieben hat! Aber dankenswerterweise haben uns andere diese Arbeit oft bereits abgenommen.

Daher können Sie, wenn Sie auf ein verdächtiges englischsprachiges Zitat stoßen, folgende Seiten aufrufen:

www.quoteinvestigator.com (für Recherchen in englischer Sprache)
www.wikiquote.org

Sie können das Zitat aber auch in einem der folgenden Bücher nachschlagen:

The New Yale Book of Quotations, hg. von Fred R. Shapiro
Hemingway Didn't Say That von Garson O'Toole

Wenn Sie das Zitat dort nicht finden, ist Ihr Verdacht wahrscheinlich berechtigt. Nur weil ein Ausspruch auf einer Website steht, die Zitate sammelt, oder weil er im Netz zusammen mit einem Bild verbreitet wird, muss er noch lange nicht richtig zugeordnet sein. Ein Zitat ist nur echt, wenn nachgewiesen werden kann, dass die betreffende Person es tatsächlich als Erste gesagt oder geschrieben hat.

Wenn die genannten Websites und Bücher Ihnen nicht weiterhelfen, Sie aber weiterhin herausfinden möchten, ob das Zitat wirklich authentisch ist, können Sie nach detaillierteren und zuverlässigeren Quellen suchen. Einige Internetseiten oder Bücher widmen sich zum Beispiel berühmten historischen Persönlichkeiten und allem, was diese gesagt beziehungsweise nicht gesagt haben.

Hier sind ein paar, die ich genutzt habe:

- *Churchill by Himself*, hg. von Richard Langworth
- www.winstonchurchill.org
- www.darwinproject.ac.uk
- www.oscarwildesociety.co.uk
- www.marktwainstudies.com

Wenn Sie dann immer noch nicht weiterkommen, können Sie mich auf Twitter fragen oder dem *Quote Investigator* eine freundliche E-Mail schicken.

Bilder

Wenn Ihnen eine Bildunterschrift spanisch vorkommt, müssen Sie ein wenig Detektivarbeit leisten.

Natürlich ist es leichter, wenn Sie schon seit Jahrzehnten Erfahrung mit Recherche und Bildanalyse haben. Dann erkennen Sie auf den ersten Blick, dass ein Foto nicht aus den 1920er, sondern aus den 1930er Jahren ist. Sie würden dann auf die Mode, die Frisuren, die Art, wie das Foto gemacht wurde, das Alter der Bauwerke und vieles mehr achten und sofort spüren, dass irgendwas nicht ganz stimmt. Haben Sie aber diesen Hintergrund nicht oder müssen Sie anderen beweisen, dass eine Bildunterschrift falsch ist, dann ist der schnellste und einfachste Weg, die Geschichte hinter einem Foto herauszufinden, es von einer Suchmaschine im Internet checken zu lassen. Mit einigen der Suchmaschinen, die Sie vermutlich bereits nutzen, können Sie eine umgekehrte Bildsuche durchführen.

Hier sind ein paar Suchmaschinen, die ich verwende:

- www.tineye.com
- www.google.de/imghp
- www.yandex.ru/images
- www.bing.com/images

Sie brauchen nichts weiter zu tun, als das verdächtige Foto ins Suchfeld zu ziehen, und die Suchmaschine wird überall im Internet danach fahnden. Ich benutze alle vier Suchmaschinen, weil sie unterschiedliche Ergebnisse bringen und verschiedene Eigenschaften haben. Bing hat zum Beispiel ein wunderbares Extra-Tool, das Wörter in einem Bild erkennt und sie in kopierfähigen Text umwandelt. Als ich nach einem 1903 in Paris begangenen Verbrechen suchte, konnte ich Bildschirmfotos von alten französischen Zeitungen machen, Bing die Wörter aus den Bildern extrahieren lassen und Google nutzen, um sie ins Englische zu übersetzen.

Es gibt zudem einige andere Tools und Anwendungen für mobile Geräte. Da ich aber kein solches besitze, nicht einmal ein Handy, kann ich Ihnen hier nicht weiterhelfen.

Sehr wichtig für unsere Recherche ist, dass diese Seiten uns helfen können, den frühesten Upload des betreffenden Bildes aufzuspüren. Schließlich ist die Wahrscheinlichkeit ziemlich groß, dass die Person, die das Foto als Erste hochgeladen hat, mehr darüber weiß.

Extrem hilfreich ist auch, dass diese Suchmaschinen die größte Version des Fotos im Internet auffinden können. Das kann uns nicht nur zu jemandem führen, der das Originalfoto besitzt, sondern es erlaubt uns auch, das Bild im Detail zu inspizieren. Erst auf diese Weise bemerkte ich, dass das Foto von Bertha Benz aus den 1880er Jahren womöglich nicht echt war. Eine viel größere Version des Fotos verriet mir, dass ihre Söhne moderne Schuhe trugen!

Diese Recherchen werden Sie oft auf die Websites von Bildagenturen führen. Sie können bei alten Fotos eine wirkliche Fundgrube für Informationen sein. Aber seien Sie vorsichtig – auch dort findet man manchmal falsche Bildunterschriften, und mitunter sind diese Leute nicht besonders motiviert, sie zu korrigieren (ich spreche aus eigener Erfahrung).

Manchmal führt Sie die Suche auf eine Website, die schon lange nicht mehr verfügbar ist. Es kann furchtbar frustrierend sein, wenn der Recherchegegenstand im Internet erwähnt wird und man beim Anklicken des Links auf einer leeren Seite landet. Das Internet wird älter, wir werden älter, und Websites kommen und gehen.

Glücklicherweise gibt es eine Seite, die seit vielen Jahren Hunderte Milliarden Websites (keine Übertreibung!) archiviert. Sie können dieses Archiv online durchsehen. Es handelt sich um das *Internet Archive* (www.archive.org), und es ist für Forscher ein echter Lebensretter. Wenn Sie Glück haben, können Sie dort den Blog, den Artikel oder den Tweet lesen, von dem Sie dachten, er wäre für immer verloren. Natürlich kann es auch ein bisschen peinlich sein, wenn man der Versuchung erliegt und sich seine erste eigene Website anschaut oder das Profilbild, das man als Teenager vielleicht in irgendeinem Poesieforum hochgeladen hatte. Aber für ernsthafte Recherchen ist diese Seite wirklich ein Geschenk des Himmels.

Neben dem Archiv für alte Websites finden Sie dort übrigens auch Millionen von Büchern, Tonaufnahmen, Videos, Bildern und Software. Das ist wunderbar, wenn Sie es sich nicht leisten können, Unmengen Bücher zu kaufen, oder wenn Sie ein Buch suchen, das nicht mehr erhältlich ist oder nur noch in einer weit entfernten Bibliothek steht. Ich habe zu Hause eine erschreckend große Bibliothek mit viel zu vielen Büchern – noch so ein Laster. Daher bin ich froh, dass ich zu dem Buch, das Sie gerade lesen, manches im *Internet Archive* nachschlagen konnte, statt schon wieder ein neues Buch zu kaufen und darauf zu warten, dass es mir nach Hause geliefert wird.

Wenn man aber den wahren Ursprung eines Fotos ermitteln will, sind die besten Quellen natürlich Museen und Archive. Viele davon haben heute ebenfalls wunderbare Online-Archive, die Sie auf jeden Fall benutzen sollten. Der große Vorteil dieser Einrichtungen ist, dass dort viele Experten und kluge Leute zu arbeiten pflegen. Manchmal muss man einfach ein bisschen draufgängerisch sein und sich an sie wenden. Mehr als einmal konnte ich eine Legende entlarven, weil ich Kontakt zu Leuten aufnahm, die dort arbeiteten, wo das entsprechende Bild aufbewahrt wurde.

Tausende, wenn nicht sogar Millionen Menschen haben darüber debattiert, ob die Story hinter einem gewissen Foto stimmt. Dabei genügte, um das Rätsel zu lösen, schon ein einziger Anruf bei einer liebenswürdigen Dame irgendwo an einem Schreibtisch. Sie brauchte nur wenige Handgriffe, um das Bild samt seiner originalen Beschreibung aus einem Aktenschrank hervorzuzaubern.

Behauptungen

Falsche Behauptungen zu entlarven, ist knifflig, und noch schwieriger ist es, hierzu Tipps und Anleitungen zu geben. Ich fürchte, dazu ist viel Forschungsarbeit nötig: Man muss auf Google suchen, Bücher lesen, mit Experten sprechen und vieles andere mehr.

Einen Tipp habe ich dennoch für Sie: Ein zufällig entdeckter Blog, irgendeine Website, ein TikTok- oder YouTube-Video haben keinen Wert, wenn die Story nicht mit Quellen untermauert wird. Wenn Sie einen Artikel sehen oder wenn jemand, mit dem Sie diskutieren, eine Story hochlädt, um Ihnen zu beweisen, dass Sie falschliegen, dann gehen Sie am besten geradewegs ans Ende der Seite oder zur Beschreibung des Videos und sehen sich dort die Nachweise an.

Woher haben diese Leute die Informationen?

Woran erkennt man, dass sie die Story nicht einfach erfunden haben?

War Shakespeare ein Außerirdischer?

Wirklich?

Toll, aber wo ist der Beweis?

Behandeln Sie jede Behauptung so, als würden Sie eine kriminologische Ermittlung durchführen: Sie brauchen Zeugen, Aufzeichnungen, von Experten verfasste Bücher, Museumssammlungen und so weiter. Google ist eine wunderbare Sache, aber wer sich nur auf die ersten paar Suchergebnisse stützt, wird kaum eine überzeugende Argumentation zusammenbringen. Die Frage ist immer, woher die Urheber der Behauptung ihre Informationen beziehen.

Ich muss zugeben, dass es mich wirklich erstaunt, wie oft Leute ihre Behauptungen nicht belegen können. Meiner Meinung nach sollten die Schulen etwas mehr Zeit darauf verwenden, den Schülern beizubringen, wie sie die Dinge, die Ihnen mitgeteilt werden, hinterfragen und ihren Wahrheitsgehalt herausfinden können.

Ich weiß – niemand mag starrköpfige und naseweise junge Leute, die zu viele Fragen stellen. Wenn man sie dazu anregt, nicht allem, was ihnen erzählt wird, blind zu vertrauen, wird das die Kindererziehung oder den Schulunterricht nicht gerade einfacher machen. Aber wenn wir ihnen die Werkzeuge, das Wissen, die Fähigkeit und die Erlaubnis geben, kritische Fragen zu stellen und die Aussagen ihrer Eltern, Lehrer und Mitschüler zu überprüfen, werden wir – davon bin ich überzeugt – am Ende eine bessere Welt haben. Heutzutage ermöglicht uns die Technik, so viele eindrucksvolle Videos aufzunehmen, so viele Bilder professionell mit Photoshop zu bearbeiten und eine solche Flut von Falschinformationen in die Welt zu setzen. Da ist es besonders wichtig, dass jeder lernt, wie man überprüfen kann, ob es stimmt, was einem mitgeteilt wird – und auch, wie man Fake History und Falschnachrichten widerlegt und seine eigenen Argumente untermauert.

Aus diesem Grund macht es mich besonders stolz, wenn mir Lehrer sagen, dass sie manche meiner Widerlegungen im Unterricht verwenden!

Abschließend ein paar Worte zu Wikipedia

Jeder weiß, dass Artikel auf Wikipedia von Hinz und Kunz ohne große Mühe verändert werden können und dass sie deshalb überhaupt nicht vertrauenswürdig sind … Das hat doch sogar der Mitbegründer eingeräumt, oder? Natürlich, auch auf Wikipedia gibt es Falschinformationen. Aber es stimmt trotzdem, dass diese Website wertvoller und neutraler ist sowie mehr Quellen und Nachweise liefert als so gut wie alle Blogs und Artikel, die manche Leute in Debatten heranziehen, nachdem sie uns ausgelacht haben, weil wir Wikipedia nutzen.

Ja, jeder kann Artikel auf Wikipedia umschreiben, aber es ist nicht so einfach, wie man denkt. Wenn ich beschließe, die Seite über Miss Universe so zu verändern, dass dort künftig zu lesen ist, ich hätte diesen Wettbewerb drei Jahre hintereinander gewonnen, würde man das rückgängig machen, ehe ich meine Flasche Met ausgetrunken habe.

Wikipedia ist eine sehr transparente Website. Auf jeder Seite kann man die Versionsgeschichte aufrufen: Wer hat etwas verändert, wie, warum und so weiter. Daher waren die Informationen auf Wikipedia meiner Erfahrung nach alles in allem sehr zuverlässig. Trotzdem sollte man Wikipedia als das betrachten, was es ist: eine Online-Referenz-Website. Man findet dort Artikel über alles und jeden, und so gut wie immer sind sie mit wunderbaren Quellen, Nachweisen und Links versehen, die einem bei Recherchen weiterhelfen können. Die meisten Historiker, Journalisten, Studenten, Forscher, Pädagogen, Wissenschaftler und Akademiker, die ich kenne, beginnen ihre Nachforschungen mit Wikipedia und haben auch keine Scheu, das zuzugeben.

Wichtig ist jedoch, dass die freie Enzyklopädie zwar Ihr erster Rechercheschritt sein kann, die Recherche aber nicht damit enden sollte. Fangen Sie ruhig dort an: Informieren Sie sich über die grundlegenden Dinge, notieren Sie die angegebenen Buchtitel und die Namen der Experten, folgen Sie den Links und gehen Sie von dort aus immer weiter.

Danksagung

Es gibt so viele Menschen, denen ich dafür danken muss, dass sie mir beim Schreiben dieses Buches geholfen haben. Neben meiner Familie, den Freunden und Haustieren, die mich unterstützten, wären da natürlich auch meine großartigen Follower auf Twitter zu nennen sowie zahllose Historiker, Blogger, Forscher und viele mehr, die alle einen Beitrag geleistet haben.

Besonders danken möchte ich meinen »Kampfgefährten« aus der Gemeinde der Faktenchecker – Janne Ahlberg von *HoaxEye*, Garson O'Toole von *Quote Investigator*, PicPedant, Anna Gibson von *Inviting History*, dem BS Historian, Ernst Dommershuijzen und anderen.

Quellenverzeichnis

Die Primärquellen, Aufsätze und Internetseiten, die ich dazu genutzt habe, Informationen für jedes Kapitel zu finden und zu überprüfen, sind unten aufgeführt. Wo es angeraten war, enthält das Verzeichnis auch Detailangaben zu weiteren Quellen, die ich bei meinen Nachforschungen hilfreich fand, so etwa zu Archiven, Institutionen und Museumsstücken.

1. Napoleon Bonaparte hat der Sphinx die Nase weggeschossen

Baumgarten, Siegmund Jakob: *Uebersetzung der Algemeinen Welthistorie, die in Engeland durch eine Geselschaft von Gelehrten ausgefertiget worden* (Gebauer, 1744)

Greener, Leslie: *The Discovery of Egypt* (Viking Press, 1967)

Heyman, Johannes und Egmond van der Nijenburg, Johannes Aegidius van: *Travels Through Part of Europe, Asia Minor, the Islands of the Archipelago; Syria, Palestine, Egypt, Mount Sinai, &c …* (L. Davis and C. Reymers, 1759)

Mayer, Luigi: *Views in Egypt, from the original drawings …* (T. Bensley für R. Bowyer, 1805)

Zivie-Coche, Christiane: *Sphinx: History of a Monument* (Cornell University Press, 2004); dt.: *Sphinx. Das Rätsel des Kolosses von Gizeh* (Wissenschaftliche Buchgesellschaft, 2004)

Weitere nützliche Quellen: Anti-Defamation League (www.adl.org); Tom Holmbergs Website *The Napoleon Series* (www.napoleon-series.org); Voices of Democracy (www.voicesofdemocracy.umd.edu)

2. Hugo Boss hat die Naziuniformen entworfen

Köster, Roman: *Hugo Boss, 1924–1945: Die Geschichte einer Kleiderfabrik zwischen Weimarer Republik und »Drittem Reich«* (Herbig, 2011)

Leigh Davis, Brian und Turner, Pierre: *German Uniforms of the Third Reich 1933–1945* (Blandford Press, 1987); dt.: *Deutsche Uniformen im Dritten Reich: 1933–1945* (Heyne, 1983)

Timm, Elisabeth: ›Hugo Ferdinand Boss (1885–1948) und die Firma Hugo Boss. Eine Dokumentation‹ (1999), www.metzingen-zwangsarbeit.de/hugo_boss.pdf

Weitere nützliche Quellen: https://group.hugoboss.com/de/unternehmen/geschichte

3. Marie Antoinette hat gesagt: »Dann sollen sie doch Kuchen essen!«

Bernier, Olivier: *Secrets of Marie Antoinette: A Collection of Letters* (Fromm International, 1986)

Fraser, Antonia: *Marie Antoinette: The Journey* (Orion, 2010); dt.: *Marie Antoinette: Biographie* (DVA, 2006)

Shapiro, Fred R. (Hg.): *The New Yale Book of Quotations* (Yale University Press, 2021)

Xuanling, Fang u. a.: *The Book of Jin* (China, 648); dt.: *Aus der Geschichte des Hofes von Tsin* (Gerold, 1876/77)

Weitere nützliche Quellen: Anna Gibsons Website *Inviting History* (www.invitinghistory.com)

4. Die berühmte Person X hat den klugen Ausspruch Y getätigt

Churchill, Winston S.: *Churchill by Himself: In His Own Words*, Hg. v. Richard M. Langworth (Ebury Press, 2012)

Langworth, Richard M.: *Winston Churchill, Myth and Reality: What He Actually Did and Said* (McFarland, 2017)

O'Toole, Garson: *Hemingway Didn't Say That: The Truth Behind Familiar Quotations* (Amazon Publishing, 2017)

Shapiro, Fred R. (Hg.): *The New Yale Book of Quotations* (Yale University Press, 2021)

Weitere nützliche Quellen: International Churchill Society (www.winstonchurchill.org); Collected Papers of Albert Einstein (www.einsteinpapers.press.princeton.edu); Oscar Wilde Society (www.oscarwildesociety.co.uk); Wikiquote (https://en.wikiquote.org/wiki/Main_Page)

5. *Raumschiff Enterprise* zeigte 1968 im Fernsehen den ersten Kuss von Menschen unterschiedlicher Hautfarbe

›Beeldromance‹, *Pension Hommeles*, Regie: Erik de Vries, Drehbuch: Annie M.G. Schmidt (5. Januar 1959)

Brady, Kathleen: *Lucille: The Life of Lucille Ball* (iUniverse, 2011)

Shatner, William und Fisher, David: *Up Till Now* (Pan Macmillan, 2009); dt.: *Durch das Universum bis hierher* (Schwarzkopf & Schwarzkopf, 2009)

Tawney, Raj: ›Was I Love Lucy Ahead of Its Time?‹, in: *Emmys* (22. März 2019), www.emmys.com/news/online-originals/was-i-love-lucy-ahead-its-time

›TV Listings Past and Present: November 22, 1968‹, in: *TV Tango* (www.tvtango.com/listings/1968/11/22)

6. Die Serie *EastEnders* zeigte 1989 den ersten Fernsehkuss von Menschen gleichen Geschlechts

Bourne, Stephen: *Playing Gay in the Golden Age of British TV* (History Press, 2019)

Davies, John: ›Sex and the BBC‹, *Prospero* 4 (August 2021), S. 8 f.

Felton, James: *Sunburn: The Unofficial History of the Sun Newspaper in 99 Headlines* (Sphere, 2020)

›History of the BBC: LGBTQ+ Timeline‹, BBC (2023), www.bbc.com/historyofthebbc/lgbtq/lgbtq-timeline

Martin and Lewis – The Kings of Bromance (Tribute), hochgeladen von haronidu23 (31. Januar 2012), www.youtube.com/watch?v=ROfhjEBKkUc

O'Connor, John: »PBS Capitalizes on Imported ›Classic Theater‹«, in: *New York Times*, 5. Oktober 1975

7. Die Wikinger hatten Hörner auf ihren Helmen

›Britain's first ever Viking helmet discovered‹, Preston Park Museum and Grounds (2020), https://prestonparkmuseum.co.uk/preston-park-museum-britains-first-ever-viking-helmet-discovered.

Doepler, Carl Emil: *Der Ring des Nibelungen* (Kunstdruck- und Verlags-Anstalt, 1889)

Frank, Roberta: ›The Invention of the Viking Horned Helmet‹, in: *International Scandinavian and Medieval Studies in Memory of Gerd Wolfgang Weber* (Parnaso, 2000)

Gritton, Jim: ›Wagner and the Trope of the Horned Helmet‹, 2017 (www.researchgate.net/publication/335219184_Wagner_and_the_Trope_of_the_Horned_Helmet)

Mueller-Vollmer, Tristan und Wolf, Kirsten: *The Vikings: Facts and Fictions* (ABC-CLIO, 2018)

Vandkilde, Helle u. a.: ›Anthropomorphised warlike beings with horned helmets: Bronze Age Scandinavia, Sardinia, and Iberia compared‹, in: *Praehistorische Zeitschrift* 97/1 (2022): 130–58, https://doi.org/10.1515/pz-2021-2012

Weitere nützliche Quellen: Jimmy Johnson, The Welsh Viking (www.youtube.com/c/TheWelsh-Viking); Dänisches Nationalmuseum (https://en.natmus.dk)

8. Im Mittelalter aßen die Leute Kartoffeln

Crosby, Alfred W.: *The Columbian Exchange* (Praeger, 2003)

Reader, John: *Potato: A History of the Propitious Esculent* (Yale University Press, 2009)

9. Der Ausdruck *Hangover* stammt daher, dass sich Schnapsleichen früher über Seile zu hängen pflegten

Balzac, Honoré de: *Das Chagrinleder* (frz. EA 1831; dt. u. a. Aufbau, 1999)

Dickens, Charles: *The Posthumous Papers of the Pickwick Club* (Chapman and Hall, 1887); dt.: *Die Pickwickier* (Winkler, 1968)

Orwell, George: *Down and Out in Paris and London* (Arcturus, 2021); dt.: *Erledigt in Paris und London* (Diogenes, 1978)

Walton, Geri: ›Four Penny Coffins, Penny Sit-ups, and Two Penny Hangovers‹ (12. März 2018), www.geriwalton.com/victorian-four-penny-coffins-penny-beds-homelessness

Weitere nützliche Quellen: Online Etymology Dictionary (www.etymonline.com/word/hangover)

10. Der Weihnachtsmann trägt wegen Coca-Cola Rot

Bowler, Gerry: *Santa Claus: A Biography* (McClelland & Stewart, 2011)

English, Adam C.: *The Saint Who Would Be Santa Claus: The True Life and Trials of Nicholas of Myra* (Baylor University Press, 2014)

Guinn, Jeff: *The Autobiography of Santa Claus* (Penguin, 2006)

Saint Nicholas and Santa Claus (Charles River Editors, 2019)

Weitere nützliche Quellen: Public Domain Review; Coca-Cola-Archiv; Archiv der *Saturday Evening Post*

11. Konzentrationslager sind eine deutsche Erfindung

Pitzer, Andrea: *One Long Night: A Global History of Concentration Camps* (Little, Brown, 2017)

Weitere nützliche Quellen: New World Encyclopedia www.newworldencyclopedia.org/entry/Concentration_camp

12. Eine schmale Pforte bewahrte portugiesische Mönche davor, fett zu werden

›Guião de visita‹, Mosteiro Alcobaça (undatiert), www.mosteiroalcobaca.gov.pt/data/at621_an1_pt.pdf

›Monastery of Alcobaça‹, UNESCO World Heritage Convention (undatiert), https://whc.unesco.org/pg.cfm?cid=31&id_site=505

13. Das FBI prägte den Begriff *Serienmörder* in den 1970er Jahren

›Cinema Royal‹, in: *Algemeen Handelsblad* (27. Februar 1927), www.delpher.nl/nl/kranten/view?query=seriemoordenaar&coll=ddd&sortfield=date&identifier=ddd:010657985:mpeg21:a0262&resultsidentifier=ddd:010657985:mpeg21:a0262&rowid=1

Gennat, Ernst: ›Die Düsseldorfer Sexualverbrechen‹, in: *Kriminalistische Monatshefte* (1930).

Ressler, Robert K. und Shachtman, Tom: *Whoever Fights Monsters: My Twenty Years Tracking Serial Killers for the FBI* (St Martin's Press, 1992); dt.: *Ich jagte Hannibal Lecter: die Geschichte des Agenten, der 20 Jahre lang Serientäter zur Strecke brachte* (Heyne, 1993)

Rule, Ann: *Kiss Me, Kill Me* (Pocket Star, 2004)

Waller, Sara und Allhoff, Fritz (Hg.): *Serial Killers: Philosophy for Everyone* (Wiley-Blackwell, 2011)

Vronsky, Peter: *Serial Killers: The Method and Madness of Monsters* (Berkley, 2004)

14. Das Wort *Honigmond* kommt daher, dass man frisch verheirateten Paaren eine Monatsration Met zu schenken pflegte

Heywood, John: *A dialogue conteinyng the nomber in effect of all the prouerbes in the englishe tongue compacte in a matter concernyng two maner of mariages, made and set foorth by John Heywood* (Thomas Berthelet, 1546), Oxford Text Archive, http://hdl.handle.net/20.500.12024/A03168; dt. Nachdichtung: Maki

›honeymoon, n.‹, *Oxford English Dictionary*, OED Online (Oxford University Press, 2022), www.oed.com/view/Entry/88181

Krünitz, Johann Georg: *Oeconomische Encyclopädie* (242 Bde., 1773–1858)

Pulleyn, William: *The Etymological Compendium, Or, Portfolio of Origins and Inventions …* (T. Tegg, 1830)

Winder, Robert: *Bloody Foreigners* (Little, Brown, 2010)

Anm. zur. dt. Ausgabe: Der Übersetzer dankt Maki für seine Hilfe bei der Heywood-Nachdichtung.

15. Clara Bow, die berühmte Schauspielerin aus den 1920er Jahren, war Nationalsozialistin

Stenn, David: *Clara Bow: Runnin' Wild* (Cooper Square Press, 2000)

›Ancient Cross Defies Jinx Day‹, in: *Los Angeles Times*, 13. April 1928, S. 27, www.newspapers.com/clip/24782276/clara-bow-wears-ancient-good-luck

Weitere nützliche Quellen: Revue des Monats; Photoplay

16. Coca-Cola verwendete in der deutschen Werbung Nazislogans und -symbole

›The evolution of the Coca-Cola logo: 2011–2013‹, in: *The Martin Guide to Coca-Cola Memorabilia* (undatiert), www.earlycoke.com/evolution-of-the-coca-cola-logo

›History of Coca-Cola Advertising Signs‹, The Coca-Cola Company (undatiert), www.coca-colacompany.com/company/history/history-of-coca-cola-advertising-slogans

Weitere nützliche Quellen: Ethical Consumer (www.ethicalconsumer.org/company-profile/coca-cola-company); Sanderswood (www.sanderswood.com); Scott Joyce Photography (https://scottjoycephotography.net)

17. Dieser Hund wurde ins Gefängnis gesteckt, weil er eine Katze ermordet hatte

›Mrs Pincho Clears Record of Her Dog‹, in: *New York Times,* 14. Januar 1926

Weitere nützliche Quellen: Eastern State Penitentiary (www.easternstate.org); Pennsylvania State Archives; Tyler Stumps Blog *Another Century* (https://anothercenturyblog.wordpress.com/about)

18. Im Zweiten Weltkrieg trug ein Soldat einen Esel über ein Minenfeld

Condado-Madera, Emilio: Histoires de l'Histoire de la légion (Publibook/Société des écrivains, 2010)

Lianos, Constantin: ›L'ânon Bambi‹, in: Monsieur Légionnaire, 18. Oktober 2016, www.monsieur-legionnaire.org/notre-actualite/19-monsieur-legionnaire/61-l-anon-bambi.

Porch, Douglas: The French Foreign Legion: A Complete History of the Legendary Fighting Force (Skyhorse, 2010)

Weitere nützliche Quellen: Veterans of the French Foreign Legion Antwerp Department; British Royal Society for the Prevention of Cruelty to Animals (www.rspca.org.uk); Foreign Legion Info (http://foreignlegion.info)

19. Diese Frau hat an einem Berliner Grenzübergang einen dramatischen Sprint in die Freiheit hingelegt

›Hun Laatste Ontmoeting‹, in: *De Tijd de Maasbode* (17. Januar 1964), www.delpher.nl/nl/kranten/view?query=%22hun+laatste+ontmoeting%22+film&coll=ddd&sortfield=date&page=1&facets%5Bperiode%5D%5B%5D=1%7C20e_eeuw%7C1960-1969%7C&identifier=ddd:011233316:mpeg21:a0118&resultsidentifier=ddd:011233316:mpeg21:a0118&rowid=4

›*Oggi a Berlino*‹, *International Movie Database*, www.imdb.com/title/tt0056304

20. Die Schnabelmaske der Pestärzte stammt aus dem Mittelalter

Black, Winston: *The Middle Ages: Facts and Fictions* (ABC-CLIO, 2019)

Lucenet, Monique: ›La peste, fléau majeur‹, Université Paris Cité (undatiert), www.biusante.parisdescartes.fr/histoire/medica/presentations/peste.php

Muratori, Lodovico Antonio: *Del governo della peste, e delle maniere di guardarsene, trattato di Lodovico Antonio Muratori …* (Bartolomeo Soliani, 1714)

Saint-Martin, Michel de: *Moiens faciles et eprouvez, dont M. de Lorme … s'est servi pour vivre près de cent ans* (Marin Yvon, 1683)

Tibayrenc, Michel (Hg.): *Encyclopedia of Infectious Diseases: Modern Methodologies* (Wiley, 2007)

21. Dieses Foto aus dem Zweiten Weltkrieg zeigt einen deutschen Soldaten mit einem Handy

Bohéma, Fernsehserie, Česká Televize (2017)

›*Bohéma*‹, International Movie Database, www.imdb.com/title/tt6284192

Weitere nützliche Quellen: Richard Tantons Flickr-Sammlung (www.flickr.com/photos/tantonr/27341797601/)

22. Man verhaftete das Kleinkind François Bertillon und machte ein Verbrecherfoto von ihm

›Alphonse Bertillon‹, Artnet, www.artnet.com/artists/alphonse-bertillon

Bertillon, Suzanne: *Vie d'Alphonse Bertillon* (Éditions Gallimard, 1941)

Clark, Terry Nichols: *Prophets and Patrons: The French University and the Emergence of the Social Sciences* (Harvard University Press, 1973)

Fisher, Jim: ›Alphonse Bertillon: The Father of Criminal Identification‹ (2008), https://web.archive.org/web/20201201212727/https://jimfisher.edinboro.edu/forensics/bertillon1.html

Hoobler, Thomas und Hoobler, Dorothy: *The Crimes of Paris: A True Story of Murder, Theft, and Detection* (Little, Brown, 2009)

›Portrait Présumé de George et François Bertillon‹, MutualArt, www.mutualart.com/Artwork/Portrait-Presume-de-George-et-Francois-B/B08E569FA7726181

Weitere nützliche Quellen: Rémi Mathis auf Twitter (https://twitter.com/remimathis); www.ancestry.com

23. Medienleute, Ärzte und Krankenschwestern wurden 1945 in Nürnberg öffentlich gehängt

Nützliche Quellen: Zentrales Staatliches Film- und Fotoarchiv der Ukraine H.S. Pshenichny (https://tsdkffa.archives.gov.ua); United States Holocaust Memorial Museum (www.ushmm.org)

24. Die früheste Darstellung von Jesus findet sich in einem Museum in Kairo

Beck, Roger B. u. a.: *A History of World Societies* (Bedford/St Martin's, 2014)

Ice Cube: ›Earliest found painting of Jesus …‹, Twitter (7. Juni 2020), https://twitter. com/icecube/status/1269589523563868160

Sadek el Gendi, Sherin Hassan: ›Different Attitudes of Jesus Christ in Coptic Art‹ (2013), https://cguaa.journals.ekb.eg/article_32586.html

Taylor, Joan E.: *What Did Jesus Look Like?* (Bloomsbury, 2018)

25. Prostituierte maßen in der viktorianischen Ära die Zeit pro Kunde mit winzigen Kerzen ab

Ponson du Terrail, Pierre-Alexis: *Le dernier mot de Rocambole* (Dentu, 1867)

Weitere nützliche Quellen: Dagblad van Zuidholland en 's Gravenhage (1886); Deutsches Historisches Museum

26. Im Mittelalter hatten alle Menschen furchtbar schlechte Zähne

Anderson, T.: ›Dental treatment in Medieval England‹, in: *British Dental Journal* 197/7 (Oktober 2004), S. 419–425

Cybulskie, Danièle: *Life in Medieval Europe: Fact and Fiction* (Pen & Sword, 2019)

Gerald von Wales (Giraldus Cambrensis): *The Journey Through Wales and the Description of Wales*, hg. v. Betty Radice (Penguin, 1978); dt.: Giraldus Cambrensis: *Beschreibung von Wales. Eine völkerkundliche Beschreibung aus dem Mittelalter*, hg. v. Philipp M. Schneider (Frieling, 2008)

Green, Monica: *The Trotula: An English Translation of the Medieval Compendium of Women's Medicine* (University of Pennsylvania Press, 2002)

Medieval hygiene: Did people have bad teeth in medieval times? (I use a twig!), Modern History TV (18. April 2019), www.youtube.com/watch?v=fcVwcvWePhU

Montanari, Massimo: *Medieval Tastes: Food, Cooking, and the Table* (Columbia University Press, 2015)

Regimen sanitatis Salernitanum/ Gesundheitsregeln der Salernitanischen Schule, Lateinisch und im Versmaaße der Urschrift verdeutscht nebst der Geschichte der Schule, hrsg. von Dr. Ignaz Düntzer (F. C. Eisen, 1841)

27. Diese Fenster wurden geschaffen, damit die Leute zu Zeiten des Schwarzen Todes weiterhin Wein kaufen konnten

Corsini, Diletta und Giordano, Lucrezia: *Wine Windows in Florence and Tuscany* (Edizioni BDV, 2021)

Weitere nützliche Quellen: Buchette del Vino, Associazione Culturale (https://buchettedelvino.org)

28. Dieses Foto zeigt Charlotte E. Ray, Amerikas erste schwarze Anwältin

Clay Smith Jr, J.: *Emancipation: The Making of the Black Lawyer, 1844–1944* (University of Pennsylvania Press, Incorporated, 1999)

Weitere nützliche Quellen: National Marian Anderson Museum (http://mariananderson historicalsociety.weebly.com)

29. Eine Fürstin und eine Gräfin duellierten sich im 19. Jahrhundert oben ohne

Cohen, Richard: *By the Sword: Gladiators, Musketeers, Samurai Warriors, Swashbucklers, and Olympians* (Simon & Schuster, 2010)

Hopton, Richard: *Pistols at Dawn: A History of Duelling* (Portrait, 2007)

Matthey, Ignaz: ›The Mythologisation of Duelling by Women‹ (2019), www.academia.edu/56569598/THE_MYTHOLOGISATION_OF_DUELLING_BY_WOMEN

Weitere nützliche Quellen: Le Figaro; *La Liberté*

30. Dieses schöne französische Haus wurde 1509 erbaut

Nützliche Quellen: Gérard Roger: *Le Journal de l'Orne* (https://actu.fr/le-journal-de-l-orne/); Médiévale … Remparts de Normandie (http:// remparts-de-normandie.eklablog.com); Commune-Mairie, Monuments historiques à Argentan; Monumentum (https://monumentum.fr)

31. Thomas Edison hat die Glühbirne erfunden

Freeberg, Ernest: *The Age of Edison: Electric Light and the Invention of Modern America* (Penguin, 2014)

Friedel, Robert und Israel, Paul, mit Finn, Bernard S.: *Edison's Electric Light: The Art of Invention* (Rutgers University Press, 1986)

Morris, Edmund: *Edison* (Random House, 2019)

32. Aus Ärger über einen unhöflichen Verkäufer erwarb ein Maharadscha zehn Rolls-Royces für die Straßenreinigung

Facts & Fallacies (Reader's Digest, 1988)

Whiting, John D.: ›Diary in Photos, 1934–1939‹, www.loc.gov/resource/ppmsca.17411/?sp=17

Yadav, Harish: *Incredible But True* (Pustak Mahal, 1993)

Weitere nützliche Quellen: Corporate Heritage and the Rolls-Royce Heritage Trust (www.rolls-royce.com/about/heritage-trust.aspx)

33. Napoleon war klein

Antommarchi, Francesco A.: *The Last Days of Napoleon: Memoirs of the Last Two Years of Napoleon's Exile* (H. Colburn, 1826); dt.: *Napoleon I. kurz vor seinem Tode* (Salzwasser, 2011)

Bell, David Avrom: *Napoleon: A Concise Biography* (Oxford University Press, 2015)

Knapen, J.E.P., Blaker, N.M. und Van Vugt, M.: ›The Napoleon Complex: When Shorter Men Take More‹, in: *Psychological Science* 29/7 (2018), S. 1134–1144

Lugli, A. u. a.: ›The Medical Mystery of Napoleon Bonaparte: An Interdisciplinary Exposé‹, in: *Advances in Anatomic Pathology* 18/2 (März 2011), S. 152–158

Steckel, Richard H. und Floud, Roderick (Hg.): *Health and Welfare During Industrialization* (National Bureau of Economic Research, 1997)

34. Newton kam auf seine Gravitationstheorie, als ihm ein Apfel auf den Kopf fiel

Disraeli, Isaac und Disraeli, Benjamin: *Curiosities of Literature* (F. Warne, 1881)

›Isaac Newton's Apple Tree‹, National Trust (undatiert), web.archive.org/web/20220105091448/www.nationaltrust.org.uk/woolsthorpe-manor/features/the-story-of-our-apple-tree-at-woolsthorpe-manor

Euler, Leonhard: *Briefe an eine deutsche Prinzessin über verschiedene Gegenstände der Physik und Philosophie* (Müller, 1847)

Ronsmans, Herwig: ›De appelboom van Newton – Historische Bronnen‹ (2018), https://mira.be/sites/default/files/bijlages/artikels/2018-10/Newton_appelboom.pdf

Stukeley, William: *Memoirs of Sir Isaac Newton's Life* (handgeschrieben, 1752), https://ttp.royalsociety.org//ttp/ttp.html?id=1807da00-909a-4abf-b9c1-0279a08e4bf2&type=book

35. Als Rom brannte, fiedelte Nero

Barrett, Anthony A.: *Rome Is Burning: Nero and the Fire That Ended a Dynasty* (Princeton University Press, 2020); dt.: *Rom brennt!: Nero und das Ende einer Epoche* (wbg Theiss, 2021)

Gyles, Mary Francis: ›Nero Fiddled While Rome Burned‹, in: *Classical Journal* 42/4 (1947)

Tacitus: *The Annals of Tacitus* (Macmillan, 1884), Book 15, www.faculty.fairfield.edu/rosivach/cl116/tac.%20ann.%2015.38-43.htm; dt.: *Annalen XI – XVI* (Reclam, 1967)

Weitere nützliche Quellen: Des P. Cornelius Tacitus Werke, Zweite Abtheilung. Die Jahrbücher, übersetzt von G.F. Strodtbeck, Fünfzehntes Buch, Cap. 39 (Metzler'sche Buchhandlung, 1856)

36. Das römische Vomitorium war ein Raum, in dem man sich erbrach

Bontty, Monica M.: *Ancient Rome: Facts and Fictions* (ABC-CLIO, 2020)

Davenport, Caillan und Malik, Shushma: ›Mythbusting Ancient Rome – the truth about the vomitorium‹, in: *Conversation* (19. Januar 2017), https://theconversation.com/mythbusting-ancient-rome-the-truth-about-the-vomitorium-71068

McDaniel, Spencer: *Tales of Times Forgotten*, blog, https://talesoftimesforgotten.com

37. Wendeltreppen in Burgen wurden im Uhrzeigersinn gebaut, um den Verteidigern beim Kämpfen einen Vorteil zu verschaffen

Guy, Neil: ›The Rise of the Anti-clockwise Newel Stair‹, in: *Castle Studies Group Journal* 25 (2011–12): S. 113–174

38. Der Kinderreim ›Ring a Ring o' Roses‹ handelt von der Pest

Black, Winston: *The Middle Ages: Facts and Fictions* (ABC-CLIO, 2019)

Greenaway, Kate: *Mother Goose* (George Routledge and Sons, 1881); dt.: *Mutter Gans oder die alten Ammenreime* (Insel, 1973)

Opie, Iona und Opie, Peter: *Oxford Dictionary of Nursery Rhymes* (Oxford University Press, 1997)

Wilton, David: *Word Myths: Debunking Linguistic Urban Legends* (Oxford University Press, 2004)

Weitere nützliche Quellen: Gary Martins *The Phrase Finder* (www.phrases.org.uk/gary-martin.html)

39. Die V-Geste geht auf mittelalterliche Bogenschützen in der Schlacht bei Azincourt zurück

Cooper, Stephen: *Agincourt: Myth and Reality 1415–2015* (Pen & Sword Military, 2014)

Curry, Anne: *The Battle of Agincourt: Sources and Interpretations* (Boydell Press, 2000)

Rabelais, François: *Gargantua und Pantagruel* (Insel, 1974)

Wavrin, Jean de: *A Collection of the Chronicles and Ancient Histories of Great Britain, Now Called England* (HMSO, 1887)

40. Lady Godiva ritt wegen einer Steuersache nackt durch die Stadt

Donoghue, Daniel: *Lady Godiva: A Literary History of the Legend* (Wiley, 2008)

Haviland, David: *The Not-So-Nude Ride of Lady Godiva: & Other Morsels of Misinformation from the History Books* (Penguin, 2012)

Lacey, Robert: *Great Tales from English History: Cheddar Man to DNA* (Little, Brown, 2011)

Roger von Wendover: *Rogeri de Wendover Chronica* (Sumptibus societatis, 1841)

41. Im viktorianischen England hatten sie spezielle Köfferchen für die Vampirjagd

Ferguson, Jonathan: »The ›vampire killing kit‹«, Royal Armouries (undatiert), web.archive.org/web/20220507203559/https://staging.royalarmouries.org/stories/our-collection/object-of-the-month-october-the-vampire-killing-kit

Hogg, Anthony: ›6 Reasons Why You Shouldn't Buy an »Antique« Vampire Killing Kit‹, in: *Vamped* (31. Oktober 2014), https://vamped.org/2014/10/31/6-reasons-why-you-shouldnt-buy-an-antique-vampire-killing-kit

42. Einstein ist in Mathe durchgefallen

Isaacson, Walter: *Einstein: His Life and Universe* (Simon & Schuster, 2008); dt.: *Einstein: Genie und Popstar* (Bucher, 2010)

Perillán, José G.: *Science Between Myth and History: The Quest for Common Ground and Its Importance for Scientific Practice* (Oxford University Press, 2021)

43. Antike und mittelalterliche Statuen und Gebäude waren immer weiß oder ohne Bemalung

Brinkmann, Vinzenz: *Bunte Götter* – Die Farbigkeit antiker Skulptur (Hirmer, 2010)

Dimitriou, Penelope: ›The Polychromy of Greek Sculpture: to the Beginning of the Hellenistic Period‹, Dissertation (Columbia University, 1951)

44. Im Mittelalter wurden Millionen Frauen der Hexerei beschuldigt und auf dem Scheiterhaufen verbrannt

Black, Winston: *The Middle Ages: Facts and Fictions* (ABC-CLIO, 2019)

Kieckhefer, Richard: *Magic in the Middle Ages* (Cambridge University Press, 1989); dt.: *Magie im Mittelalter* (Beck, 1992)

Leeson, Peter T. und Rus, Jacob W.: ›Witch trials‹, in: *Economic Journal* 128 (2017), www.peterleeson.com/Witch_Trials.pdf

Levack, Brian P.: *The Witch-Hunt in Early Modern Europe* (Routledge, 4. Aufl. 2016); dt.: *Hexenjagd: die Geschichte der Hexenverfolgungen in Europa* (Beck, 1995)

45. Der Hitlergruß hat römische Ursprünge

Allert, Tilman: *Der deutsche Gruß: Geschichte einer unheilvollen Geste* (Eichborn, 2005)

Winkler, Martin M.: *The Roman Salute: Cinema, History, Ideology* (Ohio State University Press, 2009)

46. Tote Wikinger wurden auf See in einem brennenden Schiff »begraben«

Aḥmad ibn Faḍlān: *Mission to the Volga* (New York University Press, 2017)

Sigurðsson, Jón Viðar: *Scandinavia in the Age of Vikings* (Cornell University Press, 2022)

Sjøvold, Thorleif: ›A Royal Viking Burial‹, in: *Archaeology* 11/3 (September 1958), S. 190–199

Winroth, Anders: *The Age of the Vikings* (Princeton University Press, 2016); dt.: *Die Wikinger: das Zeitalter des Nordens* (Klett-Cotta, 2016)

47. Der Teppich von Bayeux ist ein Teppich (und König Harald wurde von einem Pfeil ins Auge getroffen)

Bridgeford, Andrew: *1066: The Hidden History of the Bayeux Tapestry* (Fourth Estate, 2004)

Oxford Dictionary of English, Hg. v. Angus Stevenson (Oxford University Press, 2010)
Wright, Arthur Colin: *Decoding the Bayeux Tapestry: The Secrets of History's Most Famous Embroidery Hidden in Plain Sight* (Pen & Sword, 2019)
Weitere nützliche Quellen: Museum La Tapisserie de Bayeux (www.bayeuxmuseum.com/en/the-bayeux-tapestry)

48. Nelsons letzte Worte waren: »Küss mich, Hardy!«

Beatty, William: *Authentic Narrative of the Death of Lord Nelson* (T. Davison, 1808)
Coleman, Terry: *The Nelson Touch: The Life and Legend of Horatio Nelson* (Oxford University Press, 2004)
›The Death of Nelson‹, Royal Museums Greenwich (undatiert), www.rmg.co.uk/stories/topics/what-were-nelsons-last-words
Pocock, Tom: *Horatio Nelson* (Pimlico, 1994)
Southey, Robert: *Southey's Life of Nelson* (Macmillan, 1890); dt.: *Nelson's Leben: ein biographisches Gemälde* (Paul Neff, 1837)

49. Beim Hochwasser von 1910 trieben Hunderte Bücher durch die Straßen von Paris

Fitzsimons, Nick: Twitter (19. August 2014), https://twitter.com/NickFitz/status/501719493216043009
Jackson, Jeffrey H.: *Paris Under Water: How the City of Light Survived the Great Flood of 1910* (Palgrave Macmillan, 2010)
›Library books floating in Paris?‹, *HoaxEye* (12. März 2017), https://hoaxeye.com/2017/03/12/library-books-floating-in-paris

50. Dass Karotten orange wurden, verdanken wir den Holländern, die damit ihr Königshaus ehren wollten

Greene, Wesley: *Vegetable Gardening the Colonial Williamsburg Way* (Rodale Books, 2012)
Stolarczyk, John und Janick, J.: ›Carrot: History and Iconography‹, in: *Chronica Horticulturae* 51/2 (2011), S. 13–18

51. Carl Benz hat das Auto erfunden

›Automobile Department‹, in: *The Hub* 43/1 (April 1901), S. 28
›The dispute about the »birthday« of the modern automobile‹, Deutsches Patent- und Markenamt (22. Dezember 2014), web.archive.org/web/20170102082130/www.dpma.de/service/klassifikationen/ipc/ipcprojekt/einekurzegeschichtedesautomobils/geburtstagdesautos/index.html
›Automuseum Dr. Carl Benz‹, Mercedes-Benz (undatiert), www.mercedes-benz.com/de/kunst-und-kultur/museum/automuseum-dr-carl-benz
Fersen, Olaf von: *Ein Jahrhundert Automobiltechnik* (Springer, 1986)
Kurinsky, Samuel: ›Siegfried Marcus: An Uncredited Inventive Genius‹, Hebrew History Federation, Fact Paper 32-I (undatiert), https://hebrewhistory.info/factpapers/fp032-1_marcus.htm
Leonardo da Vinci: *Codex Atlanticus* (1478–1519), https://codex-atlanticus.ambrosiana.it
Seiffert, Reinhard: *Die Ära Gottlieb Daimlers* (Vieweg & Teubner, 2009)

52. Das ist ein Foto von Bertha Benz und ihren Söhnen bei der allerersten Autoreise 1888

›The dispute about the »birthday« of the modern automobile‹, Deutsches Patent- und Markenamt (22 December 2014), web.archive.org/web/20170102082130/www.dpma.de/service/klassifikationen/ipc/ipcprojekt/einekurzegeschichtedesautomobils/geburtstagdesautos/index.html
›Automuseum Dr. Carl Benz‹, Mercedes-Benz (undatiert), www.mercedes-benz.com/de/kunst-und-kultur/museum/automuseum-dr-carl-benz

Weitere nützliche Quellen: Mercedes-Benz Classic archive (https://mercedes-benz-publicarchive.com/marsClassic/en/instance/ko/Contact.xhtml?oid=4912972)

53. Im Mittelalter konnte niemand außer dem Klerus lesen

Briggs, Charles F.: ›Literacy, reading, and writing in the medieval West‹, in: *Journal of Medieval History* 26/4 (Dezember 2000), S. 397–420

Goina, Mariana: ›The Uses of Pragmatic Literacy in the Medieval Principalities of Moldovia and Wallachia‹, Dissertation (Department of Medieval Studies of the Central European University, 2009)

Lacey, H. E.: ›Pragmatic Literacy and Political Consciousness in Later Medieval England‹, in: *Cahiers Électroniques d'Histoire Textuelle du Laboratoire de Médiévistique Occidentale de Paris* 5, Université Paris 1 Panthéon-Sorbonne (2012), S. 19–35

Rogers, Nicola: ›Writing and Literacy in the Medieval Period: an Insight Report‹, York Archaeological Trust for Excavation and Research (2017)

Weitere nützliche Quellen: York Archaeology (www.yorkarchaeology.co.uk)

54. Das allererste Video- oder Computerspiel war *Pong*

Copeland, B. Jack: *Turing: Pioneer of the Information Age* (Oxford University Press, 2014)

Link, David: ›Programming ENTER: Christopher Strachey's Draughts Program‹, in: *Resurrection* (Winter 2012/13), S. 23–31

Smith, Alexander: *They Create Worlds, Vol. I: 1971–1982* (CRC Press, 2019)

Smith, Alvy: ›The Dawn of Digital Light‹, in: *IEEE Annals of the History of Computing* 38/4 (2016), S. 74–91

Turing, Dermot: *Alan Turing Decoded: The Man They Called Prof* (History Press, 2021)

55. Die chinesische Große Mauer ist das einzige von Menschen geschaffene Objekt, das aus dem Weltraum erkennbar ist

Atkinson, Nancy: ›Can You See the Great Wall of China From Space?‹, in: *Universe Today* (5. Juni 2013), www.universetoday.com/25364/can-you-see-the-great-wall-of-china-from-space

›China's Wall Less Great in View from Space‹, NASA (5. September 2005) www.nasa.gov/vision/space/workinginspace/great_wall.html

Córdoba, S. Sanz Fernández de: ›100 km Altitude Boundary for Astronautics‹, FAI Astronautic Records Commission (21. Juni 2004), www.fai.org/page/icare-boundary

Hvistendahl, Mara: ›Is China's Great Wall Visible from Space?‹, in: *Scientific American* (21. Februar 2008)

Stukeley, William u. a.: *The Family Memoirs of the Rev. William Stukeley, M.D.* (Surtees Society, 1882)

Weitere nützliche Quellen: Heavens Above (www.heavens-above.com)

56. Im Mittelalter dachten die Leute, die Erde sei eine Scheibe

Black, Winston: *The Middle Ages: Facts and Fictions* (ABC-CLIO, 2019)

Dante Alighieri: *Die Göttliche Komödie* (Reclam, 1987)

Falk, Seb: *The Light Ages: The Surprising Story of Medieval Science* (W.W. Norton, 2020)

Glick, Thomas F., Wallis, Faith und Livesey, Steven John: *Medieval Science, Technology, and Medicine: An Encyclopedia* (Routledge, 2005)

Gould, Stephen Jay: ›The Late Birth of a Flat Earth‹, in: *Dinosaur in a Haystack* (Harvard University Press, 1995); dt.: *Ein Dinosaurier im Heuhaufen* (S. Fischer, 2000)

Russell, Jeffrey Burton: *Inventing the Flat Earth* (Praeger 1991)

57. Im Mittelalter leerte jeder seinen Nachttopf auf die Straße, oft gleich aus dem Fenster hinaus

Brant, Sebastian: *Das Narrenschiff* (Jakob Locher, Johann Bergmann von Olpe, 1494), https://digital.staatsbibliothek-berlin.de/werkansicht?PPN=PPN848961617&view=picture-double&DMDID=&PHYSID=PHYS_0155

Ciecieznski, N.J.: ›The Stench of Disease: Public Health and the Environment in Late-Medieval English towns and cities‹, in: *Health, Culture and Society* 4/1 (2013), S. 92–104
Cybulskie, Danièle: *Life in Medieval Europe: Fact and Fiction* (Pen & Sword, 2019)
Havlíček, Filip, Pokorná, Adéla und Zálešák, Jakub: ›Waste Management and Attitudes Towards Cleanliness in Medieval Central Europe‹, in: *Journal of Landscape Ecology* 10/3 (2017), S. 266–287
Jørgensen, Dolly: ›City Sanitation Regulations in the Coventry Mayor's Proclamation of 1421‹, in: *Arcadia* 8 (2012), www.environmentandsociety.org/arcadia/city-sanitation-regulations-coventry-mayors-proclamation-1421
Jørgensen, Dolly: ›The Medieval Sense of Smell, Stench and Sanitation‹ (August 2014), https://dolly.jorgensenweb.net/the-medieval-sense-of-smell-stench-and-sanitation
Mitchell, Piers D.: *Sanitation, Latrines and Intestinal Parasites in Past Populations* (Routledge, 2015)
Oosten, R.M.R. van: ›The »Great Sanitary Awakening« Questioned: Is There a Solid Argument in Favour of the »Filthy Medieval City« Hypothesis?‹, in: *Medieval and Modern Matters* 5 (2014), S. 95–116

58. Königin Elisabeth I. badete einmal jährlich, »ob sie es nötig hatte oder nicht«

Borman, Tracy: *Elizabeth's Women: Friends, Rivals, and Foes Who Shaped the Virgin Queen* (Random House, 2010)
Borman, Tracy: *The Private Lives of the Tudors* (Grove Atlantic, 2016)
Freud, Sigmund: *Der Witz und seine Beziehung zum Unbewussten* (Gustav Kiepenheuer, 1989)
Furnivall, Frederick: *The Babees' Book: Medieval Manners for the Young* (Chatto & Windus, 1923)
Goodman, Ruth: *How to Be a Tudor: A Dawn-to-Dusk Guide to Tudor Life* (Penguin, 2015)
Howes, David, Classen, Constance und Synnott, Anthony: *Aroma: The Cultural History of Smell* (Routledge, 1994)
Meyer, G.J.: *The Tudors: The Complete Story of England's Most Notorious Dynasty* (Delacorte Press, 2010)
Mortimer, Ian: *The Time Traveller's Guide to Elizabethan England* (Random House, 2012); dt.: *Shakespeares Welt: So lebten, liebten und litten die Menschen im 16. Jahrhundert* (Piper, 2022)
Thurley, Simon: *Houses of Power: The Places that Shaped the Tudor World* (Transworld, 2017)
Thurley, Simon: *Whitehall Palace: An Architectural History of the Royal Apartments, 1240–1698* (Yale University Press, 1999)
Watkins, Susan: *In Public and in Private: Elizabeth I and Her World* (Thames & Hudson, 1998)
Wright, Lawrence: *Clean and Decent: The Fascinating History of the Bathroom and the Water-Closet* (Penguin, 2000)

59. Der Ausdruck »upper crust« für die oberen Zehntausend kommt daher, dass die Reichen früher die Oberseite eines Brotes bekamen, während sich die Armen mit dem Boden zufriedengeben mussten

Badcock, John: *Slang, a Dictionary of the Turf, the Ring, the Chase, the Pit, of Bon-ton, and the Varieties of Life … Interspersed with Anecdotes and Whimsies* (T. Hughes, 1823)
Furnivall, Frederick: *The Babees' Book: Medieval Manners for the Young*, trans. Edith Rickert and L.J. Naylor (Chatto & Windus, 1923)
Russell, John: *The Boke of Nurture …* Hg. v. Frederick Furnivall (John Charles & Son, 1867)
Singman, Jeffrey L.: *Daily Life in Medieval Europe* (Greenwood, 2008)
Wilton, David: *Word Myths: Debunking Linguistic Urban Legends* (Oxford University Press, 2004)

60. Ein langer Bart kostete seinen Träger das Leben

Gelling, Natasha: ›The World's Longest Beard Is One Of The Smithsonian's Strangest Artifacts‹, *Smithsonian* (19. November 2014), www.smithsonianmag.com/smithsonian-institution/smithsonian-home-worlds-longest-beard-180953370
Weitere nützliche Quellen: Die Website von Hans Langseth (www.hanslangseth.com)

61. Königin Elisabeth II. verbeugte sich vor Kaiser Haile Selassie

›Haile Selassie and Queen Elizabeth II‹, in: *HoaxEye* (31. März 2019), https://hoaxeye.com/2019/03/31/haile-selassie-and-queen-elizabeth-ii/

›Queen Greets Haile Selassie‹, British Pathé (1954; hochgeladen am 13. April 2014), www.youtube.com/watch?v=46l17LlB6-M

›State visits paid by the Queen with the Duke of Edinburgh‹, Royal Archives (undatiert), www.royal.uk/sites/default/files/media/state_visits_paid_by_the_queen_with_the_duke_of_edinburgh_2.pdf

›A Wing on the Palace‹, in: *TIME* (12. Februar 1965)

Weitere nützliche Quellen: *LIFE*-Magazin

62. Im Mittelalter waren die Europäer dreckig, und die Mauren mussten ihnen die Grundlagen der Hygiene und den Gebrauch von Seife erst beibringen

Angelakis, Andreas N. und Rose, Joan B. (Hg.): *Evolution of Sanitation and Wastewater Technologies Through the Centuries* (IWA Publishing, 2014)

Archibald, Elizabeth: ›Baths of Bliss in the Middle Ages: Fact and Fiction‹, Vortrag (2014), www.youtube.com/watch?v=bTh2O5jYmFY

Caesar, Julius: *De bello Gallico/ Der Gallische Krieg* (Reclam, 2023)

Collins, Roger: *Visigothic Spain 409–711* (Wiley, 2008)

Constable, Olivia Remie: *To Live Like a Moor: Christian Perceptions of Muslim Identity in Medieval and Early Modern Spain* (University of Pennsylvania Press, 2017)

Dam, Fabiola van: *The Medieval Public Bathhouse: Phenomenon, Metaphor, Stage of the World* (Uitgeverij Verloren, 2020)

Daniel of Beccles: *The Book of the Civilised Man: An English Translation of the Urbanus Magnus of Daniel of Beccles*, Hg. v. Fiona Whelan u. a. (Taylor & Francis, 2019)

Goodman, Ruth: *How to Be a Tudor: A Dawn-to-Dusk Guide to Tudor Life* (Penguin, 2015)

Guizzi, Giulio: *Cleaning and Sanitation: A Global History* (Edizioni LSWR, 2016)

Hanawalt, Barbara A.: *The Ties That Bound: Peasant Families in Medieval England* (Oxford University Press, 1986)

Jervis, Ben und Kyle, Alison (Hg.): *Make-do and Mend: Archaeologies of Compromise, Repair and Reuse* (British Archaeological Reports Oxford, 2012)

Jiménez Martínez, Javier: ›The continuity of Roman water supply systems in Post-Roman Spain: The case of Valentia, a reliable example?‹, in: *Arkeogazte* 1 (Januar 2011), S. 125–144

Plinius der Ältere: *Naturalis Historia* (ca. 77 n. Chr.); dt.: *Naturgeschichte* (Wissenschaftliche Buchgesellschaft, 1968)

›Profile: The Nation of Islam‹, The Anti-Defamation League (2021), www.adl.org/resources/profile/nation-islam

Singman, Jeffrey L.: *Daily Life in Medieval Europe* (Greenwood, 2008)

›Soap and washing. Did they have soap in medieval times?‹, Modern History TV (5. Juni 2019), https://youtu.be/j30HOdWJ5gE

Sowina, Urszula: ›Water supply of the Late Medieval and Earl Modern town in the Polish lands‹, in: *Fasciculli Archaeologiae Historicae* 24 (2011), S. 11–18

Tacitus: *De origine et situ Germanorum* (ca. 98 n. Chr.)

Ruggiero, Trotula de: *De Ornatu Mulierum* (12. Jahrhundert)

Underwood, Douglas: *(Re)using Ruins: Public Building in the Cities of the Late Antique West, A.D. 300–600* (Brill, 2019)

Weitere nützliche Quellen: Going Medieval, die Website von Dr. Eleanor Janega (https://goingmedieval.com); www.sueddeutsche.de/gesundheit/geschichte-der-hygiene-von-der-deutungshoheit-ueber-die-hautpore-1.1462374-2Ü

63. Die ersten Frauen in kurzen Hosen provozierten einen Autounfall

Nützliche Quellen: City of Toronto Archives (www.toronto.ca/city-government/accountability-operations-customer-service/access-city-information-or-records/city-of-toronto-archives/)

64. Ein Mann testete Football-Helme, indem er mit dem Kopf voran gegen eine Mauer rannte

›Air Eddies‹, in: *Flight International* (6. April 1912), https://archive.org/details/Flight_International_Magazine_1912-04-06-pdf/page/n9/mode/2up

Brown, Timothy P.: ›Early Testing of Helmets and Protective Cups‹, in: *Football Archaeology* (24. Januar 2021), www.footballarchaeology.com/p/early-testing-of-helmets-and-protective-cups

Grothe, Solveig: ›Mit dem Kopf durch die Wand‹, in: *Spiegel* (26. März 2016), www.spiegel.de/geschichte/augenblick-mal-mit-dem-kopf-durch-die-wand-a-1083385.html

Weitere nützliche Quellen: ›Flying Helmet, Warren Safety Helmet: Royal Flying Corps‹, Imperial War Museum, www.iwm.org.uk/collections/item/object/30091141

65. Paris Hilton hat das Selfie erfunden

Hannavy, John (Hg.): *Encyclopedia of Nineteenth-Century Photography* (Taylor & Francis, 2013)

Meehan, Sean Ross: *Mediating American Autobiography: Photography in Emerson, Thoreau, Douglass, and Whitman* (University of Missouri Press, 2008)

Weitere nützliche Quellen: Photography 1839–1937, Ausstellung, 1937, The Museum of Modern Art, New York (www.moma.org/calendar/exhibitions/2088); Robert Cornelius, [*Self-portrait*], Fotografie, 1839, Library of Congress (www.loc.gov/pictures/item/2004664436/)

66. Wojtek der Bär wurde im Zweiten Weltkrieg Mitglied einer polnischen Armeeeinheit, wechselte aber die Seiten und lief zu den Deutschen über

Bär, Regie: Pascal Floerks (2014), www.youtube.com/watch?v=C3ZVWQBVZWU

Kringiel, Daniel: ›The Nazis' Furriest Enemy‹, in: *Spiegel* (13. Juli 2012)

Wojtek: The Bear That Went to War, BBC Two (30. Dezember 2011), www.bbc.co.uk/programmes/b018jhfr

Weitere nützliche Quellen: Pascal Floerks' Website (www.floerks.de); Filmakademie Baden-Württemberg GmbH (www.filmakademie.de); Image of the badge of the 22nd Artillery Support Company, 2nd Polish Corps, 1944, Imperial War Museum (www.iwm.org.uk/collections/item/object/205026421)

67. Dies ist die Klinge der Guillotine, mit der Marie Antoinette getötet wurde

Pilbeam, Pamela: *Madame Tussaud: And the History of Waxworks* (Bloomsbury Academic, 2006)

Tussaud, Marie: *Madame Tussaud's Memoirs and Reminiscences of France, Forming an Abridged History of the French Revolution* (Saunders and Otley, 1838)

68. Die Minions aus *Ich – Einfach unverbesserlich* basierten auf Fotos von Naziexperimenten an Kindern

Nützliche Quellen: Royal Navy Submarine Museum (www.nmrn.org.uk/visit-us/submarine-museum); National Museum of the Royal Navy (www.nmrn.org.uk); The Historical Diving Society (www.thehds.com); The Diving Museum (www.divingmuseum.co.uk.)

69. Das Weiße Haus wurde weiß angestrichen, um die Schäden zu verdecken, nachdem die Briten es angezündet hatten

Barnhart, David K. und Metcalf, Allan: *America in So Many Words: Words That Have Shaped America* (HarperCollins, 1999)

Jennings, Paul: *A Colored Man's Reminiscences of James Madison* (George C. Beadle, 1865)

Vogel, Steve: *Through the Perilous Fight* (Random House, 2014)

Weitere nützliche Quellen: The White House Historical Association (www.whitehousehistory.org)

70. In der Tudorzeit verwendete man Gewürze, um den Geschmack von altem Fleisch zu überdecken

Bryson, Bill: *At Home: A Short History of Private Life* (Transworld, 2010); dt.: *Eine kurze Geschichte der alltäglichen Dinge* (Goldmann, 2011)

Fitch, Richard: ›Meat and Status. A Historical Look at Meat in the English Diet‹, in: *Cooking the Books* (2016), https://tudorcook.co.uk/blog/wp-content/uploads/2016/01/Meat-and-Status-R-Fitch-Final-V2.pdf

Freedman, Paul: *Out of the East: Spices and the Medieval Imagination* (Yale University Press, 2008)

Goodman, Ruth: *How to Be a Tudor: A Dawn-to-Dusk Guide to Everyday Life* (Penguin, 2015)

Myers, Daniel: ›Drummond's Rotten Meat: When Good Sources Go Bad‹, *Medieval Cookery* (undatiert), http://medievalcookery.com/notes/drummond.pdf

Newman, Paul B.: *Daily Life in the Middle Ages* (McFarland, 2018)

71. Erin O'Keefe wurde im Jahre 1876 von Bergratten gefressen

Davidson, Levette Jay: ›The Pikes Prevaricator‹, in: *Colorado Magazine* 20 (November 1943)

Jessen, Kenneth Christian: *Eccentric Colorado: A Legacy of the Bizarre and Unusual* (Pruett, 1985)

72. Königin Elisabeth II. bewarf arme Afrikaner mit Lebensmitteln

Nützliche Quellen: Enfants annamites ramassant des sapèques devant la pagode des dames, Foto von Gabriel Veyre, 1899–1900, *Catalogue Lumière* (https://catalogue-lumiere.com/enfants-annamites-ramassant-des-sapeques)

73. Marlene Dietrich wurde in den 1930er Jahren festgenommen, weil sie Hosen trug

Bach, Steven: *Marlene Dietrich: Life and Legend* (University of Minnesota Press, 2013)

Bard, Christine: *Une histoire politique du pantalon* (Seuil, 2010)

Spoto, Donald: *Blue Angel: The Life of Marlene Dietrich* (Cooper Square Press, 2000); dt.: *Marlene Dietrich* (Heyne, 2000)

74. In der Schlacht von Gallipoli kollidierten 1915 zwei Gewehrkugeln – so etwas passiert mit einer Wahrscheinlichkeit von eins zu einer Milliarde

›1915 Seddülbahir Ahmet Uslu Müzesi‹, *Canakkale Otelleri* (undatiert), www.canakkaleotelleri.com/gezilecek-yerler/eceabat/1915-seddulbahir-ahmet-uslu-muzesi

Weitere nützliche Quellen: Paul Walker, 7news Sydney, auf Twitter (https://twitter.com/pdwnews)

75. Dieses mysteriöse Foto zeigen ein verlassenes mittelalterliches Dorf

Nützliche Quellen: Alex Friedrichs Website (https://alexfriedrich.de), Urbex Flickr-Sammlung (www.flickr.com/photos/3passa) und Props Flickr-Sammlung (www.flickr.com/photos/3passa); Studio Babelsberg (www.studiobabelsberg.com/en); Filmpark Babelsberg (www.filmpark-babelsberg.de)

76. Hugh Hefners Großvater erfand die Playboy-Häschen

Nützliche Quellen: Steven Cooks Reihe *Alternity* (www.steven-cook.com/Alternity)

77. Dies ist die allererste Miss World

Lovegrove, Keith: *Pageant: The Beauty Contest* (Laurence King, 2002)

Stein, Elissa: *Beauty Queen: Here She Comes* (Chronicle, 2006)

78. Dies ist der erste Roboter der Welt

›Buffalo Soldiers Study‹, National Park Service (März 2019), www.nps.gov/chyo/getinvolved/buffalo-soldiers-study.htm

Guinan, Paul und Bennett, Anina: *Boilerplate: History's Mechanical Marvel* (Harry N. Abrams, 2009)

Mayor, Adrienne: *Gods and Robots: Myths, Machines, and Ancient Dreams of Technology* (Princeton University Press, 2020); dt.: *Götter und Maschinen: wie die Antike das 21. Jahrhundert erfand* (wbg Philipp von Zabern, 2020)

79. Die Pyramiden wurden von Sklaven erbaut

Herodot, *Historien.* Neu übersetzt, herausgegeben und erläutert von Heinz-Günther Nesselrath, (Kröner, 2017)

Lehner, Mark: *The Complete Pyramids* (Thames & Hudson, 2008); dt.: *Das erste Weltwunder: Die Geheimnisse der ägyptischen Pyramiden* (ECON, 1997)

Thompson, Stephen E.: *Ancient Egypt: Facts and Fictions* (ABC-CLIO, 2018)

80. Das ist ein Foto von Bill the Butcher, dem berüchtigten Bandenchef aus dem 19. Jahrhundert

Boissoneault, Lorraine: ›How the 19th-Century Know Nothing Party Reshaped American Politics‹, in: *Smithsonian* (26. Januar 2017), www.smithsonianmag.com/history/immigrants-conspiracies-and-secret-society-launched-american-nativism-180961915

Norton, Richard Arthur: ›William Poole bibliography‹ (2006), https://web.archive.org/web/20090628101111/http://richard.arthur.norton.googlepages.com/williampoole

Weitere nützliche Quellen: New York Times Article Archive (https://help.nytimes.com/hc/en-us/articles/115014772767-New-York-Times-Archived-Articles-and-Times-Machine-)

81. Der erste Computervirus der Welt war eine universelle Friedensbotschaft

›A Brief History of Computer Viruses & What the Future Holds‹, Kaspersky (undatiert), www.kaspersky.com/resource-center/threats/a-brief-history-of-computer-viruses-and-what-the-future-holds

Spencer, Sean: ›Timeline of Computer Viruses‹, Mapcon (undatiert), www.mapcon.com/us-en/timeline-of-computer-viruses

Weitere nützliche Quellen: Virus Encyclopedia (http://virus.wikidot.com)

82. Die Europäer erbauten in Äthiopien eine Brücke, aber die Einheimischen konnten sie nicht reparieren und überquerten den Fluss an Seilen

Pankhurst, Richard: *An Introduction to the Economic History of Ethiopia from Early Times to 1800* (Lalibela House, 1961)

Snailham, Richard: *The Blue Nile Revealed: The Story of the Great Abbai Expedition, 1968* (Signal Books, 2005)

83. Dr. Batty's Asthmazigaretten wurden in viktorianischer Zeit als gesundheitsförderlich beworben

›Driving me (Dr.) Batty‹, Ask MetaFilter (17. Juli 2010), https://ask.metafilter.com/159771/Driving-me-Dr-Batty

Reames, O.K.: *History of Zanesfield and Sketches of the Interesting and Historical Places of Logan County, Ohio* (Zanesfield Area Bicentennial Committee, 1976)

Weitere nützliche Quellen: Jessica D. Griffins Website *Old Main Artifacts*, (https://oldmainartifacts.wordpress.com/about)

84. Dieses riesige Gerät war die erste Kamera der Welt

Wade, John: *The Ingenious Victorians: Weird and Wonderful Ideas from the Age of Innovation* (Pen & Sword, 2016)

Weitere nützliche Quellen: ›The Largest Photograph in the World of the Handsomest Train in the World‹, Foto, um 1900, Indiana Historical Society (https://images.indianahistory.org/digital/collection/dc013/id/1177); Musée Nicéphore Niépce (www.museeniepce.com)

85. Das ist das allererste Katzenfoto

Nützliche Quellen: David Simkins Website *Sussex Photo History* (www.photohistory-sussex.co.uk); ›Portrait of a Family of Eight and a Cat‹, Foto, um 1846, Getty Museum Collection (www.getty.edu/art/collection/object/104F1H)

86. Dies ist das allererste Hundefoto

Chevelle, Chelle: ›The World's Oldest Photos of Animals‹, in: *Medium* (17. September 2020), https://thefundamentalsofphotography.medium.com/15-of-the-oldest-photos-of-animals-75a257dc68e4

The Daily Dish, ›The Photos of Pets‹, in: *Atlantic* (21. März 2009), www.theatlantic.com/daily-dish/archive/2009/03/the-photos-of-pets/204201/

Marillier, Paul: ›Daguerre, Claudette, Lerebours: their early use of »instantaneous« daguerrotypes‹, *Collodions and Clopinettes* (1999), http://collodion.claude-marillier.net/PM/instantaneEN.html

87. In viktorianischer Zeit verhüllte man die Beine von Möbelstücken, weil sie zu aufreizend waren

Frost, Ginger S.: *The Victorian World: Facts and Fictions* (ABC-CLIO, 2018)

Sweet, Matthew: *Inventing the Victorians: What we think we know about them and why we're wrong* (Faber & Faber, 2002)

88. Im Mittelalter brannten überall Fackeln

Crane, Eva: *The World History of Beekeeping and Honey Hunting* (Taylor & Francis, 1999)

Sapoznik, Alexandra: ›Bees in the Medieval Economy: Religious Observance and the Production, Trade, and Consumption of Wax in England, c. 1300–1555‹, in: *Economic History Review* 72/4 (November 2019), S. 1152–1174

Wisniak, Jaime: ›Candle: A Light into the Past‹, in: *Indian Journal of Chemical Technology* 7/7 (Juli 2001), S. 319–326

89. Beethoven war schwarz

Begg, Tristan u. a.: ›Genomic analyses of hair from Ludwig van Beethoven‹, Current Biology (2022): https://doi.org/10.1016/j.cub.2023.02.041

Comini, Alessandra: *The Changing Image of Beethoven: A Study in Mythmaking* (Random House, 1987); dt.: *Beethoven: Zur Geburt eines Mythos* (Hollitzer, 2020)

Lerma, Dominique-René de: ›Beethoven as a Black Composer‹, in: *Black Music Research Journal* 10/1 (1990), S. 118–122

Rinehart, Nicholas T.: ›Black Beethoven and the Racial Politics of Music History‹, in: *Transition* 112 (*Django Unpacked*, 2013), S. 117–130

Thayer, Alexander Wheelock: *The Life of Ludwig van Beethoven* (Beethoven Association in New York, 1921); dt.: *Ludwig van Beethovens Leben* (Jazzybee, 2012)

Thurman, Kira: Twitter (18. Juni 2020), https://web.archive.org/web/20220209001707/https://twitter.com/kira_thurman/status/1273662957579272193

90. Diese Frauen wurden 1922 in China wegen Hexerei bestraft

Saunders, William Thomas: ›Portfolio of Sketches of Chinese Life and Character‹ (1871), https://hpcbristol.net/photographer/saunders-william

Thiriez, Régine: ›Creating a user's guide on early photography in China‹ (30. Januar 2015), www.yumpu.com/en/document/view/36554919/creating-a-users-guide-on-early photography in china-regine-thiriez

Weitere nützliche Quellen: ›ASIA 1. Album of prints (some coloured) of Singapore, Java, Indo-China, Hong Kong, Shanghai, Japan and the Suez Canal‹, spätes 19. Jahrhundert, The National Archives, Kew, CO 1069/416

91. Daumen runter bedeutete in der römischen Antike den Tod des Gladiators

Bontty, Monica M.: *Ancient Rome: Facts and Fictions* (ABC-CLIO, 2020)

Carter, M. J.: ›Gladiatorial Combat: The Rules of Engagement‹, in: *Classical Journal* 102/2 (Dezember 2006 – Januar 2007), S. 97–114

Corbeill, Anthony: *Nature Embodied: Gesture in Ancient Rome* (Princeton University Press, 2004)

Corbeill, Anthony: ›Thumbs in Ancient Rome: »Pollex« as Index‹, in: *Memoirs of the American Academy in Rome* 42 (1997), S. 1–21

Gladiators: The Brutal Truth, präsentiert von Terry Jones, Regie: Alan Eirea, BBC (1999), www.youtube.com/watch?v=MyyuyKLO33o

Morris, Desmond u. a.: *Gestures: Their Origin and Meanings* (Jonathan Cape, 1979)

Winkler, Martin M.: *The Roman Salute: Cinema, History, Ideology* (Ohio State University Press, 2009)

92. Dieses gruselige Foto zeigt die Serienmörderin Leonarda Cianciulli dabei, wie sie aus Menschen Seife macht

›Leonarda Cianciulli‹, Murderpedia (undatiert), https://murderpedia.org/female.C/c/cianciulli-leonarda.htm

›Omicidi: caso Cianciulli‹, Museo Criminologico (undatiert), www.museocriminologico.it/index.php/2-non-categorizzato/120-omicidi-caso-cianciulli2

Weitere nützliche Quellen: Lilly Library, Indiana University Bloomington (https://libraries.indiana.edu/lilly-library)

93. Diese jungen Frauen verabschieden sich im Zweiten Weltkrieg voll Traurigkeit von den Matrosen

Volpe, Giorgio: ›In the Caribbean with Vespucci in 1963‹, in: *Apnea Magazine* (28. August 2014), www.apneamagazine.com/pesca-sub-caraibi-vespucci-17279?amp

Weitere nützliche Quellen: Italienisches Verteidigungsministerium (www.difesa.it/Pagine/default.aspx); Marina Militare (www.marina.difesa.it/en/Pagine/default.aspx); Archive der italienischen Marine (www.icmh-cihm.org/en/what-we-do/military-archives/76-italian-navy-archives); Congedati Vespucci (www.congedativespucci.it)

94. Um die Nazis zu täuschen, benutzten Geheimagenten sonderbare Schuhe, deren Sohlen verkehrt herum angebracht waren

Horn, Bernd: *A Most Ungentlemanly Way of War: The SOE and the Canadian Connection* (Dundurn, 2016)

Weitere nützliche Quellen: Imperial War Museum (www.iwm.org.uk); Deutsches Schuhmuseum Hauenstein (https://museum-hauenstein.de/de/home/1/home.html)

95. Die eiserne Jungfrau und die Mundbirne waren brutale mittelalterliche Folterinstrumente

Bishop, Chris: ›The Pear of Anguish: Torture, Truth and Dark Medievalism‹, in: *International Journal of Cultural Studies* 17/6 (2014), S. 591–602

Weitere nützliche Quellen: Mittelalterliches Kriminalmuseum Rothenburg (www.rothenburg-tourismus.de/en/discover/the-highlights-of-rothenburg-ob-der-tauber-top10-sights/medieval-crime-and-justice-museum); Rijksmuseum de Gevangenpoort (www.gevangenpoort.nl)

96. Im Mittelalter tranken die Leute statt Wasser Bier

Angelakis, Andreas N. und Rose, Joan B. (Hg.): *Evolution of Sanitation and Wastewater Technologies Through the Centuries* (IWA Publishing, 2014)

Bennett, Judith M.: *Ale, Beer, and Brewsters in England: Women's Work in a Changing World, 1300–1600* (Oxford University Press, 1999)

Chevallier, Jim: ›The Great Medieval Water Myth‹, *Les Leftovers* (2013), https://leslefts.blogspot.com/2013/11/the-great-medieval-water-myth.html

Did Medieval People Drink Water?, präsentiert von Jimmy Johnson, The Welsh Viking (2020), www.youtube.com/watch?v=Ne2SkObB6Zw

Harris, Stephen J. und Grigsby, Bryon L.: *Misconceptions About the Middle Ages* (Routledge, 2009)

Jong, Henk ›t: 'De mythe van de vuilnisbelt‹ (2008), www.academia.edu/1009200/Mythe_van_de_vuilnisbelt

Mortimer, Ian: *The Time Traveller's Guide to Medieval England: A Handbook for Visitors to the Fourteenth Century* (Random House, 2012); dt.: *Im Mittelalter: Handbuch für Zeitreisende* (Piper, 2014)

Placeway, Paul: ›Recreating Medieval English Ales‹, Carnegie Mellon University – School of Computer Science (1998), www.cs.cmu.edu/~pwp/tofi/medieval_english_ale.html

Squatriti, Paolo: *Water and Society in Early Medieval Italy* (Cambridge University Press, 1998)

Tilburg, Cornelis van: ›Greek and Roman ideas about healthy drinking-water in theory and practice‹, in: *eä Journal* 5/1 (Juni 2013)

Unger, Richard W.: *Beer in the Middle Ages and the Renaissance* (University of Pennsylvania Press, 2007)

Woolgar, C. M., Serjeantson, D. und Waldron, T. (Hg.): *Food in Medieval England: Diet and Nutrition (Medieval History and Archaeology)* (Oxford University Press, 2009)

97. Hitler erfand die Autobahn

Matzke, Michael: ›Die Straßen Adolf Hitlers, Reichsautobahnen 1933–1941‹, Diplomarbeit (Universität Wien, 2008)

Voth, Hans-Joachim und Voigtländer, Nico: ›Nazi pork and popularity: How Hitler's roads won German hearts and minds‹, Centre for Economic Policy Research (2014), https://cepr.org/voxeu/columns/nazi-pork-and-popularity-how-hitlers-roads-won-german-hearts-and-minds

Zeller, Thomas: *Driving Germany: The Landscape of the German Autobahn, 1930–1970* (Berghahn Books, 2007)

98. Wenn die Ritter zum Kreuzzug aufbrachen, legten sie ihren Frauen Keuschheitsgürtel an

Classen, Albrecht: *The Medieval Chastity Belt: A Myth-Making Process* (Palgrave Macmillan, 2007)

Harris, Stephen J. und Grigsby, Bryon L.: *Misconceptions About the Middle Ages* (Routledge, 2009)

Smith, Lesley: ›Chastity belts and birthing girdles‹, in: *Journal of Family Planning and Reproductive Health Care* 33/4 (2007), S. 285–286

99. Die Toilette mit Wasserspülung wurde von Thomas Crapper erfunden

Hart-Davis, Adam: *Thunder, Flush and Thomas Crapper: An Encycloopedia* (Michael O'Mara, 1997)

Reyburn, Wallace: *Flushed with Pride. The Story of Thomas Crapper* (Prentice-Hall, 1971)

Weitere nützliche Quellen: Bob Cromwells Blog *The Toilet Guru* (https://toilet-guru.com/blog/1.html)

100. Ein aus dem Fenster fallendes Baby wurde zweimal vom selben Mann gerettet

›Miscellany‹, in: *TIME* (17. Oktober 1938), https://content.time.com/time/subscriber/article/0,33009,848363,00.html

›Street Worker Hit in Plunge of Child‹, in: *Detroit Free Press* (20. September 1938)

101. Dies ist eine fantastische Jugendstilvilla in Bukarest

Nützliche Quellen: Website von Thierry Lechanteur (www.lechanteur.be/category/exposition)

Unkonventionelles Register

Herkömmliche Register nennen Seitenzahlen, dieses hingegen nimmt Bezug auf die einzelnen Kapitel und ist unterteilt in Persönlichkeiten, Epochen, Länder und Reiche sowie Vermischtes.

Persönlichkeiten

Epochen

Länder und Reiche

Verschiedenes

Bildnachweis

Der Verlag und die Autorin haben große Anstrengungen unternommen, um zu ermitteln, wer das Urheberrecht an den in diesem Buch abgedruckten Abbildungen hat. In einigen Fällen ist ihnen das nicht gelungen. Verlag und Autorin sind bereit, den rechtmäßigen Copyrightinhaber anzuerkennen, wenn er seine Urheberschaft nachweisen kann, und sind für alle Informationen zu seiner Identität dankbar.

S. 19 »Profil des Kolossalkopfes der Sphinx«, in: Frédéric Louis Norden, Voyage d'Égypte et de Nubie (1795). Wikimedia Commons, gemeinfrei.
S. 23 Robert Ley, Organisationsbuch der NSDAP 1937, Tafel 47: Dienst- und Paradeanzug der Allgem. SS (Oberscharführer), Traditionsanzug der SS (Unterscharführer), München 1937. Wikimedia Commons under Creative Commons Attribution-Share Alike 4.0. Internationale Lizenz, gemeinfrei.
S. 52 »›Schlafende‹ Schauspieler, die über Seilen hängen« © Bettmann / Getty
S. 58 Frank A. Nankivell, »Puck Christmas 1902«, in: Puck, Bd. 52, Nr. 134. © Keppler & Schwarzmann 1902. Library of Congress, gemeinfrei.
S. 63 »Mosteiro de Alcobaça«, 19. April 2008, hochgeladen von Karstenkascais, bearbeitet von Waugsberg, Wikimedia Commons under Creative Commons Attribution-Share Alike 3.0 (unportiert), gemeinfrei
S. 73 »Clara Bow (1905 – 1965), US-amerikanische Stummfilmschauspielerin, ca. 1932« © Pictorial Press Ltd / Alamy Stock Photo
S. 77 Fotografie von Scott van Looy; ursprünglicher Künstler unbekannt
S. 80 »Der Hund Pep« (1924). Bildarchiv des Eastern State Penitentiary. Geschenk von Joseph Brierley, Fotograf unbekannt.
S. 84 Unbekannter Fotograf
S. 88 »East Zone, West Zone« © Jung / Stringer
S. 91 »Pestarzt, 17. Jahrhundert« © Science History Images / Alamy Stock Photo
S. 95 © Richard Tanton
S. 99 Alphonse Bertillon, »François Bertillon im Alter von 23 Monaten« (1893). Digitales Bild, mit freundlicher Genehmigung von The Museum of Modern Art, New York / Scala, Florenz. Suzanne Winsberg Collection, Schenkung von Suzanne Winsberg.
S. 102 Mit freundlicher Genehmigung des Zentralen Staatlichen Film-, Foto- und Phonoarchivs der Ukraine H. Pshenichny. Fotograf unbekannt.
S. 105 »Jesus Christus erscheint dem heiligen Thomas und den Aposteln«, Holztafel (18. Jahrhundert) im Koptischen Museum Kairo. Griechischer Stil, unbekannter Künstler. Foto: Su Bayfield
S. 117 »Via Santo Spirito, Buchetta Vino«, 17. Juli 2007, hochgeladen von Sailko, Wikimedia Commons under Creative Commons Attribution-Share Alike 3.0 (unportiert), gemeinfrei.
S. 120 Lutie A. Lytle: Abbildung aus Frances Elizabeth Willard, Occupations for Women, New York (The Success Company) 1897; Wikimedia, gemeinfrei. Marian Anderson: Foto aus

den späten 1920er Jahren © Everett Collection Inc / Alamy Stock Photo. Sadie Alexander: University Archives and Records Center, University of Pennsylvania.
S. 126 »Französisches Haus«, Foto: François Boscher (für Ouest-France)
S. 175 »Jacques-Louis David – Der Schwur der Horatier« © The Artchives / Alamy Stock Photo
S. 182 Detailansicht des Teppichs von Bayeux. Mit freundlicher Genehmigung des Centre Guillaume le Conquérant, Bayeux.
S. 187 »Hochwasser der Seine (31. Januar 1910), Rue Jacob«, Clark Art Institute, Leihgabe der Troob Family Foundation, TR TR2001.44.3
S. 197 »Bertha Benz«, mit freundlicher Genehmigung von Mercedes-Benz Classic
S. 216 Abbildung aus dem Narrenschiff von Sebastian Brant (1457 – 1521), Scan einer Kopie des in Basel befindlichen Originals von 1499, Wikimedia Commons, gemeinfrei.
S. 233 Nils C. Jorgenson, »Porträt von Hans Langseth«. Mit freundlicher Genehmigung des Institute for Regional Studies, North Dakota State University, Fargo (Folio 13.1).
S. 236 »Ethiopia Essay: Haile Selassie« © Alfred Eisenstaedt / The LIFE Picture Collection / Shutterstock
S. 245 »Frauen in Shorts ›verursachen‹ Kollision eines Autos mit einem Laternenpfahl«, Fonds 1257, Serie 1057, Objekt Nr. 4766. Mit freundlicher Genehmigung des Stadtarchivs Toronto; gemeinfrei.
S. 248 »Mr. Warren beim Helmtest«, Ullstein Bild © Flight Collection / TopFoto
S. 252 Robert Cornelius, »Selbstbildnis« (1839), © World History Archive / Alamy Stock Photo
S. 254 Hippolyte Bayard, »Selbstporträt«. Mit freundlicher Genehmigung der Sammlung der Französischen Gesellschaft für Fotografie (collection SFP), Paris.
S. 256 Original: »Pfc. Leo J. Powers – Unlikely Medal of Honor Recipient During Battle of Monte Cassino«, Bundesarchiv, DefenseMedia-Network, 3. Februar 2014; https://www.defensemedianetwork.com/stories/pfc-leo-s-powers-unsung-medal-of-honor-recipient/; Wikimedia Commons, Bundesarchiv der BRD; mit Photoshop bearbeitete Version: Filmakademie Baden-Württemberg GmbH.
S. 260 »Madame Tussauds – Die originale Guillotinenklinge, mit der Marie Antoinette enthauptet wurde«, © Danie van der Merwe
S. 265 Mit freundlicher Genehmigung des National Museum of the Royal Navy
S. 268 George Munger, »Das Haus des Präsidenten« (ca. 1814/15), The White House Historical Association, Wikimedia Commons, gemeinfrei.
S. 275 Denver Public Library Special Collections, C Photo Collection 516
S. 279 Gabriel Veyre, »Vietnamese Children (1900, French Indochina) – by Gabriel Veyre«, YouTube, entstanden zwischen April 1899 und März 1900, Film Nr. 1274 im Lumière-Katalog, https://www.youtube.com/watch?v=WE9vxl9VQ0U.
S. 283 »Marlene Dietrich« (1930); © Ullstein Bild Deutschland / Getty
S. 288 © Paul Walker
S. 292 »The Dark Ages«, © Alex Friedrich
S. 296 Originalfoto: Fotograf unbekannt. Mit Photoshop bearbeitetes Bild: »Grandpa Hefner's Jack Rabbit Club« (2011), © Steve Cook/ARS, NY & DACS London, 2023
S. 299 Anton Blomberg, »Porträt von Cléo de Mérode«, hochgeladen von der Schwedischen Agentur für Darstellende Künste (Musikverket), Stockholm, Wikimedia Commons, gemeinfrei.
S. 302 Original: Anthony Wood, »The Buffalo Soldier Era«, Montana.gov, https://mhs.mt.gov/Shpo/AfricanAmericans/History/Military-History; mit Photoshop bearbeitete Version: Paul Guinan.

S. 309 International Center of Photography, Schenkung von Steven Kasher, 2007; Fotograf unbekannt.
S. 313 Mike Evangelist »1988-03 Universal Peace Virus«, 2. März 1998, Wikimedia Commons under Creative Commons Attribution-Share Alike 3.0. Unportierte Lizenz.
S. 316 »Sebara Dildiy Bridge«, hochgeladen von Kenneth Frantz (10. Oktober 2011), Wikimedia Commons under Creative Commons Attribution-Share Alike 3.0. Unportierte Lizenz, gemeinfrei.
S. 320 © Aaron B. Howe
S. 324 »Eine von George R. Lawrence entworfene sehr große Kamera – 1900«, © PhotoFox / Alamy Stock Photo
S. 329 »Viktorianische Perserkatze«, ca. 1880. Fotograf unbekannt. Quelle: PetDarling, Wikimedia Commons, gemeinfrei.
S. 331 »Ein Porträt des Fotografen Harry Pointer aus Brighton mit drei seiner Katzen«, © The Picture Art Collection / Alamy Stock Photo
S. 333 »Pudel mit Schleife auf einem Tisch«, Fotograf unbekannt, ca. 1850. Mit freundlicher Genehmigung von Sotheby's.
S. 335 Louis-Auguste Bisson, »Hund«. Entstanden zwischen 1841 und 1849. Gilman Collection. Schenkung von Jennifer und Joseph Duke, 2005. Verwahrt vom Metropolitan Museum of Art. Gemeinfreie Abbildung.
S. 336 Mit freundlicher Genehmigung von Claude Marillier. Herkunft und Jahr der Aufnahme unbekannt, vermutlich »Médor« von Louis Daguerre.
S. 351 William Saunders, »Weibliche Gefangene im Holzkragen« (ca. 1870/80), The National Archives, Kew, ref. WO169/24904, © 2008 SOAS
S. 354 Jean-Léon Gérôme, »Pollice Verso« (1872). Phoenix Art Museum, Phoenix, Arizona. Erwerbung 1968, 52. Foto von Mike Lundgren, Wikimedia Commons, gemeinfrei.
S. 359 »Alte Frau bei der Seifenherstellung« (1925) aus der Frank M. Hohenberger Photograph Collection. Mit freundlicher Genehmigung der Lilly Library, Indiana University, Bloomington, Indiana.
S. 363 Mit freundlicher Genehmigung des Ufficio Storico della Marine Militare; Fotograf: Roberto Borra, 1963
S. 366 © Deutsches Schuhmuseum Hauenstein; Fotograf unbekannt
S. 372 Kupferstich, Wellcome Collection, 131211, gemeinfrei.
S. 373 »Les Poires d'Angoisse«, in: La Science Illustrée, Nr. 549, 4. Juni 1898, hochgeladen von Chatsam am 20. Oktober 2009, Wikimedia Commons, gemeinfrei.
S. 394 © Thierry Lechanteur